识 读 大 学

SHI DU DA XUE

陈运超 / 著

华中科技大学出版社
http://press.hust.edu.cn
中国·武汉

图书在版编目（CIP）数据

识读大学/陈运超著. —武汉：华中科技大学出版社，2023.9
ISBN 978-7-5772-0030-9

Ⅰ.① 识…　Ⅱ.① 陈…　Ⅲ.① 大学-基本知识　Ⅳ.① G648.1

中国国家版本馆 CIP 数据核字（2023）第 172925 号

识读大学　　　　　　　　　　　　　　　　　　　　　　　　陈运超　著
Shidu Daxue

策划编辑：周晓方　周清涛
责任编辑：肖唐华
封面设计：廖亚萍
版式设计：赵慧萍
责任校对：封力煊
责任监印：周治超
出版发行：华中科技大学出版社（中国·武汉）　　　电话：（027）81321913
　　　　　武汉市东湖新技术开发区华工科技园　　　邮编：430223
录　　排：华中科技大学出版社美编室
印　　刷：武汉科源印刷设计有限公司
开　　本：710mm×1000mm　1/16
印　　张：23.5　　插页：1
字　　数：400 千字
版　　次：2023 年 9 月第 1 版第 1 次印刷
定　　价：88.00 元

物竞天择、适者生存，我们无不是适应之存在。

适应，是进化的手段；进化，只是适应的结果。人类，不过是一部进化的活历史罢了。每个人，都是适应的产物。

世界万物无不时刻变化着，我们都不得已身处调适之中，无时无刻不在选择之中。要么适应，要么成为不适应的"次品""废品"而逐渐地被淘汰。在适应中书写着自己的历史、镌刻下人类的过往。"忘记过去意味着背叛"，然而，"背叛过去"却是开创未来的艰难起点。

革故，才能鼎新！本质上，适应就是我们每个人改变的历史、途经的过往在生理与精神世界所刻下的道道印痕，同时，又被新的现实錾刻下新的迹样。这是个体应对环境的改变过程，是在适应之后、具备能力之后再改变环境的互动过程。适应，也即自身演化的过程、天择人化的结果，是个体生存能力生成与绽放的轮转。

背叛，其实很难！过去，不只是历史的计量，更是强大而僵硬的力量。受制于习惯的强力羁绊，我们常常自得其乐而又充满遗憾地生活于习惯之中。

适应，首先面对的就是过往胜利果实、丰富经验的巨大惯性。不要说理所当然地面对周遭早已熟悉的一切，即使在猛然面对完全陌生的环境、身边的一切都悄然地发生巨大改变的情况下，我们依然会兴奋地以习惯了的胜利线路、思维模式和行动策略来回应并不熟悉的新环境。显然，适应就意味着克服惯性的阻力、改变习惯了的过往，既不被曾经的辉煌冲昏头脑，更不因为屡战屡败而彷徨，而是洗心革面地面向未来的重生与开创。

改变，必然导致适应新变化所产生的种种不适应，和这种不适应所带来的反抗与烦扰，以及新旧交锋所导致的诸多阵痛与煎熬。

世事难料，世界充斥着巨大的不确定性。不确定性决定着适应既可能是一个渐进而平缓的进程，也可能是脱胎换骨般的激烈冲击。具体怎样，既取决于客观新环境的实际变动程度，更取决于个体自身的主观适应能力。

"手把芙蓉，好风相从"。其实，适应即改变，改变自己。

改变需要一个适应的过渡期，顺利地度过了，也就适应了，成为适应良好的幸存者；没有度过，当然就会被卡住，而成为不适应的弃儿；不顺利或缓慢地度过，其结果往往就不那么令人满意，且需要付出更大的努力才能弥补欠账。

为成为适应的好手，我们必须在这三点做出改变：第一，识变，仔细识读环境；第二，应变，正确认识自我；第三，求变，改变或升级意愿。很显然，适应也就是这三个方面相互耦合的产物，三者缺一不可，哪一个方面出了问题，就会产生不良的适应及其结果。

世间万事无不如此。只是世界过于广大，本书便不述及其他，只及大学，专谈识、读大学，并思索大学的走向！笔者长期工作于大学，经常面向大学生及其家长、高等教育工作者开展学习的指导、成长的咨询、适应的讲座。每每看到通过白热化的高考竞争、以胜利者姿态昂首挤入大学之门的大学生时，由衷地高兴；又因为少数大学生不能适应大学生活而被遗憾地退学，或因不能更快、更好地适应大学而以肄业结局，遗憾地走出校门之时，被深深地刺痛着。

我深知，大学生无不背负着自身曾经为之奋斗的梦想、家庭秣马厉兵的未来期望，却因为大学生在从中学到大学的转换过程中的不适应、缓适应或不良适应而成为现行大学教育制度下的"次品"甚至"废品"，被淘汰出局。不但大学生的自信心承受着巨大打击，而且背后的家长也不知所措，大学与社会更为之扼腕痛惜。因此——

读大学，何尝不是大学生适应大学、大学生改变自我的过程？

读大学，也就是大学生识读大学、认识自我、改变自我的过程。

大学生适应大学的速度、质量直接决定了大学生读大学的水平、大学生自身健康成长的程度，这是一个直接关乎大学生能否顺利实现人生可持续发展的大问题。

虽然大学生适应大学是历代大学生都必须面对的一个老问题，并非今日之特有。但相较而言，随着高等教育普及化的迅猛发展，加之新时代大学生生发出了许多新的特点，其适应问题反而愈发突出，非常值得观察、研究。尤其需要大学生和大学这两大主体高度重视，并切实地做出适时调整、改变，才能促进大学生更好、更快地认识大学的新特点、适应大学学习的新环境，助力大学生健康成长。

对大学生而言，适应大学首要的是认识大学、掌握大学的学习特点，按照大学的学习规律，跳出曾经的成功套路，以新的学习模式来读大学，才能更快、较好地适应大学，读出大学的味道，品味大学的独到，吮吸大学的营养。

为此，本书以大学生为主要对象，聚焦大学生适应大学这一主题，以提升大学生适应大学的能力与质量为宗旨，期待对大学生及其家长、教师读懂大学、提高适应能力、获得更好成长有些许帮助。为便于阅读，本书打破系统性和理论性的惯例，以大学生在适应过程中经常碰到的实际问题为主题逐一展开。

如何使用本书？

很简单！"读"大学期间，碰到怎样的疑惑，直接打开本书目录，按"录"索骥，也许开卷即有益。当然，对于新大学生及其家长来说，也可从头至尾地通读一遍，算是对读大学期间可能碰到的疑难杂症吞服几片"预防药"吧，可能是一件磨刀不误砍柴工之益事了！

陈志绾

2023 年 4 月

第三篇　出大学

第四篇　思大学

后记

第一篇 · 识大学

大　学

步入大学，兴奋之余你可能会问：大学？大学是什么？是地盘或规模很大的学校还是为大人而设立的一类学校？是大家都可来学习的学校还是琢磨更大学问的一类学校？抑或是大不了自己学的学校？

不同的人有不同的理解。这些理解可能皆源自"大学"这个名称是由"大"与"学"所构成，导致字面上的直接识读，出现了对"大""学"在理解上的歧义或差异。

对于我们，"大学"似乎并不陌生。早在 2000 年前，中国人在文化宝典四书五经中便有了《大学》（篇）。不过，值得温馨提示的是此《大学》非彼"大学"也。此《大学》并不是指称一种学习机构、教育组织，而是一部阐述儒家教导人生修齐治平的"三纲领""八条目"，浓郁着中华文化思想的经典著述，与我们现在所说的作为一种高等教育、研究机构的"大学"相去甚远。

之所以会在字面上产生如此误读，主要是因为 university 这个英文单词的含义。在西方，university 的词源来自拉丁文 universitas magistrorum et scholarium，其大致意思是"教师和学者的社区"。即原初含义不过就是教师、学生寻求自我保护、相互协作的行会、帮会、协会，是一个学者的行业共同体，与其诞生时中世纪的其他众多手工业者行会、帮会并无太多分别，只是所从事的行当各异罢了。

这样看来，大学出生的血脉也并不如后来大家抬举的那样高贵。无论是创立于公元 1088 年罗马帝国时期的世界第一所大学——意大利博洛尼亚大学，还是随后的法国巴黎大学、英国牛津大学、西班牙萨拉曼卡大学，都只是一个为了学习、追求学术的自我保护机构，寻找自身理想的普通乐园而已，并非流淌着金色血液的贵族化组织。只是后来的神秘化、封闭化，才让大学渐渐地离开了烟熏火燎的尘世，演化成越来越孤傲而神秘的"象牙塔"，与世人越滑越远，显得有些高冷、贵族化。总之，大学的出身并不是天龙下凡、高贵不已，而是与众多其他社会组织一样，饮食人间烟火，世俗地为如何谋生计、更好生存而筹划、而改变并适者生存着。大学，不过就是一个略带高贵气质的世俗化教育机构而已。

从我国的大学发展看，也大体一样。只是传统认为，我国历史上并未诞生一个西方大学模式那样的机构，只是到了近代以降，受到国门解禁和西学东渐的影响，在十九世纪末期的洋务运动中我们胆战心惊地模仿着西方大学的样子，无奈而被动地放弃了轻车熟路的科举套路，把世袭的私塾模式、书院讲习、师徒传带转换成了更潮的西式"大学堂"，以至于到了今日，我国的大学仍未摆脱西方大学理念的阴影、模式的桎梏、时尚的荡涤。不过，因为人口众多、阶段殊异，在热闹和世俗程度方面，我们的大学倒是有过之而无不及之感，更具中国特色了。

于是，恰如其字面上的意思：大学成了大家都可来学习、参与的地方，一个办学规模、涉猎领域、占用面积都更大的学校。而我们常常忘记了其更深刻的意蕴：研习高深学问的自由空间、拓展更大范畴的思想领地。一方面，非常需要政府给予支持、社会提供护佑；另一方面，积极为学生构筑自由发展的氛围、为学者营造更具想象力的时空。

为什么？因为即使仅从字面上看，大学似乎就天然地内含着"university"所拥有的"universe"（宇宙）那样无处不包、宇宙般浩瀚无垠的胸怀与气度。似乎，它在更接地气地关照着互济、互助等帮派协作精神的同时，亦隐含着与其他普通手工业者行会不同的某种精神追求——需要始终保持着抬头仰望浩瀚星空（universe）的姿态——以此不停歇地激发着生活在其中的大学人以永不耗竭的好奇心探索着 universe 的无垠。

从这一点上看，大学又天然地内赋了自身的一种高贵品质，远离尘世喧嚣，以象牙塔的罩护而始终保持着至少一丁点高傲、孤冷的气质，让经历过大学熏陶、洗染的大学人常常不露声色地展现出一种自信笃定的精神、自由探究的习性、独自判断的品格，即使是不得已的随波逐流，亦能鹤立鸡群，内化了至少那么一丁点"德先生"的贵气、"赛先生"的理性，保有着特别的辨识度。即使是万马齐喑、众目睽睽甚至已成众矢之的，亦能仰天嘶鸣、直言不讳甚至忘乎自利，为社会注入更雅洁的精神给养、静穆的精英气质、深邃的精致思想。这也许赋予了大学作为一种越千年而不倒的社会存在以更合理、更圣洁、更高尚的缘由吧，而不只是一个为了生存而存在的世俗化教育机构，体现出"高等"（higher）教育之"高"、之"更高"的等次与品级，"大学"教育之"大"、之更"大"的胸襟与格局。

正是因为大学这种神圣与世俗的高低混搭，才让大学延续千年而不朽，成为历史没有抛弃的教育组织、社会不敢割舍的学术机构，总能焕发出灯塔般的闪耀，成为世人敬仰之惊艳的对象。因此，在常人眼里，大学一直是那少数精英们的进出之地，是一个高高在上的神秘存在，远离普罗大众而索居着。

只是直到近代，大学才越来越近地与世人同在，开启了世俗的与普通人的群居生活。特别是现在，大学已演变成社会进步、发展阶段的显性标识，个体的发展素养、竞争能力的特别加持。于是，高等教育大众化、大学教育普及化便成了一种共同呼吁、时代共识、世界趋势，人人似乎都可以拥有各种可能和机会走进大学，获得大学"上釉"的机会，渴望产生"窑变"的神奇。

这样，大学俨然变成了一个大家都可以来学的世俗化学习机构、技能打造场所。尤其是今天的大学生，不以为然地消耗着大学学习的机会，常常顺理成章地把过去绝大多数人只能神驰而不能梦圆的读大学，当作接续中小学教育的一个学习阶段，一个可以继续读书、考试和猎获更高一级文凭的地方，进而以一个有一点成色区分度的成年人身份，更高起点地进入社会，以便站在更大平台上去开启"挣钱、糊口"的人生之旅。而且，在科技世俗化、实用化的强烈冲击之下，精致而坚固的"象牙塔"在外压和无奈中被轰然炸开，外部世界威逼和利诱着大学不能仅满足于诵读理论、复述经典、注释经文、跟随好奇，而必须跌下神坛、对接社会、进入市场，开启下场亲自比画的新进程。

当然，大学委身世俗，不仅仅是为了寻找现实世界精彩的刺激，也是绞尽脑汁地讨好外部、扩充领地的试错，寻觅自身的立足场域、用武之地、发展空间，越来越多地放下身段，变成了公众的"服务站"、社会的"链接器"、实战的"练兵场"。

大学的建立与发展，本是环境与遗传高度互动、现实与历史高速擦拭的结果。在这两个方面的挤压之下，大学变得人满为患，越来越拥挤；变得越来越世俗功利，越来越喧嚣。越来越多常人进入大学学习，是一项需要大学、大学人主动革命、革自己的命的巨炫挑战。好在，大学其命维新，本能地遗传着苟日新、日日新的品质，濯而不妖、卓尔不群的天赋，始终在适应和引领中加速着变革，刀刃向内地自我革命、改过自新，为大学人提供更适宜的成长土壤、创新氛围。

对于有机会、有意愿进入大学学习的每一个大学生来说，上大学更是一项主动转换学习频道的观念革新、成长思维的脱胎换骨，需要来自内心的自驱才能摆脱十多年来自我编织的学习茧房，走出自我设置的模式陷阱，与大学一起洗心革面、重新站立。在大学这片自由时空的护佑之下，尽快适应大学的特点，树立自主的意识、独立的思想，铸就人生发展的优良品质、健康习惯、探究品格。

这，便是大学！一个开始独行而又同在、传承而又创新的崭新领地。

什么是好大学？

好大学，该是什么样子？

回答这个问题，看似简单，实则很难。因为大学的职能、众人的口味早已随时日而发生了巨大改变。而且，这些巨变足以让人眼花缭乱，以至于就连大学自身都快忘记了出发时的初心，更不用说"吃瓜群众"经常被商业排行误导，时常被各类专家忽悠了。因此，真正到了要对大学进行判断并做出选择时，往往是一头雾水，似乎只能听信"谗言"，偏听偏信。

不过，万变不离其宗！

作为学生，到大学去的"宗"是什么？不就是接受学校老师的教育、安心学习吗?! 显然，只需抓住这一点即可，即这所学校是不是在认认真真地教导学生、培养学生！大学是否通过自身所散发出来的育人魅力来吸引并留住学生，而非通过自身对文凭的垄断，更非天马行空的学术鼓吹。自然，好大学首要的是受学生青睐的大学、受毕业生爱戴的大学。

那，该怎样判断？

首先需要明确的是：判定大学好坏、强弱一定不是那些五花八门排行榜上的名次，也绝不只是标榜各种"帽子"、影响因子、奖项数量等硬邦邦的显性数字！而更多的是难以用数字、指标予以表达的学习氛围，难以用名次、数字排队的精神气场。

这似乎更玄，因为这些更难判断。也许用学生的脚投票更靠谱——用招生市场上一所大学所具有的号召力、竞争力来说话，即学生能否在悦、远来！

在悦，在学的学生能否获得悦服的教育体验、能否获得悦服的健康成长，绝不会因为读这所大学而感到懊悔，更没有退学、转校的念想。

远来，不在学的学生能否踊跃申请、纷至沓来。毕业生能否继续诚服于当初所选择的那所大学的教育，即使毕业多年，校友们仍深深眷念、时时想念。

具体而言，有以下三个方面。

一、重视学生成长的大学

作为育人机构，很显然也天经地义，重视学生、重视学生成长乃大学的生存之道、头等大事！可是，环顾现实，大学的种种表现却总有些牵强，很难得出如此结论！反倒与学生越来越无关的那些活动似乎更加轰轰烈烈，被大学置于更优先的位置了。

为什么会这样呢？毫不讳言，我们大学在最近几十年临摹的最大标本是世界高等教育强国——美国。在这场声势浩荡的拜师学艺过程中，我们过度地追逐美国的模板，尤以美国所谓头部大学为光辉的典范，死心塌地地效仿美国本来类型众多的大学中的那一个品种——研究型大学。我们的每一所大学似乎都一心一意地以美国研究型大学的模样为范式，刻舟求剑地追逐所谓世界一流的研究型模式，洋洋得意地以研究型大学而自居。

随之，在这些带头"大哥"理所当然的带动与主导之下，有了各种认证、评估、比赛、排行，甚至是规格、标准也变本加厉地强化着这种范式之无穷魔力，把几乎所有的、有无条件都要办一流的大学，一窝蜂地拽上了这艘拥挤不堪、鱼龙混杂的"研究型"大学的大船，在一股飓风驱赶下向着"研究型"的方向比拼式地摇晃。

总得显出个高低贵贱、分出个三六九等吧！最让人服气的等次、贵贱又是什么呢？显然，就是最便于比较、排列的各种量化指标了。似乎，也只有这些醒目的数字才有利于冲入到各种排行榜的更高位次，也只有这些硬指标能够立马拿出来与西方大学叫板、与其他大学拉开档次！可谓是赚足了眼球、戴上了帽子、赢得了谬赞，一举多得！

既然目标明确，大家就朝着同一个方向往前冲吧！哪怕是身心疲惫、成效低微的严重内卷，也得轰轰烈烈！于是，几乎所有的大学都围绕着论文、项目、奖项、经费、帽子、专利等显性的、硬邦邦的数字、比例、级别、数量而拼着老命、挖空心思。硬生生地，把本该实实在在地办教育演变成了浮光掠影地凑数字！反倒，各种高度标准化、数字化、帽子化的所谓研究性学术活动变成了大学真心实意的"头等大事"！原本作为育人机构的大学，其存在的教育本源就越来越远离育人的初心。大学及其教师的资源、精力与学生的关系、学生的学习、学生的成长之间的距离越来越疏离，甚至越来越无关，变成了活脱脱的两张皮。

作为学生，读大学不就是冲着那几颗以当红、明星教授为代表所组成的教师队伍而去的吗？可是等到了大学才发现，不要说那些学术明星，就是那些稍带点儿"流量"的普通教授往往成了多点执业的"空中飞人""社会活动家""流量网红""当红主播"了。结果呢？等到了大学毕业，常常是难得见着这些招牌教师们长什么样、也不知身影在哪里。

如此这样，传说中的大小教授、所谓的高端学术又与学生、与学生的成长有何关联！明明看到大学公布有数亿、数十亿、数百亿的办学经费，可是相比花在打造明星、购买版面、营造轰动等大场面上的费用，用于学生培养、用于教与学过程中的投入就少之又少，十分吝啬。因为花在学生身上的投入见效很慢，甚至短期根本就见不着什么效果！渐渐地，大学纷纷深陷于"失去灵魂的卓越"[①]之困境，难以自己、不能自拔！如此的大学繁荣，除泡沫翻天的轰动之外，能够受到学生爱戴、社会认可吗？遭遇学生不时的责难、社会不断的责问，自然就理所当然！

事实上，即使是我们趋之若鹜的样板美国，那些长期坚持以学生为中心的小型文理学院反倒备受学生追捧，这样的大学比那些所谓的研究型大学在育人质量上更具社会认可度、竞争力！这是值得深思的。想想看，作为学生，读这样的"指标型"大学除了满足一下面子上的短暂虚荣，还能有什么实质性的成长呢？

值得庆幸的是，在新高考模式之下，考生被赋予了更大的自主性，获得了更多选择权。而且随着信息的透明与对称，以及考生及其家长的判断水准、选择能力的大幅提升，社会越来越能看清一所大学到底在干什么，干了

---

① 《失去灵魂的卓越：哈佛是如何忘记教育宗旨的》的作者哈瑞·刘易斯在哈佛任教30多年，其间有8年时间担任了哈佛学院院长一职。他从自己的亲身经历出发，向读者描述了美国常春藤联盟大学，如何放弃教育宗旨、如何迅速从教育机构演变成商业性机构，而哈佛又如何成为这一进程的引领者。参见：哈瑞·刘易斯. 失去灵魂的卓越：哈佛是如何忘记教育宗旨的 [M]. 侯定凯，译. 上海：华东师范大学出版社，2007.

些什么，也能分清大学到底该干什么，不该干什么，还能认清自己最需要什么，最有可能收获什么。

大学只有把主要精力、主要资源投放到学生身上、配置于学生学习过程之中，以更大力度促进学生获得实质性成长，才是获取市场竞争力、学生爱戴的长久之道。如果那些不知悔改的大学，仍然一味地为了自身短期数字、一时名利，而不顾学生的学习成长、不能助推学生发展，一定会在残酷的生源竞争中失去学生的青睐，出现生存危机。

作为学生，当然绝不能只是翻阅排行榜，听闻吹嘘造势，迷信牌子名气。更应该选择：

那些关心学生成长，把学生置于学校中心，切实围绕学生教育需要而建设的大学；

那些注重资源投向，集中资源与精力投入到提升学生学习过程体验、助推学生成长的大学；

那些毕业生发展好，且随着时间的延长毕业生反而对母校越来越爱戴，更愿意向新的考生推荐的大学。

二、注重专业优势打造的大学

由于发展阶段和刚性需要，我国大学在改革开放的这几十年的发展主要还是外延式的，着眼点主要在规模的扩大、数量的增加、范围的拓展。正因为此，今天的大学已迅速膨胀成真正的"大"学。

大，不只是学生规模的庞大，也体现在设置专业所涉猎范围的广大。为吸引学生、安放学生，各所大学都纷纷追逐所谓综合性大学的模式，似乎无所不能地举办了各种专业，那些似乎只需要一本书、一支粉笔、一块黑板即可的专业更是被一哄而上地复制，遍地开花。现在，早已见不着所谓"单科""专科""专业"的院校了，这些院校早比过去所谓的综合性大学更加地综合了。即使那些能耐得住寂寞而坚持坐不改名、行不改姓的少数大学，也已在专业设置上高度综合化了，专业可谓是全面出击、多多益善！

在一定程度上，这并非坏事。因为教育是相互高度关联的育人生态，并非人为地画地为牢、自说自话的封闭领地！只是，万事皆有限度。一旦，大学不顾自身的定位而照猫画虎地全面出击；一旦，所有大学都自感无所不能地全面出击，也就优势退化、特色退却了。这可能是今天大学最致命的硬伤。

好在有了新高考模式的倒逼、就业形势严峻的挤压，那些缺乏市场竞争力、就业导向的专业终将无立锥之地！如果大学再不转身收缩过长的专业战线、再不俯身扭转过弱的专业内涵，依然延续着在高等教育卖方市场时仅靠一个时髦专业名称、出于保障教师工分与饭碗等简单的外延发展模式，而不着力于内在专业优势的塑造、专业特色的凝练，就一定会被市场无情地淘汰，遭遇学生有力的抛弃。

显然，作为学生，在选择专业及其大学的时候，不能只被大学的牌子、专业的排名所迷惑，更不能被专业名称的响亮、专业的热度所忽悠，而应该深入了解其内涵是什么，这所大学举办该专业的优势有没有，在哪里，所举办专业的特色有没有，有几何，是不是我所需要的。这样，才能减少选择专业的盲目性，避免随大流、跟风式地选择那些看上去很时髦、很响亮的专业。

三、提供专业灵活性的大学

灵活性，体现的是对人性的尊重、个性的张扬。专业灵活性，是给予学生自主选择权利的具体制度设计。一直以来，大学常从方便自身的管理出发，对专业的发展与管理少有对学生、对学生个性的关心和保护。好在，新高考更加突出了专业而不仅仅是大学在招生中的地位，这将牵动大学对学生专业选择的重视。

同时，这也将对学生产生影响，要求考生尽早确立自己心仪的专业。遗憾的是，此时的学生还只是一个对未来思虑并不成熟、一心埋头于"圣贤书"的读书郎、做题家，缺乏对社会的必要认知和历练，兴趣的培育、志向的树立往往比较肤浅，所选择的专业旨趣也多数只是"跟着感觉走""随着大势流"，因而还是初步的、暂时的、浮动的，并不能经得住后续发展的实际检验、变化涤荡。显然，在高中毕业时就一锤定下终生是不切实际的！加之，家庭和学校教育常被考试牵着鼻子走，并不太注重、也不太擅长对学生进行系统而个性化的生涯规划教育，学生自我的目标发展意识、兴趣驱动能力的培育总体上较弱。

到了大学，往往只有少数学生是幸运的。他们当初所选择的对象专业在就读大学期间依然得到自我认同，不必更换专业，他们可以继续兴致勃勃地沿着之前选择的专业学习路径，充满活力地完成学业，学有所成！即便如此幸运，也依然还有拓展专业面向、修习其他专业的需要！

另一种情况倒更是经常的了。随着学生认知与阅历水平的提升、对专业内涵的深入理解，其志向与兴趣也随着阅历和认知的变化而发生改变，当初所报考的专业也随之转向。自然，就希望能改换门庭，投奔学习其他的、更感兴趣的专业。

还有一种情况也很常见，就是因为各种因素的影响，学生被录取到了本来就不是自己所喜欢、经过学习之后依然并不热爱的专业，调换专业的愿望就更高了。

怎么办呢？一直以来，大学在面对后两种情况的时候，往往是教育学生要"学一行、爱一行"，让学生自己做出心理调整，适应所选或被选专业，大学自身却无动于衷或很少做出改变。但是，大学今天面对的形势已大大改变。姑且不论时代发展给大学举办专业所提出的跨专业、宽领域等灵活性的培育要求，仅就所面对的新生代大学生在追求个性、力求自主等新特点而言，如果大学在专业教育、专业发展方面：

——不能提供更加灵活、多样、可变的培养方式；

——不能在学生进入大学之后拥有专业转换、专业跨越、专业交互等方面的制度支持；

——不能开展辅修、自修、多校修、在线修、跨国修、线上修等符合时代特征的多模式学习；

——不能让大学生表达，并实际拥有更加自由的学习、更加个性的选择。

那么，这样的大学也一定不是时代所需、学生所向的好大学！

如果大学依然故我地让学生削足适履，仍然固执于自我的办学主张，以维护自身利益、规制教学秩序、保护教师利益等单个角度为出发点来考虑发展、设计制度、制定规则，一味地要求学生将就于自己并不感兴趣的专业领域、课程设置、学习内容，那么，这样的大学一定是不合时宜的了。自然，越来越多的学生也一定不会选择并拥抱那些不具专业灵活性的大学了！他们会转而选择那些在专业设置、专业选择、课程组合具有更多灵活性的大学，与大学一起获得更多的成长。

变化中的大学

　　毋庸置疑的是，伴随着大约十个世纪的钟声，大学一直在适应着、变革着。

　　不可否认的是，直到今天，"乔布斯之问"①依然还是一个正确的诘问。

　　问题是，面对新生代大学生的纷至沓来，仍然由老师主导的大学能担负得起沉甸甸的"高等"教育之责吗？"老"师、"教"授能否浴火重生、脱胎换骨而成为"青"师、"学"者，成为代表未来的新生代大学生的同行者吗？大学一直严防死守的学科、专业、课程还能画地为牢而孤立于新生代大学生的个性化兴趣、需求之外？大学能刀刃向内、刮骨疗伤而成为照亮未来的灯塔，成为新生代大学生真正理解并饱含激情地参与的对象，而并非只是记忆知识、"猎取"文凭的工具吗？

　　这些严肃问题的提出是否是夸大其词的渲染。一直以来我们不都是这样一届又一届地送走了经过激烈竞争而步入大学的大学生吗？

　　是的。因为过去未去，少有改变其巨大惯性的未来矢量。因为从传统上讲，教育首先是遗传而非生异的产物，新奇的变异往往缓慢而少见。高等教育机构一直都是一个对文凭高度垄断的知识集团，少有足够的外部"战争"。似乎，历史为大学遗留了两大最根性的基因：继承性的传授方式、规模化的生产模式。

　　继承性——自然就是面向过去，把先辈圣贤留下的成熟理论、积攒的系统知识、摸索出的智慧经验，亦步亦趋地一代又一代传承着，期待着后辈们能更快地站在前辈们认为很坚实的肩上，少走弯路、直抵目标。注重的是历

---

　　① 苹果公司创始人乔布斯生前提出："为什么计算机改变了几乎所有领域，却唯独对学校教育的影响小得令人吃惊？"

史既有与知识习得，而不是开创未来的胆识与好奇探究。因此，尽管历经千年风霜洗礼，大学教育依旧是标准规范、循序渐进，传授为主、单向灌输，知识为先、教材为重，考试第一、分数至上。

规模化——自然是适应现代工业化、机械化大生产所需要的标准化、流水作业与专业分工，导向的是效率与规范，是快而不是好、是多而不是美；强调的是共性、统一、量产，而非个性、独特、订制。所以，今天的大学依然是专业林立、学科割据，班级教学、考试规矩，课程细分、学分累积。

未来激变。信息化与智能化正在用力冲刷着大学对知识和文凭垄断的固执，而且随着新生代大学生的加入，大学由被袭扰到被冲破，这个前景正在由可能变成现实。可是，我们会问：迅猛的信息化、网络化浪潮席卷而来的这些年，为什么大学校园依然受到的影响小得令人吃惊？原因虽然非常复杂，但是我们必须坚信历史的智慧：技术诱发的变革是社会前进最强大的推力，这种推力一定会渐进地推动大学的变革。

不过，技术动力只是大学进步的一大诱因罢了。因为只有人、大学中源源不断输入的新人，乃是大学存在与变革的真正目的与动力源泉。因此，拥抱新生代大学生的到来就是拥抱未来。他们既让大学变得年轻，也成为催生大学变革的活力，拯救着"高等"教育不至于衰退为"低等"，催促着大学不至于衰败为"次等"，避免被新生代大学生唾弃与不齿。从这个意义上说，留给大学的时间已经不多。如果说在过去的二十年里，大学受到的"影响小得令人吃惊"是事实的话，那么，从现在开始，随着新生代大学生的纷至沓来，用农业社会的遗存、工业化时代的模式，就不可能继续满足信息化社会的现实、智能化时代的取向了。大学将迎来一个崭新的机会——是挑战性机会、也是面向未来并开创未来的机会，大学要加速改变——面向未来、面向人的全面发展。

面向未来，就是按照未来智能社会所呈现的可能特征来谋篇布局，更加聚焦于高等教育的引领性、开创性。在新业态、新模式的催生之下，不仅是应对新生代大学生信息化时代的烙印、"富二代"的特征、链接全球的视野所生成的思维与习惯，也是赢得未来立足的空间与时间，以长远的发展眼光，谋求未来的开拓、布局的可能。不仅以成熟的知识来简单地推演、用已有的经验来僵化地应对、拿现成的模式来单向度地延伸，而需要胆识与眼光、优化与重构、跨界与颠覆，才能让创新回归高等教育本质。

面向人的全面发展，就是让教育回归成人、成为人的教育，这才是真正的"高等"教育。在机器越来越像人的威逼之下，以人性的视角，着眼于人的丰富性与个性化，养成人的理性与情感丰富与独特。而不是把人训练成共性十足的工具，加以规模化的生产；把人训练成重复的机器，而单向度地灌输；把人训练成为生存的动物，而功利性地喂养。这就需要全面与判识、前瞻与反观、同情与自省，让人性始终充盈着"高等"的教育、"大气"的学习。这，才是代表未来的新生代大学生所期待的大学：既有血有肉、又有情有力——独特又共性、创新又继承。

一、改变循序渐进模式

循序渐进是按照知识演进逻辑而采取的继承性教育方式，适用于变化缓慢的时代和环境。在互联的时代，既有的知识整体已被锯割成一颗颗碎粒，随手可得、信手拈来。在智能社会，繁复的知识、逻辑的推演变成了毫秒级的自动运算、默认的识别与感知的推送，随时听命、自主捡拾。越是循序渐进的、越是有规律可循的、越是可死记硬背的机械重复，就越会被替代、遭淘汰。因此，高等教育的使命就不能是培养毕业即遭淘汰的程序化"机器"了。

杜威说，"学校即社会、教育即生活"[①]，信息化社会让这一信条得以实现。因此，以运用、开创知识为目标，研究知识新的演进方式、改变知识的呈现模式不再只是理论上的期望，而成为现实的必要。这就需要重新思考如何处理好基础性与专业性、系统性与创新性、继承性与开拓性，并予以更具灵活性的组装机制和个性化的展现样式。

从这个角度看，新生代大学生优势独具。他们习惯于虚拟生存、处处链接、时时互动，养成了球状思维习惯，能够全频道沟通、广领域处置，看似不合逻辑的零碎、跳跃，却有利于组合式、大跨度的思考。跳出逻辑、逾越常规，却有可能突破既有、打破禁锢，实现非线性、点面结合的创新。为此，可能有两种新的模式：组团、跳跃。

---

① 约翰·杜威（1859—1952），美国著名的哲学家、社会学家和教育家，美国实用主义教育理论和进步教育运动的主要代表人物，代表作有《民主主义与教育》《我的教育信条》《学校与社会》《儿童与课程》《我们怎样思维》《明日之学校》等。

组团，既包括人员组合所凝聚的知识加工团队，也包括项目牵动下所形成的知识组合新集成；既包括课程组合所形成的解决问题的知识包，也包括跨学科合作所推动的组织变革的新架构；既包括校内力量整合所形成的新力量，也包括信息化支撑的校内外资源互补所诱致的新模态。

跳跃，就是互联化的球状思维模式。跳出按部就班的既有线性、单向模式的制约，跳出依葫芦画瓢的既有知识规制、逻辑演绎，跳出牢固不化的科层体制约束、传承机制束缚，搭乘新时代的快车、新生代大学生的顺风车，让大学更年轻、让梦想更精彩，让问题插上想象的翅膀好奇地飞翔，围绕知识的生成与创造，拟定新方案、设计新模式，产出新奇迹，走向新未来。

二、改变单向传输方式

恰如流水线，单向传输是最具效率的生产方式。犹如广播和电视，一人讲可以有无穷量的受众，这是传播成熟知识和既有经验的最佳方式。而信息化时代需要的是互动交流、多向展开、全方位融合、跨界呈现，这也是教育一直所致力的理想状态。这种样式的传播，所有学习者都是参与者，所有参与者也是学习者，皆可集合所有参与者的知识与智慧、经验与德行，并对诸要素进行再组装、再质疑、再融合，实现可能的再创造。这些年层出不穷的各种新发明、新技术、新理论、新样态，无疑检验着这种多向度传输模式的魔力，带来了五彩斑斓的多样性、绚丽多彩的丰富性，不断重塑着面向未来的强大信心。

这就需要大学人重新思考：以课堂为传输阵地的意义、价值与方式，讲授的可能模式与组合。这就需要审视：网络的传播力量与模式，人与机、师与生、生与生、课堂与课堂、课堂与社会、学校与社会的共存与互联，道德与伦理、知识与素养、思维与习惯、品质与意志的发育与内化。为此，可能有两种新的策略：融合与开放。

融合，就是融合现实与虚拟两个世界，建构可能的"统一场"。把线上的查阅与观看、线下的思考与交流，融合为虚实相生的元宇宙交响。就是融合课堂内外所闻所想，把课堂整合为学习与分享、研讨与碰撞、激情与想象的天堂。就是融合学校内外的资源与智慧，把学校打造为共同成长、联系内外、引领时代的先锐力量。

开放，就是弱化单向传播的桎梏，向学生开放、向网络开放、向社会开放、向未来开放，使之成为知识传播、整合、创新的平台、渠道与力量。就是消弭师生界限、专业壁垒、课程阻隔，优化组织流程，重构创新空间，从而践行"自由、平等，包容、博爱"的人类理想。

三、改变教师权威的存在

关于大学，流传最广的一句话是："所谓大学者，非谓有大楼之谓也，有大师之谓也。"这充分表明：大学一直是围绕着教师而存在，大师是大学中毋庸置疑的核心。过去，面对时空的阻隔，大师无疑是大学的象征。在知识进化速率缓慢与获取知识比较困难的情况下，大师的权威是不可置疑的。但是，当时空不是问题、当知识加速演进且获得知识不再困难的时候，以大师为代表的教师们还可以故作权威，以权威者自居吗？至少不再敢以知识的权威自居了！因为如此的权威还不如一架低级的智能终端知道得多、响应得快、回复得准。

即使有如此"毋庸置疑"的大师存在，他也不再只为一所大学所独享，而正在开放地属于全时空、全领域了。权威恰如斯蒂芬·威廉·霍金教授[①]，其深奥而古怪的学术思想在全球、全领域快捷地传播、方便地获取，也依然接受着源源不断的质疑与批判。即使尊崇为大师，又有多少人知道或者想知道他是属于哪一个组织、哪一所大学呢？因为在世界任何角落的任何人，都可以随时随地听到霍金教授正在天籁般地思考后所发出的怪异声音、阅看他出版的著述所跳动的奇异字符。即使"不明觉厉"，又有多少人只是把他当作知识的权威来问寻，而不是膜拜其坚毅的品质与深邃的思想呢？因为仅就已有知识而言，他永远比不上集众所长、永不打烊的"度娘"[②]。因此，以教

---

① 斯蒂芬·威廉·霍金（1942—2018），英国剑桥大学著名物理学家，现代最伟大的物理学家之一、20世纪享有国际盛誉的伟人之一。21岁时患上肌肉萎缩性侧索硬化症，全身瘫痪，不能言语，手部只有三根手指可以活动。主要研究领域是宇宙论和黑洞，证明了广义相对论的奇性定理和黑洞面积定理，提出了黑洞蒸发理论和无边界的霍金宇宙模型，在统一20世纪物理学的两大基础理论——爱因斯坦创立的相对论和普朗克创立的量子力学方面走出了重要一步。

② 度娘是百度搜索的萌化指称，表达的是对各类搜索引擎带来方便的颂扬。

师乃至大师为化身的知识权威正在走下神坛，成为在学习道路上与新生代大学生风雨同舟、比肩同行的"鹤发学童"，一同努力着成为创新未来的一分子。

在如此背景之下，大学教授还能懈怠？显然，是时候思考大学、教师如何存在，以什么方式存在啦！以及所依附的课程价值、教材地位、专业意义。如何实现虚实共生、师生同行、内外互补的融合发展、合署共存。为此，有两种新的可能：学习、借力。

学习，就是转化角色，由"教师"转化为"学友"。成为新生代大学生一样的学习者，以甘当新生代大学生的学兄学姐、学友学伴为荣，建构参与式学习、体验式学习、游戏式学习的新生态。在崭新的时代面前，人人皆是新人、老树也须新芽，才可踩着时代的鼓点，让存在永驻。在这个基础上，才有可能实现好的学习者与好的研究者二者间的随时转换，才可开拓新领域，成为新知识的拓荒者，进而推动未来发展。

借力，就是不固守、不僵化。在全球范围内，以网络为工具借大师之智，以链接为平台借万众之能，以智能为伙伴借机器之智，敬畏机器、敬畏未来、敬畏来者，甘做人人皆为大师的助教、蕴藏民间高手的助理、深度智能机器的同盟，密织充满活力的学习圈，打造开放包容的资源库，凝结最具想象的创造力，与未来同行。

大学之标配

　　说到大学，无非就是由人和设施设备所构成的生动场景，而其中具有标志性的就是人员中的教授们、设施设备中的地标建筑。下面来聊一聊最具代表性的建筑物——图书馆。

　　图书馆，其存在至少要比大学早 1000 年以上。也就是说，图书馆并不是大学的一部分，在没有大学之前，图书馆便早已存在。而离开了图书馆，大学反倒让人难以理解、难成大学了！因为大学是一个知识共同体、一个知识聚集体。无论是师生的教与学，还是大学承担的传承与创新任务，都离不开图书、刊物提供便捷、可靠的知识性服务。显而易见，大学对图书馆来说是必需的；而图书馆栖居于大学，只是放大了其功能、精准其指向而已。所以，一直以来，图书馆作为组织机构、基础设施、服务平台、聚合中心融入了大学，成为现代大学不可分割的一部分，成为一所现代大学的标配性机构、标志性建筑、基础性设施。

　　图书馆也因此成为衡量一所大学办学能力、现代化水平、学术层次的一个基准观测点。那么，什么是大学图书馆？其价值何若？作为大学有机组成部分的图书馆，至少有两大意蕴。

　　第一，是大学的图书馆。这与一般意义上的公共图书馆区别开来，凸显其自身的独特价值。其区别之处在于：服务对象的明确指向——大学的全体师生。也就是说，图书馆走入、融入大学并成为大学的有机组成部分，就必须符合大学的功能性定位、满足大学服务师生的需要。

　　育人，是大学的建校之本。作为育人之地的组成部分，大学图书馆就与大学的其他内设组织、机构一样，亦须在教书育人、知识创新方面发挥其独特的学术作用，体现大学的教育功能。因此，大学图书馆就天生地内含鲜明的教育属性，有形或无形地发挥着特殊的育人功能，助力师生的健康成长、大学育人功能的达成，展现图书馆在教书育人方面的独特教育魅力、学术作用。

第二，是大学师生共同的图书馆。大学图书馆不该局限于某一个学科或专业，而是面向全体师生的公共学术资源集散地。与大学的其他机构相比较，大学图书馆是一个非常特殊的公共性知识服务组织。在知识服务的公共性上，只有图书馆才能超越专业学院、单一学科、专门课程的特别利益制约，克服学科禁锢、专业功利等短期博弈、现实纠缠的负面影响，以图书馆独特的公共属性弥补院校学科设置偏窄、专业学习单一等不足，逾越学科的狭隘视野，促进健康成长的共性。

大学图书馆这种独特的公共属性，是以超越学科狭隘、陶冶成长共性为己任的；是面向全体师生，为全体师生提供更加个性化的公共服务的；是面向学校战略定位与发展目标，为学校更加健康的发展提供更有效支撑的。通过图书馆，师生可从历史的视角、人类的发展、世界的变迁、宇宙的演绎等更加深远、更具价值的客观立场，陶冶作为公民的公共意识、作为凡人的共同精神、作为精英的高尚德行，走出眼前的苟且、滋养为民的情怀、提升成长的境界。

从这个意义上说，无论图书馆的形态发生何种变化，大学图书馆的价值取向都必须在以下两方面予以彰显。

一是服务于全体师生的健康成长。图书馆通过提供设施、平台和服务，让师生在这里获得共性的成长——敬畏知识，克服迷信；扩大视野，克服狭隘；陶冶情操，克服功利。

学生的成长需要从继承知识开始，图书馆通过提供浩瀚的知识，让学生在这里自由地想象，认识到自身的无知与渺茫，锻炼理性选择后的不断成长，练就走向成熟的自信与力量，逐步培养对知识的热爱、对知识的敬畏，发展学习知识的方法、探求知识的胆识、创新知识的热情。

教师在这里获得持续的成长。图书馆通过提供知识与智慧的力量，助力教师在教学、研究的路上不断汲取先贤思想、智慧营养，提供源源不断的学术与信息服务，助力教师持续搜寻知识的前沿、把握学科发展的方向、激发不断探究的力量。激发继续学习、终身学习的能量，内生与时代共舞的激情、昂扬不断进取的精神，喷发探索未知的热情，构筑热爱教育的真诚与使命。

二是服务于大学发展战略的需求。大学是一个分布式的知识生态系统，图书馆是弥合各个部分的整合力量，深度融合学科、学者、学生合力推动大学实现其目标与理想。因此，无论是图书馆的建筑风格、空间构造，或是更重要的馆藏结构、优势特长，还是所提供的服务项目、服务方式，都彰显着大学的特色，描画并营造着大学的气场。大学图书馆就需要持续弘扬共享精神，发挥好知识、学术的中介作用，始终把教育属性、公共属性贯穿于服务师生的成长、服务大学战略发展需要的全过程，展现其存在的价值，放飞大学更宏大的志向。

变革中的大学图书馆

　　人类之所以得以延续、文明得以发展，就是因为我们有书籍这一伟大发明作为强大后盾的支撑与护佑，才让每个人都可以方便地站在前人肩上、伟人臂上，从更新的起点出发、在更高的位置眺望。

　　作为书籍集中的场所，从书房、书阁、书楼到图书馆的演化，折射出人类文明、文化演进的历史变迁，伴随着人类的心灵成长和精神发育。在很大程度上说，人类历史也是一部图书馆的演变史、进化史。

　　什么是图书馆？每个人从小几乎都是在书与房中开始成长，在书的伴随下长大的。收纳书籍，就需要一个地方。书籍多了，就需要有一个被称为书房的地方作为其归宿。书房嘛，不就是收集、储藏和阅读书籍的地方吗？

　　从历史维度看，图书馆其实就是一个放大版的书房。书房多是私人拥有，供个人或家庭使用，针对的是个人和家庭的偏好，藏书范围就会窄一些、数量也少一些。当书房扩展成满足公共需求的一种共享空间之后，其面向便扩展了，藏书范围自然会更广、数量更巨大，其物理空间就更宽敞、大气，由一间房变成了一层楼、一栋楼甚至楼群。似乎，此时再命其为书房就显得不合时宜了。于是，有了今天更大气的名字图书馆——听上去，就是一个有图有真相、有书有思想的地方——为书建立的一个馆社、馆驿。这样，图书馆也就成了一个放大版的书房。

　　正因为此，一直以来，在衡量图书馆品质优劣、档次高低等方面形成了这样的共识：以"书"和"房"这两大方面——馆藏书籍的数量与质量、房屋构筑的别致及其物理空间的优劣和大小——作为标准。

　　不知道大家注意没有，那些公认的世界性或区域性著名图书馆、著名大学图书馆，它们不就是在其馆藏的"书"以及藏书的"房"（馆舍）这两个方面胜人一筹、高人一招吗？因为其藏书之巨、房舍之雅，才成为读书人的向往、爱书人的理想去处！不过，从更实质意义上说，真正决定一座图书馆吸引力强弱、影响力大小的，不仅仅在其书和房，更在其书房功能是否得以有效发挥，书房价值是否独特和得以实现。

不忘初心，方得始终。图书馆最初的功用是什么？其实就三个字：收、藏、用。收，就是收集各类与图书馆自身定位相关、财力相称的图书文献，并尽可能、尽快速地多收、收出特色、形成优势。收来之后，就需要藏好，即典藏好所收集来的、有收藏价值的图书文献。当书籍数量越来越大、内容覆盖越来越繁杂之后，就需要进行合理的归类、编目、整理、储藏等方便查找、借阅、保管的专业化工作与服务，需要建立相应的专业化培养、培训体系。

建立图书馆的最终目的不是为了显摆馆藏的丰富、馆舍的奢华，而是要让馆藏、馆舍发挥效用，尽可能方便地让读者充分地使用好馆藏、馆舍，充分发挥图书馆的两大作用——借、阅。否则，图书馆就成了藏书楼、图书博物馆。于是，图书馆就须通过各种有效的引导、咨询、宣传、展示等方式方法，吸引读者来图书馆借、来图书馆阅，力促馆藏的典籍、书刊、文献能够被读者有效阅览、合理使用。这便是图书馆存在的真正意义、原初价值，这也体现了图书馆的服务水平、吸引力和竞争优势。

图书馆是一个什么样的组织？从图书馆所履行的三大功用看，它通过知识载体（书籍）把作者、书商、读者三方联结起来，组成一个知识生态链、知识共同体，发挥知识中介作用，成为一个知识中介平台。通过知识中介作用的持续发挥，图书馆得以建立、存在、延续。

发挥这三大功用体现的是图书馆与生俱来的共享精神——空间资源与文献、文化资源，以不同方式、在不同读者之间的时空共享；前人与后人以及不同人群之间在知识、经验与智慧等方面的跨时空共享。从而实现图书馆的初心与梦想——为所有热爱知识的人提供自由、平等的成长空间，助力每个读者获得自由而全面的发展！这种共享精神是图书馆一直延续的永恒价值、支撑力量。只有把这种共享精神在实践中不断地予以落地、放大，图书馆才能继往开来，才可持续地发挥其公共性文化作用，从而不断吸引读者，惠及来者。

过去，因为书籍出版困难、书价高昂，没有或者很少有其他渠道可以更方便地获得知识，书籍就成为一种象征身份的奢侈品，读书人必须也只能从图书馆获得更多的、可以博览的书籍。在这种情况下，图书馆就成为收藏书籍最合适、发挥书籍作用最充分的地方，成为每一个读书人之圣地而心神向往。不过，一旦知识来源、信息渠道增加了，方便且便宜了，当任何人可从图书馆之外的渠道获得知识及其载体的时候，神圣的图书馆就不得不走下神坛！遗憾的是，在信息化浪潮席卷之下，图书馆正遭遇这样的困境。

从发展的维度看，图书馆已演变为一个移动版的虚拟书房。随着信息化浪潮的汹涌冲刷，"无纸化社会"的到来，图书馆所收集的书刊、文献、资料从出版、发行到收录越来越高度的数字化、电子化了。虽然因为传统力量的巨大惯性，图书馆还不得不购买、收集、典藏纸质文本，但是越来越大比例的预算已投向了数字化文献，而且这已成为共识。图书馆因此越来越变成了一个移动版的虚拟书房，读者的借、阅皆可不必到图书馆的物理空间去。逐渐地，过去记载文字的书刊变成了数码字符的信息，图书馆就由过去的实体建筑物变成了数据平台、信息云端。

信息化之后的图书馆有了两大最明显的变化：一是书籍变成了信息；二是房间变成了空间。如果说，我们还不得不把这个获取信息的云端继续叫作图书馆的话，那么，移动化之后的图书馆，其吸引力就不再仅是传统意义上的馆藏量、馆的漂亮了，而更看重的是其内置于云端的信息质量以及获取这些信息服务的专业效度。因此，现代版"书房"的功用就变成了汇、导、享。

汇，就是面对海量的信息，在更加专业地筛选信息的基础上，汇聚各类与大学定位、学科专业、图书馆自身特色相关，与财力相符的文献信息于图书馆云端，使图书馆能够继续成为师生喜爱、乐用的信息源、数据库。但是，面对过载的信息，怎么用？就需要图书馆发挥专业优势，引导、指导师生正确搜寻信息，提供咨询、训练师生合理使用信息，培养师生具有良好的搜集、甄别、研判、分析信息的能力，不断提升信息素养。这样，图书馆就越来越变成了一个去中介化的信息服务技术中心，其职能更多地指向确保信息云的正常运行，并尽可能提供比从其他信息渠道更方便、更专业的学习资源、研究文献的信息服务。图书馆的中介作用也由知识中介逐步转变为服务链接，即由读者、作者、书商的知识中介转变成了读者与读者之间的服务节点。

　　不变的是图书馆的共享精神。因此，只有图书馆继续高扬其共享精神，才有新的赋能，让图书馆成为师生可共享信息、交流思想的文化高地。图书馆就成了"两个中心"的平台——信息集聚与共享中心、思想碰撞与交流中心——继续在共享、交流方面发挥其难以被替代的作用。如果不适应这一趋势变化，图书馆就必然成为一个可有可无的、漂亮的建筑躯体，逐步沦落为一个可以舒适地坐下来自习、排队抢占座位去复习的建筑壳体！看上去可能人气很高、似乎也很抢手！但，其实与图书馆的功能和作用、存在的终极价值越来越背离甚至无关了，因而离衰落、淘汰也就近了！

第二篇 · 读大学

开启大学之旅

上大学是每一代人的共同愿望，这是改变个人命运也是改变时代的最可能的途径。大学接纳来此接受高等教育的每一分子，是大学生转变为社会劳动者的最佳驿站。大学生在这里成长，适应的却是至少几年之后的社会，面对的至少是十年左右的时代变迁，开创的至少是十年之后的长远未来。因此，尽管每一代人读大学的方式不一样，但是有一点却是共同的——面向未来，适应并开创未来。

经历近千年时代洪流的冲刷，大学依然遗存而不亡的重要原因，就是大学并不以追求变幻莫测的时尚为旨趣，而常以理性判断为存在根基。在大学看来，过去才是实际的存在，现在是不确定的现实，未来只是开创的可能。因此，大学的任务就是要站在现在，把过去与未来连接起来，为师生打造回溯既往、把握现在、开创未来的成长平台。

我们都期待着大学崭新地勇立潮头，能给社会以勇敢迎接未来挑战的锦囊妙法。然而，因为上述特质，大学这一古董级组织在面对未来的时候，常常有些瞻前顾后的高谈阔论，实践上总有些步伐慢、步幅小的纸上谈兵。因此，到现在为止，大学仍然没有完全克服作为知识储藏与转播的组织惯性，并没有建立起生产与创造知识的有效机制与引领模式。大学生加入大学自然期待的是"未来已来"的大学，然而实际上大学却是"过去未去"的大学。所以，大学生需要理解并把握大学这一突出的特性，运用时代力量，面向未来，设计大学攻略，调适学习姿态。

首要的是须改变被动接受的成长惯性。大学生进入大学之前的成长阶段，主要是在父母保护和安排下的生活，主要是在老师设计和布置下的学习，主要是在补习班和兴趣班度过的课外，主要是在网络包围和新奇娱乐吸引下的休闲。这样的无闲状态让新生代大学生似乎成为最"幸福"的一代——衣食被安排、学习被设计、休息被包裹，缺乏的却是自觉动脑、亲自动手的时间、空间和机会。久而久之，养成了饭来张口、衣来伸手的被动生活习惯，师来上课、课后写作业的被动学习习惯，以及被网络、娱乐牵着鼻子走的被动休息习惯。满满当当的日程唯独缺乏的是主动思考、探寻、参与的自理、自律和自立。

"教育之所以重要就在于它本身的自由和高贵"[①]。离开父母后的大学生活，提供的是一个比中学自由度更大的开放成长空间。在这个大舞台，尽管对专业以及专业规定下的学分、课程仍然缺乏足够的自由，但是选修专业、课程以及选择老师、学友、时间的自由远远多于中学。

课外时间不再被机械地完成作业和参加没完没了的补习所主导，有足够的时间可以在图书馆、实验室、报告厅、研修间等地点进行自由选择。有足够的空间可以在线上学习与线下交流、课内外和校内外的学习、兼职与参与社会实践等方面进行自由选择。有足够的可能在充栋的藏书、丰富的社团、活力而优秀的同学与校友间进行自由选择。当然，也有花销于食品饭菜、衣物饰品、健康娱乐的自由选择。而这些自由选择的目的就是造就独立自律、自主思考的社会公民，期待一代接一代地创造出更加美好的世界。自然，大学的老师和同学会为这些自由选择出谋划策、提供咨询和产生影响。但是，归根结底，自由选择的前提还是主动而非被动的态度，需要自己做出判断、自主做出选择。人生是选择的总和。自我理性判断基础上的主动选择是成人行为方式的前提和基础。

不会！怎么办？这便是读大学的最大好处——提供了学习选择的时间、空间和机会——敢于主动尝试新事物，勇于大胆挑战新际遇，敢于遭遇新失败。进而，懂得尝试的价值、挑战的力量、失败的益处，确信质疑的崇高价值，拥有批判的巨大力量。

"教育的终极目的在于发展人的理性"[②]，唯有理性才能成就正确的判断。大学生学习的知识不只是用来累积学分、赚取文凭、谋就职位的，而是为锻造自立、理性进而独立判断而非随波逐流打下坚实基础的。学习的时间不是用来耗费青春的，而是为独立自主、严于律己而不是放任自流提供不断试错

---

① 古希腊哲学家、教育家亚里士多德名言。
② 古希腊哲学家、教育家亚里士多德名言。

和不断成长机会的。拥有的所有学习资源不是用来显摆，更不是用来错过甚至挥霍的，而是为学习理性、学会选择而不是随心所欲、盲目自大提供可靠依据和基本参考的。

主动读书、主动质疑，主动思考、主动讨论，主动讲演、主动交友，主动打扫卫生、主动帮助他人等主动性尝试，是大学生活不可或缺的成长营养剂，也是塑造积极人生的催化剂。从而，过一种自由思考的生活、成就更有价值的人生。因此，读大学并不是以获得学位、文凭和竞取诱人职位为标志，而是以是否抛弃了被动接受、养成了理性思考、自主选择的素养为标志的。

"分、分、分，学生命根"。大学生首要的是要改变以分数为中心的成长思维，在应试教育搞得最扎实阶段，围绕考试和取得高分几乎是全民动员、全体实践。学生学习是为了考试，考试是为了分数，形成了"若为分数故，一切皆可抛"的学习思维。然而，大学学习的目的是成为有教养的公民、全面发展的人，而不是制造收纳知识的器皿、造就擅长考试的机器。尤其是面对已经到来的智能化社会，机器在体力和智力两个方面都向人类发出了夹击式挑战，社会结构与职业岗位正在加速地重组与变换。人何以立？以分数为代表的考试能力必须让位于以素养、能力为代表的思维方式与意志品质。

思考成人、学习成事。深度而系统的思考成就内敛而优质的人格，持续而终身的学习成就卓越而永续的事业。所以，与其说上大学是学一堆看似华丽光鲜的知识，获得看似实用赚钱的技能；还不如说是养成学习的习惯，学习思考的方法，获得终身受益的素养。从这个意义上说，学习什么专业、什么知识并不是最重要的，最重要的是洞见所学专业基本理论、基本知识、基本技能背后所蕴藏的思想方法、思维逻辑、思考视角等奥秘。

掌握了正确的思想方法、有了逻辑思维能力，才能看清信息泛滥、现象纷繁背后所隐藏的本质特征、因果链条和必然规律，才能在知识过载的时代化繁为简、识本鉴末、预见未来。随着时代的变迁，一旦专业所对应的产业、技能所对接的岗位消失；随着人生角色的转换，一旦自己的兴趣与运程发生改变，唯有思维习惯与方法、思想层次与深度才是战无不胜的锦囊与魔方。

在这个频道迅速转换的时代，不要太在意所学专业的冷热、所学知识的新旧、所练技能的时尚，因为那只是老师们赖以栖身的平台、网络推波助澜的流量、社会短期需要的功利，而不全是自身长远发展、社会长期需要所对应的品质，以及人生所应具备素养的要义。更应在意的是意志品质的养成，一种跌得下、站得起、行得稳的乐观性格和坚韧品质。

大学之所以常常回望过去，因为过去凝结了人类战胜艰难困苦、玉汝于成的精神力量和刚毅斗志。无论是在大学的自由阅读、自主思考，还是主修的专业、必修的课程，看到的和直接学习到的多是理论体系、知识结构、逸闻趣事，但感受到、凝结下的却是一代接一代的愚公移山般的拙劲，越挫越勇、前赴后继的探索，铸造出的是人类战胜未知的无穷智慧和面对挫折的不屈品格。这些才是大学生勇敢面向未来、勇于开创未来的不竭动力和源泉。

改变被功利主导的成长心态。功利并不可怕，正如哲学家边沁所说："痛苦和快乐是人们的两个最高主宰，也是决定人们应该做和不应该做的道德标准。人类的行为完全以快乐和痛苦为动机"[①]。可怕的是，大学被功利占领；危险的是，大学生被功利钳制，最后演变成"精致的利己主义者，他们高智商，世俗、老到，善于表演、懂得配合，更善于利用体制达到自己的目的。这种人一旦掌握权力，比一般的贪官污吏危害更大。"[②]

由于各种因素和时代的高速前行，新生代大学生成为时代洪流中的直接受益者与受害者，更容易被功利价值观误导，容易以眼前的即时功效和利益为重。学习时，不考就不学；生活中，无用就不管。价值取向实用化，行动目的功利化——忽视学习过程的体验与积累，过分执着于结果的胜算与福报；忽视知识蕴含的情感、道德与意志，过分纠缠于当期的时尚、有用与利益。

在最具活力和最具创造力的年轻时段，不必急着说读书无用、嫌弃专业不热、抱怨大学不好、埋怨老师不精。而应该主动点燃自己，多尝试、多参与，才能多积累、多收获！因为教育不是一锤子的买卖，而是一辈子的修行，不必在意是否输在了起跑线，只要在自我教育的道路上长期坚持下去，

---

① 杰里米·边沁. 论道德与立法的原则 [M]. 程立显，宇文利，译. 西安：陕西人民出版社，2009.

② 钱理群. 理想的大学离我们有多远 北大清华再争状元就没有希望 [N]. 中国青年报，2012-05-03（3）.

就可以成为那位笑到最后的长跑冠军。这正是接受大学教育需要养成的一种大格局、一种大情怀。

大格局，就是要成为心怀天下的君子，上下通达的智者，放眼世界的达人和行稳致远的胜者，能走出自我的狭隘，摆脱眼前的苟且。只有这样，才可摆脱功利的约束，才会有自主的阅读、自由的思考、自律的交往。才可以养成良好的习惯、优秀的品质、高尚的情操。

大情怀，就是不在乎一时之得失、一己之利益而拥有放眼天下的宽阔胸襟。只有不被功利打趴下，才能平心静气，才能"静而后能安，安而后能虑，虑而后能得"，才知"物有本末，事有终始，知所先后"的大学之道，才会重视、打牢终身受用的基础，懂得无用之大用。

读大学，一定是读，而不是考。就是深度阅读名家经典，博览群书，拓展视野，编织可以终身受益的知识结构和学习习惯，沉淀下营养人生的大视野、逻辑方法、思维方式、视角立场和情怀胸襟。通过网络也走下网络，多与同学、老师面对面地交流、交往。大学提供的最重要平台就是谈笑有鸿儒，能经常地与优秀的人为伍，培养乐观向上、乐学好思的品格，获得受用一生的师生情谊、纯真的同学友谊，建立起爱好高雅、健康向上的朋友圈。

这就需要走出游戏的引诱，到运动场激情挥洒，规律而健康地生活，养成终身受用的积极工作、健康生活的良好习惯。走出自我的小圈子，到社团、赛场、社会去锻炼自信、锤炼自我，才能拓展视野、寻找兴趣，创设不同的人生体验，洞察人生的价值真谛。

未来既来，改变即始

　　新同学、新学校，改变即始、适应即至。万事开头难！难，是因为开始常是痛苦的，需要有坚定的信心、必胜的决心，否则即使虎虎开始，亦必虎头蛇尾！

　　信心，来自充足的准备。面对新时代，实际上大学与大学生都不完美。双方的开始，注定是从不完美的准备开始的。可怕吗？不！因为任何新的开始，都是企图改变不完美的现状，都是期望开启新的无限的可能，憧憬一个更加完美的未来。

　　人类历史本就是这样的进程。看看今天的现代化，它带来物质上的极大丰富并没有同步增加我们对幸福的感受。无论是来自全球性气候、环境、资源的严峻挑战，还是地缘政治争端、逆全球化浪潮、民粹主义滋扰、贸易保护恣意，以及全球治理、教育改革、道德伦理、心理健康、精神信仰等方面，越来越明显地标识了未来的非均衡性发展趋势，以及发展的不完美性特征——传统与现代的共存、社会与经济的极化、人类与自然的紧张，以及机器与人类的竞争、教育与文明的冲突等方面，必将带给我们更多的幸福机遇、更大的发展烦恼。

　　这就是我们新开始的起点——站在一个人类历史发展的转折点，一个充满欢乐与痛苦的平衡点——更加需要系统而协调的创新，更加需要高尚而协同的智慧。这一起点，恰如我们必须奋力从布满鲜花的泥潭里挣扎着开跑一样，捧着鲜花、闻着花香的同时，必须设法挣脱臭气的熏扰、污泥的羁绊。为此，我们需要不念过往、不惧未来。不念过往的好，不惧未来的难。无论是大学，还是来到大学的大学生，在身后都留下了不懈奋斗的好。但面对新的开始，过去仅仅是锻造了曾经的历史，增强了开始的信心。在当下一片沸腾的世界和奋力转型发展的时代，信心仍然比铂金更珍贵。

决心，来自敢于胜利的精神。开始之所以难，主要是因为未来的各种不确定性，担忧在起跑之后的道路上仍然布满泥潭、铺满荆棘。因此，敢于胜利才能克服对未知的恐惧，具有一种克服任何艰难险阻的毅力。

人类发展历史表明，我们从来就不缺乏这种毅力！否则，人类何以有今日之现代化，大学何以能独步千年面对未来，大学生何以能在铺满试卷和各种诱惑的成长道路上胜利会师于大学！可以说，我们的毅力与生俱来。那么，为什么今天变得如此稀缺？原因是我们都过分在意鲜花的芬芳，以至于不愿走出羁绊双腿的泥潭。舍不得放弃既有，何谈收获未有？哪来走出泥潭的决心？在汹涌澎湃、扑面而来的未来面前，这个崭新的时代再也不会留给任何人犹豫不决的空间。没有开始的决心、即刻改变的决心，其结果必将是要么被时代的泥沙掩埋，要么被时代的巨浪掀翻。万事俱备只欠东风。现在，就欠敢于开始这个东风——就是在新的开始之际，立刻改变之东风，树立必胜的信心，下定克服万难的决心，才可举重若轻，赢取未来。

对于全社会来说，拥抱大学生就是拥有未来，大学生强则中国强，大学生成长则未来兴旺。全社会都应关注、研究大学生的心理特征与行为方式、思维模式，并在此基础上，锐意更新观念，积极推动改革，大力拥抱变化，助推大学生更好的成长，为大学生的发展营造一个敢于创新、包容失败的良好氛围与机制。家长学会善于放手，懂得引导。商家善用大学生的健康行为与消费模式，营造注重健康成长而不唯利是图的商业生态。社会组织善于尊重大学生的成长规律，营造培养优良社会公民的有利环境。

对于大学来说，面向未来，给大学生营造一个有利于个性化成长、敢于创造的宽松时空，而不再是亦步亦趋地重复老师所主导的套路。为大学生成长鸣锣开道，扶助、滋养大学生更更好的成长。创造有利于个性化成长、知识创造的场景，依然需要社会与大学的合力，需要大学人的自觉参与，需要广泛发扬"学为人师，行为世范"的精神力量；更加需要以爱为出发点，洗礼思想、更新理念，突破利益藩篱，优化教育机制，营造协同参与的学习氛围，设计再造新的机制。

对于大学生来说，开始意味着创造未来，需要自净、自新、自力。不因循守旧，而应锐意创新。自净，就是要排空过去，留下为赢得进入大学的成功所积淀下的经验，排放出累积的应试性功利余毒，继承人性之善与道德之高，重塑世界观、价值观和人生观。自新，就是站在既往成功的基础上，革故鼎新，把握未来大势，珍惜上大学的难得机会，利用好各类资源，锻造重塑全新的自我。自力，就是既尽心尽力，也开始自食其力。尽心尽力，就是养成把一切事情干到极致的习惯和品性，这就是人生逼近成功的工匠精神；自食其力，既是在离开父母开始真正"断奶"之后所需要的一种独立的逼迫，也是养成漫漫人生必需的一种良好的成长态度与能力。

新的开始，意味着没有旁观者的共同改变；新的开始，意味着从自身做起，开启拥抱未来、拥抱改变的新模式。

读大学需要学习神"聊"

虽然长期工作于大学，但是每到九月仍然心潮涌动、兴奋不已！因为又能敞开胸怀，热切地拥迎同样是笑容满面、喜气盈盈的一批新同学。每到这个时候，总想着给新同学说点什么。说什么呢？"新"同学，那就说"新"吧！"新"的开始，从"新"开始。

新同学经过了前期一系列的"升级打怪、过关斩将"终于来到了心驰神往的大学。面对大学的新景象，总是如此的新鲜；面对大学的新模式，总是那样的新奇。新同学，新习惯；新老师，新教法；新设施，新章法；新目标，新学法。总之，眼花缭乱，一切都"爆"新！以至于对怎样正确而快速地开启大学之新旅程，常会深感茫然无措、无处下手。于是，新的挑战开始了，新的问题出现了！怎么办呢？办法很简单，其实就一个字——"聊"——从"聊"开始。

一是与身边之人聊。聊，讲求的是平等。平等，才是对话！读大学，便从追求与知识及以知识为化身的大学老师之间的平等开始。

不用多说，当然首先要与同学、学长多聊。不过，还得找老师神聊。大学老师更加讲求平等，也就更愿意尽可能地放平姿态与新同学一起迎接新的挑战，一道追寻新的知识。

而对于新同学最新奇的一点恐怕是，每个学期竟然都有那么多位不同课程的任课老师，而且他们还都有迥异的思维模式、不同的知识结构、差异的举止习惯！其实，他们本身就是大学、代表着大学，与他们在课堂内外的神聊能体悟到大学之"大"、大学之"学"，这才是读大学的实质所在！读大学，绝不是从他们那里得到似是而非的分数、一纸似有实无的文凭！

可以说，能否与大学老师进行实质性的深度交流、多元化的心灵沟通、触动灵魂的思想建构，能否与一批大学老师成为一生的朋友、几位大学老师成为知心的朋友，决定着读大学的深度，标识着读大学最实质的收获与成效！

二是与身外之人聊。聊，追求的是启迪。启迪，才有成长。读大学，便从追求在猎取知识、锻造能力、革新思维的过程中获得新启迪开始。

信息时代给我们克服时空的阻隔提供了极大的方便。我们不仅可与同时代的身外之人方便而实时地对聊，还能与不同时代的古人、迎面相撞的来人、智能时代的机器人、元宇宙中的数字孪生人神聊。

与古人神聊，见识的是历史、汲取的是智慧；与来人神聊，展开的是想象、找寻的是趋向；与机器人神聊，猎取的是新奇、体会的是惊奇；与数字人神聊，拓展的是维度、打通的是联结。显然，现代的学习，唯有多"人"合一，才能找到收获丰盛、启迪之源泉！

在哪里能找到如此神圣的一眼不竭之泉呢？大学的图书馆！

图书馆，通过其收藏的图书、罗致的资源、打造的项目、展开的活动，用之不竭地喷涌着这眼看不见的圣泉，如翠湖那般始终荡涤着每一颗好用、勤用、善用图书馆的心灵。

图书馆，蕴藏着前人、圣贤们凝结下的浩瀚智识、丰富智慧，常与先人们开展跨越时空、超越年龄、逾越专业等世俗界限的多角度神聊，才能快速而有效地穿越时空之隧道，步入成长之大道；才可迅疾地治愈高中后的迷茫，步入思想之殿堂，从而形塑思维的结构，抵达心灵的深处，探寻学习之要义，找寻人生之意蕴，才有可能走出应试之窠臼，摆脱分数之依赖，从而浴火重生，脱胎换骨，重"新"做人！做一个不死记硬背死知识的"新"人，一个有良好学习习惯的"新"人，一个善于独立思考的"新"人。

所以，我常说：读大学从图书馆开始，从学习有效运用图书馆开始，从在图书馆里的"神聊"开始！这便是开启大学之新旅程的不二通道！

开始，不仅仅是熟悉图书馆设施设备的使用、规章纪律的遵守、图书资源的运用、社团组织的参与，更重要且实质的是，还得通过广泛的涉猎、深度的阅读、积极的交流、孤独的思考，累积与他人对话的胆识，养成独立批判的习惯，培养自我拷问的自觉，从而超越知识之固执、分数之狭隘，阔步进入过去极少触达的思维空间、不曾领略的思想精彩，开启新的学习征程，获得新的精神生命。

读大学从图书馆开始

　　走进大学，首先映入眼帘或留下深刻印象的可能就是一所大学的图书馆；大学毕业时，久久张望的往往也是这所大学的图书馆。如果到了大学，没有走进图书馆，基本上可以说，大学，你算是白来了。如果大学毕业了，你还没有爱上图书馆，还不能运用自如地让图书馆成为你生命不可分割的一部分，也基本上可以说，大学，你算是白读了。

　　为什么呢？与中学相比，大学总有一大标志性的建筑物——图书馆，而且大学的图书馆往往是大、丰、靓、静。

　　大，馆舍面积大，矗立而儒雅。可以同时满足数千、上万人使用，可以收藏你过去都不能想象数量的典籍、书刊与影像资料、电子资源。有的大学很可能不止一个图书馆，有大大小小的各种专业性图书馆同时分布于校园的各处。而且，除你所知道的借阅功能之外，大学图书馆还是一个思考的圣地、交流的殿堂、链接的世界。因此，能给你成长的舞台更大，扩展你的视界，壮大你的气度，滋养你的情怀。

　　丰，藏书丰富，浩瀚而包容。从数量上说，即使你上的是一所简约型大学，图书馆藏书量也是以几十万、百万计，这已经不算少了吧？如果你上的是一所有些历史感的经济型大学，其图书馆藏书更会以百万计了，这更让你惊叹了吧？要是你有幸上了一所百年老店型大学，其图书馆藏书更是以数百万、千万计了，恐怕其中好多书，你是听都没有听说过，更不要说读了。总之，无论你读书的速度有多快，无论你的大学有什么样的图书馆，其藏书都够你不吃不喝地读上几十辈子的了。

　　从藏书所覆盖的内容看，即使是一所专业性很强的大学，其图书馆所收藏的书刊、文献也不仅仅局限于大学所开设的专业范围，往往包罗万象、五花八门，几乎是全领域的了，涉及多个学科和各类专业、各种类型和各类形式、各种文化和各类传统，一定会让你大开眼界，超乎想象。

靓，靓丽稳重，低调内敛。要是第一次去图书馆不知道去向，导航也不好使，那么只要你举头一望、举目一阅、开口一问，你立马就知道了。为什么？因为图书馆往往是一所大学的地标性建筑，知之者甚多也。

如果它老旧的话，恭喜你！你上的至少是一所不俗的老大学。因为大学图书馆往往见证了这所大学的沧桑历史和不俗历程。如果它是新近建成的话，恭喜你！你上的大学一定是充满活力的，因为新近建设的图书馆，往往外观的独特设计足以吸引眼球，内部的完美陈设足以让你在阅读时充满愉悦和乐趣。总之，大学图书馆彰显着这所大学的精神气质。无论是老还是新，图书馆往往都是外形大气、内饰考究、设施完备，成为一所大学最好、也是最具人气的去处。

静，沉心静气，宁静而致远。每当你走进图书馆，看到的一定是一种特别的状态。谁都是那么安静，走路是"轻轻的来犹如轻轻的去"那样。即使是在人满为患的阅读与自修室，也恰如"这里的黎明静悄悄"；即使是一大早赶来排队入场、人头攒动的"尖峰时刻"也是静悄悄的，唯有隔座的呼吸气息和阅读翻页、书写笔触之声成为图书馆唯一的交响协奏。

即使是最张扬的作者所书写的最当红著述、最伟大的传世思想、最炙手可热的前沿知识，在这里都为你安静地呈现着，绝不会高呼、大叫。这一切都是阅读、对话、思考、发呆所需要的静谧秩序，让你如火山爆发的青春在这里亦能静静地绽放，让你如心比天高的想象在这里静静地安详，让你如处茫茫人海的喧嚣却一样可以孤独地放飞自己的思想。因为宁静而致远，进而淡泊以明志。这样的高大上、静独美的设施与资源，难道不值得迈入大学的你抢先进去和拥抱吗?! 去干什么呢? 去有用吗?

当然，大学耗巨资修建、维护的图书馆，绝对不是作为供人参观的华丽摆设，也不是仅仅为你提供在人前炫耀的一份谈资。读大学的你，去图书馆也不是天天去看热闹，而是要学习利用好图书馆，进而让图书馆成为自己成长的平台、有力的支撑。用得好，你在大学的成长就更快、更好、更有效。用得不好，嘿嘿，你在大学的成长可能就不那么好、不那么快，学习不那么有效了。怎样才叫用得好呢?

　　任何事情，就像你摆弄新的手机那样，都得讲究规则、明白方法。所以，弄懂问明图书馆的规则和各种资源的使用方法就是你首先要做的事情。这么小儿科的事情对于大学生的你来说确实太简单，在图书馆的网页或者APP上戳几下就搞定了。如果你是一个有心人或者学痴，说不定，在你拿到大学录取通知书之前，便已经"走"遍了大学的各个角落，弄明白了图书馆的各种条条框框，下载了图书馆的学习资源并开始阅览！即使你不是那么如饥似渴，迈入大学之后仍然还不知道图书馆为何物，更不要说其规则、方法了。这对聪明的你来说，只要有心进图书馆，要不了几秒钟，就会在图书馆的各类宣传帖以及学习氛围的推动下，看会了。所以，对于这些死的条款，用不着给你说。因为太简单的东西往往不能激起你的兴趣，也有辱大学生的智商。

　　只说一点可能你不知道或者没有想明白的，比如，为什么要上大学？浪费宝贵的几年青春到大学学习之后应该有啥不同？你可能要说，不是我们在聊图书馆吗？怎么给我扯这个！是啊，聊图书馆一定要弄明白以上这两个看似与图书馆毫无关系的事儿。其实，读大学不过就是养成自由而理性思考的习惯，并在此基础上练就自主选择的能力。

　　自由？啊，我好喜欢。十八年的寒窗我一直在寻找，那太嗨了！过去，我就是讨厌家庭和父母的管束与唠叨、中学班主任和老师的约束与管教。没有体会到多少自由吧！父母和中学老师不是常对你说：忍一忍，到了大学就好了吗？是的，到了大学就好了。肯定的，来到大学就自由了。不过，你依然还得面对课堂上教授们的管束、宿管阿姨的唠叨、辅导员的叮嘱等不自由。可是，如果你经历了诸如上面这些轻微的不自由之后，到哪里去寻找真正的自由呢？

　　图书馆啊！面对你数几万遍也不一定数得清楚的书刊，读它千遍也不厌倦的经典，你不觉得突然拥有那么大、那么多的自由了吗？拥有对书籍、也就是对知识选择的无穷自由吗？

　　你取下哪一本书、阅览哪一本刊物、查看哪一部典籍，完全由你自己决定，没有人对你指手画脚，颐指气使。面对浩瀚的电子文献资源，你查找哪一位天才的作品，下载哪一部影响世界的文献，观看哪一年的影视经典，完全是你自己决定的事，没有人会对你横加干涉。面对坐在敞亮阅览室、自修间、讨论角的那些优秀且刻苦的学兄学姐学友，你选择与哪一位同坐，设想哪一种际会的邂逅，与哪一位争论什么毫不相干的问题，与哪一个专业的同学分享那令人垂涎欲滴的半块雪糕，完全是你自觉自愿的事，没有人对你嬉笑怒骂，嬉皮笑脸。

久而久之，你会发现，面对浩瀚的典籍、书刊和仿佛无限的信息、资源，即使你十辈子不毕业，全部耗费在这浩瀚的知识海洋、舒适的图书馆里，也没有办法自由自在地读完或听完图书馆的全部收藏。

这就是自由的价值——不能盲目地耗费自由——经过在图书馆的自由飞翔之后，你就会懂得如何更加理性地面对自由，思考更加有效地度过自由的时光，既让自己的思想、思绪自由地飞翔，又有目的地让自由始终为自己的成长加油添彩。逐渐地，你就开始学会了理性的选择。开始懂得读什么书就会成为什么样的人，读多少书就会成就多少厚度的人，读书所涉及怎样的宽度就会成就怎样视野的人。懂得与什么人交流就会收获什么样的思维方式、什么样的友谊或爱情；懂得与什么样的人为友就会成为什么样的人，成就什么样的事。

慢慢地，你就不会仅仅选择一些好玩而肤浅的书刊，漫无目的地乱翻。开始懂得古怪的经典、难啃的大部头著作的价值，开始敬慕长相一般的前贤、阴沉深邃的圣人，开始拥有看似平凡的思想、简单的理论所聚集、蕴涵的无限力量。慢慢地，你就不会选择与畏缩、阴暗的小人为伍，就会选择与光明正大的君子为伴。你就开始懂得友谊的珍贵、爱情的酸甜，就开始理解人生的冷暖、世界的曲直，就开始明白社会的复杂、环境的艰险。你就开始养成了思考的习惯，获得了阅读的素养、交流的方式。为此，你就会开始珍惜每一寸自由的时光，不再浪费于消遣的网游、无料的网聊、肤浅的阅读、零碎的鸡汤，而是选择与伟大的先辈对话，与神圣的先哲沟通，站上前贤的肩膀，展望未来的开创。进而，就会选择与大家携手，与优秀为伴，让人生闪亮。

接着，你就会学习思考。当然，你的思考并不一定让上帝发笑。因为一旦学会了思考，你就不会再轻狂地傻笑。因为随便对着他人、对着思想和知识傻笑，代表你依然是肤浅，就是自找没趣、自寻烦恼。因为你在图书馆与智人"呆"在一起，完全可以超越专业、具象、现实、苟且的桎梏，瞭望浩瀚的宇宙，展望人类的未来，眺望诗意的远方，而这一切都需要师生一起思索、共同探索。这样，你的世界观、价值观和人生观就开始变得更加大气、更加阳光，一种超越功利、超越自我的远大理想，一种自净、自新、自力的力量，一种时不我待、积极奋发的向上。这正是接受高等教育的大学生应该有的模样。

当你变成了这样，在你离开大学的时候，难道不会对着图书馆一步一回头地留恋、张望、再张望？

识读自我

识读自我首先得从寻找时代印记开始。每个时代总给那个时代的人烙下深深印记，使之成为区别于不同时代人的标识。越是高速发展、剧烈变动的时代，其标识度就越显著。

人类携带着"千年虫"之忧，胆战心惊地掀开了高速发展、剧烈变动的21世纪。生长于2000年之后的新生代大学生注定会开启他们与众不同的人生。21世纪以来，人类在生产、生活、学习、休闲等方面进入了变化而魔幻的快车道，以至于思维、行为、习惯都发生着前所未有的改变。而这一切，对于生于斯、长于斯的新生代来说却不是改变，而是理所当然。睁开眼睛，他们看到的世界——人手一机、全球旋转——如此而已！自然、当然。

最具识别度的是新生代大学生成长于互联网快速普及、智能化扑面而来的信息化时代。"互联网＋万物"、万物互联成为这个时代最熟悉的热词。对于"00后"（2000年以后出生的人，下同，其余类推），让我们来看看国家统计局发布的数字吧。2000年，全国移动电话户数仅8526万户，电话普及率20.1部/百人，互联网用户900万户。20年后的2021年，全国移动电话户数达到16.43亿户，普及率达116.3部/百人，其中5G用户占21.61％[1]，互联网普及率73.0％，其中手机上网人数10.29亿人[2]。而且，这些数据还在持续的刷新。

也就是说，这是一个移动网络高度普及的崭新时代。新生代大学生因此

---

① 李玲玲.2021年中国电话用户规模分析：移动电话用户达16.43亿户，其中5G用户占21.61％［EB/OL］. 智研咨询. https：//www. chyxx. com/industry/1104374. ht-ml，2022-04-10.

② 国家统计局. 中华人民共和国2021年国民经济和社会发展统计公报［M］. 北京：中国统计出版社，2022.

成为移动网络时代的最年轻居民。仅从 2016 年 10 月 20 日中国青少年研究中心公布的数据看："00 后"拥有手机的比例达 64.6％，约为"90 后"的 8 倍。[①] 可以说，"70 后"是在听广播、"80 后"是在看电视、"90 后"是在敲键盘、"00 后"是在玩手机中长大的。

伴随手机长大的新生代大学生，对其中的少数人来说，手机已经成为不可或缺的身体器官，即使是守夜排队也要购买最新款的手机做陪伴。拿着手机才踏实，才可避免被排斥、被边缘化，也才可能逃避现实的逼迫，找到存在感和归属感。离开了手机，世界似乎就会坍塌。因为手机里有最值得信赖的朋友（也许只是一个虚拟的动物或莫名的符号）和离不开的游戏、渴望的解题技巧和答案、热播的小视频以及痴情的元宇宙情感。

似乎只有在虚拟的世界才有真实感，而真实世界反倒更像是虚拟的了。因为在虚拟的世界，没有等级和老幼尊卑，没有压力，不用受气、听命和服从，只有平等、公平和民主。所以，面对现实时，新生代大学生总以"为什么？""这太假了嘛！""这不公平！"回应成人营造的现实世界。他们注定从小就养成了天然的现代公民意识——懂得争取和保护自身的权利、要求更多平等的话语权。

与网络共同生活和成长，新生代大学生养成了惯常的信息素养、互联网思维。电子产品在他们那里只是一个玩意儿，摆弄几下即能熟练掌握。随时联通的习惯让新生代大学生刷屏比读书更在行，网聊比面谈更顺畅，搜索比思考更经常。"手机控""低头族""刷屏族"正在向低龄人群迅速蔓延，"低头"对于他们已不再是生活态度和人生修为的指称，反倒成了生活离不开的标配姿势。自然，这也影响着处于发育期的新一代，长此以往，严重者以脖子长、肩头斜、胸口窄、手指灵、指茧厚等身体特征区别于前代人。

虚拟化生存、随时随地链接的生活模式和基本习惯也塑造着新生代大学生的行为与思维特征。"三心二意不正常吗？我们可以同时处理几件事情啊！""时间多宝贵呀，你们老朽怎么还要批评我们呢？"新生代大学生早已习惯于面对老师的同时，搜索答案、实时聊天、在线学习、游戏闯关。"这有什么呀！就这样！""前言不搭后语不正常吗？"这是思维跳跃，而不是思

---

① 刘波，严丹．"00 后"的世界到底怎么样？有三多：作业多 钱多 手机多［N］．成都商报，2016-10-21．

维混乱！因为新生代大学生习惯于穿着运动鞋、塞着耳塞听热曲，扭动着弯曲的身体享受着《王者荣耀》，查看着习题技巧，读一点东野圭吾、郭敬明，玩玩《开心消消乐》、聊一聊唐家三少，读一读李白杜甫，穿越与牛顿探讨一下为啥我的苹果与你的不一样。

最幸福的是：新生代大学生成长于经济高速增长、社会财富快速集聚的大时代。尽管其间经历了 2008 年的全球金融危机、困扰世界的地区纷争与局部战火以及流行于全球的世纪新冠疫情，但新生代大学生依然成长于经济高速增长的大时代。中国 GDP 从 2000 年的 10 万亿增加到 2021 年的 114 万亿，早在 2010 年就成了世界第二大经济体，这让中国物质丰富、国力强盛、人民富足。

最具标志性的事情是：汽车大规模进入家庭，旅游、文化和健康成为新的经济增长点。据国家统计局发布的数据[①]：2000 年全国私人汽车保有量仅 625 万辆，而 2021 年超过了 2.6 亿辆。2009 年中国汽车产销双超 1300 万辆，成为全球最大的汽车产销市场，迈入了汽车社会的大门。交通的高速化与同城化，加上家庭财富的累积，不断推动旅游业的爆发式增长。2000 年国内游客 7.4 亿人次，而在 2017 年就达到了 50 亿人次[②]。新生代大学生搭乘时代便车，把老朽们视为奢侈品的快速而便捷的交通以及闲暇而自由的旅游当作生活之常需，成为真正的"读万卷书、行万里路"的践行者，大大拓展了视界，养成了明显的公共意识和生态理念。与此同时，文化消费活跃，电影、艺术、信息、书籍等方面消费持续增长，让新生代大学生更加丰富地享受着生活。自然，他们在形形色色"兴趣班""一对一"的推波助澜下，新生代大学生的爱好也更广泛、技能也更多元、知识面与视野更宽泛。跟着爷爷奶奶长大并受到他们的直接影响，还注重健康养生，保健意识浓厚得像老人一般。

新生代大学生是真正成长于蜂蜜包裹的一代。他们的父母多是没有吃太多苦的"70 后"和"80 后"，加之"421"（祖辈 4 人、父母 2 人及大学生自

---

① 国家统计局 . 中国历年私人汽车保有量（1985 年—2020 年）［EB/OL］. https：// m. shujujidi. com/hangye/106. html.

② 十年统计分析：中国人出行时间增多　旅游需求越来越强［N］. 人民日报（海外版），2019-04-11.

己）家庭结构，让他们浸润在富足与过爱中长大，让他们养成了越来越多的"富二代"心理与性格特质——溺爱自己、亦同情他人。但却不知温饱之忧、奋斗之辛，把眼前的一切视作理所当然、顺理成章。以为吃苦耐劳就是加班加点完成老师的作业，听从父母之命考取高分；以为生活就是上课、打游戏、看电影；以为成功就是考出好分数、进入好学校、闯关晋级买装备；以为人类一直住着楼房，缺乏亲近自然、参与劳动和实践锻炼的现实感；以为一切皆独享，缺乏亲近同胞和集体、参与社会与实际历练，有明显的孤独感；以为天下我独尊，往往自我又自强、主观又彷徨，心理承受能力弱，碰到挫折和批评就易走极端。

最幸运的是：新生代大学生成长于全球化快速推进、人类命运休戚与共的发展阶段。2001 年中国加入 WTO，全面融入全球经济体系并成为直接的受益者。根据国家统计局的数据[1]，2000 年的进出口总额仅 4743 亿美元，外汇储备 1656 亿美元；到了 2021 年，分别超过 6.0 万亿美元和 3.2 万亿美元。

网络的普及、交通的便捷，加上经济的一体化，让今天的中国已经与世界紧紧地相连。即使是新冠疫情与百年未有之变局的严重影响，资源、资金、技术、人员在全球流动和布局仍然势不可挡，全球化和地球村已成为妇孺皆知的时代热词。新生代大学生一出生便成为这个地球村的小村民，让他们随时与世界相链接，活动的空间极大拓展，见闻的事件极度多元。

出国游成为当然。2000 年，全国因私出境人数仅 563 万人次，疫情前的 2017 年上升为 1.4 亿人次。[2] 新生代大学生从小便有机会或跟随、或结伴开始游学、夏（冬）令营、交流学习、上网浏览等世界之旅，这些都是前代人不可想象的大事件。尽管疫情肆虐，但这一趋势仍然不会逆转！

新生代大学生从开始便土洋不分。吃着肯德基，看着好莱坞，坐着大众车，喝着可乐，穿着耐克……在他们眼里世界的也是民族的，民族的就是世界的；而归根结底，世界就是我的，我就是世界。文化就是多元的，五颜六色才是正常的。宽容、包容成就了新生代大学生世界的丰富和发展。这样，

① 国家统计局. 中华人民共和国 2021 年国民经济和社会发展统计公报 [EB/OL]. https：//www. gov. cn/xinwen/2022-02/28/content _ 5676015. htm.
② 十年统计分析：中国人出行时间增多 旅游需求越来越强 [N]. 人民日报（海外版），2019-04-11.

在他们还没有机会打扫自己房间的时候，已经开始琢磨如何冲出房门去扫天下。"天下大同"已不是理想而是现实的虚拟，从小就与成人一起似是而非地谈论着低碳出行、气候变化等人类议程，养成了更多的公共意识与人类情愫。

最遗憾的是：成长于生态环境恶化、人性道德滑落的氛围。这是最好的世界，也是最坏的时代。高速发展给人类带来富足的同时，也给我们遗留了不少的难题和恶果——金融危机的冲击、新旧动能转换的压力，以及资源环境的约束、生态恶化的影响、恶性病毒的传染、制假贩假的泛滥、欺凌与霸权的危害，还要直面不断极化的矛盾和不时发生的战争与争端，忍受人性恶化和道德沉沦的不幸。

老一代给了新生代大学生最魔幻的生长世界，让他们体验到美好生活的可爱，也给了他们难堪的成长环境，忍受着一些丑恶负面的无奈。在新生代大学生成长的路上，他们听到、看到并切身感受到成人世界里的人性贪婪与险恶，以及带给他们的承受与伤害。从睁开眼睛对世界充满好奇的时候开始，便从图片、信息、视频、游戏、广告里接受着过载的不良内容，遭遇着欺骗与讹诈，面对着欺凌与毒害。

这些现实的、虚拟的存在，都让新生代大学生成为最直接的观察者，使他们有可能成为体内积累有形与无形毒素最早、最多，遭受物质和精神污染最广、最深的一代人！直接影响他们的身心发育与人生价值观。这需要在大学校园里以及漫漫人生路上，不断地予以强身健体、扶正祛邪、吐故纳新，才能超度非凡！

最具争议的是：成长于"不要让孩子输在起跑线上"、教育条件最好的环境。他们的父母生长在改革开放的年代，直接经历和感受了"知识改变命运"的意义。加之经济的发展和条件的改善，新生代大学生理应享受比以往几代人更好的家庭教育和学校教育。《不要让孩子输在起跑线上》于2002年出版，[①] 书名迅疾成为时代最热的教育热词，刺激着家长们本就绷得很紧的神经，让整个社会充满着教育的焦虑、生活的戾气。各家各户为此想方设法、各地各校为此千方百计、各类各型机构为此绞尽脑汁，合力打造"不输"的教育产业链条。同时，家庭教育中爷爷奶奶甚至保姆替代父母、学

① 郑思奋. 不要让孩子输在起跑线上 [M]. 北京：民主与建设出版社，2002.

校，形形色色的校外机构替代家庭、老师，父母缺位、老师让位导致新生代大学生在心理上缺失与逆反，让教育变得更加的功利和内卷。

2015 年，中国青少年研究中心发布了以下结果[①]：“00 后”在校时间和做家庭作业时间均超过“90 后”。“00 后”小学生平均在校 8.1 小时，比“90 后”增加 0.6 小时；“00 后”初中生平均在校 11.0 小时，比“90 后”增加 0.4 小时。学习日，57.0％的“00 后”睡眠时间不足 9 小时；休息日，也有 34.5％睡眠不足 9 小时。“00 后”上课外班的时间大幅度增长，学习日上课外班的时间为 0.8 小时，是“90 后”的 2 倍；休息日上课外班的时间为 2.1 小时，是“90 后”的 3 倍。37.7％的“00 后”课余时间最喜欢做的事情是运动，但运动量不足的情况仍普遍存在。得出结论：“00 后”学习负担从课内向课外转移，睡眠不足现象严重，运动量仍普遍不足。这种局面给多年呼吁并力图践行的素质教育以响亮的讥讽。似乎，这个时代的学生成了地球上最辛苦、最忙碌的一群人——弯腰驼背、起早摸黑——“揉着眼、吃着糖、拖着书包、上学堂”成为他们循环往复的生活方式。豆芽和胖墩、眼镜与驼背成为新生代的基本外形特征。

要不是“双减”的强力推行，他们的世界早就被内卷严实地裹挟着、被“只要不学死，就往死里学”的日程填满。通往大学之路，便由补习、试卷铺就。学习就是没完没了的反复练习，成绩就是来来回回的考试，课外就是没完没了的补习，休息就是偷偷摸摸的打点儿游戏。被动地接受安排、标准答案式的记忆、重复地练习成为他们最习惯的模式。虽然这种模式磨砺着他们对于重复的忍耐、对于应试的能力、对于知识的背诵，但同时，也少了自主的疑问、主动的思考、好奇的探究，消磨了求知的激情，减弱了美好的好奇心，蚕食着身心的健康发育。

就这样，新生代大学生带着信息社会的印记、“富二代”的特点、全球化的视野以及发展中留下的遗症来到他们向往的大学。

---

① 调查显示：“00 后”学习负担不降反增 课外负担重［EB/OL］. 新华网. 2016-10-20. https://www.gov.cn/xinwen/2016-10/20/content_5122352.htm.

时代大势

站在奔向未来的当口，前所未有的催生改变的力量正扑面袭来，势不可挡地改写着现在、塑造着未来。现代化所依靠的科技，正以加速度、大剂量、高集成的方式，向包括教育在内的各大领域全方位地肆虐着，其中最引人注目、且迅速弥漫的技术是信息与网络、人工智能等高科技。这些技术已让世界随之智慧化地移动，惬意地飞舞了起来。至少，技术在理论上虚拟但绝对不虚幻地正在冲垮一切人为的或自然的物理边界和时间界限，跳跃、跨界地冲刷而来，恣意而去，随时随地、无差别化地熨平沟壑，碾压世界，竖起了无形屏障，垒高了有形门槛。

这次所引爆的技术、引燃的应用，其特点与历史上任何一次变革都截然不同。过去那种小范围、低当量的技术秘密、商品垄断，迅捷地变成了广范围、高智能的算法裹挟、系统围猎、平台加持，结果是"赢者通吃、不留活路"。垄断，更大规模、更宽领域、无差别性的技术化垄断，正大摇大摆地冲击着人类用数千年智慧构筑的、那些针对物理世界的制度与文化、思维与模式的防护堤坝，不给任何没有来得及或缺乏能力登上时代之船的地球球员、全球村村民以重来的机会，遗留再生的机遇。于是，推动新经济快速升腾的那些数字、智能技术，看上去很热闹、高速率、超幸福，但实际上呢？反而更极速地恶化着社会现存结构的秩序与和谐。

似乎，所有人都在享受技术美好、智慧乐趣的同时，感受到了技术所催生巨压下的无助、无奈，被逼着必须迅速做出响应。不但同类相煎、跨界互怼、新老挤压，而且在资本贪婪的张力之下，智能机器规模化地跑步入场，让人类不断地感受到来自动物界、自然界之外的人工智能的巨大生存威胁。

人类，不但在体力上深感力不从心、力难所致，而且在智力上深叹机智（机器智能的简称，下同）多端、机智过人。这，让那些从事重复性、机械性工作的劳动者不无忧虑地触摸到被人工智能无情替代的严酷境况。即使那些接受了良好教育的"白骨精"们，也深陷登上时代之船能力不足的焦虑，深感人生加速贬值的惊恐！越来越多的生民遭遇到前所未有的智能化升级带来的越界压迫，越来越多的产业遭遇到无比残酷的数字化转型伴生的跨界挑衅。

远不止此啊！现代化让人似乎皆可康寿，即使年轻人越来越走低的生育愿望，也难以冲抵人类实际上对高龄的渴望。这导致全球人口抵达峰值的预期变得有些模糊，出现了两大结果：基数放量、老态龙钟。第一次，地球上有超过 80 亿的人口共同挤在了一起，高密度地相拥于越来越膨大的城市！高度城市化、深度老龄化的全新社会已快速地来临，加量但不加价地向教育等领域提出了更多花式的需求。全社会要摆平如此大规模的老、少已实属不易！还得更大规模地满足已过传统学龄的工作群体对终身学习的巨大需要！

更值得警醒的是，社会财富普惠性增长不足、两极化集聚显著的发展结果。在资源供给的严重挤压下，每一个组织、每一个阶层、每一个体都簇拥在越来越大斜角的坡道上，即使为了稳住自己的位置而不至于滑下，也必须保持内卷的姿态，练就良好的筋骨，更何况还渴望着换道超越、争取第一呢？在细细观察、深刻反思之后，明显地发现：之所以难以跟上这些由极少数技术精英所推动、技术迭代所引发的时代变革节奏，归根结底是因为人自身品质的极大滞后、学习能力的明显滞涨，必须更强烈地求诸学校改组、教育改造，希冀教育能奏响对冲变化、适应发展，创造机遇的命运交响曲。

诸多因素的如此激荡，正以前所未有的方式激活、点燃各个主体竞相提出的多样化教育需求。我们达成了这样的共识：教育，不只是助力产业革命的利器，也是人自身发展源源不断的动力；教育，不但是每个人成长的孵化园，而且是一生前行的充电宝。教育，再次成了为每个人提供最有效解药、最可靠求助对象、赢得最靠实发展的救命稻草。学习的目的，不再仅仅是为了获取那张加速贬值的文凭，更是为了追求人生的乐趣、富有意义的生活。所以，胃口强劲、永不知足，更好、更高的教育成为共同追求的目标。

在如此学习洪流的加持下，人类第一次出现了学习人口数量超越生产群体总量的有趣而严肃的社会现象，庞大的学习人口正快速而精准地推送到学校面前！从有学上到上好学、从上好学到上更高层次、更高品质学的势头更趋猛烈，学校的多样化、学习的个性化进一步得以张扬。教育的普惠性、学习的可及性、能力的高级化成为最广泛的共识。精英化在大众化、普及化教育的无情冲击下快速地弥散又迅速地内卷。不仅基础教育、中等教育已成为人所皆及的公共品，本科教育也成了普及品，硕士、博士教育也不再是奢侈品，而正成为越来越热门的竞逐品。

很快，人类第一次面对着高中后的学习人口超越基础教育、中等教育在读人口的社会图景。更快，人类第一次遭遇了高级学位的提供方式由师徒式的作坊生产，向着规模化的个性定制加速转换的严峻挑战。最关键的是，教育所面对的不再是学习人口及其需求在量上的简单复制式、线性化的增长，还要第一次面对结构复杂而又快速更迭的多样化——不同学龄群体、社会阶层、学习个体都对生产、生活有着不同的目标追求、个性化需要。学龄与非学龄、学历与非学历、全日制与灵活学制、学校与非学校、公益性和商业化、线上与线下的教育同在。跨学龄、跨学制、跨专业、跨媒介、跨阶层、跨行业的学习需求、学习形式，勾勒出一幅迥异的教育图景。

学历结构、学制结构、学型结构（学术、专业、休闲）、学龄结构正在以前所未有的复杂性、史无前例的变异性渗透于教育的各阶段、各环节、各方面，打乱了传统教育的成熟模式与既有节奏。融合式、混同化、个性化、规模化的教育需求，前所未有地迫使学校、教育在内容呈现、形式组合、模式改造、评价变革上，尽快从体制到机制做出有效响应、有力推进。学校教育不能再"以不变应万变"的姿态遗世傲立，因为其源源不断的产品已不再"适销对路"，"去库存"的被动与疲态已一览无余！差异化的巨量发展需求，体现出的是社会的无限生机与希冀，给教育增添的是发展的无穷想象与巨大契机，也让教育烦恼不已：虽前呼后拥，却左右受气！

教育、学习，第一次面对史无前例的人人喊变却又不知怎么应变、人人喊打却又不知打谁的尴尬境地，深陷到有增长而乏发展的明显内卷奇遇。需求驱动发展，需求创新发展。超级的需求，将超级地激发教育深刻反思、系统检修、整装就绪。能确定的是：不再有现成而统一的模式可奉若神话！只有锐意变革，教育才能迎来新的奇迹。不确定的是：教育将如何应变，更加智慧地求变，才能重现活力。

改变自己，别说不可以！

　　不少大学生到毕业时，常常叹息、埋怨不已：读大学，没有学到什么东西！根子在哪里呢？仅从主观上讲，在于读大学期间，不少大学生并不知道该干什么、该怎么干，因此一直都没有找到读大学的真正感觉，最后只能原原本本地保留下"原来的我"，没有获得太多改变。原因在哪儿？

　　第一，大学有大量可供自主支配的时间，但因为多年养成的被动习惯，大学生并未很好地支配这些宝贵时间；第二，大学生并不真正知晓自己需要什么；第三，大学生不清楚自己的目标，究竟该成为一个什么样的人。不明确并不能解决好这些问题，当然就只能在原地踏步，何来改变，哪来进步呢！

　　进入大学有上述困惑甚至对此不知所措，其实也不奇怪、更不用着急。想想看，在进入大学之前的十多年里，绝大多数学生基本没有时间、机会来思考什么是自己、自己该成为什么样的人等比较个性化的人生发展问题，反倒，着急得最多的恐怕是，怎么样跟着老师、按照学校的严格安排，尽可能考出一个好成绩，一门心思地希望通过分数来描画什么是自己、成就将来的那一个自己。于是，对分数的狂热追求掩盖了对自身的关注与思考。不仅在学习上主要由学校、老师主导，即使在生活上也主要由家长主导、帮助打理，学生自己却被淹没在家庭关爱和学校功利的海洋里。最后，被家长推着、老师举着来到了大学。即使名称上变成了大学生，实际上只是一个"大"学生、一个共性十足的中学生、个性不足的巨婴。

　　怎么办呢？读大学是认识自己、改变自己的绝好机会！机会，在哪里？

　　第一，真正离开了家庭，有了属于自己的那片天地，这就是改变自己的好机会。终于，摆脱了家长、老师及其所提供的无微不至的暖心关怀与悉心安排；终于，可以寻找到渴望已久的独立生活空间以及由此而至的思想自留地。能够、也逼迫自己开始适应在没有专属外援的情况下，自主地安排自己的生活时空，让自己能原形毕露、暴露无遗，显现优势、凸出劣势。这样，便能更加清晰地看清自己，认识自己现在的分量以及认清增加分量的方向在哪里、空间有多广阔。

第二，大学提供了一个宽阔的成长平台，有了成就自己的机会。大学，不但有可以尽情呼吸的自由空气，更重要的还有一群正在寻找自我的相似同窗。大家可以一起结对幻想、成群飞翔，一同试图自我导航，去寻找也许是属于自己的航向，踏勘也许根本不适合自己的行进路线，不管是否能战胜路途上的"妖怪"、能否涉险闯关升级，也不管最后是否能够抵达目的、成就理想。因为这些都是自我成长过程中不断认识自己、不断探究世界的一部分，也是奠基和集聚漫漫人生征程必备的信心与力量。读大学，并不是仅仅为了一直以为的那个好分数、好学校、好专业和好工作，而是为了更好地认识自己、成就自己、成为最好自己的最佳的成长过程。

哎！"我早已习惯了在家长的安排下、老师的指示下生活和学习。""我一直都是听命于爸妈，哪知道什么叫自己？""我一直都是听从于老师，也不知道怎样成为自己。"怎样认识自己？认识自己又从哪里开始？

可以从自己的强项开始。也就是，从自己最熟悉的、最得心应手的事情开始，认认真真地把自以为最得意的小事做好、做到极致，以此检验这到底是不是自己？是不是真有自己所预想的能耐？以此建立自信并激发动力，寻找弥补的空间、发展的天地。

可以发现一个自己感兴趣的事情开始，并试图认真而执着地坚持下去。这个兴趣，也许是因为过去的学业太紧而被迫放下的，也许是模仿他人想成为一个不同的自己，也许是将来试图要进入的一片新天地，也许是现在就想开始的一件小事情，也许只是自己觉得好玩、有趣、有益的爱好而已。总之，凡是能激起热情、激发兴趣，并愿意为之付出时间与精力的事情，都可以去试。试，但不能浅尝辄止、点到为止，而应该坚持一段时间，尽可能把一件并不是惊天动地的小事情做到自己最可能的极致，检验一下自己的兴趣到底在哪里、耐力有几分，能否把兴趣与专业学习、人生发展有机融合起来，并积极地建构期待的能力。

哎！"这恰恰就是我的痛处。除了学习，我就没有什么兴趣！"该怎么办呢？

当然，专业的学习就该是最好的兴趣。这并不意外，学习恰恰就是大学生应该办好的最基本、最经常性的大事！不过，前提是能够从专业学习之中找到不知疲惫的乐趣，并能在完成规定学习动作之外，依然还有持续深耕细作的内在动力，一种热爱专业、并练就过硬专业能力的热情与力量，立志成为本专业专家，不断培养成为专家所具备的强大自我推动力、自我加速器。

如果找不到这样的乐趣怎么办？爱一行、学一行，其实只是人生理想；学一行、爱一行，才是人生常态。尽可能地从专业学习中去发现和培养乐趣吧，也许就会逐渐地爱上它。要是，依然还是难以从专业学习、从教室里找到特别的兴趣，怎么办？那就试图从培养一个新的兴趣开始吧。这个兴趣从哪里找？就从身边开始——也许就躲藏在身边的同学、学校的安排里。跟对人，试着与身边情趣健康、态度向上的同学为伴，向他们学习，试一试他的力量。也许就是他能带来新的能量可以一同进入新的领域，能打拼出那片属于自己的新天地，成就一个新的自己。

选对平台，再造自己。大学之所以为大学，就是可以在教室之外寻找到众多的成长平台，不断地唤起大学生自身的发展激情，开发出大学生隐藏的无限潜力。诸多的学生社团都是学生自愿参加、聚焦某个方面的学生自治性组织，能充分彰显和锻炼每个人的多种能力。相信五花八门的协会、俱乐部，总有一款属于你。与这些志同道合的同窗在一起，共同为了一项任务而拼搏、一种兴趣而努力，看看是不是能够成全想要的那个自己。当然，还有实验室、实训室提供的动手动脑空间，图书馆书籍所浸染出的书香气息，各种竞赛激发出的无限好奇，各种运动竞技高扬的健康与友谊，等等，都是再造一个新新自己的好武器。

拓展空间，寻找自己。大学不仅仅校园是开放的，更重要的是，思想的充分活跃与开放。"纸上得来终觉浅，绝知此事要躬行。"每一个大学生的成长，都不再仅仅体现在教室、实验室里，也体现在教室之外、校园之外更大、更复杂的新天地。校园之外，是人生新的起点与战斗的真实场景，也是检验自己是不是能够适应自己所幻想的那个实践基地。于是，就该利用好学校提供的各种实践机会，听从自己的内心，追求自己的热爱，在各种实践中不断探索、展现自己、发现自己，因为宁愿迷失在曲折的路上，也不可彷徨在舒适的窝里。走出去，多接触新事物，多了解新信息。在实践中认识自己，检验自己的认识，实践自己的认识，慢慢地发现自己，培养完全不同的自己。

还需注意运用网络的力量。网络不只是信息、社交的平台，也是在跨界、融合学习中反观自己，寻找自己的便利工具。被网络控制还是控制网络，是不是可以检验并锻炼自己的自制力？怎样使用网络、用网络来干什么，是不是可以反映并增强自己的学习水平与能力？运用网络与什么人交流、交流什么，是不是可以体验并发展自己的朋友圈，寻找并强化兴趣？

自己是什么？其实就是你！大学是什么？其实就是为了认识你、成就你的一个好平台而已。期待的只是：再造一个完全不同的你，并创造出新的奇迹！认识自己、改变自己从什么时候开始才可以，千万别等到大学毕业时才后悔、才抱怨，现在即是契机。

适应恰如发掘宝藏

在人生最美好、充满活力的重要阶段来到大学，开启令人难忘、值得珍藏的学习旅程，既令人激动、让人向往，亦充满未知，激发想象。既令人喜悦，有时也让人沮丧。既能增添人生智慧与前行力量，也倍增压力，需要再燃激情，放飞理想。此时，有两方面需要适应：第一是适应新的学习及环境；第二是适应与家庭或父母的真正"断奶"。

第一方面的适应，是面向外部世界的适应，是在适应新环境基础上的能力提升。这既是生存能力的锻造，也是适应能力的更新。而第二方面的适应，更多的是面向内心的心理适应，是在克服心理压力基础上的心理磨砺。这既是情感的迭代与升级，也是生存与生活能力的再造与重生。而且这两方面的适应是同时开始并相互交织着的，这对心理尚不成熟的大学生来说，将是走向独立、面对社会的一大关隘，迈过了便会获得发展，便能顺利实现人生的两大转折——由青年向成人、由家庭成员向社会成员的平稳转换。

适应便是人生，适者才能生存。适应，就像发掘宝藏，不能三心二意，更不能半途而废，应该拥抱希望，不断发掘潜力，才可奋力奔向前方。为此，需要做到如下几点。

一、拥抱未知

未来充满未知，未来处处有不确定性。拥抱未知就是拥抱改变，积极适应新的环境。新人对新环境感到陌生和不适应，是因为对新环境心中无数，对自身与新环境之间的可能性把握不准，担心自身会受到新环境的不利影响，从而给自身发展带来伤害。

新一代大学生多出身在"421"的家庭之中，是家庭的焦点人物而备受呵护，吃穿住行不用自己操心。在中学学习阶段，一切课内任务和课外安排，往往是老师和家长制定与布置，也不用自己操心，似乎一切都是确定的。可是，来到更高阶段的大学学习，这一切都将在享有更多自由的名义下，需要面对各种独自安排、自我选择、独立应对的挑战。而且，这样的自由又须在完成以上两个方面适应的过程中，才可以真正享受自由、自主的横生妙趣。

在这个时点，初出茅庐的大学生往往表面自负，内心却自信不足甚至自卑，畏惧充满不确定的新环境。因此，希望父母送行去学校并一起完成入学的相应准备，在到校不久的一段时间里会频繁地给父母打电话、微信、视频吐露心声，诉说难题，询问生活的细节，表现出明显的不舍和不愿，希望能抓住依赖的尾巴，把对新环境的畏惧降到最低程度。尤其是那些到外地大学的求学者，这一点往往体现得更加明显。

为减少对前方未知的畏惧和对新环境的忧虑，大学生首先应树立不惧困难的必胜信念。要认识到，离开家庭走向社会这是人生必经的"自由"，是成人的必要考验，是自律、自立的最好训练，而学校是这种训练的最好平台和最佳驿站。因此，克服畏难情绪，以拥抱未知的态度，树立自信心，减少对包括父母在内的他人的依赖，主动而积极地融入新的环境、新的集体才是王道，才可以最终主要依靠自律把自己淬炼成钢。

一条较好的策略或经验就是主动与自己信赖的亲人或好友交流。每每遇到烦恼、问题、挫折，主动向父母、师长、同学诉说，请教生活经验、获得人生智慧。这既是对父母的尊重、给予父母的慰藉，也是给自己以方便，更是对自己负责。同时，学会忘记过往，不断调整心态与策略。主动结交新友，融入新的集体。积极与新友交流，多多向新友学习，互换心得。注意主动向老师请教，学习解析疑问、困惑的良方。

二、营造氛围

减低适应新环境的难度或者畏惧的最佳办法就是，主动营造一个有利于自我成长的小环境。要认识到，无论什么样的新环境，新人必须先尽可能地认可和适应环境，而不要率先埋怨、指责和批评。因为新人对新环境的各种要素了解不够、理解不全，此时一言不合就埋怨，一言不合就批判，一事不顺就逃避，便是儿态模式的表现。如果一味这样，不但会招致异样目光，给自己烙上不利的第一印象，而且还会加剧不适应，甚至恶化适应的心态。

与新同学主动接触时，应试图从推己及人的角度去理解他人，这是营造良好氛围的不二选择。毕竟在更高阶段的学习环境里，其成员更加多元。大学的老师、同学往往是来自全国甚至是世界各地，而中小学的成员往往来自就近入学的近邻。大学新成员在文化习性、生活习惯、语言特色、学习方法等方面差异较大，甚至大相径庭。这便需要从他人的角度各美其美、美美与共，学习并养成成人所需要的包容与理解的胸襟，打造一个和谐共生的环境。

营造这样的氛围，从大学生自身来说，主要有两大利器：一是敢于吃苦，二是善于吃亏。现在，大学生最明显的不足恐怕是怕苦怕累，缺乏吃苦受累的意志力，有明显的"奶味""娘气"。从这个意义上看，在新的环境，谁能在吃苦受累方面率先胜出，谁就将率先得到新环境的认可，成为新环境的胜利者，谁就将率先拥有一个有利的成长环境，进而逐步地获得改造新环境的资格与能力。

新一代大学生的最大特点是讲求规则，祈求公平。遗憾的是，现实世界并非如虚拟的游戏，所遭遇到的多数事情并不是公正的比赛，并非理想化的绝对公平。或者说，现实世界就从来没有绝对公平，尤其是面对形形色色的新伙伴，大家抬头见、低头还要见地在一起长期学习和生活，哪有这是你、那是我的绝对界限？哪有这不该我、而该你的绝对分工？需要的是团队的求大同、存小异，这便是传说中的理解与协作，这就是界限模糊、跨越分工的所谓"吃亏"。对于大学生个体来说，敢于吃亏并善于吃亏，不过就是多做那么一点点、少拿那么一点点罢了，这正是减少与环境发生剧烈摩擦的最佳润滑剂，这正是常说的吃亏是福的实践修为，这体现的正是舍得的智慧。有了这两条，不但可以收获一世的同学友谊甚至一生的恋情爱情，而且还会通过别人对自身的认可，积蓄一辈子的同学人脉，得到一生可持续成长的不竭支撑。

三、习惯成自然

习惯锻造人生，习惯决定人生。新的环境需要新的习惯，新的环境养成新的习惯。在家庭羽翼下的生活与在学校的集体生活需要不一样的习惯。家庭生活更多的是在私人空间中的亲情实践，而集体生活则是在公共空间下的友情锻炼。在人生转折的关键节点，大学这个大集体，便能锻造并逐步养成社会公民所需的优良公共习惯——公共意识、共同成长、集体协同等。

教育即生活，学校即社会。无论接受多高、多深的教育，每个人最终都得走入社会，成为社会公民的一员。大学的集体生活其实就是一个微缩版的社会，同学、老师就是社会成员，与他们间的相处便是公共意识最直接的绝佳锻炼。规则意识的培养、契约精神的铸就、为他人着想的包容理解、为弱者解囊的伸手帮扶、为优雅环境的自觉维护、为所有人方便的热情礼让、为克服困难的让我上，等等，这些都是一个现代社会必需的公共道德与文明实践以及最基本的行为举止和文明习惯。

身处于一个更大集体环境中的生活与学习，需要在生活的起居安排等个人修养上趋同，需要在学习与思想上求异。试想：二十四小时地生活在一起，如果起居不同步、独来独往、我行我素，在寝室、教室等公共场合的秩序与卫生不能从我做起、从身边做起，必将让这个集体破溃成不能弥合的一地碎片，把集体生活搞成乌烟瘴气的一片狼藉。

大量的过往早已表明，寝室、班级、学校最能体现出这种统一行动的巨大力量与集体精神的无穷价值。坚持规律起居、规律锻炼，相互鼓励、相互关爱，自律上网、积极交往，往往都是优秀驾驭者的集体习惯和共同经验。

学习上，越是高阶的学习就越是开放的。这种开放需要的是相互间的交流与激荡，而不再是中小学关起门来自我刷题的自闭与疯狂。更不像低阶学习为了考试那一个最高目标，高阶学习更多地指向学习与发展知识的内驱力，需要不断地提出千奇百怪的问题，寻找解决问题的天才路径，获得创新的效果，达成"开悟"的大目标。这就需要在同一个集体中，每一位成员发挥各自所长，需要共性力量的激荡与个性思想的乖张。这样的学习，培养的是各自把事情做到极致的习惯、相互启发与借鉴的习惯、善于观察与独立思考的习惯、善用批评与持续反省的习惯。由此，也就懂得孤独的美好、思想的价值、团队的力量和实践的复杂，才会培养出独立思考和理性判断的意识与修养。

四、越挫越勇

新的学习目标、新的生活环境、新的人生阶段，碰到问题才是正常，没有碰到问题肯定不正常。对于少有挫折以及缺少挫折教育的新生代大学生来说，在适应新环境时，"伤心"总是难免的。如果入学即碰到了挫折，恭喜！恭喜好运砸头！因为有了挫折，才说明你在想事、做事，说明你在向前、向新。如果还能抗击挫折，说明你阳光而坚强；打败挫折，说明你勇毅如钢，当然也必会迎来胜利的曙光。

这就是为什么说：适应，就像发掘宝藏——缺乏坚持的毅力就会前功尽弃，三天打鱼、两天晒网不可能发掘到属于自己的宝藏。所以，就需坚决避免一事不顺就逃跑，一言不合就躲藏的幼稚想法与稚童行为。尤其是在进入大学的初期，大学生往往会在学习与生活上碰到各种不适应的新疑惑、新烦恼。此刻，大学生需要的就是：坚定走出心理舒适区的信心与决心，享受克服困难的乐趣，唾弃打退堂鼓的懦夫思想。

度过入学初期之后，挑战往往多来自学习疑惑与情感困惑。克服这些挑战，则要明白：独立并不是一个人在战斗，情感并不是相互间的猜忌，学习并不是新的应试教育。为此，就得学习利用学校的师生智慧、各类资源，在困顿时打起精神，在迷惑时擦亮眼睛，逐渐克服困难、迎接挫折，最终便能实现成长。

越挫越勇就是敢于含泪奔跑，就是练就输得起的精气神，就是善于在跌倒中不断总结经验站起来并立即投入再继续向前奔跑的勇气。从失败中吸取教训，正所谓吃一堑、长一智。从战胜挫折中取得进步，正所谓越战越勇、越挫越勇。这便是智慧的来源，抗击挫折的底气。才可以永不言弃地奔向远方，这就是一种不达目的、绝不放弃的成功习惯与不断进步的力量。这样，你一定就能在人生路上傲雪经霜，卓然绽放。

明天再说吧?

每到新的起点，定会痛下决心改变现状。

于是，再次制定出雄心勃勃的奋斗计划、行动方案、改变举措，立志这次必须洗心革面，"重新做人"，一定向身边这些"平凡的英雄"们看齐，对自己的生活改造一番。再怎么说，也得小小地改变一下自己！比如说，不睡懒觉，要去锻炼、健身，不要说能拥有像邻座那位一样的健康而曼妙的身材，至少不至于如此的臃肿吧。比如，不打游戏，一定要看几本有趣、有用的书籍，增加一点知识，提升一下专业水准，至少拥有与邻座那位交流的常识吧。可是，每到岁尾期末，回首一看，当初的"宏大计划""炫妙安排"怎么又泡汤啦？学习如常、臃肿如桶，还是老样子、改变不大啊！于是，在羡慕、嫉妒身边"平凡英雄"的同时，悔恨、畏缩了起来，再现"当初雄心勃勃，结果悔恨畏缩"的场景。

为什么总是容易进入计划、遗憾、计划、悔恨的恶性循环之中呢？甚至心灰意冷、万念俱灰，严重到自暴自弃的程度呢？"明天再说吧"即是主使！不信？请看看中国青年报社社会调查中心对 1977 名 18～35 周岁青年进行的一项调查吧，其结果显示：2020 年，92.5％的受访青年给自己定下了目标，立志要在新的一年里做行动派。[①] 立目标容易吧！可是，变现难啊！88.9％的受访青年有过只计划、没行动的经历，而且职场人士的比例（89.6％）略高于在校大学生（87.4％）。改变难吧！差不多有 90％的人在计划之后，并没有相应的行动跟上！自己改变自己尤其难！改变难，是因为行动难！正因为行动难，才有知

---

① 九成受访青年定目标：新的一年要做行动派［N］. 新民晚报，2019-12-26.

易行难、行之维艰的教训，知行合一、行胜于言的告诫，才有坚持不懈、持之以恒的警示！

"行动派"难的缘由何在？该项调查显示的主要原因有 4 个：第一，不够自律（63.3%）；第二，安于现状（55.7%）；第三，拖延症（42.6%）；第四，消极的自我暗示（36.6%）。看看，我们是不是都多多少少是这样？或许，绝大多数人都能对上一项或几个项吧！自律，也就是自己规束自己，自己能管得住自己！这容易吗？显然，不容易！

往往，人的天性会时常给自己这样的消极暗示：等等吧，明天再说；还有的是时间，着什么急呀。于是，自己就给自己找理由——自己放纵自己、自己娇惯自己。畏难、畏苦、畏果，就行动不起来了！于是，自己就给自己找借口——心安理得地乐于现状，理直气壮地停留在舒适区。不敢、不愿、不急，怎么能行动起来呢？于是，拖延一下有什么不可以！明日复明日，明日何其多！就在"明天再说吧"中叹息着岁月的蹉跎，"明天再说吧"就演变成了"明年再说吧"。

"明天再说吧"，如果把这句话作为对待失误、遗憾、烦恼的一种"拿得起、放得下"的心境、心态，倒是对复杂生活、曲折人生很好的洒脱、豁达与释然。但是，如果把这句话错误地作为对待成就一项事业、变现一个计划、完成一项任务的一种"等等吧、不着急"的态度、立场，那就是贻误学习、窒息发展最好的托词、注脚与借口了。当然啦，冠冕堂皇的计划就会化作理所当然的泡影，周密计划的行动就会变成实实在在的幻影。

这个道理好像谁都懂，关键是怎么办。有办法吗？很遗憾，没有。除了行动之外！关键是怎么行动起来？难，好像也容易！想想开车，难吗？其实，只要点燃了发动机，车子也就正常行驶起来了，路途再遥远、艰险，目标必达、信心必就！要是懒得去拨动钥匙点燃发动机，一切皆空谈、白搭了！说难，其实指的是启动难，而不是行车难！那如何才能顺利地启动？

第一，目标要分解为小到"只要行动、即可实现"的小确幸。不能用一生的长远目标来代替人生某个阶段的短期目标、一个阶段的目标代替年度目标、更不能用年度目标代替一个月或一天的小小目标。而要把一年、一月的目标再细化为每天、每时的小目标。这还不够！还得把每一天的小目标变成每一刻的一个个小确幸。让看似高大上甚至是有一些好高骛远的远大目标，落地、冰释为可以看得见、摸得着、可实现的微小目标——微小到只要行动即可实现的具体任务。这种目标分解法，便能减少畏难、畏苦、畏果的负面情绪与消极暗示。既然能尝到行动的甜头，还会给自己不行动找借口吗？一旦启动，就能朝着远方、向着大目标坚定地、不断地前行。简单吧！

第二，措施要具体到"只要行动即可把握"的小确定。目标与手段必须相匹配！措施不当，往往成为阻碍动起来的重要因素。措施不当，主要是因为不切合实际，包括对环境的特征、任务的性质与自身的能力、优势、兴趣等认识不足，分析不透，匹配不准，驾驭不住。这就需要从自身所处的实际出发，脚踏实地地分析所针对任务的特点、可资利用的资源，寻找自己稍微学习、稍加练习即可把握、即能驾驭的技术、手段、办法。只要方向是对的，就不怕路途遥远的困乏。只要办法是对的，更不惧怕千山万水的阻隔。

第三，从最容易的事情开始，容易到"只要行动即可做成"，建立起小自信。每一个人都有自己的强项与弱势。缺乏自律、安于现状的人，爱给自己找借口的人，往往是因为担心干不好、干不成，自信心不足。错峰出行，不但能躲避高峰时刻的拥堵，而且还能从容抵达。只是错峰需要准确地认识并把握峰口。也就是，须找到自身的优势，知道自己干什么最在行、干什么最拿手、干什么最容易干成、干什么最驾轻就熟。不是说启动很难吗？一干就会、一干即成，还会难吗？那就从最易、最小的事情开始吧！千里之台，始于垒土。好的开始，成功之半！只要干成了小事、易事，就能一步步地积小成为大成、积小信为大信。累积了"行千里、致广大"的心理与力量，距离大事的成就、要事的成功还会远吗？

第四，以身边自律的好友为伍，建立"只要行动、就不留借口"的小氛围。物以类聚，人以群分。显然，和什么样的人在一起，就会有什么样的人生。不是现在都在说，你是谁并不重要，重要的是和谁在一起。不管这句话是否经得起推敲，但至少能说明一点：人是可以相互影响的，也是需要相互影响的！所以，才有"久居兰室不闻其香，久居鲍市不闻其臭"的说法。其实，人生不过就两件事情：读好书、交高人。如果想优秀，那就须和优秀的人在一起。这，尤其适宜于缺乏足够自律、尚未建立优秀习惯的人。如果自律不够，那就与最自律的人为伍，让自律的人成为引路人、一路人。

　　追随着优秀分子前行，自律就会化作习惯；不给自己寻借口、找客观留理由，便会自主地向着所设定的目标坚定地前行！要是身边没有这样的人怎么办呢？走出舒适区、熟悉圈吧！去寻找、结识那些积极的行动者，营造一个有利于行动、自律的氛围，让行动成习惯，让优秀伴左右。来年，也就不会有遗憾了。

　　好吧，试一试。

自主时间如何自主？

经过高中紧张冲刺而来的大学生，养成了每一时间段都被人安排得满满当当的生活，常常失去了"我的地盘我做主"的主见。可是，进入大学的状态立刻就变了——突然拥有了大把可供自由支配的自主时间。面对这些翩然而至的时间，反倒让缺乏自主能力的大学生常常不知所措、烦恼不已，不知道怎样有效地用好这些宝贵时间。正因为此，不少大学生荒废了这样的时间，误以为读大学就是如此的轻松，似乎也刚好成全了社会流行多年的"到了大学就轻松了"的传言、谎言。

为什么大学要给大学生留下比中学多得多的"空白"时间？难道大学不负责任、大学老师偷懒不成？当然不是，而是因为大学生的学习模式发生了根本性改变。

与中学相比，大学不再是以升学为目的的教育机构，而是培养能进入社会开展实际工作的合格公民，因此也就是一个人人生最高、最后的一个正规教育层次、学校教育阶段了。大学，不再主要承担为上一级教育机构培养一个中间"产品"，而是一个向社会输送能够更好适应社会并具有改造社会的、具备专业能力的责任公民、有担当的成人。显然，适应公民生活与适应学校学习并不完全一致，其最基本的前提就是必须具有良好自我责任的习惯与专业能力，不再时时处处都生活于他人的督促之下、别人的安排之中，而没有丝毫自我主导的动力与思考。如果大学培养出的大学生恰如这样的"无脑者""失能人"，大学也就没有存在的必要，大学生便也就是不合格的了。

相比学校，社会则是一个千变万化、高度复杂的综合体系。因此，大学就需要营造、模拟出一个比中小学要复杂得多的、近似社会的小环境，让大学生提前生活于这样的模拟小社会之中，逐步了解社会的复杂性与运行的规则性，适应自律的生活，养成自主的品格，获得自由的心性。同时，社会公民之间既分工又合作、相互提供专业化的服务，这就要求具备各种专业化的素养。更重要的是，社会林林总总的职业因时代高速变迁而不断地消散、变化与重构，每位成员都必须为时代、时局的变化而做好准备、做出应对，具备适应变化、创造变化的过硬能力与优良习惯。自然，接受过高等教育的大学毕业生就必须具有适应社会变化的知识、能力、思维与习惯，在职业不断消弭、转换中实现跨界发展、迁移生存、转业适应。

大学教育，也就不再继续维系中学以考试为中心的升学教育模式，而是以提升大学生适应社会与人生发展的能力为导向的培养模式。大学的课程体系，就不再只是为了对付升学需要的功利性工具，获取考试分数干巴巴的目标性课程，而更多的是围绕培养全面发展、综合素养的专业人才的成长需要，建立起更丰富、课堂内外相结合的课程体系及其学习机制。于是，看似有不少课程与考试关联性不大、实用性不强，对考证、考研、考公（考公务员，下同）等考试没有什么用处，也很少教授相应的考试技巧、技能性秘籍，更多考虑的是大学生眼界的扩展、兴趣的探寻、思维的训练、能力的建构和习惯的养成等这些并不具有眼前实用性的需要。

大学教学，也就不再是基于标准答案的反复刷题、重复作业的填鸭式满堂灌输，而是把重点放在更大尺度地激发大学生自我学习的内在动力，养成通过自我思考去发现标的、自主钻研去解决所碰到问题的自觉与习惯，这就是所谓的良好素养。大学课堂，就不再设置大量的模拟考试、考试需要的重复性练习来提高所谓的教学质量，而是通过不断地诘问经验、提出问题来启迪大学生的思维，设置议题、疑难思考来丰富大学生的思想，并期待大学生能在课外自由的时空中去自我阅读、主动实验、悉心观察、逻辑思维，不断地磨炼自主的心性，打造自律的品格。

这就是大学为大学生"留白"的良苦用心。如果仅仅从表面上看，大学给予大学生那么多的自由时间，似乎是更加轻松了。但实际上却是因为大学教育的模式发生了质的转变，大学生的学习进入了更高阶段。大学老师必须为大学生"留白"，不可以再手把手地教导每一个大学生去完成每一项自己的学习任务，填充每一处自我的学习空间，而是让大学生自律地在课内外获得更多自我锻炼、自我成长的机会，寻觅成人、成材的自我导向，淬炼自我管理的自主与自觉。这样，对于真正理解并期待有更好成长的大学生而言，读大学一定比读中学更加忙碌了！

时间用在哪里，成长一定就在那里。时间用在哪个方向，成长与发展也就在那个方向。把时间用在哪个领域，专业化能力与素养就定在那个领域。大学生如何利用自主时间，决定着大学生读完大学之后能否发生改变、发生什么样改变，更是大学生之间日后区别开来、毕业后产生差异的关键所在。那么，大学生具体该如何有效利用这些时间呢？

第一，用在课程与专业的深入学习上。大学生当然仍是以学习为主的，每个大学生都是附着于一个专业的基干上完成学业、实现成长的，因此大学生的学习一定是专业化的学习、基于专业的学习。围绕着专业能力的培育与发展，课程学习就成为大学生最主要的任务。在专业学习、课程钻研上发力，便是天经地义、顺理成章的事情！这肯定是自主时间投入的主要方向与领域，才能更好地完成学业，获得专业能力的训练，并从专业学习中找到探究的趣味，受到专业化的熏陶。

第二，用在兴趣与能力的培育、拓展上。仅仅专注于专业学习还不足以练就一个社会合格公民所需要的全部能力，还不足以培养一个全面发展、具有发展后劲的人所需要的素养，需要利用给予的自由时间，寻找并培养个性化的兴趣，提升作为一个人高质量地度过人生的情趣与情操，自身得以全面的发展，造就一个活生生的、有血有肉的人。为此，把难得的自由时空用于聆听各种讲座、参加各类课外活动、阅览一些看上去毫无用处的书籍等与专业学习和考试分数并不相干的事情，就显得非常之必要。

第三，用在友谊与人生的铸造上。每一个人都生活于人的世界里，相互依存且相互链接，并在互动与需要中不断地给予、汲取、深化着彼此情谊，在友谊中相互帮助、成就彼此。读大学所凝结的同窗友谊常常是最醇厚、最持久的，成为人生的珍藏与事业的支撑。于是，投入必要的时间于同学之间的相互交往、深度交流，与老师间在教学与生活中亦师亦友的相互切磋、共同探究等，就有非同寻常的意义。这不但会凝结出同学情、师生谊，而且还会锻炼和提升自身缺乏的交往能力、沟通能力。

为此，须应用好三大平台。

一是图书馆。如前所述，图书馆丰富的藏书、良好的条件、浓厚的氛围，为大学生"消磨"足够多的时间提供了极佳的场所与合适的空间。在图书馆，不但可以丰富、深化课内的有限学习，还可以完善、优化课外的成长，在阅读中扩大视野，在与先人对话中汲取智慧，在学习他人中养成思考习惯。

二是社团。大学的各种社团，都是志同道合的大学生一起消耗精力与时间的最好平台。通过参加社团，不仅是为了消费自由时间，更主要的是能获得跨界成长——跨专业、跨学院甚至跨学校——的综合性、补充性锻炼，在更广阔的平台上、在与同学交互中思考与催化自身的成长。

三是实验、实习、实践。大学的学习尤其是专业学习不再仅仅满足于纸上谈兵的知识条款，还要设置更多实验、开展很多实习、躬行社会实践。这些锻炼活动就是为了真刀真枪地检验知识的掌握程度，实战专业化的能力，磨砺行动的意志与行动的韧劲，不断积累动手技能、生活经验、实战体验、实践能力。

如何运用好自主时间？有以下三种方式。

一是阅读。阅读才能垫高人生、扩宽胸襟。大学生的阅读成就大学生的人生。养成阅读习惯，便是大学生必备的素养。课内外相结合、专业化与拓展性相融合的大剂量、高质量阅读，系统性的阅读思考与碎片化的信息浏览对于大学生都十分必要。

二是思考。真正得道"高等"教育的人，皆能养成理性思考的习惯，具备独立思考的能力。从而善于从纷繁的世事和变幻的现象中予以逻辑地分析和自主地判断，而不是随波逐流地做没有自主思想的"流民"，缺乏理性的"乌合之众"。因此，只是听课、阅读、实验、实践，还不足以成为一个"高等"的人，需要时刻在思考中领悟，在领悟中觉醒，在觉醒中进入"高等"的境界。

三是运动。处在大学生这个关键的年龄阶段，运动便是消费自由时间的好方式之一。运动场上释放的是激情，燃烧的是热能，磨炼的是意志，得到的是健康。动起来，才能强身健体，增强体质，养成良好的生活习惯，练习适宜的运动技能；可以塑型躯体，不用为了成为"小蛮腰""万人迷"而"天天提着一口气"，可谓一举多得。

自己的地盘自己做主吧！

有趣的"猫""鼠"现象

大学课堂有两大常见现象。

现象一：上课铃声响起，和着三三两两走进教室的学生所发出的脚步声、窃语声，以及桌椅声、吃食声等，还能听到教师清点到课人数或学生电子签到的各种声音。教师极不情愿地把越来越短的课堂时间消耗在清点到课人数这种与教学质量没有关系的事情上。但，似乎点名已经变成了现今大学课堂不得不做的一个教学环节。否则，课堂就会变得更加空荡、冷清。

现象二：每当教师在课堂上拟开展教学互动或者分享时，学生多以沉默和低头回应着，此时的课堂变得鸦雀无声。如果不是教师亲自抽点，很少有学生及时主动应答，更不用说自告奋勇地主动提问了。即使是被老师抽点，学生也多以极不情愿的态度应付着。于是，课堂教学活动多是教师的独角戏，学生参与尤其是主动参与课堂对话、情景互动的情况很难发生，深度学习、批判性提问就更难以推进了。

似乎，大学教师与学生之间变成了"猫"与"鼠"的博弈。对于不知世事的"鼠"，尽管"猫"可以轻快地生活着，但"鼠"日后的生存能力也就衰减了。长此以往，"猫""鼠"更会同流合污，变成一个战壕的战友而和平地、默契地、理解地相处。逐渐地，"猫"也就失去了激情、斗志，对抓"鼠"也就成了例行公事的程序，照章办事的勤务，缺少尽心的责任、尽力的努力。"鼠"呢？也就变得更加的得寸进尺、肆无忌惮，没精打采甚至最后对教师卖力的教学也不理不睬。对于与"猫"的相处，也就成了可有的一场相遇、可无的一点相知，缺少了相遇的激情、相知的深情。

危险了不是？于是，大家都在高呼：别"放水"，要"金课"！师生之间本就该是教学相长、双向互动的促进关系，而不该是简单的知识单向快递、被动的单向知识承接的关系！尤其是在网络高度普及的智能化时代，知识的传递完全可以随时随地在大学之外、课堂之余、教师之旁开展着。

是不是就该思考：今日如此之教学的意义何在？大学课堂怎么就变成了如此的知识传递独角戏、"猫"抓"鼠"的无聊游戏？除开大学体制、机制的一些原因之外，在师生两个方面都是有原因的。教师在教学观念更新、教学能力提升、教学精力投放上还不尽如人意，造成了课堂活力不够足、授课艺术不够精，缺乏对新生代大学生的足够吸引力，学生的认可度不高。从大学生自身来说，多年的中小学围绕考试而学的习惯，未能激发出足够的内生学习动力，对课堂教学的聚焦度、对教学过程的参与度都不够！

接下来，是不是就该反思：教是为了什么？

教，当然是为了不教。教，当然不是为了教师，而是为了学生。教，当然不该是为了教师自说自话地完成教学工作量的饭碗，而应是为了激发学生学习的内生动力，让学生获得可持续的更好成长！可是，一直以来，大学的教育教学改革是不是过多地在"教"端予以思虑、着力于"教"的改革？其顶端设计的效果是不是并不如意？究其缘由，恐怕与长期以来从"学"端的视角思考不多，从改变"学"端的设计不够，因此"学"端的改革不足。因此，站在大学生的需求端，反思并改善大学的教学效能、治理供给，才有可能激发学生自身的内生学习自觉性。

在高等教育大众化、普及化的时代，大学是否还应该继续坚持精英化高等教育时代之严进宽出的教学制度设计？

过去，在精英化的高等教育时代，大学的入学选拔非常严格，只是少数人甚至是极少数人才可以上大学，实施的也是精英式培养。大学的规模很小，师生之间关系更加密切、更能互动。即使教师不都是博士、教授，看上去教师的"帽子"、光环以及水平并不如今日大学教师那么高大上，但教师们对于教学则是真诚而专一的。因此，在教师时刻注视着的眼皮底下，学生想偷懒都很难，当然学生想偷懒也会内疚、不好意思。同时，作为少数的"精英"，学生经过了严格的选拔，其学习基础以及学习动力也显得更加整齐，学生自身的荣誉感、责任感与自信心也更强。即使学生想歇一歇、偷偷懒，常常也会深感自责，更难真正形成一种传染性的气候。

　　这样，在精英阶段，严进宽出没什么大的问题，或者说，问题不大。但是，在高等教育大众化、普及化阶段，显然不再是严进宽出，而已经变成了宽进宽出。在学生群体构成发生了巨大变化的现实背景下，社会需求与学习期待也发生着巨大改变。如果大学仍然坚持以往严进宽出的"制度自信"，即使是极少数的所谓精英大学在学生规模上也早已大大膨胀，不再是小规模教学了；而对于绝大多数承担着大众化、普及化重任的"大众大学""普及大学"来说，对于绝大多数大众化、普及化的大学生来说，既不应该、也无可能。否则，大学生便会尽情地享受着宽出的制度护佑，逐渐地松懈下来，对学业得过且过、听之任之了。

　　似乎，只有在机制上严起来，大学生才可能忙起来！于是，在建设、改善大学能力体系的同时，改变大学的教学制度供给就显得十分必要。须以"严出"为制度重构的出发点，才能更好适应高等教育普及化的新阶段、新特征，重建大学新的"制度自信"，才有可能从根本上推动形成大学生主动参与、蓬勃向上的学习局面。

　　在结束了以升学为目的中学学习之后，大学是否应该更有效地以正确的教育目标引导大学生的学习，从而重新激发大学生向着新目标而自觉进发的主动性？

　　在上大学之前，学生一直生活在向着一个看得见、摸得着的现实目标而奋发学习的亢奋状态之中，受着"上大学""上好大学"这一实际目标的强制牵引。是隔壁的普通大学还是别人家的著名学府？全凭明码实价的考试分数说话！不主动就会落后、不努力当然就遭淘汰！在大学之前阶段的学生，即使是睡意蒙眬、头昏脑涨，也保持着斗志冲天、拼劲十足的战斗状态！哪里用得着上课铃铛的催促、教师用劲的吆喝？

　　可是，到了大学呢？没啦、目标没啦！曾经横亘在学生眼前的现实目标已经抵达，似乎继续向前的目标消失了。即使部分大学生自愿地为自己设定了继续考研这个具体而实际的目标，也并非是所有大学生的必选项。即使决定考研，那也是两三年之后的事情！忙什么呢？至于说，毕业能否找到工作，老板有什么要求，市场状况如何等，也要等到毕业时再说了！还早，急什么呢？

　　一直都处于打败和被打败、胜利与淘汰的浓厚氛围之中，在为此而不断忙碌、高度紧张了十余年之后，习惯了被考试激励、分数左右的大学生，突然身处于少有考试的大学环境里，内在的学习动力似乎总难激发起来，懒懒散散、没精打采也就成了常态。玩玩游戏、刷刷朋友圈倒是读大学赋予的重大"任务"了，学习劲头也就大大减弱了。

如果继续按此惯性，大学能否依葫芦画瓢地设置一个与"升学"相类似的具体目标用以"激励"大学生继续奋发向上？继续按照考试的教育模式来开启大学教育？比如，有大学、有大学生从一入学开始，便把考研、考公、考证等所谓"向上"的现实性目标作为激发学习内在动力的抓手，所营造出的学习氛围、学生状态竟然与考试培训、中学教育高度地同构！这对于有良好考试"素养"的大学生来说，对与考试直接相关的课程及其内容的学习当然就有了高度的"革命自觉"，学习风气看上去确实变得静默而浓厚了起来。自然，大学生对于那些与"考试"并不直接相关的所谓"可有可无"的课程和内容便也就敷衍了事、轻松面对了，更别提学习那些"无关""无用"的课程和有趣内容了。

这种考试型的大学教育模式进一步强化了学生的考试型学习习惯，把学生继续"喂养"成为只为考试而学习的功利性动物和精致化工具，而对培养具有"高等"教育素养、社会公民素质毫无裨益！而且，设置考试这样的现实目标也越来越不可能了，因为大学面对的是高阶的学习、复杂的社会和现实的人生。

越是高阶的学习，越需要来自内心的自我激励与驱动，而不只是"黄金屋、颜如玉"的现实迷惑与功利引诱。越是现实社会，越需要来自内心的自我理性、独立思考，而不是人云亦云的简单复述、随波逐流的死记硬背。越是往后的人生，越需要来自内心的自我反省、自我约束，而不是他人的时刻吆喝与斥责。可是，一旦学生缺失了现实目标的自我激励，师生间的"猫""鼠"关系也就变得越来越普遍！随之，大学生也变得越来越"闲适"，而钻入了越来越势利的死胡同，大学的教学便难以摆脱中小学教育的贻害，难以按照大学的模样顺畅而有效地展开。

因此，大学是不是该有更具情怀的大视野，更具公共性的大理想，更具挑战性的大议程，才能逐步改变大学生只被现实的功利性目标所吸引的惯性？在更深层次上，以教学内容的挑战性、教学方法的趣味性、教学考核的多样性，激发大学生保持对学习目标的探究性、人生目标的长远性、生活目标的协调性的内在动力，从而有效助力大学生保持对未知世界充满着好奇，对现实世界充满着争奇，对未来世界充满着惊奇。只有用这种有利于长远发展、持续成长的目标激励，才可以从根本上改变大学生的积极性不够、主动性不足、参与性不好的状况。也只有以这样的目标激励，才可推动大学师生的相互成长！

在教育体制惯性的作用下，大学是否该以更加积极的态度思考改变大学生的学习模式？

高考之后，学生往往就在部分家长和中学教师的误导之下，错误地以为大学的学习就是敲锣打鼓、轻轻松松。到了大学，大学生便自动地自我减压、自导失速。不过，这还只是表面现象，比纠正这种错误的认识更难的是功利性学习的惯性。

一旦，没有了中学那种随时都在发生的考试竞技、分数比拼，学生便认为上课只不过是可有可无的形式而已。学习？不过就是听听老师课堂上念叨PPT；考试？不过是突击看看、背诵几张PPT。于是，学习便只是考试前的一阵临时抱佛脚的记忆游戏罢了。离开考场，短暂的记忆也就淡去、遗忘了，还剩下了多少收获？我们对这样的学习模式是不是太熟悉了？过去十几年不就是这么过来的吗！以此模式，当然是不考就不学、不重点考就不重点学。怎么可能在课堂内外能调动学生的参与热情，更不用说学生主动、开动脑筋的深度参与、积极探究了。再美好的理论设计到了课堂都变得苍白无力，再理想的教学模式落到课堂都成了花样摆设。

要不，随着急促的上课铃声以及教师点名声的催促，学生才慢慢悠悠地走进教室。似乎学生能够到教室里来，就已经非常对得起老师了，至少还来课堂了嘛！至于说，还要开动脑筋去互动、提问、思考，算了吧，又不考试，哪来激情？即使要考试，花上几天突击一下即能高速通过。

于是，沿袭着中学考试式学习的套路——凡是上课时不讲、教材上没有、老师说了不是重点的或不考的，就不学了。上课便只是带着耳朵和手机即可，至于说课堂笔记也就用不着了，PPT或教材上不都有吗？至于说老师布置的那点课外作业、实验、实习，尽可能地简化处理吧。因为现在网络实在是太给力了，里面的资源实在是太丰富了。

要是，有幸碰到严格要求的老师，以及还多此一举地搞课堂点名、组织课堂讨论、学习交流的老师，算是倒霉吧。反正，大班教学的同学密密麻麻，低着头、不作声不就好啦。如果被点名的"厄运"不幸光临，不痛不痒地说几句吧。要是，老师严格得"太过分"了，就以评教时的"差评"予以回敬，甚至通过网络"曝光"一下，给其他同学"通报"不选其课。如此操作，说不定老师还会反过来求学生高抬贵手呢！

积习难改！

这就需要在改善课堂组织形式的同时，还需要从入学的第一天起，改变大学生从基础教育带来的"应试"基因，让这种考试应急型基因尽快地改组为成长友好型基因，而不该以"讨好"学生的方式，继续让"应试"基因代代遗传、恒久流传。这不但贻害大学生终身发展，也让全社会染上"凡进必考"的应试痼疾而久治不愈。需要从通识课、基础课，从每一堂课、每一位教师做起。以更富启迪而不是满堂灌输的方式，用知识的趣味性、发展性和参与性，以内容的挑战性和吸引力，以教学方式的灵活性和互动性，贯穿课堂，才能逐步培养大学生的思考习惯、阅读习惯、参与习惯，内生出学习的自觉与激情。

唯有如此，才能让学生"Stay hungry"，求知若渴、保持上进心，不甘平庸、敢于尝试，而不为自我成长设立天花板、划上停止符。也才能让学生"Stay foolish"，大智若愚、保持好奇心，不惧愚笨、敢于想象，而不为自我发育设立禁区、划定边界。大学课堂也才会生长出师生互动的习惯、发育出学生自主的品性，也就不再是教师的单声相声。

"当雪崩到来时，没有一片雪花是无辜的"。这需要师生的人人参与。

再出发

一直以来，大学有两大令人痛心而困扰的现象：一是，明明都是经过高考严格选拔才进入大学的，每一年却总有少数大学生因为入学后的学习成绩不合格而被大学勒令退学，即便是原本高考成绩很好的学生也难幸免；二是，明明是该在毕业季时兴高采烈地离开学校奔赴社会，每一年却总能听到一些毕业生不停地抱怨，大学的几年学习生涯没有获得曾期待的就业能力，所预期的全面成长。

历经挑灯夜战，好不容易才考上所渴求的大学，却在大学的学习过程中频频出现上述类似的状况，着实让人心忧、心疼！不免问：这是为什么？

原因可能会说出一大箩筐，但最关键的一条是一些大学生放松了对自身坠落的警惕，未能及时转变心智模式。在"上大学之后就轻松啦"的误导、忽悠之下，他们错误地以为，进入大学之后人生便抵达了目的地，似乎也就可以停顿下来歇一歇了。于是，错误地把大学给予的自主时间当作可以优哉游哉的自由时光，心安理得地享受起来，继续以中学那种"行之有效"的学习套路来对待大学学习。

大学需要什么样的学习姿态？

大学与中学最大的不同就是：大学面对的是高阶的、成人的学习，需要更多的是自律而不是管束。因此，大学给予了学生比中学多得多的课余自由时间，而且少有教师无时不在的守候与吆喝，少有来自学校和教师耳提面命般的束缚与要求。这对于大学生来说，似乎是更加自由、更加轻松了。但，实际上呢，这是对自身的要求更高了，特别需要大学生作为正在向高素质公民迈进的自律、自主，要求能自主地寻找属于自己的前行方向与目标，自律地安排好自己的学习、完成自己所面对的任务。

不过，遗憾得很，一些大学生依然沿用多年来养习的被动状态、等待心理，来开启已大不一样的大学生活，被动地等待着教师主导的教学，等候着学校安排的任务。凡是学校和教师没有安排的学习任务，就不去学习；凡是没有教师交代、要求的课余活动，就不必参与；凡是能够方便地从网上找到的试题答案、实习报告、论文研究，就不用亲自动手、主动动脑了。仍然以"做题家"自居，沿用以考试为导向的学习惯性来对待大学的各种自主选择。凡是不考试的、看似与考试无关、也就是看上去没有实际用处的课程和学习内容，就不用认真地对待；即使是对待那些不得已的课程和考试，也采用惯常的临战心理，平时轻轻松松，考前临时抱佛脚，一背了之、一抄了之。走出考场，便忘得差不多，何来大学给予的成长！

这样一来，大学生的生活依然处于一种如中学那般的被动状态，凡是不上课、不考试，便放任自流、无所事事，要么赖床、要么恋网，留恋于《王者荣耀》的美好，却白白地浪费了大把的青春，荒废了大好的时光，一些不懂得及时"刹车"的大学生被退学也就不奇怪了！毕业时埋怨"一无所获"也就更不奇怪了！这到底该怪谁呢？读大学就需要及时切换心理、转换状态，一切再出发——从被动的心理、等待的状态，及时转换为主动的心理、再出发的状态。

主动，就是练习并养成自主的行动能力，就是不再沿袭中学那种积极的懒惰模式。不再继续按照学校教师所设计的课表、课程、练习、复习、小考、大考的惯常线路，按图索骥、亦步亦趋地忙碌或歇息着。而是主动地自我驱动，充分利用自由时间，即使没有任何人的要求、监督、呵斥，也照样能自主地找到方向，动起来而不是闲等着。努力去深化课程要求的学习与探究，积极地参加课表之外的非功利性活动，主动地阅读各种与考试并不紧密关联的一些经典著作，激发对世界的好奇，培养伴随一生的兴趣，拓展适应时代变迁的眼界，培养博大的胸襟。从而，培育出自律的习惯、自主的品性。

出发，就是始终保持冲将出去的发动状态，就是不再等待他人对自我的介入、安排，不守株待兔，不等待天上掉馅饼。不只是临渊羡鱼，而是相信行胜于言所蕴含的无穷动能，始终保持一种随时逃离舒适状态的姿势，以饱满的精神去迎接随时可能遇到的新任务、新挑战，具有随时创造新奇迹的激情与勇毅，从而不被懒惰、懈怠、困难所打败，不被挫折、讥讽和失败所折服。尤其是对于刚刚进入大学的学生而言，身上还残存着中学时那股渴望向上、向前的冲劲以及对未来美好期待的滚烫惯性，更能顺理成章、顺其自然地保持着这样的出发状态。如果能够及时转换学习心理、心智模式，那就一定能在大学收获卓越，实现成长。

当然，如果不加以积极引导、不及时脱胎换骨，在历经高考集结号令之下的拼命冲锋之后、在面对突然增多的大学给予的自由时间之时，很容易慢慢"熄火"而懈怠、冷却下来。等意识到主动的极端重要之时、必须重新出发之时，如果再想"冷启动"，可能会因为惰性十足而变得不易，秉性难改而变得更难，为时已晚而变成了哀叹和抱怨。那些不能、不愿再"点火"，或者"点火"不成功的大学生，即使高考成绩曾经很好，可能也就跑不动、飞不起了，其结局要么被勒令退学，要么只能成为毕业时的埋怨者，抱憾不已。

任何等待都等不来辉煌，唯有出发才能创造出精彩。

最重要的心理准备

为尽快适应大学，做好心理准备很重要。其中最重要的就是做好断奶的心理准备。断奶，即大学生的"独立宣言""独立宣誓"——逐步斩断依附、依赖的心理发育过程，就是不断迎接独立成长挑战的过程，进而养成自由且自律成长的新习惯。

为什么必须断奶呢？不是仍然有父母还有那么多大学老师和同学提供的帮助吗？读大学，不就是读书的另外一个阶段吗？难道读大学与读中学还有什么区别？是的，读大学不过是读书的另一个阶段，看上去，与之前的中小学教育阶段似乎差不多。不过，这只是表象！其实读大学与其他学校教育阶段差别很大！

最大的变化就是：读大学之前，主要是依靠父母、老师等外力的推动，是在外力压迫之下的学习，是在外援挽扶之下的生活。这是一种外力驱动型成长，时刻生活在父母和老师的影子里，是被他人牵着鼻子走的。

读大学呢？没有了长辈时刻守候在身旁的唠叨与帮助，也几乎没有老师"1对1"地相伴左右的辅导与督促，开始体会到过去一直向往的"我的地盘我做主"的酸甜滋味——那种挣脱"枷锁"后的自由，那种获得"独立"后的责任——主要得依靠自我的激励与约束，独自打理自己每一天的日子，自主规划未来的路向。大学阶段就步入到了由外力驱动转由自我激励的车道，必须试图生活在自己的世界里，正式开启"我的地盘我做主"的独立旅程。生活上，离开了父母，住在了蓬勃向上的校园。不但日常生活不可能依靠父母的时时催促，而且还没有了生活老师的处处吆喝。

这不正好吗？盼望已久的自由终于到来啦！终于获得了自己决定"吃不吃？睡不睡？学不学？"的莫大自由。这也不就意味着，饭来张口、衣来伸手的日子到头了吗？也不得不接受自主决定"吃不吃？睡不睡？学不学？"

所带来的烦扰！除开一日三餐等衣食住行的日常必需全靠自己独立打理之外，更重要的是，大学还给予了大量的、自主支配的自由时间。上课、吃穿、睡觉、游戏、锻炼、交友等，都是在他人很少干预、监督或监视的情况下，主要依靠自己自主地安排、自由地支配，并通过这种自觉的训练，尽快养成影响一生的、健康的生活习惯。

学习上，就更是如此了。大学不再是随大流、齐步走的学习，而是分专业、差异化的学习。大学的学习制度安排不再是齐步走的学年制、班级制，而是学分制、选课制。不要说同一个年级的同学不再似中学那样齐步同行，就是同一个专业的同学也不怎么像中学那种同学类型了。即使同一个班、同一个寝室的同学，各自可能有着不同的课表、不同的学习时间与进度安排。同学之间的学习也就不再同步、同样。看样子，不假思虑地踩着同学的鼓点，随大流地跟着别人，也不太靠谱了，得独自做主、独立思考了不是！

老师呢？不是还有那么多大学老师吗？找老师去啊，怎么说没有靠谱的依靠呢！老师是有的，而且有比中学多得多的老师。不过，问题是大学老师还像中学老师那样靠谱吗？如果继续依照中学的模式与标准，大学的老师真没那么靠谱了！在大学，任何一位学生都得修习数十门课程。而且，数十位大学老师还像走马灯似的进进出出、来来回回，稍不留神，老师的名字都还没有记清，课程就结束了。找谁呢？大学的老师往往是"上课来、下课走"的工作行为模式。课堂上见老师，课后见不着老师，基本成为常态，怎么找？加之，大学老师除了要承担课堂教学之外，还得担负发现知识和应用知识等多重学术任务，还有频繁的各类社会活动。什么时间找得到？什么地方见得着呢？

这么说来，大学教师似乎真不像中学教师那样"负责"了，不再天天待在教室、守着学生，不再成天催促着学生："只要没学死，就往死里学。"更要命的是，大学教师的教学常常还"卖关子"，不但不给学生提供现成的标准答案，反而还要经常提出很多可能是大学教师自己都还说不清、道不明的前沿难题，为难学生，让学生独自去思索、搜寻、查阅、实验，并试图提出自己的观点、得出科学的结论。

看看吧，学生想偷懒都不可能，还得有自己的疑问和主见。否则，找老师干什么呢？要不是大学生自己主动上门、主动联系老师去咨询、讨论问题，大学教师往往不会自找没趣，"懒得"主动搭理学生，一般不会主动干预大学生的独立思考，不会轻易打扰学生的自主学习，除非有特别的情况了。让学生自由成长吧！这是大学老师"守株待兔"式教学的座右铭，而不是大学老师推卸责任的借口。所以，找不找老师？找哪一位老师？啥时候找老师？通过什么方式找老师？找老师干什么？都没有固定的模式，更没有明确的规定，全靠学生自己的自觉与主动。

好吧，就算找老师得靠自己主动。不是说，大学还配备了专职辅导员吗？难道专门为学生服务的辅导员也靠不住吗？

是的，辅导员也不完全靠得住。因为辅导员不再像中学时那种全能型的班主任啦！主不了任，至多起到"辅导"的作用而已。大体上，每一位辅导员每天都得同时面对 200 位以上的大学生。想想看，辅导员有没有 200 头 400 臂？即使是全情投入、责任心超人的辅导员，也难以成天聚焦到每一个学生的身上吧！除非学生自己主动找寻、咨询，或者出现了足以引起辅导员注意的异常状况。这么说来，一切都得靠学生自己了。不主动的话，就连老师和辅导员都难得见到啊。

为啥要这样？大学的教师也太不负责了吧？是不是大学在坑害大学生啊？

不是！因为大学和大学教师对待培育学生这件事的理念与使命变了——大学希望给予大学生足够的自由，逼迫大学生能尽快与父辈、老师断奶，而成为适应并推动社会发展的、具有独立精神和自主能力的合格公民。对绝大多数的大学生来说，大学教育是人生中学校教育的最后驿站。离站之后，立刻面对的便是火热的、充满竞争的现实社会。大学绝不能再菩萨心肠，不能继续大发慈悲地把大学生捧在手、抱着走、追着喂，就不能对大学生的学习与生活"无微不至"地介入、"无时不刻"地督促。大学老师，也就必须横下一条心，积极引导而不是时时监督大学生的自我修炼、自主养成、自由成长。唯有放手，才能造就大学生适应社会并推动社会发展的强大自主能力。

当然，这并不是说大学、大学教师不关注、不帮助大学生的成长需求。恰恰相反，大学及其教师是把每一位大学生当作自己可以"做主"的成年人，尽可能营造出浓厚的自主氛围，力求时刻推动大学生养成现代公民该有的自觉与自励、自控与自制。只要学生具有断奶过程中必需的积极与主动，大学教师仍然可招之即来、挥之即去，仍然非常乐于为学生提供尽可能及时的指导与悉心的帮助。但前提是：大学生自己必须要有主动的、而不是被动的姿态！必须珍视自由成长的各种制度安排和文化传承。

正因为这样，自由才成为大学师生共同珍视的座右铭，自由才如此备受大学师生的尊崇。享受自由并不轻松，与之相随的便是自我的约束和主动的担当。所以，读大学就不再仅仅是读几本书、学一堆知识、考出一个漂亮的成绩那么简单，而是一个难得的、也是痛苦的学习成人、走向独立的磨砺过程。读大学也就是要养成珍视自由的习惯，锻炼运用自由的能力。这便是自理、自励的心理成长、内心走向强大的成长过程，这便是养成独立面对人生起伏的断奶过程。这便是断奶的意义——独立精神建构的前提，自主成长的必要经历。这是由外而内的驱动力转向，更是一场自我革命的艰难成长。只有通过这种成长动力机制的转型，才可实现人生的重要转折。否则，读大学几乎就是在白白浪费大好的青春时光！即使能够勉强毕业，依然还是一个长不大的巨婴！

断奶，需要的是积极心态、主动的作为，才能克服找奶的恐惧、拓展识奶的见识、增长制奶的能力。不是一直盼着快点长大吗？所以，别惧怕长大过程中断奶的种种不适与痛苦，而要积极面对断奶过程中的种种挑战与磨难。对任何人来说，断奶都是充满阵痛、伴随孤独的煎熬。只有熬过了这种成长的苦楚，才会懂得为成长而努力付出的真实价值，才会珍惜成长路上的收获与恩情。正因为此，充分做好断奶的心理准备，才会做到断奶时刻真正到来时的未雨绸缪与无所畏惧。正因为此，才必须克服仅依赖外力推动而亦步亦趋地生活的被动惯性，主动断奶——尽快养成主动思考、主动作为、主动承担的新习惯。主动规划未来的发展，主动寻求老师的帮助，主动与同学深入地交流，主动克服遇到的困难，主动抗击碰到的挫折，才能成为一个具有强大自制力、良好自控力的现代公民。如果能这样，断奶便是痛并快乐着的健康成长！

不会学习？

常常碰到学生抱怨说：原来我在中学的成绩那么好，高考的分数也高啊，怎么到了大学竟然听不懂老师的课，越来越不会学习了呢？这种抱怨其实就是大学生碰到的不适应！

听不懂课、不会学习，那就对了！大学，进入了更高阶段、更高层次的学习，意味着大学生必须凤凰涅槃、浴火重生，养成新的学习习惯，形成新的学习模式。

听不懂课，那是因为大学生还沿用中学生听课的方式，还没有转变成一个真正的大学生。中学的课程教学总体上是围绕着考试需要而展开的教材讲述、标准内容的复述，考什么就教什么、也就学什么。教学目的、教学内容都非常明确，教学组织也有相对固定的模式。教与学的方法更加适应于继承知识、标准答案、重复记忆、解答试题等方面的需要，注重不厌其详的讲解、熟能生巧的练习、得心应手的考试等技巧性训练。

大学就大不相同了。大学生面对的不再仅仅是继承知识，而更多的是步入到越来越没有标准答案的发展阶段，仅靠简单的记忆、重复的刷题，肯定难以适应大学高阶学习所面对的不确定性、多样性，更加强调创新性、面向未来的发展性等新要求。因此，如果继续照搬中学养成的记忆性应考习惯与学习模式，来僵硬地应对大学的高阶学习，过去再怎么管用的学习方法也就变得越来越不管用了，甚至失效、无效了，听不懂课也就正常了。

听不懂课，那是因为大学生还没有认识到大学老师的教学特点，自己还没有成为学习的主人。大学老师不再简单地自居于当好一名传授知识的好老师，还须是一名研究知识的好学者。而且，越是好的大学老师，越须是拥有思与想的习惯的好学者。

学者是什么？学者除了要对现有的体系性、成熟性知识有良好掌握之外，更加注重的是知识的拓展与发现，更加感兴趣的是形成独立的研究体系与学术视角。于是，好的大学老师总是力求讲授自己对现成知识的把控方式、研究逻辑与最新研究进展，津津乐道于自我对知识世界的架构，而不是简简单单地依据教材、考试大纲，讲述教材上既有的那几点死知识，提供几组标准的考试答案。更不愿简简单单地对应于考试技巧、分数秘籍、押宝猜题等方面的技巧——考试的，就多讲、反复讲、重复练；不考的，就少讲或不讲。

相反，即使是要考试的，也许因为老师认为太简单、一看就会，不需要浪费有限的课堂时间予以讲述；也许，因为老师认为这些太成熟、已经过时，不值得再讲；也许，因为老师认为不简单、但需要学生自己去钻研、去动手，才能真正内化形成素养，也不该讲；也许，因为老师认为虽然简单，但需要学生分组进行合作学习，开展调查、实验、研讨，才能理解、发现简单中的不简单，即使讲了，也没有什么用，不能内化为学生的"肌肉"。

即使是不考试的，也许，因为老师认为非常重要，看了也不会、考了也不一定理解，还得认真地讲述其背后蕴藏着的思想；也许，因为这些就是老师自己的专长、一辈子的主攻方向，不讲一讲，好像不足以表达自己作为大学老师的态度与水准，还得认真地讲述其背后的逻辑；也许，因为老师对看上去那么平淡无常的知识有自己独特的理解，不讲一讲，学生就没有真正触及知识的灵魂，触摸知识的滚烫，也得认真地讲述其背后所蕴含方法的力量。所以，如果只是以对待死知识的态度来对待大学课堂，听不懂课、不会学习那就很正常了。

听不懂课，那是因为大学生还没有认识到大学所开设课程的特点，还没有形成良好的思维结构。大学是基于专业的教学模式。专业是什么？专业就是由相互支撑的课程体系所构成的知识体系、能力架构。因此，任何一个大学生在校期间都得围绕某个专业学习数十门课程才能完成学业，而不是简单地、重复地学习固定的那么几门课程。

学习内容的无限膨胀，需要学习的内容自然就越来越广泛，但是大学学习时长又极其有限，因此，随着课程数量及其教学内容的增加，用于每门课程、每一领域内容的学习时间显得十分短促，对不少课程及其内容的学习，往往好像才刚刚开始上课，学习就结束了。在学时短促的强约束下，大学教师上课往往是步伐很快、步幅很大、步态壮阔，关键是，还不像中学那样翻来覆去地来回复习、反复练习。课堂上，像是"坐飞机"在云中穿梭，稍不留神、稍不专心，可能就会错过云朵的美丽、霞光的精彩，最后只能感叹甚至抱怨："什么都没有学到"便抵达了终点！

不仅如此，大学的课程类型还更加丰富。构成每个专业的课程类别有通识课、基础课、专业基础课、专业课、社会实践课、实习实践课、素质拓展课、创新创业课等不同学习阶段互为需要的课程。即使是同一类型的课程，还分理论课、实验课、实习课、调研课、实践课、创新课等不同知识形态的课程。即使是同一门课，还需要穿插课堂讲授、课余自学、分组研讨、轮流讲解、集体分享、实际操作、实验检验等不同的教学组织形式。这些不同的类型与形式的课程及其教学组织模式，都需要不同的听课方式、学习方式与之相呼应、相适应。如果固守于僵化的知识记诵模式，那就远远不够了、不适应了。

更麻烦的是，不同的大学教师，还有迥异的风格。

由于大学要学习的课程数量丰富、教学形式多样，担任课程教学任务的教师也就不再固定于那么几位，而会达到数十位、甚至上百位的教师组合。有的教师还没有来得及熟悉，就结束了自己所承担的教学任务；有的只是一次课程讲座，所谓师生可能就只是一面之缘罢了。"人与人不同，花有几样红"。不同课程的教师都长期分别在各自的学科领域、学科方向深耕细作，形成了各自不同的学科思维与习惯，养成了不同的思想方法、教学方法。显然，固化于一种学习方法、一种听课方式无异于缘木求鱼的呆滞、刻舟求剑的迂腐。

听不懂课，那是因为大学生还没有认识到课余时间的有效运用方式，还没有形成良好的学习习惯。怎么办？秘密就在大学有相对更多、更自由的课外时间等待着大学生的有效利用。而大学为大学生设计这些丰裕的自由时间不是用于无所事事的悠闲，而是期待大学生能够更加自主地学习。其中，最重要的用处就是弥补课堂上的"不懂""不足"，用于理解、升华课堂上的学习。

充分地利用好有限的课堂时间，积极地参与到课堂上与老师的交往、互动。课前预习，就成为快速入"戏"的必备环节。如果只是带着两只耳朵、匆匆忙忙地进入课堂，把举手之劳地拍下老师播放的一幅幅 PPT 当作听课、学习，那就大错特错了。因为这只适合于新闻发布而不适合于大学学习，这只是知识的复印而不是知识的习得、更不是知识的创造。

真正的学习，需要深度地参与到老师在课堂上揭开的知识流变之中、与老师的对话之中。大学生必须成为知识流动过程中的积极分子，对知识在继承的基础上加以自主思考和积极研讨，这才是真正大学的课堂，这才有收获的企望。否则，当离开校门的时候，只会自怨自艾地叹息！

课后，更是延伸学习、深度学习的再次开始，绝不是课堂学习的戛然而止。这就需要沿着老师课堂上布置的阅读指引、调研安排、实验要求、实习方案、课题设计，积极地投身其中，绝不能得过且过，更不得利用网络提供的便利，自欺欺人地复制和粘贴。必须通过进一步查阅资料、探讨交流、认真实验、积极实习等深度修习活动，才能升华课堂学习，把知识活化起来；锻炼和促进多方面的能力，才能让知识成为链接社会生产、生活的利器。

适者生存！显然，要听得懂课、会学习，就须适应大学的这些特点并予以积极改变，养成新的学习习惯，形成过硬的终身学习能力。

这样读大学难怪没啥用！

　　曾几何时，读大学是那样的令人神往。大学生这一名词本身就是出人头地的代名词，进入社会保险箱的通行证，似乎也就理所当然地意味着功成与名就。可如今，读大学已然成为一件稀松平常的百姓事。大学生不再是被宠为天之骄子，再也不能仅凭借大学生的招牌即可轻松地获得令人曾经十分垂涎的身份与地位，与常人没有什么两样了，同样面临着就业、失业等生存、发展压力。于是，读大学也就少了越来越多的理想成分，反倒充盈着越来越现实的功利色彩。绝大多数大学生考虑更多的是：是否好就业？是否具有超人的就业优势？是否可以获得高收入？能否有幸凭此获得理想中的职业、岗位？

　　现实不但很难给绝大多数大学生以确切而体面的回答，而且往往碰到的是更残酷的现实竞争和不体面的结果。尤其是对于绝大多数平常百姓家庭出身、就读于平常社会认可的大学、平常市场竞争力的专业的大学生来说，读不读大学似乎在当期来看区别不大，甚至在辛辛苦苦耗费一大把美好青春时光之后，感觉还吃了不少的眼前之亏。

　　何苦呢？在不断碰壁的现实挤压下，"大学无用论"便沉渣泛起，生发出为什么一定要读大学、读大学有啥用这类生硬而功利的疑问来。是的，如果只着眼于当前，鼠目寸光地、静态地看待这个问题，读大学确实占不了啥便宜，甚至还真要吃不少眼前亏。尤其是面对着每年千万级的大学毕业生，读大学似乎变得越来越"无用"了——就业的竞争压力越来越大，就业的质量越来越不尽人意，就业的岗位也越来越世俗——读了大学，似乎眼前的饭碗问题都解决不了，何谈其用！

　　不过，转眼又一想：难道不读大学就更有用？就能解决饭碗问题？恐怕大多数情况下会更糟！

饭碗，只是读大学的极短期功利价值。正是因为饭碗这个实用价值能一叶障目、憋死好汉，所以大多数大学生便宁愿信守"好汉不吃眼前亏"的祖训，宁愿不被现实憋死，也不会十足在意读大学的那些稍长期的"无用"价值。于是，大多数大学生读大学时往往按照现实的需要、流行的观念、通常的办法、世俗的标准，极力委身于能带来眼前奇效的魔力，全力以赴地躬耕于时尚的技术、流通的证书、通吃的技能等职业阶梯攀爬的凭证，而对读大学那些长远的"无用"价值视而不见，得过且过地错失了读大学之中的良机。

遗憾的是，越来越多的大学见风使舵地迎合着"顾客"、溺爱着"上帝"，变成了越来越精巧的实用性培训机构。可惜的是，大学生学到手的这些实用性魔力在随风飘浮过程中，很容易地在风向发生改变时摇摇坠落，在变动不居的现实世界中反而变得越来越无用，导致读大学与不读大学确实毫无二致、差异甚微。于是，这些大学毕业生便扭过头来，变本加厉地诅咒：该死的大学误人子弟，读大学一无是处！大学与大学生之间便开启了恶性循环模式，陷入打不开的死结！

破局点在哪里？就蕴藏于大学"无用"的长期价值：读大学所积攒下来的、那些看上去并无多大用处的价值。只有这样的价值，才更能抵御变化、适应变化并催生变化，才更弥足珍贵，更具可持续效能。无用的价值体现在哪里？至少有以下几点。

第一，扩展了眼界。眼界决定着世界。蜷缩于狭隘空间的人，一定会对外界产生莫名的恐惧。人所能看到世界的广度、深度、高度，决定着他能抵达人生目标的精彩、风采与神采。与其说读大学是为了获得一份梦想的职业，还不如说是为了看到更辽阔、更长远、更丰富的多维世界，聚集高维出击的势能，寻找降维打击的窗口。

读大学，就是在一个人的世界观尚处于形成的关键时刻，去获取最美妙、多角度看待世界、看待不同事物的绝好机会，是突破自我眼界、挣脱眼前桎梏的大好契机。这便是为什么大学生来自五湖四海，以至于其文化习俗、生活习惯彼此显得有些风格迥异、格格不入。那是因为我们需要认识到：看似大同的世界其实是"十里不同风、百里不同俗、千里不同情"，人类文化、民族文明本来就该是和而不同。

这便是为什么大学所开设的课程与讲座如此多种多样，以至于看上去与所学专业、与就业、与职业毫无关联，似乎也毫无价值，因为这些就是睁开眼睛看世界的不同视角、理念与思想的底色。这便是为什么大学在课堂之外还要组织五花八门的社团活动、课外实践，以至于感觉这些组织、活动就像过家家的游戏一般幼稚可笑且浪费时间，那是因为人生本就是一场真刀真枪的游戏，没有点点滴滴的实操，何来台面上手到病除般的娴熟？这便是为什么大学的学习不止于校园。学校还要组织各种大学与大学之间、大学与社会之间的频繁互动，以至于大学在形式上越来越不像传说中的那个神圣象牙塔甚至不像一所学校，反而越来越像一个十足的小社会，门洞大开、跨界世俗了。那是因为读大学其实就是帮助大学生在大学练习拳脚的基本功，以便在几年之后能自信且健步地迈入社会、走向未来。

当然，如果大学生自己对此依然我行我素，蜷缩于自我的世界、低头于现实的约束，对大学给予的崭新世界置若罔闻、不闻不问，大学当然就成了即用即扔的一次性工具，确实没啥大的实际用处。

第二，活化了思维。思维决定行为。对于一个渴望成长的人来说，恐怕没有什么比思维的活化更重要了！读大学，就是思维的动态建构过程。为什么那些正确把握了读大学这一大好机会的毕业生，之后都能获得更好的发展？其秘诀不外乎于其思维更活、思想更新。

读大学，就是要让既有的思维不再迟钝，有素养、有能力在沧海横流的世界中保持一份理性的思考、具备一种独立的判断。读大学，就是要让上帝赐予的大脑不能呆滞，始终保持活跃，饱含激情、充满好奇地去认知自身、探求未知，带给自己和世界一份美好。

因此，大学就更加注重对大学生的思维改造，而不固守于单向的知识灌输。大学老师往往也就不再把现成知识的传授摆在第一位，而十分看重的是知识对大学生思维的塑造、境界的提升。大学更加注重的是知识发生的逻辑关系，而不再是给定知识的简单结论。大学老师更看重的是知识的发生与发展过程，以及发展过程中所蕴含的思想、思想背后蕴藏的伟大精神与力量。大学就更加注重知识与知识之间的理性联系，而不只是知识的孤立效用。大学往往期待大学生编织的是一张知识网络，而不再是零零碎碎的考试要点。因为再实用的孤立知识都是死的、无力的，唯有知识之间发生了碰撞，才能被激化而活化起来，爆发出千钧能量，支撑起博达格局。大学就更加注重的是知识习得的思想方法，而不再是一味地继续照本宣科、强化死记硬背的习惯。思维僵了，再实用的技能都是过去式，再精深的知识也都是陈设的花瓶，在与现实发生碰撞时一碰即碎，在走向未来之时一触即垮。

唯有学习知识的思维方式，在现实面前才生机勃发；唯有创造知识的思考方法，在面对未来不确定性时才光彩依然，苟日新、日日新！

当然，如果大学生对此熟视无睹，依然故我地沿袭着多年形成的那些应试思维、考试积习，只是无精打采地听听课，亦步亦趋地翻翻指定的教材，喜闻乐见地内卷着考试分数，而始终提不起任何兴趣于课堂的互动参与，也不刻意寻找与老师闲聊的机会，更不主动介入学校的各种学术活动，再好的大学、再有能耐的大学老师对于这样的大学生来说，也就只是一个好看不中用的摆设，最多算得上一种面子上的谈资罢了，既无真实价值，更无持续发展。

这样读大学，除了获得了一纸正在快速贬值的文凭之外，无论你怎么用力地诅咒大学及其教师，读大学真的就变得越来越没有意义，确实毫无用处！

第三，养成了习惯。习惯成就人生！正是因为习惯的重要性，大学才会按照培养成年人、合格公民的教育目标，突出大学生的习惯养成。特别重视大学生从一个年龄上的成年人向着心理上的成年人的转化过程，助推大学生实现从学校学习到社会成长的有机转换。

大学不再把大学生当作未成年的孩子而继续施行保姆式的陪护，实施家长式的陪读，反倒更加优先地把培养大学生的自律习惯放在首位。更多地采取教育引导、同伴影响、自我养成等系统的设计与举措，把大学生的成长权交还给大学生自己，力求营造出浓厚的"我的地盘我做主"的成长氛围，逐步让大学生养成独立思考、自我导航、自律成长等良好的成人习惯，以便毕业后能在纷繁复杂的社会生活中成为一个富有责任心的公民。

所以，大学才更加突出大学生适应漫漫人生路上各种风云突变的基本素养的教育，而不再把大学生获得考试分数的高低作为权衡大学教育进步大小的唯一指标，更加重视大学生学习热情的激发、学习方法的培育、学习能力的提升，期待着大学生能逐步养成自驱性学习、持续性学习等终身学习习惯，形成更勇毅地迈向未来的良好品质。

当然，如果大学生视大学给予的这些自律空间为放任自流的大好机会，而自我放逐、随遇而安，沉溺于狭隘的自我世界，我行我素、唯我独尊，那么自律也就变成了自大且自私的自我放纵，何来成长！如果大学生自己不珍惜自习空间的利用，把自学变成了自便、自习变成了自嗨，贪念于《王者荣耀》的虚荣，那么大学给予的这些难得的学习习惯养成，也就变成了恣意的玩乐享受，不但得不到成长，反而会沾染贪图享乐的坏习气，养成好逸恶劳的懒习惯。

　　这样读大学，贻误的就不只是读大学这个时段，而一定是终生了！难怪，读大学没啥用！

什么是合格的大学生？

读大学，最低限度须求得一个合格吧！怎样才算得上是合格？完成学业并从大学毕业，算合格吗？如果仅仅从大学、从学知识的角度看，也许能拿到毕业证、学位证，就该是合格的了。遗憾的是，大学毕业真正是否合格，并不只是由大学、大学生自己说了算，而是由越来越挑剔的社会也就是给毕业生提供饭碗（即就业岗位）的用人单位说了算。

在社会看来，知识以及掌握知识的程度所代表的那张证书，只是学校内部的知识游戏记录以及一种越来越缺乏信任感的游戏结果罢了。但是，游戏的水准到底如何？能否也能玩社会提供的实际游戏？还须经过社会实践的摔打、检验才能算数！

在高等教育越来越普及的今天，几乎所有大学毕业生应聘者都持有一张学校颁发的"出校合格证"。在文凭通胀洪流裹挟之下的这一纸凭证，早就不是社会"选购"毕业生的唯一标准了！社会越来越看重的是大学生是否具备了他们认可的、与实际岗位相匹配的能力与水准。

那么，按照大学及其专业的要求，学习了一大堆知识，满腹经纶就该算合格了吧？

在知识获取途径单一、学习资源匮乏的前信息时代，到学校学习知识乃天经地义。很自然，学习知识、掌握知识的程度就被认为是读大学与否、读大学水平高下的最根本目标。似乎，满腹经纶该算得上是衡量大学生是否合格的标准了。可是，在今天这个高度发达的信息化、智能化时代，获取知识已经唾手可得，学习资源更是丰俭由人。如果学习知识还非得上大学，说读大学就仅仅是为了用知识充饥、塞满脑子的话，恐怕就很不合时宜了。因为仅就知识、仅就学习知识的多寡而言，现在任何人也无可能超越一粒微小的芯片。显然，掌握知识的程度绝不能作为合格大学生的唯一标准了。

　　那么，着重专业能力的锤炼，练就一身毕业即能迅速上岗就业的专业对口技能，这该算是合格了吧？

　　在就业越来越难、老板们越来越急功近利的时段，这也许算！因为这是当期就业市场上最炽热的竞争能力，也是老板们最为看重的上岗素质。可是，如果把读大学的大好时光都聚焦于单一甚至狭窄的专业技能的练习，围绕固定岗位技能需求的演习，而忽视专业之外更为广泛领域的涉猎，更为灵活的非技能性锻炼，那么，如果毕业时所学专业内涵发生了位移，对应的行业领域不再景气甚至因为时代变迁该行业、岗位被替代、消失了呢？或者，该领域对能力要求有迭代更新呢？或者，仅凭借当期过硬专业技能在该专业领域顺利上岗之后，该行业、该企业、该专业发生意外改变、跨越而不得不转换岗位、更换行业呢？在行业、岗位此起彼伏、快生速去、推陈出新早已成为常态的时代，在大学所练就如此单一的专业能力，还能适应这种正在变得司空见惯的裂变、聚合、升级吗？还能适应越来越频繁的岗位转移、跳换吗？

　　似乎是这个道理。那么，考上名校并从名校毕业，总能算是各方认可的高标准合格吧？

　　很多情况下是的，尤其是在大学呈现标准金字塔的等级结构、大学多样性严重不足的我国，在人人追崇、社会膜拜名校的我国就更是如此。不过，什么是名校？在多大范围内算是名校？在哪一个领域算是名校？在哪些国家、地区、行业算是名校？这在不同区域、行业、领域、岗位、社会与人生发展的阶段，其认可程度差异殊远。残酷的市场竞争以及复杂多变的现实生活，其生存与发展的进化逻辑并非总是按照所谓的名气、排名秩序。不少名校毕业生因为所具备的实力不济、发展缺乏后劲，依然处在与其就读学校地位相差悬殊的现实处境之中。这是因为所谓名校的光鲜，至多只是赢得上场资格那个第一印象的华丽外套而已。当凭借着大学声望的光环获得了"临门一脚"的表现机会之后，如果腿脚功夫差强人意、技不如人，屡踢不进、屡传失准，其光环照样会迅速失去保护效用，被打回原形而失去再上场的机会。现实中，这种情况早就不再鲜见了吧？

　　这样看来，以上这些被视为理所当然的四个方面的衡量标准好像都在逐渐失去其既有效力。那么，面向未来，什么才算得上是合格大学生的衡量标准呢？回答起来好像比较复杂！因为从不同角度，可给出完全不同的答案。

从发展的角度、动态地看，读大学其实只是人生学习的一个小阶段、生存的一个新起点而已，远不是学习的终结、更不是人生马拉松的终点。大学毕业、离开大学之后的生动社会实践、多样人生历练，才是真正检验大学生是否合格的根本标准。因此，读大学——

第一，不是堆砌知识，而是建立可不断吸纳新知识的结构。现在，如果仅仅为了学习现成知识，完全不需要到学校来呆呆地耗费这么多宝贵的青春时光！因为现存的一切知识，几乎都可以通过技术更方便、更自主地获得。只是这样的自主学习，更多的还是基于生活、基于实际偶遇到的具体而单一的问题、甚至是基于稍纵即逝的流行时尚，这是自发的按需式学习、零碎的检索式学习，所学得的知识常常也是碎片而不成系统、零散而缺乏逻辑关联的。

学校教育所提供的学习就不同了，尤其是大学学习更不一样。大学更多的是基于某一专业的知识领域，系统地组织和有序地安排，着力于构建基于知识的学习体系、相互关联的知识逻辑、可以常新的知识结构。浩渺的知识绝难穷尽！即使穷极一生，不可能也不必要"吞服"下先人们留下的浩瀚知识，何况只是短短的几年大学时间呢。因此，读大学建立一生可以不断吸纳新知识、优化知识结构的学习系统，才是无敌的制胜力量。显然，读大学所学习的知识，就不只是为了应付考试、对付老师、装饰脸面，更多的是为了学习其背后所蕴含的精神境界、思维方式、创新方法，为的是建构自主、自驱的知识框架、可缝补零碎知识的系统逻辑。

第二，不仅是练就对口的专业技能，更应淬炼具备可适应变迁的转换能力。专业能力，一直是读大学所期待获得的最大就业优势。这在当前甚至今后一个时期，依然如此。因为现代社会还是分工的专业系统，专业优势仍然是大学毕业生从社会换得生存机会的硬通货！

不过，这正在变得过时！如果仅仅为了赚取这样的硬通货而一味地把自己局限于某个专业所圈定的一小块领地，把专业能力当作一种固定的练习模式、固化的雕虫小技，那也至多算是习得了当期实用的上岗技能罢了，远不能适应技术加速迭代的时代趋势以及人工智能加速替代的发展态势。因此，学习专业技能背后的思想原则、精神境界、习得方法等更具持续迁移性的能力，要比机械而简单地重复练习更重要。这是职业选择空间、岗位变换能力所需的最基本动态素养了，这也是大学毕业生与技工匠人的最基本差异。

第三，不只是文凭的获取，更应该拥有可以保持并满足饥渴的进取心。在教育改革尚未到位的背景下，文凭的获取往往是不难的。如果把大学毕业作为读大学的目标，大学生只需亦步亦趋地按照学校系统的标准设计、教师的教学要求，被动地完成学习任务即可。可是，被动学习所养成的那些习性绝不能让文凭保值、甚至还会让文凭急速地贬值。唯有在学习过程中所养成的主动性、独立性、进取性，才是始终保持对知识饥渴以及具备满足饥渴所需能动性与想象力的最好保证。

大学的学习过程，就不再是简单而被动地听从老师、尊崇书本、考取高分、获得资格，而更多的是养成良好习惯，保持自主探求未知、独立思考问题的锻炼。对外部空间、未来世界的敞开，才是适应各种不确定性的最好素养。

第四，不只是大学的牌子，更是常怀可以拥抱并探索世界的好奇。在高等教育精英化的过去，读大学常是为了文凭；在高等教育普及化的现在，读大学更重名气；那么，在高等教育人人都可以享有的今后呢？也许，文凭、名气等依然还是获得上场的最基本资格，但一定不是上场后球技以及制胜的根本保证。

什么是？保持一颗对未知的好奇心，在好奇心的牵动之下探索的欲望以及持续拓展新领域、探求新未知、创建新世界的习惯养成。只有这样，大学生才不会安于现状、墨守成规！这也就是大学生把握市场不确定性、赢得人机大比拼的最重要依靠，更是大学生打开发展通道、扩充人生空间的最主要凭借。

遗憾的只是，无处不在的网络正在把人类归集在一棵大大的槐树之下，大家越来越趋同地生活着！好奇心越来越不受待见，反而被当作幼稚而受到不恰当的讥讽。尤其是在统一而量化、标准而单向的大学教育持续发酵、大行其道的背景下，大学生之好奇心并未随着所接受教育程度的增加而增加，反而在追逐虚名的时尚中、在应试教育惯性的磁力作用下，大有减退，甚至消失之势，这真值得忧虑和警醒！

怎样成为合格的大学生？

谈这个话题的时代背景是：第一，已进入高等教育越来越普及的阶段，大学生不再是高高在上的"天子骄子"，而成了普通劳动者中的一员，因此，为获得一纸文凭而读大学已变得越来越没有实质上的价值。第二，读大学不再只是获得某种资格的功利性工具，而是人生发展的一个动态阶段、终生学习的一小部分。第三，读大学与其他学习阶段在功用上没有太大区分，只为人生下一阶段的发展奠定基础。有了以上这些认知，才让读大学变得更有意义，思考怎样成为合格的大学生才有正确的出发点，以下几个方面的转变就非常值得重视了。

第一，从凝固到动态。当今大学生创新精神与能力的严重不足，是最受诟病的了。大学毕业生在知识迁移、跨界能力方面越来越难以适应高速变化的时代，越来越多地成了普通的"杀猪匠""快递哥""流浪汉"，为什么？

原因就在于，大学生仍未走出凝固地对待学习、凝固地对待知识这个"死"的窠臼。仍然把学习僵化地当作对付考试、取得结果、谋取功名的一锤子买卖，而没有把学习当作习惯养成、方法锤炼、思维训练、动力储蓄等比学习本身重要得多、更具备发展价值的动态过程。仍然把知识僵化地当作参加考试、赢得分数、可以炫耀的凝固态工具，而不是知识逻辑的把握、知识价值的探寻、知识结构的打造、知识拓展的创造等比知识本身更有意义、更具价值的动态成果。因此，读大学仍然延续着单向地接受、机械地重复、简单地背诵、标准地对照、狭窄地对待等僵化的中学学习模式，而在面对复杂而多变的社会现实时一碰即垮、洋相百出。

动态化，就是把学习当作发展的基础训练过程，让思维得以活化、意志得到锤炼。动态化，就是把知识视作"活"的源头、"新"的起点，作为寻找新知识、保持好奇心的基础平台。这样，读大学就变成了师生间的双向互动、学友间的多向激发、思维的多向激荡的过程。学习，也就是自觉而自律的行为养成、习惯培养、思维训练。知识，不过是让学习"动"起来、让问题"活"起来、让思考"嗨"起来的多味食材、多变调料。

第二，由被动到主动。曾经挑灯夜战、奋斗不止的高中生到了大学，怎么就一下子变成了黑白颠倒、没精打采的大学生呢？大学校园里怎么就弥漫着一种"懒散"的"自由"气息呢？凡是学校不要求、老师不安排、考试不体现，大学生就不主动参与、不主动思考、不主动学习。大量的自习时间未被充分驾驭，大量的学习资源没被有效利用，双向的教学活动难以实质性地激活、展开。

高考这个目标消失了，难道学生的学习热情与动力也随之消失了吗？如果是，这本身就映照了学生学习的被动态度，学习变成了在考试逼迫之下不得已的一种无奈，学习也就不可能演变为学生自觉自愿的主动投入。这种被动的状态，既是过度应试教育遗留下的惯性、疲劳战术之后歇一歇的心理，也是对大学的误读、对大学里学习的误解所造成的贻害。

由被动到主动的学习态度转变对于大学生来说非常重要，唯有如此，大学生才能在学习过程中寻找内生的乐趣，培养持续的学习兴趣。主动式学习，就是自觉地利用大学给予的自由时间、探求机会、丰富资源，自励而自驱地学习；也是自主地与学校、老师、同学、社会充分互动、沉浸式参与，积极寻找机会，自发的学习；更是培养随时链接大学内外、课堂内外的习惯，始终保持开放的自励的学习。

第三，从知识到结构。在知识获取方式早已突破学校藩篱、老师传递、书本媒介的知识泛在时代，如何对待知识成为大学生必须面对的问题。然而，课堂上做安安静静的低头族，考试前做对准试题冲锋的突击员，这是大学生对待学习较普遍的现象。一方面，这说明大学教育任重道远，还须加速改革；另一方面，更说明大学生在对待学习上还停留于获取现成知识、搜索现成答案的初级学习阶段，是一种按图索骥式的知识检索。

知识，即使塞满了脑子，但未经自我思考、思维加工，仍然只是零碎而分散的碎片，哪能留下思考的痕迹，获得知识的智慧？过目即忘、考完即丢，也就不能形成对知识整体的建构与把握。等到大学毕业时，知识驳杂僵死、思维逻辑混乱，仍叹行囊空空，与文盲无异！因此，读大学急需把知识拼接成自己的智能结构，建构知识联结的思维、知识逻辑的体系、知识更替的机制。

知识，不再是从老师那里获得具体的、书本上规定的、网络上能够查询到的现成答案，而是超越知识的思考方法、解决问题的逻辑、知识演绎的历史、知识创新的能力，获得思想与境界、精神与态度、逻辑与方法等方面的提升，从而围绕一个专业领域建立起合理的知识结构。结构，就是组织知识、联结知识的关系，是以知识为材料而形成的知识加工体系、知识运行架构、知识演绎逻辑，成为可吸收、优化、活化、运用的知识体系，练就对外部世界好奇而开放的理性习惯。

第四，从考分到习惯。考分、考分，学生的命根！这道出了多少年来学校教育、学生学习所追求的目标。唯考而学，似乎自然而然；唯分而学，也就惯性强大。自然，读大学也需要考分。免推、免试、奖学金、评优、入党、毕业、学位、就业、出国等，哪一项不要成绩、不看排名？于是，大学生要么仍然像对待高考那样，为了拉开一分的差距而拼命地"内卷"；要么，干脆放弃比拼而歇下来求得毕业万岁，轻松地"躺平"。

无论是"佛系"的"躺平"，还是"鸡血"的"内卷"，都是因为大学生虽身在大学学习的"新天地"，脑子仍停留在为博取分数的应试"旧世界"。当然，考试一旦消失，人生便失去方向，学习就没了动力。考分，除了能带给可以比较、炫耀的功利之外，能留下教育痕迹吗？显然，这样的大学学习就失去了意义，就不能支撑人生马拉松所需要的意志与耐力！如何看待分数？能否在赢取分数过程中养成优良的学习、生活习惯？就成了读大学的两项重要命题！读大学无非养成习惯而已！

习惯的力量是无穷而持续的，更是潜移且默化的！唯有养成良好的学习习惯、生活习惯、交流习惯才能持续推动一生的健康发展。哪些习惯？勤于思考、自主探寻的学习习惯；独立判断、乐于分享的交流习惯；积极向上、规律而健康的生活习惯。这些，决定生命的质量与人生发展。认识知识、学习知识，当然天经地义、理所当然。

第五，从认知到识我。当大学生以法律意义上的成年人身份进入大学时，就不能再停留于认知客观世界的未成年阶段，不只是学习认知世界的知识，还必须抓紧认知自我的世界，尽快实现心理上成年的重大转变。

识我，就是在学习知识的过程中，逐步认知自我的特点，力求扬长避短、学长补短、加长补短、延长弃短、扩长拓短，培养起兴趣、专注于优势、打造出特长。识我，就是在与他人分享、合作的过程中，善于向他人学习、与他人交往、与团队合作，在交流过程中不断发现自我、升华理想。识我，就是在读大学的过程中"吾日三省吾身"，反省自我、注重质疑、总结经验，善于把失败作为人生新财富、把挫折当作生命新起点，实现更多的人生新成长。识我，就是友好而理性地对待与外部世界的关系，保持健康向上的心态、迎难而上的状态、越挫越勇的姿态。唯有经风见雨，才会迎难而上。

人生是否规划？

　　一位母亲带着几分责怪的语气，教导正是青春年少的儿子：哎，儿子，别再晕晕乎乎地打发这么美好的年华好不好？也该打起点儿精神来啦，好好规划一下，给自己一个未来的目标，行吗？

　　是啊！无论父母还是老师，总会给年轻人这样的啰唆叮嘱，期待他们别昏昏然地度过芳华！基于此，现在的大学从一年级开始，便为所有专业的大学生开设了生涯规划方面的系列课程，耐心地教导越来越不爱听老人言的大学生如何有规划地度过人生。不管学生们领情与否，成年人总是这样唠叨地教育"后浪们"。在全国推开的新高考改革，更以专业为导向设计新的招考模式，力推中学生在高中阶段就规划自己的未来，确立自己将要干什么。

　　如果这些未成年的中学生还想不明白自己将要干什么，还继续稀里糊涂地只沉醉于习题、拥抱着考典，而无视人生之规划的话，那就麻烦大了——日后，参加高考前都不知道该选学、选考哪些科目、填报什么专业志愿了！看来，缺少规划的日子真是没法儿过下去了！其后果真的很严重！

　　于是，不但大学动了起来，而且中学也陆续开设或正在准备开设针对中学生的生涯规划课程，指导忙于考试的懵懂中学生规划自己的人生。期待此举能改变学生缺乏针对性而少有主动性的学习状态。似乎，生涯规划成了人生走向成功的一剂灵丹妙药，缺一不可；似乎，人生恰如自己预设的那样，一定清晰可见；似乎，人生就可照着规划，按图索骥，亦步亦趋。要是人生真的如此简单，真的是太好了！要是人生能像巫师般神机妙算，遵循命程的规划那样，一眼望穿，真的很好吗？

　　其实，每当我们回过头去看自己的过往便会发现：很多时候，我们并没有完全行走于预设的线路，也很少抵达预期的那个终点。反而，对于绝大多数人来说，人生阅历和社会经历錾刻出来的年轮，代表的并不都是年轻时所追逐的梦想；过去欣喜若狂所设定的目标与规划的路径，与今天的所在、明天的所向却大相径庭，甚至贻笑大方。

如果每个人都可以按照过来人的经验，教科书上几条空泛、干瘪且相似或相同的原理、理论、经典的流程、技巧，依葫芦画瓢般地勾画出未来的路径、描绘出美好的目标，人生真的是简单到不值得用力、用心地去走完！如果真有这么简单的人生，是不是还有人类社会丰富的故事与精彩的图案？是否还具有每个个体的独特与价值？是否还具有人生的真实与惊异？

实际上，我们绝大多数人并未按照梦想和规划行走自己的旅程！绝大多数时候、绝大多数人的人生，还是多段见机行事、说走就走的自由行程，充满向着目标前行过程中意想不到的惊喜、意料之外的沮丧。只有极少数意志力特别坚定、天时地利诸要素特别给力的幸运儿，最终获得上苍眷顾，超乎寻常地实现了儿时的梦想、年轻时的志向。但对于绝大多数人，总是那么阴差阳错地误入了桃花源，情不自禁地闯入了处女地，抵达了意外之地，收获了非分之想。

因为在自驾的人生旅途中，影响途中心情和抵达终点的因素实在是太多、太不可控！不但驾驶者自身的心态要强大而端正，技术要稳当而硬朗，驾驶的工具还要可靠和帮忙，路况还得顺意和通畅，同伴也要给力和同向。当然，沿途的风景即使不宜人也至少不添乱吧。

嗨！世事无常啊，哪有这么多的顺风顺水？每个人的实际征程不都是梦想中的绚烂、规划中的理想。多数时候，碰到的更多是山雨风楼、阴晴圆缺，充满变数，铺满荆棘，布满未知、变幻多端的偶然，以至于不少人奉行着"命运"之说，把人生的运程归于神秘之主的掌控。

人生多变。不仅仅是人自身的想法会随着旅历之识而改变，更是因为不可抗力的时势多变导致命运多舛！"天下大势，浩浩荡荡，顺之者昌，逆之者亡。"浩荡的时代潮流冲刷着芸芸众生的命运，主宰着几乎所有人的人生旅程，这便是所谓的时势造英雄、时势汰狗熊，芸芸众生哪能规划呢？人生也就很难有以不变应万变的万全之策。只有把握时代变化之大势，掌控好自我的心态，锻造好自身的本领，顺势而为才有存活与发展的机会，这就是人类进化的社会法则！

这么说来，难道先人圣言遗训、老师耳提面命的东西就没有啥作用了吗？真的是如此的无用，还让"后浪们"花那么多的时间去学校学习，接受老师们的训导干吗呢？其实，无论是长者给出的教导，还是老师端出的鸡汤，还真是有用的！至少表现在以下三点。

第一，确立目标后所获取的方向感很重要，才不至于迷失自我，当"混世魔王"。不论时局如何发展，人生总不至于稀里糊涂到任由命运之船毫无目的地左摇右晃、毫无方向地随波逐流。即便是随波逐流，也得看清波流的方向，才可运用波涛的力量。

第二，顺势而为，而不能逆势而动。有了方向的指引，即使波流汹涌，只要顺势，便也是一种可以借力的逐浪，拥有了尽力去逼近目标的力量。

第三，更为重要的是，始终保持迎风接浪的激情与斗志，拥有搏击风浪的向前的力量和驾驭波浪的向上的力量。不论时代波涛何等的无情，只要立做强者，仍可抗击波涛，随波逐浪。

也就是说，既不可迷信生涯规划的那些所谓经典的高大上，更不能遗弃人生规划的那些合理的想象。因为规划本身，就是一种无形的鼓舞、一种伟大的姿态、一种让人生充满着向前的力量。所以，正确的态度如下。

视规划为时刻自励的最合理信仰。年少痴狂，需要梦想。梦想可以疯狂，实现梦想却需要理性的持久力量。所以，现实往往是平凡、甚至平庸而实际、具体而艰苦的。如何摆脱碌碌无为的现实之苦伤？唯有希望的力量！希望是什么？希望，就是立足现实的想象。想象，就是直面现实，哪怕是雾里看花，也会向着彼岸理想，让信仰释放无比的能量。有了向着未来的希望，才有立足当下，把控自我的坚强，因为拥有绝不放弃、永不言败的信仰。这样，才能运用平凡而现实中闪现的光亮，迈着坚定的步伐，始终朝着规划所向，捍卫自己的想象！无论路途多么曲折，也不管目标是渺小或高尚。与其说，规划是施工图，不如说规划是保持生活激情的向往、生存能力向上生长的指航。这样，才能不断克服遥遥路途中的艰险与迷茫，才能拥有跌倒再来的胆识与气量。

容忍规划目标的相对性和多种可能的路向。也就是，允许规划有足够的开放性与灵活性——与其说规划是一个确定的目标，不如说规划更像是一个相对清晰的期望。随着时代的进步与社会的开放，每个人都越来越按照兴趣来确立自己的人生理想。即使这样，人的兴趣也会随年轮增添与时代需要而发生变化，甚至改变航向。所以，人生目标并非总是预设的一成不变。为了适应时势沧桑，目标就只能是相对的确定，而不会是绝对与固定。同时，为了避免远大目标的不可控或不可及，目标就需要阶段性——把目标尽可能地分解为可掌控、可实现的小目标。确保小目标可实现、大目标可期待。

条条大路通罗马。目标可确立，道路却多样。实现目标的路径也很难是清晰甚至刻板的。因为从来没有人云亦云的人生；从来也没有可以复制的成功之道。在具体人生漫漫路途上，只有审时度势的选择，没有固定刻意的施工图像。

把规划当作立足现实并保持向前的眺望。既然未来难以企及、充满未知、遥不可控，唯有现实是自己的，自我是可以把控的。当然，把握现在，才可积蓄迎接未来的力量；把控自我，才可在实践中锻炼并保持对理想的不懈追求，拥有对实现目标的定力与恒心。这样，才能背负着人生使命，充满朝着梦想前行的不竭能量。

这便是规划蕴含的意象！目标还是要有的，万一实现了呢？

什么专业好？

好专业铸就好未来！申请大学、读大学，恐怕最纠结的就是选择专业了。人之常情！谁不希望读一个所谓的好专业，给自己一个未来好预期。那么，到底有没有所谓的好专业？或者说，什么是好专业？目前，比较通行的认可标准有如下三点。

第一，热门专业，大家都热衷、都在说好的专业，读起来显得很有面子；

第二，毕业之后，就业"钱"景好，好找工作，读起来更有里子；

第三，新近出现并代表所谓未来走向的专业，就业前景好，读起来满脑子都充盈着对未来美好的憧憬。

看得出来，这些标准全都与学生自我旨趣、个性志向无关，都是自我之外社会图景的反映。暂且不讨论这一充满个体差异的话题。先说一说，即使是符合了这些标准，真的就是好专业吗？大家都认可的那些热门专业就是好专业吗？

人是具有强烈集体属性的社会动物。绝大多数人的心理都是从众的，因此隔壁老五的选择往往就左右、甚至决定着隔壁老六的行动，这成为一种社会倾向性心理与行动。这种群体力量一旦形成，往往强劲有力、势如破竹。因此，当家长和考生在做专业抉择的时候，难免会受社会风向的影响，随风摇晃。不过，选择所谓热门专业必须付出两项沉重的代价。

第一，高度竞争的压力。因为热门，所以参与者众；因为参与者众，所以竞争激烈。无论是高考录取时基于分数的竞争，还是就读期间的内卷以及就读之后走入社会参与就业的竞争，都是激烈的。

第二，热度之后的残酷。飘风不终朝，骤雨不终日。高潮怎可持续？一旦退潮，裸泳者即刻原形毕露。一旦热门专业所对应的行业、职业、岗位被不可抗力的时代发展所冷却，趋之若鹜的专业也就门可罗雀了。看样子，热度只是靠不住的潮水，需要热潮背后的冷静。

毕业之后就业的"钱"景呢？读大学，当然要考虑就业"钱"景。饭碗，谁不关心呢！不过，遗憾的是，读大学不能一蹴而就，需要好几年才可学成毕业。更遗憾的是，今天的世界正在高速向前流动，加速迭代成为时代大趋势！大学几年之后的世界，可能与填报志愿、选择专业时的时点大不相同了。今天看似红红火火的行当，明天就可能改弦易辙，冷冷清清了。尤其是，那些被爆炒而爆红的专业领域，一旦泡沫刺破，便"尸横遍野"，其惨烈之态就可想而知了。所以，明天的"钱"景，可能真的与现在不是一回事啦。

毕业之后的就业前景呢？有一句最时髦也最误导吃瓜群众的话："未来已来"——误以为，未来就恰如现在可触摸得到的这个样子。其实，未来从来就没有来过。来了的，一定不是未来，而只是现在。未来绝不只是现在的简单延伸、清晰确定。即使"未来已来"是一种比喻，也是不确切、容易造成误解的；即使是一种对现实的描述，也是不真实、容易给人以误导的。因为今天的年轻人即将开启并面对的至少是未来 40 到 50 年的时长，充满变数的时光一定与现在是大大的、大大的不同。

不仅仅是信息化、智能化社会与工业化、农业化社会存在巨大差异，而且就是我们今天所看到的初露信息化、智能化那么一丁点儿光亮、一点点端倪的社会，也必将与真正的高级信息化、智能化社会差异巨大。也就是说，我们今天预知的未来肯定不是真实的未来。今天预期的前景只能是我们现实的憧憬罢了，前景未必就会成为所设计的现实。

因此，今天看似管用、时髦的所谓好专业，明天可能就变得不管用、过时的坑专业啦！从这个意义上说，确实没有什么所谓的好专业。看来，以上这些随大流的东西都不太靠得住，那该怎么办呢？办法只有——以不变应万变，具体为以下几点。

第一，把自己摆进去。也就是，无论选择什么专业，都不能完全被社会潮流主宰、被他人意志主导而失却自己、忘记自我抉择，必须充分体现自己的志向与主见。

自己的志向，就是自己的职业理想，就是充分张扬兴趣、做足个性，培养出自身富有个性的竞争力。随着智能化的快速推进，机器人正伴我们左右，人类须与机器和平共处、协调共生。在机器越来越像人的未来，人一定不能再像现在这样呆若机器，未来一定是个性高扬、共性离场的社会。当然，个性不是自作主张的张狂，而是依照自己的实际情况，一步一个脚印地培养。培养，就是选择方向、选择内容、选择方法的能力锻造。这个过程既需要学校的教育、教师的引导，更需要自我的不断学习、自觉的卓绝成长。个性一旦形成结构，能力就会滋长，就会被社会需要。一旦有被需要的能力，就不会被替代、被淘汰，就会成为自我发展的动能与力量。

第二，着眼基础素养。读大学不外乎可以获得三大力量：一是专业学习后，所获得的现实生存能力，这种能力就是毕业当期的就业竞争力。但其有效期变得越来越短了，一劳永逸的时代早已结束。二是读大学后，所形成的发展素养。人生路漫漫，素养常相伴。大学几年的学习只不过是整个人生马拉松的一个起点。读大学只是为了获得更好学习与成长体验的基础素养，所凝结的思维方法、学习习惯、生活追求等方面，才是对抗高速变化的最可靠利器。三是读大学后，所具有的宽广视野。大学只是一个发展平台，读大学更是为了破除狭隘，以便看得更远、看得更宽广。在这里，专业教育和通识培养的融合，才能成就梦想。在这里，碰到形形色色的人、学到五花八门的知识、养成各式各样的好习惯，才是对未来产生深远影响的力量。

所以，专业并没有实质意义上的好坏之分，也没有一步到位的终极好专业，只有读专业时的态度与方法之别。不必过分纠结于专业的名头是否响亮，而要坚定自己的职业理想，在自信地向前冲锋的过程中，肯定会发现沿途更曼妙的风景，创造出自己的辉煌。

因此，选择专业、就读专业时就需要时刻问自己：是否有职业理想？是否有读大学的正确想象？

未必专业?

　　饥肠辘辘时在街边选择进入哪一家饮食店? 恰巧, 几位可能处于同样状态的食客在身旁议论: "就在这一家店吃水饺吧, 这家店水饺做得很专业!"

　　生活中都有这样的经验, 每当拿不定主意之时, 听到如此议论之后, 常会毫不犹豫地直接进店。果不其然, 该小店的水饺, 不但皮薄、筋道, 而且馅实、味鲜, 确实非常的专业。显然, 是这家水饺店的专业赢得了源源不断的新顾客和回头客, 是其具有市场竞争力的专业水平支撑着这家店的持续经营, 做水饺的专业能力成为这家店主的生存之道。

　　正是因为专业可以成为生存、致富的密钥, 今天的我们才那么注重专业的选择和学习。报考大学或者正在读大学, 首先思虑或询问的是: 读啥专业? 以至于, 我们往往把"选错行"与"嫁错郎"直接画上了等号。似乎, 错误地选择了职业恰如选错了配偶一样, 不但贻害终身, 而且难有家庭乃至社会的立锥之地! 尤其是, 新高考模式的深入推进, 犹如火上浇油, 家长和学生不得不两眼直勾勾地盯着专业, 越来越注重专业的提前规划与合理选择。否则, 高中阶段学习的选课和参加高考的选科都难以进行下去, 更不用说, 填报大学首要的是选报专业了。与此同时, 大学也不得不把办学的重点转向到举办具有市场竞争力的专业, 不得不更加重视打造所举办专业的优势, 以提升对学生的吸引力。否则, 招生难以为继, 更别提专业的生存与发展了。

　　专业, 不但已经成为生存的代名词, 也成为进入高阶学习与成长的平台, 更成为大学教育的依靠和存在的依附。似乎专业很重要而神秘, 成为一个行业的专家很不容易。其实, 专业不过是人类发展过程中不断演化而来的一种分工, 是在一定学识和实践经验基础上通过反复锻炼而形成的技艺、反复总结所凝结的精神。

是否专业？其实，就是指是否具备相应分工范畴所要求的精湛专业技艺与精深专业精神。尤其是工业革命以来，大工业生产所要求的分工越来越精细、精深，由此演化出越来越细化、越来越明确的专业。正是因为专业化的分工及其市场化的竞争，做饺子的人才能把饺子做得越来越专业、越来越具有市场竞争力，让自己做的饺子成为一种富有工匠精神、广受市场欢迎的供给品。正是因为专业性的魔力，我们越来越相信专业、依赖专业，希望通过提升自己的专业性而获得市场竞争力、丰富多彩生活。因此，对于普通人来说，就非常重视所从事的行业、职业，甚至某一个具体工作岗位、工作种类的专业性打造。

过去，我们所从事的这些行业、职业、岗位、工种的专业性，更多地来自家族传承、师徒传授，习得的方式主要是基于经验的口口相授、技艺的手手相传，注重的是实际操作的反复训练。如百年老店，形成的是绝不外传的"祖传秘方"和"独门绝技"，适应的是作坊式的小规模生产。但是，这种模式不适应现代社会大生产所需要的更加精细、技术含量更高、规模超大的专业分工，只能是小众追求、文化遗产、传统记忆、非遗存在，早被当今社会业已建立的完善的学校教育体系所替代，专业学习已经实现了学校化。

学校学习成为人们获得专业训练的主要途径，大大增加了人们选择专业的便捷性和修习专业的系统性。今天很多人所从事的职业，往往来自在各级各类学校里所修习的某种学业、专业知识，专业及专业性往往成了教育程度高下的代名词。一旦，人们把所从事的职业、社会所需要的行业或岗位，与学校所教习的专业高度关联起来，专业学习就自然而然地演变成了一种专门化的学问，以方便学校及教师践行规模化传授的知识体系。于是，对应这些知识化、技能化的体系，高等学校或中等专业学校继续再进行专业化的内部分工，人为地设计出常常被叫作学科的学业门类，专业被细分成不同的教学课程，编辑成各种便于教与学的教材，设计出恰如"升级打怪"般的流程化学习程序。

于是，学校规模化专业教育，就不再局限于传统上的经验传习、实践上的经验积累，而更多倾向于理论上的系统学习、知识上的逻辑传承、能力上的实验操作。逐渐地，专业就被固化为一套适应学校教学而不是社会需要的、理论化的知识逻辑体系、教学程式化的考试模式。专业化训练成为远离火热生产生活实践的课堂学习、实验室模拟、基地实习等形式，学习目的也越来越异化为被某一级、某一类文凭或学位所规定的、没完没了的等级化考试。

为了适应校园学习和方便学校组织考试，专业就演化出一套完备的专业性知识体系和阶梯式递进的课程结构。一旦学校专业教育的模式得以固化，就使得专业的学习越来越远离社会、学习者，逐步失去了专业本有的社会适应的灵活性与响应能力。一方面，教学模式的僵化让专业化学习远离实践要求、社会诉求，继而让学生越来越难以把所学到的专业知识有效地运用于所对应的职业，不得不在实际工作过程中继续练习、继续学习，逐步失去专业学习的本来。另一方面，专业被固化为学校的一套诸如学院—学系—学室的组织化科层结构，于是高度硬化的学校学习结构与组织结构，越来越难以适应动态变化的社会需要和高速发展的知识更新。

于是，越来越多的毕业生难以对接社会用人单位的需要，难以对接社会不断涌现的新职业、新岗位，出现了越来越多的毕业即转业、失业的状况。逐渐地，专业开始成为学生成长的诅咒、学校发展的桎梏。学生费了九牛二虎之力选择并学习的那些专业，毕业时或毕业后不久，实际岗位的内涵却已改变甚至面目全非，某些职业或岗位本身也正在消失，毕业即转业、毕业即改行的情况越来越成为常态。与此同时，社会并不那么需要的专业，学校却仍在大批供应；社会急需的专业，学校却反应迟缓、供给不上。因此，学生常常诘问：让我们学习这个专业干吗？"最坑专业排行"被疯狂网传。于是，为规避落后或淘汰，学生开始更加费力地、一窝蜂地选择那些更加热门的专业、更加新鲜的专业、更富未来感的专业。

为此，学校也更加精致地迎合这种需求，更加精致地设置那些公众更热衷、名字更加光鲜、听起来更时尚的专业，遍地开花、趋之若鹜。等到一阵风之后，这些时髦专业又重蹈覆辙地被裁剪、被替代，留下的依然是遍地埋怨和不停叹息。

为什么学校努力按照看上去很完善的知识传统所设计的、看上去那么精巧的专业及其知识体系，在今天的学生看来那么不屑一顾？在高速发展的科技与不断变化的社会面前，显得如此弱不禁风？

客观上，社会变化尤其是知识更新的速度确实太快，很难有真正亘古不变的专业及其内涵。主观上，组织化的教育体系内化了越来越明显的惰性，很难改变其适应社会越来越明显的时滞。加之，现代学校教育的周期越来越长、越来越复杂，学生毕业之前在学校学习的知识、学到的能力到毕业时可能已经成旧的甚至被淘汰；入学时的好专业、新专业，毕业时可能就变成了过时的旧专业、被替代的差业，而跨专业、多专业协作的综合性项目、跨界化职业越来越大量地涌现出来，呈现在毕业生面前。

于是，不禁要问：既然固守专业不再是生存王道，专业可能成为被替代、迭代的指称，那么专业是否还有必要？如有必要，那么到底是该更加专注地打造专业的精深性，还是该更加宽泛地铸造专业的灵活性？有没有以不变应万变之策呢？

物极必反，过去保证我们饭碗的专业反而成了一个阻碍我们未来发展的难题。在对待专业上，就应该有更新的认识——更加注重基础学科的学习和实践的训练。其实，我们为了适应变化而过分地把精力投向于追逐变化，忘记了对打基础、益长远的基础学科的确定性。错误地以为学了几门看似管用的专业性、实用型课程，通过了看似诱人的专业等级考试，练就了看似最现实的专业技艺，就获取了包赢人生的绝招。实际上呢？这不过只是一招鲜而已，只管一时，难续一世！

社会带给专业学习的变化往往是表层知识的改变，也就是知识性、技术性、技能型内容的改变，而处于底层的理论性、思想性、思辨性内容往往是不变的，或者说是变化缓慢的。看上去，那些基础性课程内容并不能适应当时，却可以持续一世。当然，为弥补一时之需，就需要大力改善学校教育中实践训练的不足，大力加强实验、实践、实习，才能不断提升实际能力，锻造并内化一种精益求精的专业精神。为适应跨界发展需要，也需要更加注重跨学科的学习和思维训练，具备多学科协同、跨学科综合的能力。

显然，学校教育继续固守人为划定的、过分狭窄的专业领域已经不合时宜，学生学习继续固化于现行模式的专业学习、追逐看似实用和时髦专业的学习也同样与时代错轨。更加需要的是，在夯实基础的前提下，扩大专业面向与灵活性。更加注重综合性学习、跨学科学习，吸收不同学科优势，培育在知识背后的思维方法，锻炼跨学科、跨知识的逻辑思维、批判思维、创新思维和知识迁移能力，升华生存素养，才有可能规避被淘汰、被替代的危险。

因此，与其说今天我们思虑专业，还不如说是在思考学习方式的变革、学习方法的锻炼、思维结构的打造。这样所凝结的看不见的专业精神与专业素养，要比看得见的专业技能与专业知识更重要、更长远。

降"唯"打击

当兴高采烈地手捧着大学录取通知书的时候，对大学生活作何憧憬？

无论何种炫彩想象与斑斓憧憬，首先须纠正一大谬传：读大学比读中学轻松得多，完全可以松一口气。如此说法在社会流传久远、流毒甚广，甚至误导着中学教育和广大新大学生，伤害着大学教育的正常施行，贻害着大学生的卓越成长。深究原因，是一直以来严进宽出的高等教育机制、大学生毕业即能就业的总体格局以及大学教育模式与大学生学习机制的僵化，滋养出了"60分万岁"的轻松学习氛围，给社会留下了大学、大学生的样子即是轻轻松松的错误印象。

随着高等教育普及化的快速到来，大学生数量越来越多，而就业吸纳能力有限，让大学毕业生的就业形势变得愈发严峻、就业竞争更为激烈，就业能力不再只是一纸大学文凭，而就业的市场竞争力成了第一要素。大学生这才发现，上述所谓流行的说法反而成了毒害自身健康成长的可笑谬论。但是，如果要等到大学毕业时、进入到火热的社会之后，才认识其巨大危害，一定是后悔莫及、悔之晚矣。因此，读大学是不可能按照轻轻松松的学习幻想，也不能沿用轰轰烈烈的考试思维，必须自觉戒除一直以来所养成的低阶学习、被动生活的惯性，实施降"唯"打击，才能实现健康成长。

降什么"唯"？就是要降中学学习所养成的很多惯性思"唯"，逐步养成读大学的高阶思维。中学惯性思"唯"中最突出的有哪些"唯"？唯考，也就是长期围绕着考试而展开的学习方式，以考分为唯一目标的升学思维。

这种学习，依据的是权威考纲，采取的是题海战术，期待的是考试分数，目标简单而直接——升入理想的大学。在这种学习模式的驱动之下，学生很自然地养成了凡是不考的就不学、凡是考试重点的就重点学、凡是反复考试的就反复学。学习考题化、学习考试化、学习考场化，成为中学教与学带有普遍性的共识模式。自然，学习就习惯于围绕标准答案、解题套路，进行考题的反复练习与复习，直到熟能生巧、形成条件反射，恰如考试机器人般的自动应答、自如应付。百炼成钢啊！于是，中学生练就了一身过硬的考试能力、唯考的学习习惯，成为"考试机器人"。

很有意思的是，据报道，真材实料的人工智能"高考机器人"竟然能超越不少活生生的"考试机器"，在高考中竟能考出高分。① 这印证着考试型学习模式导致的可怕后果？还是对这种学习模式所导致学习后果的更可怕、更可悲警醒？

正是因为多年来应试教育练就的一身考试技能，才有今天唯"考"是瞻、唯"考"是从的"凡进必考"的广泛社会依赖。没有考试，似乎就不是公平的、不值得信赖的。这在很大程度上，进一步强化了学校教育的系统性考试导向、学生学习考试化的普遍倾向。

唯考，自然而然地导致了唯教——以教室为中心的唯一战场，围绕着教师、教材而展开的教、学方式，以教师为中心、以教师的教学为中心、以教材所规定学习内容为中心的教学模式——"两耳不闻窗外事、一心只读考试书"的复述式教与学，却对多元而变幻的社会、丰富而火热的生活及其实践关心不多、创新甚少、锤炼几无。在这种学习模式的驱动下，学生往往养成了凡是老师不讲的、教材没有特别规定的、考试不涉及的就不学。于是，学习就变成了听老师讲课、解题、押题，整天在教室这个小天地里打圈圈，在封闭的考试书堆里做练习，以至于在最需要全面发育的时段，错失了学习能力的全面培养、自主学习的有效激发、自律生活的渐次养成。学生的学习及其生活被学校、教师全面主导，被教材、考试全面钳制，分秒必争、无缝连接。

可是，一旦这种模式下的学生突然失去了学校周密的安排、教师跟班式陪练、教材与习题的清晰指示，大多数情况下多数学生便立即找不着前行方向、失却学习动力、模糊学习目标，不知道该干什么、值得干什么，激情也就不再燃烧，一下子降档失速啦。这便是一些大学新生进入大学之后，突然身边没有了老师的吆喝、家长的管束，便尽情地自由翱翔于"游戏人生"，

---

① "高考机器人"应考：最快 10 分钟交卷，最高 105 分［EB/OL］. 央广网，2017-06-08. https：//news. cnr. cn/native/gd/20170608/t20170608 _ 523791205. shtml.

高呼着"轻松自由"。就出现了某些高考佼佼者成了大学学习失败者而被勒令退学的情况，如此让人惋惜的案例并非孤例，可谓屡见不鲜！

仅从中学生养成的这二"唯"来看，是不是很有欺骗性和毒害性？欺骗性体现在让绝大多数学生不明真相，受尽欺骗；毒害性体现在读大学延续着"高中＋"的模式，继续以考试的思维、以老师为中心，轻轻松松地"快乐"学习，贻害无穷。

为什么读大学按照"高中＋"的模式会很轻松？

因为表面上大学有最突出的两个方面：一是，大学上课少、考试少；二是，大学管制少、老师管理少。没人管、上课少、考试压力小，继续按照"二唯"的模式，不自由、不轻松？那才怪了！可是如此的自由与轻松，收获的一定不是真正的成长，而是前面提及的毕业时的长长叹息。

接下来，学生、家长及社会不禁要责问：为什么大学要如此"放水"？为什么大学不能像中学那样，把大学生每天的分分秒秒都满满当当地安排各种课程、考试，一堂课接着一堂课？为什么不把大学生的每一项活动、每一段时间都由教师安排、主导和监管，把大学生严格管理起来？这样，不就能让大学生忙起来、也让家长心放下来，即可避免大学生陷入放纵的深渊而不能自拔、重复着多次补考而被退学的故事？！

不过，要是大学也如中学那样，延续着高中模式，还办大学干什么呢？

大学是什么？大学是把懵懂的青年学生变成自担责任的社会公民、从学校走向职场的准社会化机构，是一个以实施专业教学为主导、以能力而不是考分为导向的教育机构。因此，大学的培养目标不再是为了升学，不再是以把大学生送入更高一级的学府去学习为办学目的。大学的办学目的，从小的说，就是为了让大学生通过各种专业化的学习与锻炼，能尽快适应职场的现实需要和未来时代之变迁，具有良好的社会生存与发展能力，成为社会发展的中坚。从大的讲，是为了推动社会、引领人类的创新和可持续发展。

可能会有人反问：很多大学生不是还要考研究生吗？这不就是升学吗？

这可能是对大学应该作为"考试机构"的唯一误解吧！这也是造成一些一心只为考上研究生的大学生们，死心塌地地坚持以考试模式继续着大学学习的唯一理由、与改变命运的最坚实依靠了，但历史的经验与现实的结果都不好。凡是坚持如此模式的，都会更加固化应试思维，反倒抱怨平时学习里没有考试的轻松，错失、丧失大学以自由探究为旨要的成长与成材好时光、好机会。即使沿袭高考习惯、以优良考技考上了研究生又如何？那也只是会考试的考试生，而不是会研究问题的研究生，终归会失败的。

要知道，研究生早已不是大学生的更高一等的超高等教育阶段了，而是同一阶段中更职业化的学习、更专业化的学位层次而已。这就是为什么西方国家把我们称之为研究生的学生称之为"毕业后的学生"（postgraduate），视之为准研究人员、准教职人员的助研或助教了，被视为进入了职场至少是准职场的研究式再学习人员。

即便是瞄准考研的大学生活，也不能延续高考的模式。因为研究生的招考模式不再唯分是举了，而有了"分数定量＋面试定性"虚实结合的两个取材维度。当然，大学就不能是一个以升学为目的的过渡性教学机构，而是一个以培养社会需求与未来发展所需要的、具有良好就业与创新能力的、自主学习与自律习惯养成为核心的教育场所。大学就不能仅仅围绕考试而组织各种考试化的学习活动，而遗忘了大量非升学化的课程学习、实践训练，而是要更加注重每个学生发挥自我能动性、自主导航与自律要求，成为学习的主导者、真正的主人。于是，读大学就须降"唯"打击，才能更好地实现从中学生到大学生的转变，适应大学学习目的、特征的变化。

降"唯"，就是不能唯考是从。不能仅仅为了考分，以考试的思维与模式继续大学的学习，而要按照能力提升的视角重构学习模式。大学学习不再是天天有考试、堂堂有考题、门门课程有厚厚的习题集、考卷集。有的是图书馆密密麻麻的书架、琳琅满目的书籍，这些可能都不是考试的内容、更不是教授考试的秘籍。图书馆、实验室、实习基地等场所，绝大多数都不是为了考试而设置、为了提升考技而建设的。其目的是让大学生尽快地从考试中跳出来，拿起那些看似无用却将在今后人生发展中发挥大用的书籍，阅读那些看似与考试毫无关系，却与人生智慧紧密相关的先贤启示录，在图书馆、实验室里挥洒自由的人生。而完成这些与考试、考分看似无关的事情，需要独立思索、自由探究，往往需要付出比应付考试更大量的时间与精力，会很"轻松"吗？

这就是为什么大学没有满满当当的课程安排，反而有更多的自由时间、自主机会。而且，越是高层次的大学、高水平的教学、高阶段的学习，自主学习的时间越多、自由学习的风气越浓。当然，对于那些没有明确学习目标、缺乏自主精神、缺少自律养成的大学生来说，这么多的空闲时间也就成了自由放荡、自我放逐、自主放肆的绝佳机会，傻傻地高呼"读大学很轻松"，误读了大学对大学生学习所做的时空安排的苦心孤诣，误解了大学对大学生引导性自主模式的精心设计。

降"唯"，就是不能唯师是从。也就是，读大学不能仅拘泥于教室、教师、教材那里的学习，而该着眼于自我成长的学习。也就是，须善于在课外自由时空中自主学习，善于学习老师并能超越老师的独立观察与思考，善于利用各种条件与机会向校内外借用各种资源并参与校内外实践，才能更加全面地学习、更加健康地成长。

这种学习，当然就不再局限于专业划定的范畴、课程大纲的范围，更不局限于课堂、实验室的时空，也不局限于老师课堂上讲授与否、要求与否，更不能向是否有制度性规定、是否有学校安排、要求与督促找理由、寻借口。有要求的、有规定的、有安排的、有督促的，理所应当是需要积极而高质量完成的。但是，对于没有要求、没有规定、没有安排且没有督促的，恰恰是更加重要的、更该高质量探索的！这才是自我成长、自我锻炼的最美好时空，这才是大学区别于中学、大学生区别于中学生的最突出也是最重要的特点，更是大学生发生实质性改变、人生相互区别开来的最可能起点。

要实现这样的转变，开始一定是痛苦的。因为任何脱胎换骨，都需要极大勇气和无限韧劲。这，当然绝不是朝三暮四的浅尝辄止，而是满腔热血的持之以恒。这，当然需要摆脱任人摆布的学习思维与生活习惯、放任自流的跟随方式与思想依赖。这，当然练就的是自我意识的觉醒、自主能力的提升、自律习惯的养成，奠基的将是一生的发展，结果一定是愉快和令人满意的。这样的降"唯"打击，大学的学习还会轻轻松松吗？

该养成的好习惯

习惯成自然。有好的习惯，便会有好的自然。大学是一个大熔炉，在这里能否把青涩锻造为理智，能否把青春冶炼为智慧，还得看大学生在这里是否养成了能成就一生的良好习惯。具体应该养成哪些好习惯呢？

第一，规律生活。无论是学习的进步、事业的成功，还是身体的康健，规律生活都是最基本的起点。大学给予大学生以较大的自由度，但并不会自动地带给大学生以规律生活的好习惯。往往相反，不自觉、不自律的更大自由，导致的却是更大的散漫甚至是无度的生活习惯。这不该是读大学应该养成的习惯，唯有力求自觉、自律，才能够避免。养成规律生活的习惯，需要科学地安排好作息的每一个时段。别让寝室捆绑住双腿，别让游戏缠住指尖，别让床板黏住身体，才可以在教室聆听、在图书馆静读、在林荫道上凝思、在操场上挥汗、在食堂里美餐、在论坛上争辩。

第二，阅读思考。"学而不思则罔，思而不学则殆"，这是绝对的箴言。大学几十门课程构筑了专业学习的主旋律。这一主旋律并不仅仅是知识的继承，更重要的是养成探究、思考的习惯。没有思考的学习，往往获得的只是看似华丽但实是杂乱无章的一堆知识，以及看似成功但实则徒有虚名的漂亮成绩单，而不是学习之后凝结下来的思考习惯——一种思维的模式与学习的习惯。没有课程之外的自由阅读与自我思考，就难以丰富自己的知识结构、优化形成自己的思维结构，寻找到自己的情趣与志向，就不会有人生的厚实沉淀，也就很难有进入社会后的良好发展。经过大学的历练，养成的良好阅读习惯、思考模式将是终身学习的密钥，也是每个人一生不断成长与进步的最大法宝。

第三，包容自信。大学之大不在于其校园，也不在其规模和学科，而在于大学之大气。这种大气就在于对杂陈之理念、冲突之观点的无限包容，对敢于探究、勇于失败之精神的大胆鼓励，对不断试错与不断更正错误之举措的积极赞赏，对经过深思熟虑、严格检验之后所形成之思想或理论的不断质疑与自信坚持之后的批判。大学学习，不仅仅学习前人的现成知识，也是学习先贤挑战未来不确定性的精神、挑战各种既有理论的勇气、不断创新知识的经验，进而大胆地去拓展前沿，擘画未来的空间。只有这样，才能站在前人、伟人的肩上，以更加宽广的胸襟与视野，不念既往、不惧未来，更加从容、更加自信地面向未来，实现未来新的发展。

第四，自主选择。选择成就人生！选择的能力直接决定人生的方向与发展。面对全球一体化后世界的极大丰富性，面对无处不在的网络信息的极端过载，选择成为人生新的更大的挑战。大学期间，面对浩如烟海的知识、各色理论的交织、各种利益的诱惑，选择本身就成为一种能力、一种习惯。因此，大学学习，不仅锻炼人生的独立与自我品性，也须打造面对现代社会的极端丰富与多变背景下的选择能力。这种能力的锻造，需要的是经过学习与借鉴之后的思考，需要的是经过思考转化而来的意义判断与价值凝练，以及在赋予意义和价值之后的方法选择。有了正确的方法论，才能练就良好的选择能力，就不会成为随波逐流的一员。

第五，诚实守信。对知识的学习、对理论的掌握，不仅仅在于其内容本身，也在于对科学的尊重，养成一种科学的素养。科学的素养，就是一种实事求是的方法与习惯，就是一切从事实出发，诚信地对待自己、尊崇客观实际。这种素养的形成，就是在学习各种理论、完成各种实验、练习各种项目、参与各种实践中所养成的一种科学思想、逻辑思维、理性表述，一种忠于事实的诚信、一种遵守信誉的忠坚。

第六，安全防范。大学毕竟不是社会、课堂也不是工场，理论素养并不等同于社会经验。理论的美好、知识的灿烂，并不能掩盖人生的无常、社会的复杂、人性的阴险。安全风险不仅来自人性的险恶，也来自网络信息的泛滥，还来自无法预知的大自然，以及不期而遇的大灾小难。可是，这些却往往被课堂忽略、被教师隐蔽、被理论遮掩。对于涉世未深的大学生来说，面对社会最需要补足的便是：如何避免跌入看似迷人的深渊、防范看似美好的风险、避免看似绚烂的糖衣炮弹。这不仅仅需要大学的安全教育和风险提醒，也需要大学生自身的警惕与防范。

习惯的养成必须有正确的价值观做指导，以及锲而不舍的观察、思考与锻炼。

最该立刻补上的课

这本不该算作是大学开设的一门课，然而却越来越必要，有必要成为读大学乃至终身坚持的必修课。这是什么课？先看看以下这些数据。

《中国儿童少年营养与健康报告》（2018）[①] 显示：大学生身体素质较中小学生更差，84.16％的大学生每天体育锻炼时间不足 1 小时；26.94％的大学生不愿参加长跑锻炼。据央视报道，目前我国儿童青少年的近视率居世界前位，大学生则高达 87.7％。另据报道，某市当年征兵体检中，因体检不合格而被淘汰的应征者比例竟然高达 52.98％。[②] 而在众多因素中，视力和肥胖占据了前两位。即使体检合格入伍的新兵，也有因体质问题或多或少地影响部队的作战训练。

现在该知道读大学应该立刻补上的是什么课了吧！还不知道？那就请立即就地做上几个俯卧撑或者仰卧起坐试一试！行吗？不行！那就知道大学最该补上的课是什么了吧！该课的学名称作体育，但更应该称这个不该是课的必修课为运动锻炼。

运动锻炼就是：走下网络、走出寝室，到校园内任何适宜的地方（当然最佳场所是运动场、健身房），从活动筋骨、活动身体开始，逐步练习耐力，最后达到增强体质的目的。慢慢地养成习惯，就能成为受益终身、终身坚持的必修课。

---

① 参见：中国儿童少年营养与健康报告 2018 发布：缺乏运动影响青少年骨骼生长［EB/OL］. 搜狐网 . 2018-05-23. https：//www. sohu. com/a/232646134 _ 503597. 同样，在 2021 年的该报告中呈现出了相似的状况，参见：营养不均、超重肥胖……改善儿童青少年营养状况如何发力？［EB/OL］. 中国政府网 . 2022-05-20. http：//www. gov. cn/xinwen/ 2022-05/20/content _ 5691526. htm.

② 征兵体检不合格率居高：青少年体质亟须全面提高［EB/OL］. 中国军网 . 2018-09-06. http：//www. 81. cn/jwgz/2018-09-06/content _ 9273347. htm.

要我出去锻炼？军训时就晕倒了，好不容易才熬到了结束。为什么还要去上气不接下气地运动？多累呀！有什么好处吗？有哇！除了练就规则意识下的竞争精神和愈战愈勇、竞争压力下的昂扬斗志和永不言弃，以及团体比赛中的相互协作和合作共赢等看不见的精神与能力之外，运动的最大好处就是：打造精力充沛、活力十足的身体，放松紧张而劳累的心情。让处于青春期的大学男生更强健、女生更健美。这便是常说的：身体是革命的本钱！

其实，上大学，无非就是做好两件事情：文明其精神，野蛮其体魄。

而"欲文明其精神，先自野蛮其体魄。苟野蛮其体魄矣，则文明之精神随之。夫知识之事，认识世间之事物而判断其理也。于此有须于体者焉。直观则赖乎耳目，思索则赖乎脑筋，耳目脑筋之谓体，体全而知识之事以全。故可谓间接从体育以得知识。今世百科之学，无论学校独修，总须力能胜任。力能胜任者，体之强者也。不能胜任者，其弱者也。强弱分，而所任之区域以殊矣。"① "体者，为知识之载而为道德之寓者也"。也许，这些道理大学生们都知道。而且，在中学就多次听说过。古今中外的成功人士中，很多都是运动健将甚至痴迷者！他们从运动中获得了成功所需的体育精神之启迪与潜能之释放。只不过在中学时，同学们一切都围着考试转悠，整天忙于上课、补课、上网，哪有时间啊?！这不，就以为上课、作业、补课便是生活的全部了。至于说运动嘛，这个事儿就忘了、耽搁了。

忘了！哪来的体育锻炼习惯啊？渐渐地，真以为是"只要牙好、胃口就好、吃啥啥香、身体倍儿棒"。于是，带着如此观念和惰性的大学生们也就不怎么锻炼了。自然，年纪轻轻便耐力不好、视力不行，不是肥胖、即是豆芽，这些就成为大学生尤其是新生代大学生身形的标配！在整体上呈现出了上面报告所提及的那些骇人听闻的数字。

上大学拥有了一大把可以自己自由支配的时间，总得赶快补上锻炼这一重要的必修课了吧。在青春如此迸发的人生时段，如果还不去锻炼，今后身体一旦定型，不但身形不美，而且何来体质健康？哪能忍受毕业后的"内卷"、打拼？

该怎么补上这么重要的课呢？

---

① 二十八画生（毛泽东）. 体育之研究 [J]. 新青年，1917，6（5）.

很简单：立刻开始。开始，就是别宅着，到户外去，从最简单、自己最喜欢的任何运动开始。哪怕是拉开步子走走路、举起手来伸伸腰，如此简单的运动，也算是好的开始。好的开始便是成功的一半。不过，一次、一天还不行，得坚持下去。成功，就是把已经开始了的最简单、最喜欢的事情坚持下来、养成习惯，逐步做到每天运动一个小时，不管风和日丽、也不管刮风下雨，坚持即是胜利。久而久之，运动就会像吃饭和睡觉一样，每天不可缺少。像吃饭和睡觉的习惯，要很久吧？心理学的研究表明：21 天以上的重复就形成初步习惯，90 天的重复会形成稳定习惯。

看看，是不是成功其实很简单！就是把简单简单地坚持下去，这样就一定让你变得不简单。只要重复就能形成习惯，有好习惯就可走向成功、收获成功。只要大约 3 周、最多也不过 3 个月？还不到一个月、最多还不到一个学期，如此短的时间！能行！没问题，可以坚持。

重复一下：很简单，坚持 3 个月，运动便成了一种生活习惯。

一旦养成这种良好的习惯，就可以伴随终身。伴随终身的运动，就能在高度竞争的学业、事业和压力山大的生活面前，健康面对、从容承担。只要有了运动的习惯，渐渐地就会爱上一项运动。在运动中，便会琢磨掌握这项运动的技能、提升这项运动的水平。继而，就会主动加入学校的相关运动项目之中，说不定还能拿到比赛的奖牌，满足一下自我的获得感。更重要的是，通过与球友、跑友、走友、舞友、滑友等切磋交流，增进了了解、加深了感情，获得学友、吃友、书友之外的球友情、跑友情、走友情、舞友情呢，不但丰富了情感、赶走了抑郁，还扩大了朋友圈。从而，通过读大学便能练就适合自己身体状况和兴趣爱好的运动技能和终身好习惯，打造适合自身的运动特长，强健身心、释放心情，喷发出干事创业的激情、信心和意志，意气风发地走向更加美好的明天。

这么好的课还不赶紧去补上吗？

最难迈过的那道坎

大学与中学本是不同的学习阶段，有了很多区分，也因此给读大学的大学生竖起了一道难以迈过的坎——学习习惯的艰难改变。为什么？主要是中学与大学的价值取向迥异。

中学主要是面向升学、并以升学为目的的继承性甚至是考试性学习。中学的学习目标是同一的——为了升学而努力取得更好的考试成绩。教师、教材以及其中的学习内容、安排与模式等都是基本同一、固定的。这样，中学生便养成甚至固化了带有共性的一些学习习惯。学习聚焦点，便是紧紧围绕统编教材规定的固定内容、考试大纲划定的考试范围与知识考点。听课，就主要是看黑板或 PPT、记笔记，听清、弄明教材各章节的内容，记录消化课堂上老师讲解的知识要点，反复练习重要考题类型与固化相应的解题思路、技巧。

怎么才算是好教师呢？就是能把教材内容、考试试卷或考题，清楚明白地让学生毫无疑问地在课堂上听懂，最好还能猜准升学考试的某些题型甚至考题。什么是好学生？好学生便是目不转睛地盯着老师、看着黑板并毫不落下地记录老师所讲授的要点，尤其是那些考点、记忆点。好的学习成果，便体现在了考更高的分数、上更好的大学。因此，中学的教室往往需要的是安静，安静得只能听见教师讲课的声音和记笔记的沙沙声音以及自习时学生相互间的气息声。课后学习，便主要是梳理提纲、背诵考点、不断练习、反复刷题以及总结做题、考试经验。这样便凝结了中学生学习的一般习惯：围绕着提高考试成绩而不停地记录、背诵知识，以及反复锤炼以练就更好的考试技能，多属记忆性、重复性、被动性的学习习惯。

大学呢？大学主要是基于专业、面向就业并以适应社会与人生发展为目的的成长性学习，不同的学生会有不同的选择。因此，不同价值导向便有不同的学习习惯。中学时基本同一而固定的模式，到了大学就基本不统一、不再固定了——教师、课程、教材及其内容、学习安排与模式、同学毕业后的职业路径等，都不再完全一致。上课教师不再只有固定的几个，而至少是几十门课程的数十位老师构成的教师群体。同时，这些教师往往并不工作于相同的学科或专业，彼此也并不都那么相互紧密关联。走马灯似地更换不同课程的老师也不像中学老师那样，时常对学生耳提面命、呼来喝去，学习几乎成了每一个大学生的自主安排、自觉行动。学习不同课程的同学也不再完全固定，可能来自不同专业、不同年级的同学在一起组合式地学习。与同学、同伴一起并向同学、同伴相互学习往往成为大学的一种经常性学习方式。

大学学习，不再局限于课堂，可能是与同学或同伴、线上与线下、校内与校外随时、共时发生的事情，这不但是学习形式的转换，也成就了值得一生回忆的学习场景与彼此间的友谊。课程，也不再局限于固定的几门课，而是依据不同学科、专业设置了数十门课程的体系，以及根据自己兴趣与需求而选修、旁听、参与的课程、讲座、论坛、讨论、项目、实验、方案、活动等。大学教材，也不再只是固定的一本教科书，而是包括了各种学习资料、典籍文献、研究论文、学术发现、调查研究、实践锻炼等方面的资料、资源集合体。

大学课堂，更加强调对教学内容的预先准备，包括搜集相关资料、阅读相关文献、提前思考相关问题。听课，不完全是听老师把教材上的固定内容原原本本地复述一遍，而是听老师如何提出问题并分析问题、解决问题的思路与方法，听老师介绍学术动态与发展以及自身的研究心得、成就。知识本身的地位在大学课堂下降了，而思维方式、思考方法、观点辨析、思想交流等隐藏在知识背后的东西，就成了大学生更应养成的基本素养。

好教授，不再是能把既有问题讲得一清二楚、明明白白的知识传授者，而更重要的是要在既有问题的基础上，站在研究的最前沿，通过提出新问题来不断地让学生产生疑惑、接受挑战，使学生不但获得解决既有问题的方法，而且还能不断地发现、思考和提出更多的新问题，让不带或少带问题的学生信心满满地进入大学、走进教室，却带着更多问题、疑惑和解决问题的思维谦卑地离开教室、离开学校，走向社会！只有这样，才能让学生适应不断变化的社会并获得持续的成长。

好课堂，不再是教师和颜悦色的单口相声，可能是师生间面红耳赤的火热辩论。大学的教室不再是静悄悄的知识性重复，更期待着炽热的探索性激情点燃、更活跃的思想性火花四溅。

好学生，不再是为了每一门课程都取得高分的复述机器，而是通过课程的学习，理解知识的价值、理性的意义，从而得到全面而综合的锻造并成为从内至外的具有综合素质的负责任的公民。

这样，大学的学习习惯便是：围绕学习能力的提升而不停地演练以及围绕发展知识和反复淬炼而养成的思维习惯。更加需要的是创新性、探索型的听课与研究性、自我激励型的自主学习，从而通过学习获得在阅读基础上的思考习惯、在实践基础上的抽象提炼、在知识获得基础上的方法训练以及在批判性学习基础上的终身成长素养。

由此看来，中学生到大学生的转变不仅是学习时段、学校地点的转移，而是需要在大学学习期间从理念到习惯的充分洗礼与渐进养成，才能迈过把大学当作"高四""高五""高六"或"高七"来读这道艰难的坎，才能成为一个真正的受到高等教育的人，实现人生阶段的转变。

可是，江山易改，禀性难移。能否有效实现学习习惯的转变？最关键的是，要克服依赖心理，力求主动改变。试一试下面的办法，看看是否有助于改变。

第一，多查阅。查阅，不是查找与教材相似的内容，更不是查找考题或考卷及其标准答案，而是查找相同内容下的不同思想与观点、不同思路与解决方案以及最新发展、遗存的疑难问题。查，不仅是为了学习寻找他人成果的方法，养成足够的研究与信息素养，也是为了寻找所在知识领域的学人、机构、成果与发展，养成尊重前人、包容前人并站在前人肩膀上在更高的起点上继续前进的习惯，以及不断跟踪前沿，始终保持向前的昂扬状态。查阅，重点不在查，而重在阅——追根溯源的阅读、触类旁通的阅读、拓展视野的阅读、发展兴趣的阅读。通过阅读，养成的是读书习惯、在阅读基础上的思考习惯、对知识结构不断重建与优化的习惯。通过阅读，不但学习前人和圣贤以及他们用心血凝结并流传下来的宝贵经典，而且在博览群书的基础上，包容对立与多元，养成不断创新、开阔视野、兼济天下的情怀与习惯。

第二，多疑难。大学学习之目的，不仅是原原本本地承传，而重在实实在在的理解与运用，在于紧握反思性思维的无限力量，突破既有理论的束缚和现有知识疆域的禁锢，提出更多的问题，激励自己鼓足勇气向着未知领域不断地迸发，挑战胆识、锻炼思维、保持好奇。提出问题比解决问题更重要！但，疑难不只是提出问题，更是一种优秀的思维习惯。疑难，不只是问题的发现，也是探究学问思维的起点，更是通往知识殿堂的攀岩。即便是学习成熟的知识，也要在学习熟练运用这些知识的基础上，大胆地提出运用知识的新颖方案以及发展这些知识的可能路线。学习，不再是力求一题多解的重复性考试演练，而是获得新题待解、甚至无解的反复疑难。疑难是思维的拓展，也是大学生个性养成的发展，而不是强化共性所要求的统一与普遍。

第三，多碰撞。要在课堂上学习老师，在课堂外学习前人、他人以及同伴。在解决既有问题的基础上，学习提出更多问题的事实逻辑与价值判断。不断地挑战自己的能力、信心与心智，不断激发师友去深入思考与理智奉献，才可获得师生间的共同进步与无限发展。碰撞，不是身体接触，而是智力交锋、思想交流、观点交换。碰撞，首先发生在重要而时空有限的教室。利用好课堂与几十门课程老师接触的大好机会，以及与同学一起学习同样内容的机缘，学习不同学科老师、不同看法同学的不同视角与特点，交流、交换不同思想和观点，理解不同文化与文明、习俗与习惯。

碰撞，更多的是发生在那些不经意的无限空间——社团中来自不同专业同学间的争端、讲座或讨论会上不同学术专家的讲演、图书馆内读友会不同读者的分享，还有林荫道上孤独的思索，无意间可能发生的与师友的论辩，以及在寝室里无时无刻并反反复复发生的卧谈。

碰撞，需要养成分享的习惯。分享、共享才有交流与交换。大学的同学不再是相互封闭、竞争对手般的内卷，而是相互交流的辩友构成的、强有力的亲友团。大学的真正价值，不仅在有限的课堂学习，而是有来自各方的优秀学伴。咨询学长、与优秀分子在针锋相对中共同前行，才是大学真正价值的彰显。

碰撞，需要养成包容的气度。包容，是理解他人并学习他人的出发点。大学的师友往往不是气质、水准都一样的同路人，可能是思想迥异、举止乖张、熟悉的陌生人。接纳师友不同的观点及交往不同的师友，就成为大学必备的日常活动与习惯。

第四，多实践。常说"实践出真知""实践之树常青"。大学不仅是书本上、课堂里的理论知识学习，也是力求知行合一、行万里路的实践感悟，这样才可以破除对书本的迷信、树立对实践的敬畏。实践，就是实验与实训、实习与体验。其目的在于，锻炼动手能力、养成专业精神、体察社会需求、理解生活之维艰。实践，最重要的是结合专业学习的实际锻炼。实验室、实训室是专业动手能力培养的主要平台，能把动脑与动手相结合、把验证理论与发现知识相结合，从而培养一丝不苟的专业精神和精益求精的专业技能。各类专业性组织是专业体验的最佳去处。通过观察和参与实际工作，能更好理解专业要求与专业在实际社会的复杂运转。社会基层是体察民情、了解民意的最佳场合。只有到不同地区、甚至不同国家、不同文明或文化的环境中去学习和体验，才可以祛除偏见、增强实感。

大学就是微缩版的社会。除了这些专业性实践，还有独立生活积攒下的实践淬炼。与各类同学、学伴、球友、书迷的频繁接触与友好相处，获得的不仅是终生难忘的友谊，更是永续一生的生活技能与成长智慧。假日外出或旅行，与不同人群的交往，获得的不仅是体验了不同风景的愉悦、对大自然的敬畏，也是对不同类型的人以及不同风土人情的了解与真实生活的实践。

人生蜕变的实现

　　从中学到大学的转换，不仅是学习时段与学习地点的改变，更重要的是要做好从中学生到大学生、从大学生到从业者的实质性过渡，从而实现大学生的人生蜕变。

　　高中是忙碌的。但，高中的忙是围绕升学这一明确且具体的目标而马不停蹄地上课、补课、做作业、考试，整天几乎没有任何自己可以支配的空闲时间。此刻的忙，是在老师和家长的监督、安排和管束下，属于"我的地盘别人做主"的没有自由、没有自我空间的忙碌。因此，中学生便习惯了在别人支配下的忙忙碌碌。受人支配下的忙碌，主要只是时空上的紧张，而在心智上的锻炼、心理上的成长上却依然是空档。

　　大学呢？读大学的目的不再是为了升学，而是以就业为导向的专业发展型学习。不管是大学毕业后去继续读研还是进入社会直接就业，都是为了日后面对社会、通过就业去实现人生的成长。相比中学的紧张，大学的时光尤其是刚刚度过气氛紧绷的高考时光之后的大学一年级显得并不忙碌，有了相对多的、可以自由支配的空闲。而且，这种空闲还没有老师和家长的精密安排与时刻监管，主要依靠的是大学生自律下的自觉与自主支配，真正实现的是"我的地盘我做主"。

　　不过，这种闲主要表现在时空上的闲。这种闲给大学学习所需要、所看重的思索提供了最好的时空感，进而，大学生才有机会实现心理上的成长、心智上的锻炼！有了这种闲，大学生才能为大学学习制造出在思想上的紧张和心智上的忙里偷闲。以至于大学时光虽在实质上应是忙碌的，却被外界误解为：看上去怎么就那么的闲！

　　表象上，在高度忙碌中度过的中学生，一旦没有了被人安排的紧张日程，虚幻中感到了大学真的很好玩，从而便无所事事、不知所向，甚至出现了诸多游戏中度日、无聊中放纵和沉沦的遗憾。这就是为什么少数身经百考的胜利者，到达大学就似乎抵达了终点站，找不到下一站而松懈了下来，找借口放纵自我甚至放弃继续奋力向上的登攀，从而最后造成留级、降等甚至退学等唏嘘不已的遗憾，让学校和家长费解、痛心，大学生自己也在精神上、心理上承受着沉重的负担。所以，如何度过并有效利用好大学的"闲"，实现由中学"忙"到大学"闲"的转变，成为大学生读大学最该率先实现的蜕变。

转换难，最主要体现在学习模式的转换。因为稍不留神，大学生便惯性地围绕着考研、考级、考证、考公务员、考事业编等功利性目标，继续重陷围绕各类考试而学习的怪圈，继续埋没于各种考试宝典，继续沿袭着中学时养成的考试型学习习惯。

忙到闲的转变，在大学一年级体现最明显，这是因为刚刚脱离中学学习模式的不习惯。因此，平稳而有效地度过大一的闲，便是大学生在大学各个阶段学习与锻炼的一道门槛。如果一时半会儿还没有找到重新奋发的目标，在大一感到实在太闲以至于无事可干，最佳的策略便是走出自我、走下网络、走向同伴——主动咨询老师和辅导员、主动请教学长和同伴。长辈、长者的阅历与见识，肯定能提供有用的信息与有效的意见，指导人生目标的制定与学习模式的尽快转变，从而迅疾起好步、开启新的成长起点。积极融入新环境，参与集体活动和各类有益的社团，既可结交新朋友、认识新伙伴，还能获得新的信息、得到新的历练。

图书馆，是度过大学闲适时间的最佳地点。搜寻一本感兴趣、多年渴望阅读的书刊，立即就会把显得无聊的时空充填。更重要的是，阅读是学习与思索最好的开端。阅读偶像人物的传记，更是人生遭遇迷茫时的最好借鉴——看看那些大咖们是否同样也有青春期的逆叛？他们如何度过成长的艰难，如何累积克服困难走向成功的经验？渐渐地，养成了不依赖网络、有了主动阅读进而思考的习惯。这样，"闲"就成为大学生活最奢侈和自我升华的最佳时段。但是，要实现"忙"到"闲"的转变，最重要的还得依赖于实现学习习惯——从"记"到"问"——也就是学习到学问的蜕变。

中学以升学为目的的考试型学习，养成的是记忆性学习习惯。记，即记录、记忆。记录并记住老师勾画的学习重点、大纲规定的考试要点，学习变成了反复的练习，获得的是条件反射式的考试技巧，尽可能少动脑筋的熟能生巧。大学学习却更多的是学"问"——即学习并提出疑问，不再仅仅是知识的记录与记忆，最期盼的却是知识的探索与探询、创生与拓展。所以，大学看上去那么的闲，就是因为大学的学习变成了学"问"，更需要与闲适做伴。

问，学习提问、疑问、辩问、诘问、析问、解问，并习得相应的批判性思维模式，以及通过各种问而获得终身可持续成长的好习惯。问，是技术也是艺术，更重要的是一种填充大学之"闲"所需的思考习惯、一种享受孤独而始终保持着进步的成长习惯。只有通过学"问"，才可能提升大学的学习质量，从而变革学习模式，铸造良好的思维模式，进而泰然地面对未来的莫测变幻。问，其实是时时刻刻皆在的对话——与前人、长者、同伴的对话，自己与自己的对话。

与前人的对话，就是要多多阅览。但是，阅读不只是继承先贤的智慧与成就，更重要的是，向他们的神圣与权威发起不畏艰险的挑战——在学习继承的基础上，从既有的睿智思想、完美理论中找寻可能存在的遗漏与不完善，从而能站在新的、更高的起点，拓展新的、更美的理性空间。

与长者的对话，不只是学习术有专攻的深刻与经验，更重要的是从各类老师的身上，学习到多学科的视角与方法，得到多阅历的启迪与观念。从不同长者那里，获得思维的锻炼、最新动态，并思考最前沿问题，为进一步的学习与拓展、发展与研究提供更好的借鉴。

与同伴的对话，不只是向小伙伴学习其优势与特点，更重要的是从同伴的身上反观现实的困顿，以及在克服困顿中能达成的未来无限的可能。与同伴的辩论争端，也是保持开放心态、接纳问题挑战的最好机缘。这，还是共同进步的最佳路线。

与自己的对话，其实就是反思自己、发现自己的孤单。这不只是学思结合的凝练，也是面对烦恼与抱怨、失败与挫折、空白与无聊的宁静致远，从而反思与反观，学会享受孤独所需的那份难得的适闲！学习与自己心灵无声的交流，掌控来自心底的呐喊，对照自己、审视自己、超越自己，从而了解自己、重塑自己、成就自己，让青春激情再燃，再谱奋斗之乐篇。

这样，大学的闲，就是闲而不玩，就是在理智上充满着忙碌，但表面看上去却是那样的优哉乐哉。这样，大学也就不再有实质性的闲，取而代之的是——在博学、审问中充分利用一生中难得的闲，在永不停息的学问与求问、探索与求索中自由而优雅地忙碌着，进而走出为考而学的怪圈，重构学与问的好习惯，实现自我蜕变，才可真正实现人生更加远大的宏愿。

最该经常做的事情

　　人们常常感叹：低头族无处不在！这些冒着危险、不顾纪律、牺牲休息时间的低头族在干啥呢？看信息、玩游戏、刷视频和无味聊天者居多。与此同时，国人在阅读方面却屡受诟病：阅读量太小，缺乏良好阅读习惯。

　　不信？就看中国新闻出版研究院发布的第十九次全国国民阅读调查报告：① 2021 年我国成年国民年人均纸质图书阅读量为 4.76 本，人均电子书阅读量为 3.30 本，只有 11.9％的国民年均阅读 10 本及以上纸质图书，8.7％的国民年均阅读 10 本及以上电子书。纸质报纸的年人均阅读量为 15.13 期（份），纸质期刊的人均阅读量为 1.90 期（份）。而以色列人均每年读书超过 60 本之多，其人均阅读量竟然差不多是我国的 13 倍。我国国民不但阅读量太低，而且随着网络和手机的普及，阅读的还多是碎片化信息，系统性阅读非常缺乏。原因可能很多，其中在学生阶段未养成阅读习惯、阅读量太低是主因。

　　读书，本是学生的天职。大学生应该读书多吧？浙江大学城市学院数字阅读与出版研究中心、杭州喜阅文化传播有限公司等组织了《中国在校大学生（含研究生）阅读现状调查》，结果显示：② 有阅读习惯的大学生只有不到 51％，个别学校仅为 26.21％；平均每天阅读（含专业图书）时间在 30 分钟到 1 小时以内者占 54％；读过四大名著的人不到 50％；纸质图书阅读只占 31.81％，手机阅读高达 44.84％。由此看来，不但普通国民阅读量低，就连本该好好读书、多多读书的大学生，其阅读量也很不够！

---

　　① 第十九次全国国民阅读调查发布：视频讲书成为新的阅读选择［EB/OL］.澎湃新闻，2022-04-23. https：//baijiahao.baidu.com/s? id=1730884521144945986&wfr=spider&for=pc.

　　② 在校大学生阅读现状调查出炉：趋势可喜现状堪忧［EB/OL］. 环球网.2018-04-26. https：//baijiahao.baidu.com/s? id=1598766893331148652&wfr=spider&for=pc.

调查表明：2017 年，我国 0～17 周岁未成年人的人均图书阅读量仅有 8.81 本！也就是说，本该大量阅读的未成年人的人均图书阅读量还不到成年国民的 1 倍。脱胎于中小学生的大学生，在本该养成阅读习惯的未成年阶段，被压得喘不过气来的上课、补课、考试包裹着，怎能有良好的阅读习惯?！即使在这些有限的阅读中，阅读的内容还主要集中于教材、教辅材料以及考试要求的范本、习题集、宝典等考试需要的阅读素材。

更致命的是，阅读的方式还主要以机械的记录、记忆为主，较少有以理解为基础的思考、以思考为基础的批判、以批判为基础的探究，时时凸显着阅读的功利性。所以，一直以来，大学生的阅读量太小屡受诘难！上一门课，就读一本教材、看一部 PPT，成为一种最基本的学习模式。尤其是人文、社会科学等需要博览群书的专业的大学生阅读量太低，以至于这类专业被误解为最容易读、最容易毕业的专业，成为轻松读大学甚至是"混大学"的代名词。同样，在理工科专业大学生的有限阅读中，亦过分局限于专业与技术，缺乏人文情感类和跨专业的阅读，阅读面过窄、人文精神过弱，直接制约着毕业之后的创新发展，以至于"理工男"成为笑称这类专业大学生的特有名词。

在这样的阅读习惯和心理状态下、在各种网络和社会娱乐的诱惑下，要让大学生进入真正的阅读状态——好好读书、多多读书，当然需要综合性的教育改革，需要教师的率先垂范。但更需要大学生先把自己的心静下来，从心做起、从心洗礼，让阅读成为读大学最经常做的事情，才可慢慢养成受益终身的阅读习惯，才能真正改善国民的阅读习惯与阅读质量。

静下心来——就是抛开功利与浮躁，超越眼前和世俗功利，宁静才可行稳致远。在大学学习期间的读书，大学生就不能再仅围绕每门课程指定的那一本教材、老师上课用的那一部 PPT 以及考试、考级、考证和就业等眼前需要的"葵花宝典"而一味地为考而读；要更多地从自身全面发展和养成终身学习习惯的角度来对待阅读、来启动阅读、来升华阅读，从而实质性开启自己的精神旅程，发育自己的精神世界，成熟自己的心理。

不功利——便能避免目光短浅、心浮气躁，就能品味到阅读的乐趣，便可在阅读过程中主动地思考。只有阅读与思考实现高度的融合，才能让精神世界真正发育，精神境界才会随之而变——更加安静远大，更加宽阔无瑕。

　　缺乏阅读习惯，怎么办？其实，不难！试试从最想读、最需读、最常读三个角度入手，试着规划适合自己的阅读书单。不过，阅读规划不是一份按图索骥的凝固书单，而是一份时刻提醒自己、不完成就不心甘的思想账单，是一张精神旅程的攻略和方案，更是一份动态完善的精神发育菜单。

　　从最想读——即从最可口、最容易消化的精神营养品开始，在培养阅读习惯的开始阶段，别好高骛远。也就是，别让自己为难，不要被内容的所谓高精尖吓着，不被主题的所谓高大上忽悠。从最基本、最浅显、最感兴趣的内容以及最易读懂的书开始。让阅读的内容甚至是情节把自己牢牢揪住不放，让书抓心一般地难以释怀。这样，便可让自己爱不释手地坚持把第一本书认认真真、完完整整地读完。这便是系统阅读的开始！之后，合上阅读的书给自己一个胜利的微笑吧！为自己难得的起步以及接下来所需要的耐心与恒心鼓掌，给自己以鼓励吧！自然，找三两同学、书友，交流、分享，顺便锻炼一下自己的表达能力，找寻并凝聚志同道合的同伴。

　　然后，便很自然地会想一想：这本书的思路、思想；启迪、疑问？紧接着，再从疑问开始，去选择可以释惑的下一本书，再开启阅读。逐次下去，阅读之旅便不会停歇，越读就越有兴趣，越读便越系统，越读便越深入。逐渐地，就开启了发展兴趣的阅读、追根溯源的阅读、触类旁通的阅读，阅读便会逐渐形成系列、形成体系，阅读计划就不至于落空。这样，便开始构建起自己的知识框架和心理结构，知识之树就会向上、向外，心理结构便会向健、向善而不断地生长，越长越茂盛，越来越亮闪。

　　从最需读——也就是需要什么读什么、缺什么补什么，从自己最需要的营养品开始。从自己当前需要、碰到的问题、自己的烦恼出发，直截了当地找能满足需要、能解决问题、可释疑解惑的书籍，甚至是书籍中的某些内容，从中寻找到需要的知识、方法和经验。同时，在获得满足、求得方法的过程中，体会知识的力量，体味理论的价值和阅读的必要。在大学期间所学的内容、所碰到和所思考的问题往往越来越综合、越来越复杂、越来越超越眼前的苟且，需要各种知识的汇聚、各种能力的训练、各种理论的滋养、各种价值的指引。所以，从需要出发的阅读，其范围就必然会跨越自己的眼界、所学的专业、所修课程及教材、眼前世俗需要的束缚。

　　一旦阅读跨越兴趣、跨越专业、跨越教材、跨越功利，自己的精神膳食就更趋均衡，精神发育就更趋健康。此刻，便会为拓展视野而不断地扩大阅读范围，不再受限于专业、教材、课堂。博览群书，就不再是一种口号和遥不可及的梦想，而成了一种刚需、一种生活，逐渐地就养成了一种受益终生的阅读习惯。

随着大学学习越来越开放，越来越找不到现成的答案，需要自我知识建构与创生。这样读下去，就会发现：即使面对图书馆琳琅满目、汗牛充栋的藏书，也很难通过纯粹的阅读从现成书典中找到现成的知识答案、技术路线、人生发展方向，也越来越难以获得解决问题的理论、方法和经验。此刻，就开始明白：现成理论和知识也有自身的前提与诸多局限，就会在阅读之后发现——以阅读为基础的思考、以思考为基础的探究，才是大学生阅读的真正价值，才是知识永不枯竭之源泉。

这样，大学生的阅读就开始走出专业、教材和现成的书典，逐步开始熟悉知识的发展、找寻知识的发展前沿，进而就有更加强烈的求知欲望，力求让自己参与到人类知识发展的进程，成为知识工作者的那一员，就会养成不断提升自己和推动社会发展的好习惯。有了为兴趣的阅读、为需要的阅读之后，就能逐步养成读书习惯及在阅读基础上的思考习惯，进而对自己知识结构不断优化与重建。自然，就会从打好精神底色的角度，经常性地阅读一些看似无用的经典，让精神更健康、发展更恒远。

经典，是那些你经常听人家说"我正在重读"而不是"我正在读"的书，是每次重读都像初读那样带来发现的书，是即使我们初读也好像是在重温的书，是一本永不会耗尽它要向读者说的一切东西的书。因此，大学生最常读的应该是那些伟大的经典著述。因为称得上经典的著述，往往在知识结构中的作用是奠基性的和融通性的。奠基性作用，就是为各种知识的生长和一生的发展提供最基础的思想养分。融通性作用，就是把各种看似并不相关的知识连接起来、融会贯通，把知识与经验融化为便于消化吸收的精神大餐。面对通识性和专业性两类经典，大学生最应经常阅读的应是那些通识性、人文性的经典。

这些看似无用的典籍，却是中外先贤留下的、经过漫长岁月检验了的优秀著作。是人类认识自然、认识人自身以及认识人与自然关系的思想源泉，对任何时代、任何领域都能提供恒久的思路、历史的启迪、发展的智慧。自然，也是大学生一生发展和综合素养成长的起点，是最基础的精神营养和最基本、最恒远的情怀、价值和思维的出发点。因此，这些典籍应该成为大学生、国民书包存放、床头摆放、手机收藏的必备品，以便能随时取放、阅读、咀嚼和思考。

通过阅读和理解经典，不但可以学习前人和圣贤的思想和情怀，以及他们用心血凝结并流传下来的成果，而且在融会贯通的基础上，获得人文精神、审美情趣、历史视野、批判思辨、科学素养，并在包容对立中对待多元，养成不断创新、扩大眼界、兼济天下的情怀，获得一生可持续发展。这样，阅读就变成了读大学最经常做的事情，成了一种生活习惯，一种不断向上发展、适应各种变迁、促进不断成长的源泉。

体之育

"体"之不存，人将焉存。

固"体"乃"人"之"本"也。"体"犹有机的骨肉机器，其运转之健康与灵便直接决定人生存之基本状态。正因为此，吃穿住行娱等几乎所有人的活动都是围绕着依赖、维持、促进、愉悦、健美人之体的有序、有效运行而展开的。然而，也正是因为人与体之间如此神圣而天赋的相联，我们才天经地义地认为人与体、人之体是如此的理所当然，总以为身体自身便能随着年序的变化、依照生理的法则自然而然地生长、发育，往往忽视了对"体"之教育。

尤其是现代社会激烈竞争的进化法则越来越倚重于智力之高下，智育便无以复加地备受推崇和重视，而被更加自然地置于最优先的地位。似乎，"体"之育只能自生自灭、自动生发，而不需要教育了。以至于，"体"之身影在现代教育体系之中的地位变得越来越模糊、次要甚至无影无踪了。结果呢？

结果，从校门走出来的毕业生并没有因为年序生长而变得更加蓬勃朝气、精神抖擞、信心百倍，反而因为对体育的忽视，倒有些"头脑发达、四肢简单"，出现了发育不良、生长不端的"七拱八翘"畸形。竟然，那些弱不禁风、不堪风雨的键盘侠、游戏王、"文艺范"倒日盛起来，像瘟疫那样可怕地流行开来。出现了一些老年病少年化、老年心态青年化等不健康的现象。因此，以"体"之健康整饬社会抑郁、驱散心理阴柔就显得尤为必要，"体"之育便极具现实意义。

什么是"体"之育？简言之，就是对身体实施教与育，教、育身体向着正确的方向生长，确保身体顺应生理规律健康而协调地发育，使之能够适应环境的变迁，强健而有力地成长。于是，就需要从两个方面对身体予以教育。

养育，就是顺势而为。即遵照身体自然生长之生理规律，保护、养护身体，以确保身体能自然而正常地生长。养育的目的，就是保障、护理身体在生长过程中不受或少受外力的阻扰而滑向错误方向从而影响自然生长发育，确保其生长成为正常的"产品"，发挥其天赋的正常功能。而不是反其道而行之，违背生理发育的秩序，拔苗助长地加速催生甚至破坏身体的正常发育，给正常发育带来贻害、毒害，最后蜕变成"次品"甚至"废品"。这大体便是通常意义的养生吧——养护以保持身体的自然状态而不受破坏，维护以确保身体的正常生长与运行而不迷失健康方向。

传统上，我们一直讲求顺势而为、动静平衡的天人之道。从吃穿住行的生存技能到阴阳平衡的养育理念，形成了适应人生不同年龄阶段、不同时空环境下，维护生理自然变化、确保人体健康运行的成熟文化系统、生存智慧。累积起来的这些养生之道，越来越受到饱经现代化折磨的"幸福"人们的热捧。当然，让身体始终保持在"常态"是不够的，因为我们还须适应自然之激烈竞争、社会之高度不确定性，还必须让身体变得更加强健、机能更加灵便。

怎么办呢？

动起来！即调动、刺激身体的各个分子，使之更具活力、更具适应性与竞争力。用进废退，这是动物细胞与其他类细胞相区分的最特殊性质。越用越有劲，越动越强健；越不用越衰退，越少动越衰弱。发育，便是奋发有为了。即在养育的基础上，让身体各个器官、各个部分在一定时间以一定强度加速地"嗨"起来，让身体回归自然之野性，激活每个细胞，使之处于高度活性的状态、保持高位运行的态势、处于超常的紧张，进而促进身体各部分生理机能得以强化，变得强大。

其结果呢？身体便能保持更具活力的"年轻态"，更加协同、更加自如地运行，更高质量地遂行日常职能。不仅如此，更有意思的是，看上去似乎很简单的四肢强化运动，达到的效果并不只是四肢变得更加发达，而且还能娱乐身心、强健心智、磨砺品格、增益意志，促进心理发育使之变得更加健康与成熟，精神更加斗志昂扬。生理上的野性、心理上的健康成熟，这些都是任何人适应人生起伏、抗击生活波浪、逾越发展艰难困苦所必备的优秀品质。

这便是为什么蔡元培先生说"完全人格，首在体育"，毛泽东在《体育之研究》[①] 说"欲文明其精神，先自野蛮其体魄"。这便有各大校园体育场经常看到的那句话："每天锻炼一小时，健康工作五十年，幸福生活一辈子。"正因为益处多多，人类才在正常生计劳作的基础上，绞尽脑汁地发明了各种愉悦身心、促进发育、刺激生长、强健体魄的运动、娱乐、锻炼方式及相应的规则，让安静的身体动起来、健起来、强起来，机能变得更加强大、协同、持续。

在优胜劣汰的自然法则作用下，祖辈给我们流传下来了你争我夺、争强好胜的强大基因，让如何迅速强化身体机能、保持克敌必胜的强大状态，展示了更显著的合理性。因而，在与大自然的斗争、与对手的竞赛过程中，这种追求自我机能日臻强大逐步演变了获取日常生存技能、战场厮杀的最有力手段。好在历经文明的翻滚洗礼之后，残酷的"好胜"基因得以逐步规制，渐次演变了今天似乎越来越文明的体育生态——形成了各类体育项目、运动方式、比赛规则、观赏形式，兴起了大量基于自身兴趣、身体需要的群众性体育运动，推动并产生了现代体育教学、体育健身、体育竞赛，成就了庞大的体育产业。

遗憾的是，在现代体育"更快、更高、更强"的刺激下，亦催生了一整套以身体为工具、让身体"雄起"的各种功利性魔法、玩法、技法、战法，衍生了各种刺激肌肉发育、摧残身体快速强大的危险方式，把人类身体机能的生长推上了一种极端的亢奋状态，极大地损害了身体健康，置身体于危险之中，留下了很多不可言状的后遗症。这也给体育教学以越来越功利的错误指引，体育教育逐步异化成"赢得第一"的机械训练，衍生了以损害身体健康、运动道德、竞技伦理、比赛公平等为代价的各种社会问题，值得深思、必须警惕。

---

① 1917 年，青年毛泽东以"二十八画生"为笔名，在《新青年》杂志第 3 卷第 2 号上发表了他的著名体育论文——《体育之研究》，文章以近代科学的眼光，就体育的概念、目的、作用，以及体育与德育、智育的关系，体育锻炼的原则和方法等问题，均做了详尽的讨论，闪烁着青年毛泽东的体育思想光辉。文章除前言外共分 8 节：释体育；体育在吾人之位置；前此体育之弊及吾人自处之道；体育之效；不好运动之原因；运动之方法贵少；运动应注意之项；运动一得之商榷。毛泽东在文章一开始就通过揭示中国积弱的现象，非常明确地提出了体育的重要性。

　　反观今日学校之体育，一切以升学为目的、智育至上的教育，导致了以考试为导向、以分数为目的、以身体为工具的错误"体"育。"体"育的功利价值、工具手段越来越凸显，"体"育的基础性、长期性价值却被错误地大大低估了。只要不考体育，体育课程便流于形式甚至挂羊头卖狗肉地被占用；凡是不考的"体"，就不"育"；考什么样的"体"，就"育"什么"体"。似乎，人的身体也是因考试而生、而动的机器，人之"体"异化成了考之"体"，人体所需要的健康而全面的"育"反倒在学校教育乃至家庭教育过程中被智育第一所遮蔽、隐匿，严重者则名存实亡甚至消失殆尽。

　　"体"育被赢取功名的智育、被刺激感官的娱乐肆意地代替、挪用、挤占，成了可有可无的"小科"、没有大用的"偏科"。即使在有限的"体"育教学中，也存在不顾个性、生理特征而一味地采用统一、通用的体"育"方式和内容。忽视体育之"体"重在顺应、增强个性化生理、心理规律而"育"的实质，忽视体育之"体"的整体性与协调性训练，忽视"体"育之终身性与经常性素养的培育，忽视"体"育过程中的精神素质、意志品质、伦理道德的养成。以至于，青少年学生的身心变得越来越柔弱，难抵风雨，甚至有些老态龙钟，意志不坚、斗志不举。因此，"体"之育不但要传递养育、发育这两方面所必需的知识、方法、技巧，还须重视"体"育过程中的德行、习惯、规则、意志、情感等终身性体育素养的培育。

　　让"体"育回归"体"之本位吧！不能再仅仅按照竞技之模式，过度地以分数为导向、以名次为刺激，在知识、技能上盲目而功利地打转转。更需要的是，在"体"育的意识强化、运动的兴趣发展、锻炼的习惯养成，以及运动的伦理坚守、竞赛的规制信仰等方面春风化雨，才能让"体"育重归人的全面而健康的发展正轨。

"读"大学正在变成"看"大学

读大学的本意在"读"！然而，随着现代信息技术向各领域的大肆侵入，各类传播媒体的广泛使用，"看"大学却已成为越来越显明的教与学的主要方式。

课堂外，大学生早已是网络社会的熟练公民了。第二课堂、课外生活也已成为可视化应用的学习、生活场景。学生的课外学习方式，常常是目不转睛地盯着屏幕，观看各种短视频、微视频、微课程，查阅、搜集各类文献资料，完成各式作业。生活、娱乐、社交方式更是寸步不离地拿着手机看消息、刷视频，更不用说全神贯注地看着屏幕玩游戏了。为此，学校教育及教师的教学也紧跟着时代步伐，随之而动。不必说学校各类管理与服务应用信息系统是基于各种显示屏，需要大量刷屏了，即使是教师的教学活动也越来越屏幕化、视频化了！备课和学习必须搜集、翻看、整理各类课程、文献、讲座的视频资料等，在此基础上才可以准备上课用的、更加一目了然的、所谓生动呈现的视频教学材料。

课堂上，课程模拟化、仿真化、可视化便成为一种流行的教学模式。教师的教学大多是看着 PPT、播着视频、眼花缭乱地操纵着各种应用软件和虚拟仿真播件而展开。尤其是新一轮所谓智慧教室的流行、智慧教育的兴起，黑板多数时候已成摆设，取而代之的是更具现代化标识的高清显示屏。即使是那些实验、实习、实训的教学也越来越多地变成了模拟、仿真应用系统的操作或播放。学生听课，便是看着教师不断翻动的 PPT 及穿插其中的视频或录像随着老师查看或操作各种基于编码、VR/AR 的画面或视频，好似观看大片和娱乐游戏那般。

正在各大校园普遍上演的这类"看大学"现象，在人类发展的进程中是从来没有的。这一新的现象，正在改写教育的理论与理念、改造师与生的思维模式、改变师与生的行为方式、改革教与学及其管理与服务的样式，非常值得关注、观察和研究。

信息时代提供了技术与教育融合发展的空间，让师生之间的教学对话成为一种数字化的快速、多模态传递，教学内容成为信息传递的一部分。教学活动，不再受制于教师、教室、教材甚至教育的局限，让教与学双方获得能够随时发生的信息、思想、经验、方法的交换与互动的机缘。当然，就用不着对"看"大学这种现象过分地大惊小怪。这是教育正由传统工业化模式向信息时代变迁过程中的模式改变，必然会出现这种教与学向电子化对话形式的转变。但是，在传统向现代转化的过程中，需要思考和观察的是：如何适应这一教与学的时代变迁？以及这种变迁会怎样推动师与生的成长与发展？

与传统"读"大学相比——"看"大学可以更加直观。过去，那些要依靠教师一笔一画地书写、一字一句地讲解、一手一势地比画、一穿一插地配合，都还不一定能够看清楚、讲清楚、想清楚的内容演绎、操作细节，现在只需要看一张 PPT、一段 VCR、一幅图片、一键搜索，便能一目了然、一清二楚，让学生更加简便、直接地了解和理解了。即使是难以讲清楚的实验、实训、实习内容，也可以通过使用模拟仿真、VR/AR 技术，便能直截了当地理解实验的原理推导、技术方法和操作规程、预期或改进实验过程及其结果等。这大大地浓缩了课堂教学的内容和时间，极大地提高了教学的信息传输效率。因此，从电化教学、多媒体教学到智慧教学都是一路绿灯、高歌猛进，奔袭而来，备受推崇，被广泛地运用。

与传统"读"大学相比——"看"大学所获得的信息量更丰富。囿于空间与时间，传统课堂中的信息量比较固定，且受制于教师个体的视野与知识水准，更加聚焦于课程教材、大纲的规定，教学内容在量与质上往往是确定的、易检测的，教与学双方也更容易达成共识。但是，现在的课堂上，信息传播迅速快捷，信息获取唾手可及，每一位师生都成为信息源。现代教学正在打破课堂、教师、教材乃至校园的静态和规定，教与学的界限正在被突破。从理论上讲，课堂上，师生间能够获取的信息量可以达到超饱和状态，而且信息所涵盖的内容范畴也可以多元、多样、多变，能够超越专业、课程、课堂、学校的局限，展现出师生之间的深度互动，以及由此带来的大学教育的无限开放。

与传统"读"大学相比——"看"大学可以让教、学互动在多主体间随时发生。传统的课堂，常常是师生之间单向的知识传输，教师成为教学过程的主角、信息的唯一来源、知识的权威与象征。但是，信息化的现代课堂正在消解着教师的神圣与权威，信息传递与交流、交换成为可实时、多向地发生，让课堂成为信息交流、思想交换的海洋。课堂，就不再是大纲规定内容的讲述，而是课内外、校内外各种信息的融合，以及发展性探究的集体碰撞。

课堂变成了多向度学习与多视角互动的空间——不但师生之间可以实时互动，而且学生、学友之间还可以适时争鸣；不但课内可以交流，而且课后仍然还在不断地衍生；不但线下可以面对面地讨论，而且线上还可以跨越时空阻隔，与同兴趣、同领域的校内外、班内外的学友一起分享和成长。这种多向度、多主体的适时互动，越来越成为一种现代化的学习模式，越来越成为经常性、随时发生的学习现象。学习，不再是校园、课堂、教学、书本的代名词，而成为一种随时、随处、随机都在发生的知识吸纳方式，一种面向各种时与空、师与生开放的意愿与模式。

与传统"读"大学相比——"看"大学让教学相长成为现实。过去，教师控制着知识的来源与节奏，教师就是令人敬畏的知识化身。然而，在知识的来源丰富、多样、广泛之后，教师在学生面前所呈现的可能只是一条渠道、一种视角、一个方向，现代教育所需要的是多种渠道、广泛视角和各个方面的补充与融合，而且教师本身也需要来自学生的信息与立场、并接受来自学生更加广泛的挑战。课堂内与外、教与学之间的角色与立场，可能随时都在发生着难以预期的变化，教与学成了取长补短、相互学习的共生过程。

这么说来，"看"大学所具有的优势还真的不少！还不能用否定的态度来予以对待，而应该用更加积极的眼光来前瞻。

有无相生，长短相形，恒也。也就是说，优势一定也会演化出不足。有不足吗？

与传统"读"大学相比——"看"大学可能导致思维的惰性。越来越直观的教学过程、越来越直白的内容呈现，让学生可以较为容易地获得理论体系、原理定律、知识结构、实验过程、技术方案和事实结论。而过去呢？这是需要师生间反复切磋，学生必须极尽想象、静心思虑、反复琢磨才能明白、才可理解。

信息获得越容易，学生就越难以真正体会到知识的真实价值及知识背后所蕴藏的艰辛与付出。这种对学习效率的着力追求，正在快速地消散着学习过程本身所带来的愉悦、收获，所需要的想象、思考和咀嚼、琢磨、玩味、体悟等。很自然，轻而易举便可获得的东西，并不能轻而易举地增加学生对知识的敬畏感及学习过程所需要的体验感、幸福感。反而，学生的思维惰性、心理呆滞可能会随之增加，思考浅表、思想白化。

　　在对待知识的态度上，学生可能会以为知识的获取恰如点击操作软件、打开搜索引擎、输入关键词即可获得那么简单、那样舒适，以为知识的产生也不过如此、如此而已！而发展知识、发现惊奇所需要的内在动能与内心情感可能也随之遗失、消散了。这样，在学习面前，学生就可能越来越懒得去思考所获取知识、接受信息背后所内含的精神，也懒得去想象知识背后蕴藏的隐喻。随之，学生在思考的深度与系统性、保持好奇心、充盈想象力等方面，可能就因此而降低，主动而系统地创生知识、建造结构的能力与动力可能就随之下降。

　　与传统"读"大学相比——"看"大学可能导致信息的超载。现在，大学生面对的不是知识量、信息量的缺斤少两，而是信息呈现方式的碎片化、信息量的超载化。因此，面对海量的知识和随时弹出的信息，学生往往不知所措、不知所向！常常在超饱和的信息面前，迷失了方向，浪迹天涯却浪费着大量时间。尤其是在教学模式老化、教师控制力不足、教学技术把握不够和教学方法失当的情况下，教学可能就成了技术的炫耀、画面的流淌，学生便更加容易被丢失在铺天盖地的信息海洋之中，漫无边际地随波逐流，身心疲惫地享受着娱乐化的教学快感。面对这种情况，学生的学习能力就不仅止于信息的猎取，更重要的是在于信息的准确获得、有效选择和有机链接、实质融合等方面。所以，学生在面对信息诱惑时的抵抗能力、信息海量时的选择能力、信息丰富时的整合能力，便显得尤为重要。知识、信息的组合能力、跨界的链接能力，就成为新时代大学生一项新的不可缺少的学习能力。

　　与传统"读"大学相比——"看"大学还可能导致现场感知能力的降低。近代以来，教与学本已远离了生活、生产世界，教育的知识化、抽象化、理论化倾向颇受各界的指责。现在因为越来越相信数字技术的力量，越来越依赖网络，"看"大学越来越普遍，教育教学远离生活世界的情况不但没有因此得到改善，反而愈演愈烈！学生越来越相信虚拟的力量和虚拟的真实，反而不能顺当地接受真实的磨砺与现实的复杂，在心理上与行为上，自觉不自觉地逃避甚至漠视现实世界的真实、复杂，以及真实背后的人文情怀、社会需要和力量交织。

现场能力的减弱，最直接的表现是：动手意愿与动手能力的不足，主动思考和主动寻找问题的意愿与能力的下降。因此，认识社会、理解人生的感知能力、容忍与忍耐能力下降，碰上挫折、矛盾或问题容易逃避、屈服，心理耐受力不足，精神发育容易出现新的问题。这样，学生就很难主动而真诚地付出艰苦的努力去实验室、进社会、下基层、到真实环境中去动手实验、亲身实践、亲自经历、切身体验，以及这些过程中所需要的学思践悟。

与传统"读"大学相比——"看"大学也能导致生理疲劳或紧张。无论是课堂上各种课件的插播与不停的转换，还是课外各种网络媒体的诱惑与升级，师生都会因为视觉的过度使用而受限于生理上的疲劳或紧张。过分花哨和酷炫的内容展现形式，虽然充满着眼见为实的满足和娱乐至死的诱惑，但是无形中却大剂量地增加了视觉的疲劳、听觉的污染、心理的疲倦，让师生倍感心力交瘁。各种不断转换的动感画面与酷炫操作让课堂云山雾罩，一堂课下来，师生深感脑昏目眩、眼酸耳鸣。在好像感觉看了很多知识、接受了很多信息而身心疲惫的同时，也处于似是而非、似无所获的恍恍惚惚、迷迷糊糊的幻觉状态。信息被画面取代，思考被好玩取代，系统被碎片取代，逻辑被链接取代。教师被高新技术主宰着，学生被游戏般不断变幻的画面牵制着，游戏上瘾正在转变为技术上瘾。于是，学生视力不断下降，身体、精神健康等方面正在出现忧虑的新情况，越来越需要予以重视！

时代浪潮席卷而来，不可阻挡。

展望未来，学校越来越变成了一个开放的教育信息场——知识与生活世界、知识与社会实践，越来越需要成为一个有机的虚实链接体。要适应从"读"大学到"看"大学的转变，越来越需要扬长避短地改进教与学的理念、模式，越来越有必要思考并构建师生共进、人机共生的智慧教育系统，教师的启迪与引导越来越成为一种教学需要。面对机器智能的到来，人类智能何以能、何以为？教师如何发挥作用、如何发挥有效作用？如何让学生看、让学生看什么？什么时间看？什么地点看？看与不看如何衔接？越来越值得深思、探究。照本宣科地让 PPT、短视频泛滥于课堂，依葫芦画瓢地把纸质内容简单地搬上虚拟空间，继续沿用过去教学模式之惯性，肯定是不可以、不合适的！越来越需要建构读、看、听、思相融合的师生、生生、人机互动的教育与教学模式。

教师与机器的区别在哪里？教师该干什么？这已是一个越来越严肃的发展性问题，绝非一时半会儿便能想清楚、道明白、做正确，还需要继续观察和实践、反思。但至少教学不该再沿袭传统模式那种原原本本的知识传递了！需要从启迪与引导两个角度去思索，把课前课后、线上线下、校内校外结合起来，把教学变成内容、立场、方法的聚集与整合相结合的过程。教学就更加需要聚焦于原理性基础、核心性思想、创造性方法，在价值引导、态度塑造、习惯养成等方面多下功夫。

学生的思考与选择越来越成为一种学习挑战。面对越来越多的"看"，过去那种为了文凭而看、围绕考试而看的学习模式，已经成为一种被动而过时的模式，正在走向末路。如何避免事不关己的看、孤立无援的看、不假思索的看、缺乏系统碎片式的看？对于学习者来说，这是一个首要的问题！避免事不关己的看，就是要主动地选择自己真正需要的信息，并主动参与到信息的选择、加工、升华的过程中，成为信息流动与加工过程中的一部分。避免孤立无援的看，就是要尽可能利用各种信息手段，不拘泥于课堂、教材提供的现成信息及蕴含其中的内容、方法、结论，更不能拘泥于教师提供的"看"的内容，而要主动寻找更多的学伴、学习内容、学习空间，形成各种手段、内容相互支持的学习场景。避免不假思索的看，就是须主动地把各种所看的内容与信息高度关联起来，思考其背后的思想、价值与方法，形成自己的立场、态度和观点，进而养成看、思结合的学习习惯，不断建构自己的思维模式与知识结构。避免碎片式的看，就是要有形成学习者自身的核心知识与思维主干，串联起相关或不相干的知识碎片。在不相干知识或信息面前找到相关的路线、跨界的方案，逐步培养选择、链接与融合的网络化学习能力。同时，还须看、练结合的现场实践。课堂内外、线上线下相结合的学习、练习，理论学习与实践操演的结合，增强现场感知与现实处置能力。因此，更加主动地投身实践、品味田野、体悟社会、感知世界，越来越成为一种需要。

师生的身心健康越来越需要重视。在信息时代，教与学受制于网络与链接，给师生的心理健康与身体健康造成大量的生理与心理问题，心智健全与身心锻炼，越来越成为一种学习的常态。除了师生自身的重视与防护之外，也需在顶层上对教育予以重构，让师生有走下网络、走向现场，走出知识、走近人心的机制、机会和意愿，阻防因为新一轮智慧教室广泛推广使用而更加普遍的"看大学"给师生造成新的健康伤害，应更多地回到具体的生活与人之中去理解教育与生活，行走于自然与世界中，知行合一，底色丰而不乱。

最不容易做好的事

无论时代带给教育怎样的变化，课堂依然是学生成长、学校育人的主渠道。大学学习的主要依靠仍然是课程，大学生依然主要通过课堂来完成学业、实现成长。因此，如何有效地依靠课程、利用好课堂或听好课，就成为大学生最需要但也是最不容易做好的事情。

看上去，大学的课堂与中学并没有什么两样，依然是看着教师在教室里滔滔不绝，依然是凭借教材、PPT、视频等媒介展开，依然是以完成作业、考试作为结束。但是，因为大学在教育目的、对待知识的态度上发生了变化，大学的课程便因此也发生了相应的变化。如果大学生不能适应这样的变化，继续沿用中学那种以继承知识、重复知识为主的学习模式，可能就会贻误甚至丧失大好的学习机会，就难以适应大学期间的学习，严重者便不能完成学业。这就是为什么少数高考成绩很好的学生进入大学之后，不能有效利用好课堂——听不懂课、听不好课——导致在学业上最后以失败告终，非常令人遗憾！

大学的课长啥样？

大学课程及其教学，不再是围绕升学或考试的需要而建立、展开的，而是围绕人的可持续成长和学科专业的知识逻辑建构起来的一个体系，体现的是知识、能力与素养的有机融合，培养的是具有个性特质的专门人才。大学的课程不像中学那么单一、固定、同一，而是更加差异、开放、多样。

在目标上，着眼培养一个具有健全人格的人，具备实现数十年可持续发展的最基本的能力。课程的教育目标不再像中学时那样仅着眼于知识的灌输，继承知识的程度及其量化所得到的考试分数，获得现有知识就不再是衡量学绩、学力的唯一要素。

在数量上，所学习的是由多达数十门不同课程组成的一个课程谱系，而且还不包含无数看得见或看不见、但却处处都能感受到的非课程类、校园文化类等课外的、更加开放而自由的教育活动、教育氛围。

在内容上，横跨数个也许相关、也许并不完全相关的知识领域。教师、教材不再仅仅是学习课程的单一依靠，教学内容的来源也更加多样、多元、多态，选择就更加需要问题导向、兴趣引领、价值判断和理性思考，而不仅仅是为了寻找升学、考试所需要的标准答案。

在教学形式上，不同的专业和不同的课程往往并不完全相同，可能有的还相差很大，但都更加强调知识的开放性——理论与实践相结合，以及课堂内外、校内校外、课程内外、师生之间的跨界链接。同时，更加强调实验、实习、见习、实践等需要动手、观察、体验、经历的操作性、活动性课程穿插于学习的全领域、全过程，才能实现综合素质的提升。

在教与学的方法上，更加强调知识的发展性。不再仅局限于现成知识和结论的单向灌输，更加强调知识发展的过程性——所需要的态度、情感、方法、伦理等非知识性内容的学习与双向流动。更加强调知识的动态性——教与学都力求更加接近知识发展的前沿，力求培养抵达知识前沿所需要的好奇与勇气，更加需要教学间的互动，以及教与学、学与学间的理性参与和主动交互。

于是，大学的课堂就不该再和气一团的寂静，而应是热气腾腾的喷涌。课程体系，也不是全校统一教育秩序的行动方案，而是按照学科、专业的不同类别有序展开的系统化个性设计。不同专业既有共同的基础性目标，也有各自特定的专业培养目标。不同专业、不同学生就有相应的、差异化的培养方案、课程结构。这就是为什么就读同一所大学的校友虽有相似之处，但往往区别较大、发展殊异。

每个专业的课程体系，既有作为接受高等教育者必需的、基本素养所需要的通识教育课程和公共基础课程，也有反映不同专业、不同学生所需要的基础课程、专业基础课程和专业课程。同时，为满足大学生的个性需要和特色发展，课程体系往往也具有明显的包容性与开放性，允许学生自己去填充、补足、拓展。除了必修课程之外，还设置了满足学生个性化需求的选修课程，还有大量可以按照兴趣自行旁听、自修活动，供大学生自主选择。除正式设置的课程之外，还有各种兴趣、拓展性的选修课程，以及各种社团、讲座、讨论、研讨、实践、实习等非课程学习平台与课外活动。

　　面对那么多看上去关联度好像并不大的课程与非课程活动，大学生该怎么选择？

　　需要重申的是，大学的课程并不是围绕考试或升学的需要而设立的，因此选课及其学习就不能继续沿袭考、学一体——考什么选什么、考什么学什么，不考就不选、不考就不学——的态度和模式，而该着眼于自身全面发展、自身专业成长的需要。

　　围绕专业素养的培养而选择。由于知识的庞杂，高等教育总是依照知识领域而布局、展开的，大学师生总是依存于专业、生长于专业，专业的学习直接决定大学生最基本的生长起点和启动状态。无论喜欢与否，专业就在那里！无论选择与否，专业的要求就在那里！无论专业学习用力与否，毕业的门槛就在那里！无论面对还是逃避，现实的制度安排还在那里！专业，便是大学生人生起步、安身立命的启动机。这就决定了大学生在时间的投向、精力的投入，都须优先围绕专业的要求、特点、发展来规划学业旅途，构建知识结构，锻炼专业思维，养成专业素养，进而奠定自己最基本的发展基石。选择课程及学习内容，便须围绕所学专业的基本知识与能力要求，在核心课程和核心内容上下足功夫，在核心能力和核心素养上认真发力，建造思维结构，学习思想方法，养成专业习惯。从而，形成自己的知识、能力和思维的主干体系。

　　即便所学专业不是所爱、所选，也须首先依据专业来展开大学的画卷。不能因为用功学习了某个专业，今后可能并不从事这个专业的工作，而认为专业学习是浪费时间，便以消极态度对待甚至放弃专业学习。这样的想法是大错特错的！一定会贻误青春、贻误人生的发展！实际上，大学的专业教育已越来越不是与现实中某个岗位、某类行业直接对应的教学安排了，专业面向早已大大拓宽。依托于某个专业而生长出来的能力、凝固下来的素养是具有良好迁移性的！恰恰，就是因为高阶学习所获得的知识迁移能力，决定着接受高等教育的质量及大学生适应人生巨大不确定性的最基本能力。

　　围绕终身发展的需要而选择。在高速发展和急速变化的时代面前，仅靠专业学习自然是不够的也是靠不住的，还需要锻造适应不断变化的成长能力。大学的学习就不能仅着眼于证书、学分、文凭等眼前的功利需要，而应该着眼于终身发展能力的打造。这样，专业和课程的学习就不再仅是知识的猎取，而应是面向未来的发展性学习，学习过程也就变成了思维、方法等习惯、素质的养成。终身可持续的发展能力也不是专业课程和专业学习可以全覆盖的，还需要修习专业之外的课程，阅读专业之外的书典，参加非专业、非课程类的活动，补充专业知识结构的不足，完善专业能力结构的欠缺，养成适应时代加速迭代的学习能力。

这就需要学习、选修一些非专业类的课程、非课程类的内容，就需要自主地修习一些自我期待的知识，就需要在空余时间里大量阅读一些看似没用的典籍、书刊，养成阅读与思考相结合的习惯。从而提升自我意识、练就自我选择能力和自我发展习惯。选修课程便是为此而设计，图书馆丰富的藏书就是为此而提供，开放的各种实验室就是为此而建设，丰富多彩的社团就是为此而存在，大大小小的讲座便是为此而安排，自主安排的假期更是为此而存在。

围绕着生活情趣的拓展而选择。人和人生的发展，面对的是社会与人的丰富性、复杂性、动态性，不可只依靠专业的工作而生存，还要依靠社会有情有义地生活。仅靠专业所限定的知识与能力远远不够，还需要作为一个健全的人需要度过一个具有健全人格的人生所需要的、更丰富的情感。人文素养、科学素质便都是每一个现代人必备的诗意栖所！而这些，都需要在大学期间予以启动、奠基。

读大学的过程，就不只是知识的学习，也是寻找、培育和发展兴趣的过程。也许，今日不喜欢的专业却在明天情有独钟，终身投入。也许，现在很喜欢的专业，明天却移情他恋，跨界发展。也许，生活情趣就是开始真诚学习、积极成长的起点。寻找兴趣，就会有优势和特长的出现。寻着兴趣发展，就会倾情而主动地投入学习。把兴趣尽量延伸，让兴趣变得更强大，直至可以成就一份有益于他人和自己的事业！这样，人生便是完满的——充满情趣地工作、乐此不疲地生活。

当然，兴趣并不是天上掉下来的，而是需要学习和培养的。这既需要依托所学专业，尽可能发展与专业相关之乐趣；也需要在专业之外，依托专业养成的思想方法和思维素养，寻找新的情趣，努力向外发展；在专业之外发展新的领地，以丰富平常的人生与日常的生活，填补专业与人生的欠缺；或者，依靠专业学习之后所形成的迁移能力，打造以兴趣为依靠的人生趣味。因此，大学的学习就不只是课程和课堂的学习，还包括有选择的课外学习。诸如，这个好时代所提供的各类网络资源的利用、大学提供的各类社团平台和兴趣小组、图书馆提供的丰富馆藏典籍与资料、师生间营造的人际资源与相互激荡，以及各种社会实习、实践机会等。不但可以借此获得兴趣所需要的知识与能力，还可获得智商与情商、业趣与情趣的同步与同向发展。

接下来，面临的第二个问题便是：怎么听课？或者，怎样有效地利用好课堂？

似乎，大学的课堂依然是由教师、教材、教室构成和主导的。实际上，大学课堂不仅仅是知识的分享、封闭的师生关系及被教师和教材所主导；大学学习也不再局限于知识的习得，而更多是思维习惯的养成、思想方法的淬炼、能力素质的培养。大学师生对待知识的态度不再是凝固不变的现成结论，而是动态开放的发展状态。知识是发展的、变化的，也面临着随时的折旧、过时。大学的学习就不再局限于变动不居的知识获取，而更重要的是，获得知识背后的思维、方法，精神、态度。需要站在先贤肩上继续前行的胆识，而不只是老老实实的继承；需要实事求是的科学精神，而不仅仅是规规矩矩的全盘接受。需要改变业已习惯的、依赖考试宝典或秘籍的题海战术、刷题策略、考试技巧，需要重塑大学学习以及终身发展所需要的逻辑思维、科学态度和践悟自觉。为此，需要做到以下几点。

第一，不再受制于课堂，而是开放的、链接式的学习过程。现代大学课堂不再是一个由师生和教室构成的封闭空间，而越来越变成了信息分享与互动、理性辩论、情感激励的开放性学习与成长的平台。即使是传统意义上的知识获取，也不再局限于教师主导的课堂，各类现代媒介所提供的信息与知识比教师提供的更全面、比课堂更丰富、比教材更多元。大学学习需要突破教师的视野、教室的空间、学校的围墙，以更宽广的视野，养成开放的学习境界，建立起链接式的学习模式——以我为节点，在全球范围内配置、整合和选择学习资源，把大学学习带入新的穿越状态、跨越样式。显然，课堂学习更多的是师生间、学生间的互动、启迪、激励，实现的是共同成长。这样，才可规避课堂上教师的单向、PPT 的单调、网络的泛滥、视频的约束。

第二，不再被动地接受，而是主动的、发展式的自我建构。主动性来自哪里？主要来自打造以特长为核心的竞争优势，以及打造优势所需要的紧迫感。又怎么知道自己的特长在哪？优势几何？这便决定于主动选择的学习内容及其时间投入。这种选择，不是他人的诱逼，而是自我不断地主动试错；

更不是随波逐流的任性，而是自我在不断探觅中的体悟。在不断尝试过程中，逐步发现自己所长、培育自己所优。课前，就不是装满无聊的空余，而是充盈着自我选择的积极搜寻与主动思考——主动学习即将开启的、课堂上所需要的知识学习、信息捕捉、疑难探究、路径寻觅。课堂，就不再是教授的独角表演，而是教授导演的思想碰撞、观点交流、问题讨论、信息分享、情感交响。课后，就不再是教材的简单复习、基于标准答案的反复练习，而是课前与课中信息的回顾与整理、观点的思考与完善、思路的清晰与发展、方法的总结与反思。这样，便能实现学习模式之再造，进而自主地学习，建立以成长为导向的学习模式。

面对考试

考试，已经成为获取各种资格、检验各类水准、体现各样公平的成瘾性利器！

受"不要输在起跑线上"这等社会焦虑的忽悠，还未正式上学的孩子便开始了面对各类测试、考试的比拼。上学了，更须接受繁多考试的检验，承受巨大的考试压力。不要说读大学，即使是进入职场后，也还得依赖和面对考试！真的是离不开，也挣不脱啊。似乎，考试已变得天经地义。凡是接受过教育的公民、要想得以职业发展的人士，都须练就浓烈的考试意识、高超的考试技艺、强大的备考耐受力。

好不容易，熬过了高考，总得让人稍微舒坦一点吧！真正到了大学之后才明白，上大学轻松的这类说法实乃善意的谎言、异想天开的想象！实际上呢？读大学后才知道，考试依然是老师的法宝，考分依然是学生的命根！只是大学的考试形式更多，不再是一锤子买卖。读大学后才知道，学习并不再是传言的美好和想象的轻松，反而是更加实在的繁忙与苦累！依然一样，还得面对没完没了的考试压力，还须承受各种各样的考试紧张。身经百考所练就的高超考技难道就不管用了吗？这要看看大学的考试是个啥样儿。

从表面上看，变化并不大。大学还是要在考场上见，大学考试依然还是从考卷开始、以成绩作为结果。成绩不好，依然得不到那些诱人的奖励、资格、读研、留学、就业等机会。考试成绩达不到合格标准，还须重修、补考，严重者还要被退学，失却了好不容易才得来的读大学机会。但是，大学的考试确实又悄悄地发生了很多变化，形式更丰富、频次更繁多。为什么大学不采用高考那种统一而规范的考试形式，而采用那么多看似花里胡哨的分散化考试呢？不会影响学生的成长和公平吧？这就要看看大学考试的变化。

第一，目的有变化。大学教育本质上是专业导向的发展性学习，是由学好向做好过渡的教育形式。因此，大学考试不再是为了实现升学、选拔这个单一目的而展开的反复模拟或重复训练，而是为了检查以专业为载体、面对职场的实际能力，以人生发展为目标、面对成长的综合素养。大学考试不仅要考核理论知识的掌握程度，还要考察理论素养的达成情况；不仅要考核书本知识的习得水准，还要考察综合运用知识、解决实际问题的基本能力；不仅要考核现成知识的继承情况，还要考察发展知识的意识与能力；不仅要考核思维水平、学习能力，还要考察创新素质、实际动手的操作能力。不仅要考核专业学习情况，还要考核包括专业在内的综合素质；不仅要考察课堂内、学校内的学习情况，还要考核课堂外、学校外的实习观察、实践锻炼、文化体验、学术研究和创业意识。不仅要考查知识与技能等方面的终结性成果，还要考核诸如阅读理解、参与效度、理性论辩、活动策划、创新创业等学习过程，以及通过学习所获得的方法、情感、态度与价值观，强调学习的过程性以及学习的综合性。不仅要考察当前的知识掌握度与教育达成度，还需要考察终身学习能力以及未来可持续发展的预期。

第二，内容有变化。中学的考试重在考知识和练技能，力求答案的标准化、内容的客观性、结果的可量化，更加强调的是以共性与继承为基础的记忆、技巧、速度、重复。大学呢？大学更加强调因材施教、个性化培养，其课程性与非课程性的学习就更加多样而灵活，大学的考试便呈现出更加多元、考试答案更具非标准性的特征。大学依据每个专业开设的几十门课程，以及丰富的课外学习活动的不同特点、不同要求而选取可能完全不同的考试内容。在考试内容的设置上，更加突出继承性与创造性相结合的学术性考察，更加注重知识与技能、过程与方法、情感态度与价值观的达成度考核；更加强调问题的真实性与情境性，重视考查提出问题与解决问题的能力，以及运用、发现、探究知识的能力，收集与处理信息的能力。

大学的考试不再仅依据考试大纲、课程标准，而更多依据的是以专业为载体的执业需要。考试内容不完全是培养方案所规定的课程要求、教材所载内容、教师课堂上所讲授和所要求的内容，往往还会涵盖一些培养方案、教材上没有和教师不讲解甚至不要求、课堂不强调的内容。还包括课堂外自修、自练、自主完成的一些学习内容；还有不少在课外、校外靠自己用心开展的社会观察、科研参与、实践练习、专业实验、在岗实习、学科比赛、技艺展演、公益服务、社团锻炼、文化游历等非正规课程所要求的、依然非常重要的过程性、体验性内容和缄默知识。

同时，由于大学考试的答案并不追求标准化与唯一性，其内容与结果就更加强调开放性、发展性、自主性，期待和推动学生能积极养成发展知识的习惯，不断获得创造知识的方法，自主寻找解决问题的方案，自我历练人生发展的心智。大学考试也就更加强调基于专业发展需要的综合性与实践性。考试内容更加强调，针对现实中存在的实际问题或理论发展中的疑难，综合运用既有的各类知识和现成的理论、原理，在解决问题中获得批判性思维的综合训练，促进创新精神与实践能力的达成。

第三，形式有变化。正是因为大学更加强调学习的过程性、开放性与实践性，大学考试注重职场的真实模拟和情境再现。而职场又是多变的、多元的，考试形式自然就随之更加丰富。除闭卷、笔试这类已熟悉的考试形式之外，大学会更多地采取一些非标准的方式——口试、面试、论文、设计、实操、演练、演出、比赛和答辩等考试形式。尤其是论文、设计、实操和答辩等学术性考核形式，更加突出内容的开放性、综合性、实践性、协作性，考察的是学习的过程性成果、创新性能力、场景化处置、团队协作水平，而不仅是终结性与标准文本的继承、现成知识的机械记诵、个人主义的恶性膨胀。

重视过程性考核，就会把考核蕴含于各类教育教学过程之中。在课堂表现和各种学习活动的参与积极性、参与效度等方面，所受到的重视程度往往超过过程结束时的一次性考核结果。课堂内外的实时观察、记录、小测验、小论文、小调查、小问卷、小设计、读书心得、实验报告、社会实践笔记和报告、活动策划、实习小结、设计方案、研究参与、角色扮演、心理发展、学术潜质等，都成为考试、考查的基本内容与形式。在学中练、在学中干、在练中学的过程性考试考查形式越来越受到大学的重视，构成了大学各类考试考查结果的重要部分。

既然大学的考试发生了这么多的变化，应对考试的方法该不该随之发生改变呢？

当然需要改变——注重学习过程的积极参与甚于对学习结果的直接获取。也就是说，大学的学习不是一锤子买卖的考试，而是贯穿于长期可持续的过程中。如果继续延用中学学习业已习惯了的刷题战术、依赖考试宝典、考前突击等惯招，来应对大学的学习与考试，往往会事倍功半，既对自己一生的发展不负责任，也不太可能取得好的考试成绩。

为什么说是对自己不负责任呢？刷题，主要练就的是重复基础上的熟练，得到的是知识的重复与记忆，注重的是考试的结果。突击，主要练就的是以考试为目的的技巧，得到的是知识的暂时性记诵，注重的是考试分数。然而，大学学习不再是为了升学准备的考试型教育，而是为了实现更好就业、更美好生活的人生成长历程。自然，学习的目的就不仅是为了获得一份漂亮的考试成绩单、一张唬人的大学文凭，而更重要的是通过学习所获得的优良执业能力与终身发展素养。过程的体验与学习的经历，对每个人一生的可持续成长要比只是为了看上去华丽而实际上意义不大的功利性结果更重要，更具有长远价值。大学考试，就不再仅仅检视知识的掌握度与熟练度，而是通过考试这种方式来反思、检验面向未来成长所需要的知识、能力与素质的准备与培育状况，以此推动学力的提升。

为什么不容易取得好的成效呢？不注重过程的参与，就容易强化平时不积极、考前搞突击这类荒废青春的错误习惯；就会在一些大学课堂上出现上课不认真、甚至逃课、请人代课、考试不诚信等自欺欺人的错误做法，这才有"上大学之后就轻松了"这类误导性传言。

一方面，这是因为一些大学教师对教育过程重视不够，没有从学生一生的发展需要、学习过程历练的角度，把考试考核分散于教育全过程、全领域、全方位，综合地考察学生的学习态度与效度、学习能力与水平，依然延续多年的一锤定音的考试办法，为学生提供了平时懈怠、临时突击，甚至蒙混过关的契机。另一方面，也是因为一些学生多年习惯了被动接受的教育方式和对一次考试定终身的依赖，难以走出舒适区，不愿意、不主动参与教学互动、课外学习等教学过程所需要的自主性学习、主动性思索，使得大学对教育过程的考核、考察往往流于形式，效果不佳。从学生自身发展的角度看，如果没有过程性的积极而深度的参与，即使取得了好的成绩也只是表面上的华而不实，对一生的成长来说，实际上是靠不住的掩耳盗铃。更何况，如果不重视甚至逃避过程性学习，一旦过程性考核的设计与执行更加科学、严格，即使采取考前冲刺、补救、突击等临时抱佛脚的方法，课程考试、活动考核的最终结果往往也不可能理想，在实验、实习、论文、设计、答辩等综合考核阶段就难有好的结果。

注重知识的综合运用甚于知识的继承性掌握。大学学习面对的是走出校门后的人生发展，对待知识就不能是标准化的全盘吸收，而是针对专业需要的有效运用、面对不断变化的积极适应。大学学习需要面对实践，对待知识不再仅受制于课程、专业，而需要以问题、兴趣、需求等不分专业、课程和知识为导向的综合运用能力及其实际训练。因此，真正有效的大学考试，不再以检视标准知识、统一结论的复述和搬移水平为目标，而更加着眼于检视在掌握现成知识基础上的综合运用、在综合运用中学习发现新知识的方法、在方法训练中培养专业素养和实际工作能力。这样一来，如果继续以标准模板为导向的考试型学习模式，把听讲与复习、备考与刷题作为学习及应对考试的主要方式，把记忆与解题作为获得考分、学分的主要手段，只会照抄照搬既有理论、书本知识、老师经验，而不会运用知识、寻找知识、创新知识，并以此为基础提出自己的见解、训练自己的综合能力与实践思维，其结果往往是，不但难以在大学的各类考试中取得好成绩，而且也给毕业之后的职场发展带来持续的贻害。

注重实践性锤炼甚于理论性诵读。不管大学毕业后如何选择自己的职业方向，无论是否继续攻读更高学位，面向现实的就业始终就在不远处等着你，就业岗位所需要的实际能力总在那里检视着你。尤其像工程学科、社会学科等应用性更强的专业，读大学的过程就是专业能力训练与专业素质培养的冶炼。在学校里的学习就转变成了执业能力的培养，有效的大学考试就转变成了对执业水准的预检与反思，相应的职业考试就成了就职前的职业筛选。实践性学习就不能采用理论学习的被动应付、死记硬背、简单重复的学习方式，需要更多的是自主地观察、发现、探究、反省、思考，才能获得个性化的真正成长。对于实际执业能力的个性化测试，不能仅采取理论、书面、统一的考试办法，必须采用接近于实际的模拟实验、专业实习、文化体验、社会观察、研究实践等教育形式，用实验报告、实践成效、研究论文、设计方案等开放性、研究性的方式来衡量成绩。显然，这类考试绝不可以依靠临时抱佛脚的办法来临时准备和补充，需要在实际氛围、实际环境、实习岗位等实践教学过程中予以悉心观察、用心思索、全心体验，才可以得到相应的数据、观点、结论、方案、程序、心得、认知、经验等个性化结果。

最不该拒绝的事

　　大学，是大学生走向社会之前，初步实现社会化的最后驿站。因此，读大学就成为大学生面向社会需求而学习的一个人生阶段。

　　社会是以解决实际问题为目标，以解决实际问题的效率与效果为导向。因此，大学生进入社会后就须把所学理论、知识有机地结合并运用于实践，解决所碰到的实际问题。然而，社会所碰到的实际问题并不是如老师布置的作业那样，是在课堂上已经学习、讲解过的内容，有现成定律作为依据，有标准答案作为结果；也并不会依据所学专业和所修课程，有明确的知识范畴、能力界限；更不会按照考试大纲上有清晰规范、考试宝典上有明确提示，而决定这个问题是否出现、什么时间出现，以及是否需要解决、怎么解决。在一定程度上，社会上出现的问题是一种随机、模糊的存在。社会上的问题的出现，并不以人的意志而转移、不以人的意愿而改变、也不以所学专业的臆定而发生。

　　社会上的问题往往是不期而遇且错综而复杂，解决这些问题所需要的知识与能力，也并不刚好就等于大学学习时的专业划界、课程划分、兴趣划定。解决问题的成效，在很大程度上取决于人的综合素养。而综合素养的打造，不仅依靠所学专业及其课程，还需要大学生在校学习期间全面而自觉的锤炼。尤其是人类步入现代社会以来，社会运行的逻辑与结构发生了改变并正在重构，后现代社会已越来越不严格地按工业社会建立起来的专业化模式运转了。

　　即使是当前，人类不期而遇的技术突破、社会问题、伦理范畴、经济模式、治理难题等方面，都越来越显示出超越或跨越专业、技术、行业、地域、种族、党派的规制——需要的不只是专业化的理论与工具化的知识，还包含着更多专业、技术之外的情感交互、跨界交流、团队合作、实践经验、道德判识、伦理认知、意识形态等软知识、暗技能、活思维、潜意识，以及跨越专业、多专业合作的交叉性、交互性、生成性的视野、知识、观念与机制。同时，由于现代社会的快速推进，大学所学专业与毕业后就业之间的对接率越来越低、适应性和有用性也加速衰减。即使有幸，大学里刚好读的是自己所喜爱的专业，毕业后也不一定就能刚好在所学习专业、所钟爱领域内找到所期待的相对应的那份职业、那个岗位。

时代所使啊！跨专业、非专业化的就业越来越成为一种见惯不惊的劳动现象与就业特征。

从发展看，社会需要的人是：具有更好的综合素质——基于专业而又跨越专业、基于理论而又超越理论的视野、思维、知识与能力——这已成为大学生学习时必需的修炼。遗憾的是，现在的大学依然我行我素，固执于按专业来划分知识领域、以特定知识来设定专业、以看似自洽的逻辑关系来编织课程、以看似不可或缺但又彼此分离的课程来组织教学、以理论为皈依来考核教学的成效，却唯独与社会现实、成人需要及其未来发展的需要关照和对应得不够。如何突破所学专业及其理论的局限，实现跨专业、重实践的全面成长，越来越成为大学生需要主动思考、积极锻炼的课题。大学，不是一个因为要考试、因为有学分、因为获奖励等功利性、外在性需要而被动学习的场域，或者说，大学本就不该是一个不考试就不学习的地方。相反，大学更是一个基于专业且需要综合性锻炼的自我突破的学习、演练平台。

可能吗？当然！为此，大学为大学生提供了较充裕自主时间的顶层设计——大学生在校期间拥有足够的、自我支配的时间用于自觉的成长。不过，前提是大学生能突破自己，获得读大学的这种关键修养。为什么？因为在中学巨大学业竞争压力下成长起来的大学生，加之新时代大学生在家庭、社会所受到的独尊式关照，往往容易滋生一种事不关己就不学的被动习惯。而所谓的"关己"又主要体现在两个方面：第一，老师，或者更准确地说，是考试有要求的及与考试结果高度关联的；第二，学习的结果是否与升学、奖励等外在性功利直接关联。为了提高学习的精准和效率，往往采用不考就不教、不考就不学的精致利己主义学习策略。在学校与学生的合谋之下，"两耳不闻窗外事，一心只读教科书"就成为绝大多数大学生宅于自己小圈子的一种显著"美德"。

到了大学又怎么样呢？大学，培养的目标是专门人才，采取的是比文理分科更加精细的、依专业画地为牢式的传统教学机制。如果大学生继续沿用中学养成的那种被动式学习习惯，大学就给大学生提供蜷缩于所学专业、课程考试更冠冕堂皇的理由，让自己成为一位更加名副其实、但社会一有风吹草动就难以适应的所谓专业人士。因此，如果不在认识上、习惯上做出坚决的自我刮骨疗伤，想要通过大学实现健康成长、并为未来发展而从长计议，无疑，错过的是一生中最重要的全面发展时期。更何况，在现行管理体制下，不少大学生还不幸地修读着自己并不期待、不钟爱的专业！

如果碰到这种情况又怎么办呢？是自暴自弃地逃避、掩耳盗铃地自欺，还是想方设法地面对、鼓足勇气地改变？对于年轻便可任性的大学生来说，那就转学、转专业吧？是的，可以！但是，至少在现行学籍管理制度下，这并不是一件轻易能实现的事情！如果并不方便，那又怎么办呢——退学？再战？似乎，也可以。但前提是：有足够的实力、十足的把握，并且愿意以青春为大赌注——耗费以年为单位的时间芳华，继续皓首穷经于重复的习题演练和反复的考试训练。要是，结果还是不能如愿又怎么办？再战吗？即使成功了、如愿了，又能怎么样！还得继续按照大学所提供的、围绕专业的逻辑而展开的学习。看样子，还是逃不过如来佛的魔咒啊！

唯有改变！才可疗伤、才有健康。改变？怎么变？改变被动学习的习惯；改变不考就不学的习惯。改变？好难！虽然拥有了大把的自主时间，就是有点儿懒，缺乏改变的主动性和持续性，又怎么办呢？那就去找一个能给自己营造想改变、要改变的积极氛围的平台吧。

大学有这样的平台吗？有啊！那就是社团。为此，大学早做了准备，筹划了各种基于兴趣、锻炼能力、扩大视野、练就责任、获取友谊、促进成长的各类社团。社团？听说过。社团到底是什么？

其实，社团就是一个有共同兴趣、意愿、能力、期待、特长的同学，聚集在一起而建立的互益性、自愿性组织。也就是说，只要大学生有意愿，便可有选择地自愿参加。而且社团活动的内容涵盖很宽，包括政治、经济、军事、外交、科技、文学、艺术、体育、健康、卫生等诸多方面，涉及社会的、生理的、心理的、精神的、物质的、专业的、非专业、综合的、公益的等丰富内容。可以说，越是卓越的大学、越是综合的大学、越是学风浓厚的大学、越是注重学生全面发展的大学，社团数量就越多、涵盖面就越广、活动越有吸引力、效果也就越显著。自然，越是想获得全面实践锻炼、越是期待长期可持续发展的大学生，参与的积极性就越高，获得的收获也越大，日后的发展也越健康。

大学社团已成为大学文化、大学传统、大学特色的重要组成部分，成为大学生发展自我、展现自我并获得全面成长的大舞台，也被称为大学的"第二课堂"。通过社团，不但可以突破专业局限，实现跨越式成长，而且能够寻找并提升兴趣与品味、拓展视野与见识、培养创新精神与实践能力，为大学生走向社会之后的人生打下更加宽厚的基础，撬开漫漫人生路上意料之外的大门。通过社团，还可以爱上一件事，开启一扇窗；认识一批人，积累一世情；描绘一幅画，成就一生梦。

有这么好吗?! 那这么多社团又该怎么选择呢？完全根据自己的意愿和精力，自主地选择！不过，要注意的是贪多嚼不烂哦！也就是，关键不在多、而在获——参加一个专业性、一个跨专业性的社团即可。专业性社团有助于专业的精深发展，非专业性社团有助于跨专业拓展。

要是，对现有的社团都不感兴趣，又怎么办？

这个问题本身就孕育了强烈的成长想法和改变的意愿，充满着"我的地盘我做主"的成人追求。没有心仪的，解决的办法很简单！何不自己找寻三五志同道合者，依托感兴趣的项目、问题、主题，组成一个兴趣小组、项目团队、主题圈群，邀请钟爱的一俩老师予以指导、给予指点，大家聚在一起主动地思考、好奇地探究、平等地对话。这就是社团更加灵活、更加自主的一种形式、具体体现，这不也是社团本身的要义吗？别以为这很特别、奇怪！因为这样的事情，无时不在有想法的大学生身上发生，无处不在有胆识的大学生身上实践。只要不被眼前所见遮蔽了远方的追求，不被现实所限贻误了长远的发展，机会，永远是青睐对发展有抱负、对现实敢突破的人。

这么说来，过去以为林林总总的大学社团只是华而不实的摆设、充斥着"官僚主义"的行政机构的复制，现在看来还真是一个大大的误解，还真不能忽视，更不能拒绝社团！

最该学会的事儿

　　大学总是令人向往的。每一位学子常带着美好的期盼走进大学，期待离开大学时，能够取走真经，满载着信心和本领去面对复杂的社会、曲折的人生。

　　读大学时，总是企望能够通过刻苦与勤奋，让自己拥有融通中西的满腹经纶、具备一招制胜的妙招绝技。然而有意思的是，当真正走入社会之后、独立开启人生之时，才发现满腹经纶竟然已成过去时，面对着今天的现在时、明天的将来时，不但时态错配而且语境变态。即使怀揣的经纶词可达意，也必须及时更正、随时更新；即使练就的制胜妙技、克敌绝招也最多只是一招鲜而已，很难重复老本、招招致胜。面对今天碰到的问题、明天来临的挑战时，书上说很管用的老把式、老师极力推荐的绝招抵不过现实的变幻，似乎变成了花拳绣腿，即使习得的武艺勉强能够接招，也还须常怀对社会的敬畏、对人事的虔诚，还得加上持续的勤学苦练。哪来什么长期管用的知识？哪有什么处处适用的技能？

　　这么说来，读大学好不容易学到手的这些经纶与绝技并不能管用一辈子，也有保鲜期的啊！既然学到手的知识要过时、练到家的技能会被替代，那么，读大学到底还有没有用？到底有没有可以学到手、且能长久制胜的法宝？有没有可以让自己高枕无忧的"降龙十八掌"？高枕无忧的事情肯定是没有的，但是长期适用的招数还是可以有！那就是隐藏在知识与技能背后的力量——理性与思辨。

　　哈哈，这个吗？听说过。但，不太好捉摸，好像有点儿玄！请问：有没有统编教材和标准答案？哪儿能找到复习宝典？有没有可以反复练习的题库和试卷？有没有可以取得高分的捷径或方案？可以去哪里找老师？找哪一家校外辅导机构的培训班？是否包过？发不发资格证书？可不可以抵扣学分？能不能获得资格、享受推免？

这些问题是不是太耳熟了？大学生已经深陷内卷！不过，理性、思辨听上去是不是更玄?! 请问：理性是什么？能不能看得见？思想、思维、思辨可不可以说得清，可不可以建构反复练习的题库、编成熟能生巧的试卷？如果可以，那就很简单：编入教材、给定标准答案，做成考案和试卷；制成短视频，以便能更加有趣地观看；列入课程、计入学分，还可获得学分抵扣和减免！

遗憾的是，这样的方式又让我们陷入为考而学、为分而学、为资格而学的漩涡，回到了知识型学习、考试型学习的老套路、老习惯！这样下去，怎么可能拥有高人一招、长期保鲜的理性思辨？如此下去，怎么能够从大学取得管用的真经、实现读大学的真正夙愿？

为什么呢？因为理性思辨这一素养已经超越知识，看不见也摸不着，是知识与能力升华之后的素养。具体来说就是一种思维方式，是蕴藏在具体知识与能力背后的、比具体知识与能力更具可持续适应性的强大力量，这是一种助推终身学习、实现终身发展的力量，这是不断生成新知识、获取新能力的起点。

显然，它并不排除具体知识和能力的习得，是包含着具体知识和能力的超越。自然，就更加需要在学习具体知识、练就具体技能的过程中，注重学习取得这些现成知识的精神、态度和方法，以及凝结这些具体技能的逻辑与方式。固然，知识一旦具体化、技能一旦固定化，其适用性、发展性便被凝固，就会在变化多端、发展迅猛的时代面前显得不足、不够、不适，最终被时代巨浪淹没、替代、淘汰。但是，在具体知识和特别技能背后，所隐藏的思维方式是变中之不变、动中之不散，是可以成为以不变应万变的不朽利器，可以拨云见日认清事物本质，掌握发展规律，驾驭未来。

再具体一点，就是一种辨析的方法。显然，思维是自己的，但检验思维及其思考的结果却不能自己说了算，需要来自火热实践的检验和不同方法的借鉴。因此，辨析成为理性的必然。辨，就是分辨，需要具备辨别的能力、判断的水准，也就是能够对形形色色的思想、知识、机会进行理性地识别，在识别的基础上进行价值选择、适用判断，进而予以取舍、运用与发展。析，即分析，需要在识别的基础上进行逻辑梳理、理性分析，分析不同知识、思想、技术的历史价值与发展可能，分析不同观点、理念、能力的适用范围、限制条件和未来演变。

这些都是大学的理性训练与大学生本该获得的基本素养，而不再是人云亦云的标准答案，或者千篇一律的现成结论，是自主的思辨、理性的选择、独立的判断。当然，这种方法的习得不是在脱离尘世、远离知识的空中楼阁中的冥思苦想和闭门苦练，而是需要读大学时的广泛涉猎和刻苦钻研，体验知识海洋的浩瀚，包容不同思想的绚烂，尊重文化习俗的差异，吸收自然与社会丰富的养分，从而建构自己的辨识基础与思维结构。这还不够！还需要在课堂之外、课余生活的具体实践中不断地与现实对话、与师友学友交流、参与火热的实践，学习与不同人群的沟通、与不同观点的交流、与不同思想的争辩，积累在实战中演练的经验，才能充实、丰富、重塑思维，收获理性的思辨。

这还是一种思考的习惯。只有习惯能够伴随终身，唯有好习惯才能有益终身。因此，在很大程度上，读大学最值得获得的便是养成一种好习惯。

大学生处于人生最重要的转折时期，此时养成的习惯必然影响终身发展。在大大小小的习惯中，大学生最该具备区别于常人的便是思考的习惯。这也是铸就上述理性与思辨最重要的起点、最基本的习惯。思考的习惯，就是见事多问问、遇事多想想的素养，以理性为基础的批判。这既是理性的表达，更是自主选择的前提。有现成答案多好呀！思考，不就是动脑筋吗！多累呀？不过，无论啥事儿，只要养成了习惯，就不再累也不再难。

怎么才能把思考固化为受益终身的习惯？其实不难。最好的方式便是时刻保持开放的学习心态，不管是在阅读、听课，还是在学习、实践，多多观察，开动脑筋，随时反思、提出问题、不断疑难与批判。就是时刻对现成知识或标准结论问为什么、检视其前提预设与逻辑推演；时刻对现有理论、观念、模式进行反思与质疑；时刻对流行时尚进行甄别、予以思辨，而不是被答案左右、被标准迷惑、被结论牵绊、被风尚掀翻、被现实遮拦。磨刀不误砍柴工，一刻的冷静思考，胜过热情蛮干！能思考，才力量无边。

思考的习惯，不只是养成在思考的基础上过有选择的理性生活的习惯，而且还会让自己变得更加深邃、更富见地、更有自主的判断。恰如牛顿总结的成功秘诀："我没有什么方法，只是对于一件事情作长时间的思考罢了。"只有这样，才能体味思维的乐趣，运用思考的力量，活出生命的精彩，拥抱生活的挑战。

最想做又最容易乱做的事儿

　　读大学恰逢大学生青春勃发、生命力最为旺盛的人生芳华时段。光阴似箭，芳华易逝。经过高中的打拼，步入大学校园的大学生，没有了学业重压、父母规束、教师跟随，恰似无比兴奋、自由飞翔的雏鸟。

　　窈窕淑女，君子好逑。大学生集才智、品格、青春于一体，成为男女互慕的对象。随着性生理的成熟、性心理的发展，年轻大学生在校园共度着青春的美好，共享着人生的奋发，自然也共同憧憬着充满童话般绚烂的爱情。

　　日久生情，何况青春勃发的大学生呢！很自然，在朝夕相处的过程中，男女大学生之间产生浓浓的情感与相悦的爱恋。与此同时，随着社会舆论、家长态度的宽容甚至支持，以及大学的开明，如今的大学校园，大学生恋爱早已不像过去那样是一件偷偷摸摸见不得人的事情了！渴望爱情，互恋互爱，成为今日大学生较为正常的心理状态。恋爱成了大学校园一道靓丽的风景，大学校园也成就了大学生热恋的好场景。恋爱因此成为大学生最渴求的一门情感自修课，演绎着象牙塔里的青春与浪漫。

　　但是，由于大学生缺乏成熟的爱情心理，加之中小学以及家庭缺乏对他们进行必要的正规教育与合理引导，反而在一些错误社会舆论与网络信息的误导下，恋爱成了大学生最想做但又最容易乱做的事儿。最想做，很容易理解。因为男女大学生的生理机能已经成熟，都处于心仪异性的青春芳华阶段，造物主内置的动物密码在相对自由的大学生身上更容易本能地勃发出来。于是，恋爱成为大学生最想做的一项人生修炼。

　　最容易乱做，很容易观察到。因为大学生缺乏必要的生理的、爱情的、恋爱的和婚姻的教育储备，心理发育尚不成熟，他们并不真正懂得爱情与人生的关系。加之，年轻人好奇心强、猎奇心重，不能很好地平衡情感表达与欲望冲动，往往容易做出一些对不起自己也对不起他人的事情，给人生留下不少遗憾，有的甚至走上逼他人于绝路、断自己于无路的危险境地，非常令人惋惜。于是，恋爱成了大学生可能最容易乱做的人生尝试。一方面，生理的成熟，使得大学生渴望涉足爱情；另一方面，心理的不成熟，又使大学生深感迷茫。毕竟，爱情不是情欲冲动的游戏，而是以性爱为基础、灵肉结合的人生修行！需要双方带着美好的情感投入、带着现实的真诚修炼，为爱保鲜、给情添彩，才能真正体会到爱情的甜蜜与力量，才可能获得美好的结局、收获喜悦的硕果。

大学生应该具有怎样的价值观，才能好好利用宝贵的大学时光来学习爱情、理解爱情并获得爱情，以便在情感与理智间、在学业与爱情间，架起人生七彩桥梁，共度多姿与斑斓的大学时光。

首先，恋爱是责任担当的修习。人类文明与进步的一大表现，便是对待性爱的态度与方式。人类爱情以性为前提，但以爱为根本。因此，性爱相联，成为人类异性结合直到白头的基础。爱是什么？就是相互需要的情感倾慕与责任担当。没有责任担当的爱一定只是空中楼阁，与动物无异。真正的爱一定是始于喜欢、成于责任、终于担当。无论是追逐"海枯石烂，天长地久"的结果，还是享受"不求天长地久，只要曾经拥有"的过程，恋爱的实质都是两个生命体的灵魂荡涤、人生修炼。

首当其冲的修习，便是对待他人的担当精神与责任感。责任，就是以尊重对方为基础的主动付出。担当，就是以积极作为为基础的勇敢承担。如果说在培养对待人类、自然、社会、他人的责任感上，大学生还感到有些遥不可及、虚无缥缈的话，那么最好也是最容易把持的，便是从对待自己的恋人开始。把恋爱作为一项最生动的人生旅行和最投入的学习修行，练就责任与担当——负责任地对待双方——而不是为了满足一己、一时的火热欲望，把恋爱作为泄欲的工具，当作填补空虚的想象。任何不负责任的敷衍、欺骗甚至是玩弄，不但毒害他人的青春，最终也贻害自身的心灵。很难奢望，一个对恋人都不愿负责、不能负责、不敢担当的人，能在恋人之外的现实世界、社会生活、工作实践中具有必要的责任与担当！更不敢想象，让这类缺乏最基本责任与担当的人，去为社会做贡献、为他人付出，其结局将是怎样？

对处于成人关键阶段的大学生来说，恋爱便是最好的学习空间、最好的成长平台、最好的人生历练、最好的生活实践。让恋爱成为最走心的人生修习，练就对恋人、爱人，然后是对他人、社会与人类的责任与担当，从小爱做起，就能铸就大爱的力量，才有可能去推动社会的进步和文明的生长。也只有这样，大学生才不会在轰轰烈烈的恋爱中犯下最嘻嘻哈哈的错误，才会从爱情中吸收到积极的力量，促进自身的不断成熟与成长。

恋爱还是共同奋发的激励。在学业压力、成长压力之下，大学生为什么还要抽出如此宝贵的青春时光来恋爱？只是尝试与异性交往的欲望体验？还是为了填充离家后的精神茫然？或者是满足青春世界中一时的虚荣与时尚？也许，对于青年人来说，这些欲想并不算荒唐。但是，仅仅从这些出发才是荒唐，因为这样不但不高尚，而且也不会体验到真正的爱恋，更不能从中汲取到爱情的能量。应该怎样才能实现学业与爱情、成人与恋爱的双丰收、两不误？

恋爱实质是两人携手面对并克服成长压力与生活挑战的学习过程。因此不管过程中有欢笑还是泪水，才会心甘情愿、深情投入地爱一场，风雨兼程地共同奋发、相互激励，实现共同的成长。因为人生最美好的生活，莫过于与志同道合、情投意合的爱人，携手朝着共同梦想的方向，互相鼓舞、互相搀扶，奔跑在漫漫的人生路上。回望时，不但有一路的泪水与欢唱，还有脚步的慌忙与铿锵；抬望眼，不但有林荫道上热烈与云月，还有生活远方的诗意与霞光。

事实上，凡是健康、向上的恋爱都让人受益终身，都让人能从中获取积极奋发的力量！这样的恋爱才是值得的。这样的恋爱才是兴奋剂，能为克服各类险阻提供鼓舞的能量，而从来不会阻碍学业进步、窒息人生成长。这样的恋爱才是积极向上的，恋爱的结果更加有益、成功概率也更高。经历了这样的恋爱，今后人生路上的婚姻就会更加美满、理想，家庭生活更加和谐、健康，职业与家业才能一同进步、一起成长！

恋爱也是理想与现实的平衡。爱情之所以美好，就在于恋爱双方赋予了最可能的理想。大学生的恋爱之所以纯粹、令人向往，就在于象牙塔里充满着近乎童话般的幻想，少有校园外尘世牵绊、功利牵扯的负面影响。大学生更愿意、更不由自主地接受这种纯粹爱情的诱惑，梦想着寻找到自己的白马王子和白雪公主，热诚而投入地闯入童话般的二人世界，体验青春的美好，描绘爱情的烂漫，编写童话的续章。遗憾的是，再美好的爱情都不得不回到现实的世界，都必须面对现实的无情挑战。如何面对家长更加务实且功利、甚至世俗且偏见的主张？如何应对周围同学与老师的异样评判？如何在琐碎中对待恋人所表现出来的诸多相异的言行与举止？如何看待真实版恋人的不完满？如何对待各自的学业选择与今后的就业取向？

因此，恋爱不仅仅是相互倾慕、相互了解的实践，也是学习尊重与包容他人的理解过程，从而成为读大学的组成部分、成为人生成长的修炼主张。不能因为现实的不完美，而否定爱情的理想；也不能因为结果的苦涩，而否定过程的甜蜜；更不能因为爱情的挫折，而不相信现实版的爱情，甚至亵渎爱情，迷失于荒唐。否则，就会在爱情中跌倒后难以站立，不敢屡败屡战，给日后的生活遗留下满是负面的情绪与想象。否则，就会在没有结果的恋爱过程中迷失人生、错配方向，给自己和他人都造成不良影响。

正确的态度，应该以更加积极的姿态，理想地投入、现实地激荡。只有这样，恋爱才能成为学习爱情的练习场，才能在爱情中升华，在升华中浓郁爱情的芬芳。只有这样，恋爱才能给大学生活增色、为人生成长添彩，演奏最华丽的爱情乐章。也只有这样，恋爱才能让彼此化茧成蝶，不误学业、比翼飞翔！

不想读大学了？

老师，您好！我不想读大学了。因为我不知道为什么要读大学！

老师，您好！请您告诉我读大学有什么用？

老师，怎么读大学才能获得更好的成长？

这是大学生不时向老师或向自己提出的问题和困惑。读大学，这个看上去那么不言而喻、理所当然、还有些许光宗耀祖的好事儿、喜事儿，怎么现在竟然变成了困扰新生代大学生的一个大问题了呢？说实在话，真不想打开这个话题，因为读大学曾经是一件多么荣耀、多么难得的大好事儿！大学生被捧上了天，被喻为"天之骄子"啊。

时过境迁。今天的大学生虽然在虚拟世界里不知疲倦地享受着《王者荣耀》、期待着"传奇"的发生，却很少在现实世界里真正享受到王者的荣耀、实现人生的传奇，反而多出了"为什么要读大学？"的烦扰，原因在哪儿？

第一，大学大幅扩招之后，录取率大幅提升，高等教育因此迅速地大众化、普及化了，已然司空见惯、人人享有，而不再是一件奢侈的事儿了。大学生已不再稀罕，而是与普通劳动者差异不大且并无特别明显优势的、参与同台竞争的就业者，甚至有的大学毕业生还成了毕业即失业的"困难户"。于是，便就发出了：读大学还有啥用?!

第二，现实社会中，由于社会的巨大变迁、经济的迅速变型，成功的路径已然高度多元化，读大学也不再是通往成功的唯一出路。而且残酷的现实是：并非所有大学毕业生都成了与"天之骄子"相匹配的成功者、社会"白骨精"①！反而，不少大学毕业生日后的事业、生活与常人无异，极少数人甚至更糟。

不时见诸报端的是，嘲笑不少大学毕业生（包括一些曾经让人眼馋的高考状元）的就业能力、创业能力、生活能力等方面竟不如那些敢闯、敢干的普通劳动者，因而被社会抛弃，成为社会的弃儿和家庭的累赘。尤其是，当看到诸如福耀玻璃曹德旺等并没有读过几天书的人、诸如阿里巴巴马云等并非毕业于什么名校的人，甚至是诸如微软比尔·盖茨、苹果乔布斯等大学退学学生，通过自己的持续努力，照样登上了成功宝座。再环视一下身边一些没有读过几天书的一些人的生活不是照样过得很滋润？于是，就幼稚地发问：还读大学干什么呢？！读大学还有什么用？

越来越功利的社会造就了越来越功利的年轻人。年轻人便在各种社会忽悠声中，不知天高地厚地发出了"读书无用论"的叹息、"为什么要读大学？"的诘问，成为让少数大学生优哉游哉地浪荡宝贵大学时光的无知借口。这，不得不让人反思、深思！

没有一个民族不是靠教育才能挺直胸膛的！放弃大学教育，就意味着把国家和自己的命运完全寄托于虚无缥缈的所谓运气之上。最后，等待的便只能是任人宰割！如果任由这种谬论性问题困扰年轻人、滋扰社会，必将贻误大学生的成长，也将导致民族的势利、短视和衰落。因此，有必要再次回答为什么要读大学？只有很好地回答了这个问题，大学才能好好办学，大学生才会好好成长！

为什么读大学？其实，此诘问质疑的是以下两个方面。

第一拷问的是：大学的价值何在？读大学的价值在哪里？或者大学能够提供什么价值？读大学还有什么用？

第二询问的是：大学生该以什么样的正确姿态读大学，才能够从大学获得所期盼的价值，成为一个对自己、对社会具有价值的人，获得立足社会所需要的发展与竞争力。

读大学有用吗？废话，没用，还读？！废话，有用，还不想读？！那，有什么用呢？要回答，首先需要的是比较一下：大学毕业生与常人有区别吗？如果有区别，大学又该给大学生提供什么？大学生又能从大学获得什么、能

---

① 白领、骨干、精英的简称。

带走什么才对一生的成长有所帮助？从而才能超越普通劳动者而具有必要的核心竞争力。

读大学获得的是视野。视野决定世界，视野成就理想。可以说，视野有多大，成长的空间就有多大；视野有多宽，成长的可能性就有多广。视野主要来自三个方面：读过的书、结识的人、经历的事。显然，这三个方面不仅仅是大学可以提供的，而是需要一辈子才可以完成的事情。但是，大学可以在人一生中青春年华的阶段为大学生提供更快捷的获取机会、更高大的拓展平台。

就拿读书来说吧。世上还有比大学更适合读书的地方吗？即使有，那只不过是读书的场地、店铺，很难有大学浓烈的书卷飘香——自由阅读、人人享读的氛围。近朱者赤，近墨者黑。千万别低估了氛围的重要性，氛围恰如染缸，会感染和浸润人、进而改造人。当身处于一个人人读书而且是人人愿意读、人人自觉读、人人自由读、人人期待交流读书所得的书香氛围中，即便是经历了中学应试教育后并不习惯读书的学生，也会被热爱读书的强烈氛围所感染，也会被随心所欲地自由阅读的美好环境所传染，被开卷有益的袅袅书香所熏染，慢慢地认识到"颜如玉"的美妙、"黄金屋"的刺激，获取知识的乐趣、智慧的美妙，体悟人生的价值、社会的冷暖。更重要的是，可被迅速地带入到书里多元的世界、不曾见历的世界，爱上阅读进而享受阅读。

书，从来都是走向成功的最佳捷径。一旦开始了阅读，人的视野便被开启——不再仅仅局限于手握教材的狭隘，更可远离眼见为实的世俗，实现在前世今生、上下时空中的自由穿越，与似乎陌生而又熟悉的智者、圣贤、能人之间开展精神对话、心灵沟通、情感共振，从而打开原本封闭的心灵、蒙蔽的心智，进入到更加幻妙的世界、神奇的想象，从而摆脱功利现实的无奈，享受浩瀚无垠的翱翔。

这就是为什么大学生常常被称之为"读书人"之故。恰恰因为成了读书人，大学毕业之后，才有可能继续保持对学习的兴趣、对知识的敏感、对未知的热情，从而能够勇立潮头，敢于成为时代的开创者，至少不至于被社会遗弃而成为累赘。正是因为这样，千万不要低估书的价值、读书的意义、知识和智慧的力量。正因为读书，认识空间才得以迅速拓展，精神世界才得以更加敞亮。正因为书籍相伴，才可以在时代面前拥有更加睿智的前瞻，具备迎接更大挑战的潜能。这是不是"读书人"所具有的特质呢？读大学还无用吗？

再拿人来说吧。人？到处不都是吗！何须大学？是的，人的确到处都有，阅人随处皆可。不过，读大学真实的意义就是：能与优秀的人为伍，养成优秀的习性。大学的优秀，不仅仅有通过高考选拔而成为"最强大脑"的一大群体，更主要还体现在这一群体始终保持着对世界的好奇、对思想的追问、对知识的贪婪。这些人不仅热爱学习、长于思考，而且乐于交流，期待通过师生、朋辈互动，促进知识共同体的集体发育、理性成长。大学校园里，集中的就是这样一个以热爱知识为主体的优秀群体，因此，最名副其实的学区房其实该是大学的周边！

长期与知识群体中的这些优秀分子相处，随时与比你更加优秀的人互动，其思想的深邃、境界的高尚、对知识的虔诚，不但可以迅速地让蒙昧开启天眼，在无声无息中被带入到更新、更高层次的理性世界，在不知不觉中养成力争优秀的品质、追逐卓越的品性。

大学其实就是一个可以长期与优秀学友为伍的平台，而且还是快捷地进入以知识为信仰、以创新知识为乐趣的教授们的空间，近距离聆听来自世界各地、校内外专家、业界精英的报告、讲演、座谈或访问，亲身参与各种国内外师生间的交流、竞赛、论辩。这些优秀分子的思想、胆识、热情、韧性、经验，都是打开视野的最好平台、拓展视野的最佳方式。

身处于这种优秀群体的氛围之中，即便是无动于衷的懒汉，也会被他人的优秀有所感动，也会从他人的优秀之处汲取营养，也会在他人深邃思想的指引下、昂扬状态的传染下、奋发行动的带动下，变得精神百倍，闻鸡起舞，保持积极向上。更不要说，通过与这些优秀学友、老师的接触后，日久生情，积攒下一生的友谊、一世的人脉了！当一个人具备了随时追求卓越的素养、保持了处处追求优秀的特质，还有什么困难和挑战不能克服、难以逾越的呢？正是这种保持并追求优秀的品质，才是众多大学毕业生赢得社会尊重、取得社会成就最核心的秘密。如此美妙，还不想读大学吗？

再来看看所经历的事儿吧。说起经历，对于大学生来说似乎最不敢启齿的就是，难以与那些在社会上摸爬滚打、不上大学的同龄人相媲美了。似乎，读大学不就是离开一所学校到另外一所学校、从校门又到校门而已，没什么特别之经历，碰到的依然还是老师、同学，读到的还是密密麻麻的书本，很单纯，有啥特别之经历呀？

是的，与中学毕业即走向职场的同龄人相比，读大学不会经历太多惊心动魄的社会磨难、复杂势利的社会摔打。但是，大学恰恰提供的是：从学校到社会的成长驿站。这正是从学校进入社会的最好缓冲平台。不但让大学生通过几年的学习，精神上获得了发育、心理上多些理性、性格上更加成熟，而且在越来越像社会的大学校园里，能让大学生在这里逐步体察这个模拟小社会的实在与复杂，而不至于出校门后对真实大社会的现实与残酷感到唐突与无助，以至于摔了跟头之后还不知道原因何在！当然，恰如前面所言，这里的自由博览、与优秀人士相伴和用心思考与淬炼，更是迅速缩短与世界的距离、汲取人生智慧的最好经历。这便是大学毕业生走出校门之后，起点更高、起步更快、发展更好的重要原因。

读大学还没价值吗？

能带走什么？

　　读大学，除文凭之外，还能带走什么呢？是知识、还是专业技能？知识，当然能够带走，只是新知识快速奔袭而来！即使蓄积了满腹经纶的最新知识，可能还没有等到出门的片刻，便开始快速地折旧了。技能当然能被带走，只是机器做得越来越好、越来越智能，新技术也层出不穷，产业与职业皆在加速地迭代、消散、重设！即使所学到的是最精到的技能，可能也只管就职的一时之用。

　　剩下的还能有什么呢？那便只有通过大学学习后所凝结的思维——思维的结构、思考的方法——这便是可以带走的那一抹云彩了。如果思维的结构合理并不断地加以完善、思考的方法得当并不断地予以优化，思维便可永放光芒、受益终身，而非一时救急之用了。

　　有这么好吗？什么是思维结构？好像从理论上讲很复杂，简单一点说，思维结构就是我们认识、把握外部世界所建立的思维框架、思维形式，也就是通过不断的阅读、观察、思考、记忆等学习、练习、感悟所获得的概念、理念、判断、推理的框架及其相互联结、转换和互动的形式。思维结构就是每个人认知外部世界，并与自我的内部世界联结起来的最核心纽带。一旦形成，思维结构就具有了相对稳定性，决定着人的观察、认知、记忆、理解、判断、创新等方面的思想方法和能力水准。良好的思维结构当然是开放的，需要不断吸收外界新的、先进的思想予以优化和升级，以确保思维结构的活力、避免惯性思维的惰性。因此，思维结构便可称之为认识事物的"文件夹"、观察世界的"指南针"、解决问题的"路线图"了。

　　不过，思维结构的形成，绝不是从天上掉下来的，而是以知识的结构为基础建立起来的。大学生通过对不同专业门类知识的深化学习，逐步累积起从通识性、公共性到基础性、专业性的知识结构，并在对这些知识进行不断加工、过滤、融合之后，自觉不自觉地同化、内化为自身的思维，构筑起合理的结构，进而在认知世界的过程中，进一步得以丰富、完善和优化，从而更加有效地认识、感知外部世界的无穷变幻。这便是大学毕业生能够更好、更快地适应社会、引领并开创社会的最隐秘必杀技了。

结构决定功能。但功能的有效启动，还需要方法。思考方法也就是思维的途径、手段或办法、习惯。这是思维过程中所运用的工具、所使用的手段、所通行的路线。大学生在学习过程中，通过不同层次、类别的课程学习，可以从不同教授那里至少获得三类思考问题的方法：普遍性的思维方法、学术共性的科学规范以及各门学科特有的思维方式。这些方法，恰恰是现代社会必需的高阶思维，诸如抽象与概括、分析与综合、归纳与演绎、求同与求异、正反推理、因果联系等逻辑思维、系统思维、辩证思维、创新思维的理性素养。通过持续的课程学习、训练和强化，大学生才能获得这些具有科学理性、客观判断、自由心性的思考方法。

教育不是要记住各种事实，而是要训练大脑如何思考。有了正确的思考方法，当然也就事半功倍，才有赢得人生、奉献社会的利器。有了正确的思维方法，才能让所学到的知识更具强大的链接性、迁移性、适应性，才不会在越来越快速的社会变化面前感到陌生、手足无措，才具备解决新问题的能力、才具有开创新世界的自信。这就是为什么绝大多数大学毕业生能够拥有更快适应、选择社会的转岗、转业、创业能力的缘故。

读大学获得的是习惯。大学生在校期间不仅可以带走宽阔的视野、活跃的思维，还能带走终身受用的良好习惯。习惯决定命运，习惯铸就成败。当然，在任何地方皆可养成良好的习惯。不过，大学是一个以知识为媒介的团体，在这个特别的环境里，当身边的人不是在学习、就是在去学习的路上，当周围的人不是在遵守道德规则、就是在学习遵守道德规则的时候，即便是缺乏良好习惯的人也会改弦更张、闻鸡起舞，跃身加入练就良好习惯的队伍中来。这便是大学改造人的主要体现了！这也是读大学后能够带走的那一片云彩！这让大学生拥有了最具区分度的两大好习惯——学习习惯和生活习惯。这就是在现实中所看到的情况：绝大多数"读书人"都有热烈而持续的学习习惯，绝大多数"读书人"都有文明而健康的生活习惯。

终身学习的习惯。这已成为信息化社会必备的素养。如何才能避免职场焦虑、职业恐慌？最好办法就是：不断学习、提升自己。投资大脑才是回报率最高的，而投资的最直接方式除了学习还有别的吗？即使读书不多、即使错过读书良辰，只要有了优良的学习习惯，时时学习皆可成"佛"，处处学习皆可成"仙"！还有什么比学习更神奇的吗?!

有人曾说："大学不保证你肯定有工作。我们招人不取决于你是不是哈佛，而是你愿不愿意学习。那些文凭只是学费的收据而已。我们需要有那些真正思考的人，社会是真正的学校。"[①] 确实是这样！是否"愿意学习"越来越被看重。因为时代前行的步伐太快、世界复杂的格局太幻，再也没有什么素养比保持终身学习的习惯更重要了！大学学习最主要的好处就是，能够把一个无知无畏的人变成在知识面前有问有畏之人，从而始终保持对知识的虔诚与敬畏，进而热爱知识、保持对知识的热情，进而渴求知识、保持对新知识的学习与创新。于是，当这样的人生观、价值观内化为工作的态度、生活的习惯之后，便有了追随时代的信心与可能，而不会被时代淘汰，才更能鼓足开创新时代的勇气。这就是为什么在各项社会竞争中，大学毕业生能够成为胜出率最高的群体的最重要原因。

优良的生活习惯。文明、健康、理性、向上、包容，是一个民族走向成熟的基础，也是一个人走向成功须具备的最起码前提。大学作为文明之源、文化之地，生活其中的大学生便能最容易地获得文化的熏陶、文明的浸润，时刻得到文明的滋养，培育对待他人和社会的理性，保持积极向上的生活态度，注重有益健康的生活品质，最后铸造终身受用的自律习惯。

大学是一个热爱知识的场所。一旦有了对知识的热爱，便有了更加高尚的追求，在生活中就会少了些许有违健康、低级趣味、伤风败俗，尽可能地远离只顾一时刺激的痛快与功利，养育更加注重长远发展的眼光与习性。大学是一个注重规律生活的集体。大学生通过以寝室、教室、实验室、图书馆等为中心的集体活动，不但可以学习互鉴、包容互谅，而且还养成了团队的学习与生活态度——讲求规则，推崇诚信，注重自身与他人之间的相互和谐，具有同一与个性相结合的整体观念。

---

① 马云呼吁给老师最好的待遇，要迅速改变教育的 KPI［EB/OL］. 凤凰新闻，2019-12-04. https://ishare.ifeng.com/c/s/7s8BEpjESml

这些集体与个体相结合的大学生活，其时序安排都强调同步与自律，养成的是受益终身的规律性与自主性同在的生活习惯。正因为这样，大学生便成为一个国家、一个民族脱俗去昧、团结向上的希望，成为不断走向成功的强盛力量。也许，这是读大学更重要的想象。也许，现实中，无论是大学，还是大学生，并没有表现得那么高大上，甚至还有一些令人失望。这，不恰恰是大学和大学生都需要时刻反省、闻过即改的地方？时刻反省、闻过即改本身就是大学和读大学该有的雅量！

　　这些也许就是能够从大学带走的吧！

文凭的符号意义

　　毕竟，读大学要把人生中最宝贵、最具活力的青春岁月耗费在大学校园里。在网络时代，如果能够始终保持一颗开放而虔诚的好学心态，在哪里不都可以拓展视野、升华思维和培育良好习惯吗？如果仅仅是为了一纸文凭、而不是非读不可，干吗一定要读大学呢？

　　先看看最起码的认知吧。不时，有人会用没有上过一天学的大艺术家齐白石、最高学历只是小学的大文学家沈从文、只是初中毕业的大数学家华罗庚、不过高中毕业的国学大师陈寅恪等"学历低得吓死人的这些大师们"来忽悠少不更事的青少年——似乎，可以不用上学、更不用上大学照样可以成为大师！这还不算，还有人高调地用信息化社会的一些旗手人物来继续反证。比如，比尔·盖茨未读完大学，退学之后照样可以成功创立世界最大的软件公司。扎格伯格不也一样吗？其脸书公司不也成功地影响着全世界吗？如果再历数有史以来的成功者、开创人士，无论在政界、学界、商界、艺术界等各个领域，都有很多"学历低得吓死人"、没有读大学亦能走上人生巅峰的人物、案例，不一而足。当然，如果非要抬杠，同样也可以找到比这些反证要多得多的接受过良好教育的大科学家、大文豪、大艺术家、大政治家、大企业家等例证。

　　凡是有一点常识的人，至少会知道最基本的概率思维了。概率思维告诉我们，成功的大概率事件是什么？有幸成为小概率事件的前提又是什么，要从小概率事件中成功突围所要付出的努力、代价又会有多大？只要不太偏激地环视一眼当今世界、展望一下未来时代，主体的社会精英有几个不是接受了良好高等教育的人呢！自然，是愿意成为大概率的一分子呢还是小概率的那一分子？

　　是的，在任何时代的发展进程中，总有不按照规矩出牌的特别者、打破常规的颠覆者。这样的人一旦成功，一定会更具创新性、颠覆性。不过，那只是少数，而且是那些具有强大心理、高额付出、坚定意志的极少数。正因为数少，才显得璀璨、引人注目。

　　不过，只要思维正常，都会认为，社会总体上的创造与变迁还是主要由庞大且强大的精英力量、建制派系完成，我们不能只用极少数个案来否定绝大多数的真切事实。否则，全世界各个国家、各个民族、各个家庭都那么热衷于投资教育、热衷于创办世界一流的高等教育、尽可能地享有更良好的教育干什么呢？这样，我们就不能以偏概全地用个案、举反例去指称事物的真实面貌来判断事件的真实价值，进而否定其最基本的意义！让不明故里的年轻人讨厌，甚至是放弃教育，走向崎岖邪路。否则，我们就会逆反未来时代的发展大势、忽视现代社会的主流价值、大概率通例，而被极小概率的特例蒙蔽心智、遮蔽心灵。

　　确实，高等教育还存在诸多不足甚至是令人失望的地方，不能让高等教育接受者中的每一个人都能成为时代的开创者、社会的引领者。这恰恰是需要大学深化改革，深刻反思和努力改善的。但，这并不能因此否定大学本身和读大学的真实价值。这，才是对大学最起码的认知！有了这一正确的认知，下面来看一个真实小案例，也许能说明一点问题。

　　一位心气高扬的高中毕业生，高考成绩不错，被一所不错的大学录取。但是，他总觉得这样名头的大学读了也无大用，而自身的能力似乎又强大无比，必须尽快出人头地。于是，决心出去闯一闯，准备放弃学习，离校去找一个挣钱的好工作，以免总受家长和老师的憋屈。咨询时，我建议他还是要冷静一些，不要急着退学，请假一周出去试一试。

　　我说：你既没有富二代的启动资本与创业资源，也还没有练就冲破天的过人本领和核心能力与技术，还是先好好学习吧，多读一点书、打好基础之后，才具备日后长久发展的真正本事。他还是不信，嘴里还不时嘟囔着：凭借我的年龄与能力，就不信找不到一份挣钱的好工作。于是，信心满满地出去找工作了。不过，一周之后，像泄气的气球，他畏畏缩缩地回来了。

　　怎么啦？他开口便抱怨了起来：怎么那些招聘单位所提出的应聘条件最显眼的一条就是文凭啊？竟然要的都是大学生！稍微像样一点儿的单位、岗位起码的文凭竟是研究生？像大学教师这样的岗位还必须是博士！这是不是太不公平了啊！过去以貌取人，现在怎么都是以文凭取人呢！难道有文凭的就真有本事？就比我强？

好在，他听了建议，没有心血来潮地退学，而是请假一周，否则就不可挽回了。有了这个真切的经历，这位学生才安心地重启他的大学旅程。现在，已在攻读硕士学位，不再质疑文凭的价值了。这个案例说明了什么？说明：大学还是要读的，文凭是必需的！因为有以下两大外部事实的存在。

第一，社会选择人才的主流标准。恰如案例，只要随便瞅一眼满街、满屏的社会招贤告示，对招聘对象提出的首要条件便是文凭了，而且不同的等次文凭对应着不同等次的岗位、待遇。如果再稍微注意一下各式各样或显性或隐形的职务、职级的待遇、选拔与晋升标准，常常也把文凭作为最基本的条件。尽管"唯文凭"经常受到猛烈抨击，但社会依然我行我素地牢不可破。

存在的就是合理的！既然如此顽固，自然有其道理。稍微回顾一下：为什么教育会存在？而且，教育会越来越受到重视？不只是因为现代社会高度知识化、科技化的现实与发展，更是因为社会已被高度专业化，越来越在高度分工基础上的紧密合作。自然，社会就把对人才培育与评价让渡给了教育——学校担当了专业的筛选公器，给每个通过过滤之人以相应的教育凭证，每个人又凭借这一凭证获得相应的社会信任。通过屡试不爽的社会检验，不断地验证着教育的价值，彰显出文凭的力量。最后，全社会便形成了对学校及其颁发文凭的成瘾般依赖，牢不可破了！

这就是现代化以来，社会专业化运作的必然结果！即使在文凭的逐级筛选之外，依然还有"漏网大鱼"也在所不惜！因为这样的运作效率最高，运作过程似乎也最公正、最透明、最可验证。想想看：谁不愿意在一堆金子当中很顺当地选择到一块耀目的金子？尽管金子堆里仍然可能有含金量不够、成分不纯的沙金甚至是以次充好的沙锭；谁又有足够的耐心和精力在一堆沙子当中费劲地去淘选可能还剩下的那一块、两块真金呢？哪一种方式的效率更高？

很显然，面对茫茫人海，最有效率、最具公正的方式便是：在经过逐级的教育筛选之后，相信文凭的足够真实，再在此基础上予以职场上的实证。于是，社会对文凭迷信般的推崇就形成并固化了下来。其结果就把对知识的崇拜、对能力的敬仰，自然而然地演化成了与文凭完全的等同，"漏网之鱼"要破网而出、跃出龙门也就越来越难了。

当然，这样的办法肯定是不全面、甚至少数时候还是错误的。但是，在充斥着人情关系的复杂社会之中，这又是不得已、最现实的迷崇了！是吧？当然，有人确实不信，非要弄出鱼死网破，证明自己就是那块被沙子埋没的金子、那个"漏网之鱼"，那就只好像曹德旺、比尔·盖茨等少数令人敬佩的铁骨好汉那般，在建制框架之外，另起炉灶，招兵买马，一闯四海，昭示自身独步天下的无比强大，自然，也会获得更广泛的认同。

这样的另起炉灶的创业，当然不受以文凭为标准的建制化约束和主导价值观的歧视。但，前提是自身必须具备勇闯天涯的真禀赋、大本领。大多数的人是否有呢？即使有，现在也还得考虑下面这一走势。

第二，时代对从业者要求的门槛抬高了。为什么全世界的经济增长乏力、我国经济下行的压力也在加大？原因可能很多，但其中很重要的一条就是：在工业社会向信息化社会转轨、经济转型的发展过程中，拥有高级"文凭"的人才供给严重不足、创新创造的能力严重滞后。一方面，大量的岗位找不到能够胜任的高级"文凭"人才；另一方面，大量的低"文凭"人员又无事可干且正在被机器快速地替代。可以说，在未来一个时期，人才的生产与供给之间的这种严重脱节现象还会持续并正在加剧。

原因何在？就在于科技化、智能化向所有产业、行业的全领域、全流程、全链条渗透。不要说高新技术、战略性新兴产业等现代化特征非常明显的领域、职业、岗位，就是看上去"很土""很笨"的第一产业所要求的新型农业、职业农民，对从业者所要求的知识与能力都非常明显地上移了。技术化、高技术化、创新化、跨界化都越来越成为现代化职业、新型岗位所要求的必选项。于是，社会对人才需求的门槛越来越高，"文凭"非常明显地上移了，稍微吃香职位所要求的文凭起点便是大学了，出现了"博士坐下、硕士留下、本科等下、专科让下！"的文凭通胀市场。

这便是为什么大学越办越多、大学招生越招越多、读大学的人越来越多、报考研究生的人越来越多！这才出现了上面那位只是高中毕业就梦想着找到一份好工作的尴尬！另起炉灶的创业早已跨越了靠体力、关系的初级阶段，已经走向了越来越依赖智力水准、专长能力、技术含量、资源集聚的更高级阶段。没有良好的教育熏陶、严格的学术训练、精湛的专业学习、过硬的技术储备，是很难孵化出具有生存能力的人生！

门槛是什么？门槛，就是给不给你上场的资格！没有上场的机会，球技再高也没用。

当然，一旦上场，资格也就失用啦！资格背后的真实内涵更重要了！所以，大家会发现：说资格不重要的人，往往就是那些已经上场的人，而且是上场玩得很嗨的人。这是不是典型的站着说话不腰疼？看看国家男子足球队吧，尽管其球场战绩一再令国人失望，但仍然披挂着国袍上场。

为什么？因为他们已经获得了上场的资格。至于说，资格是否与能力、战绩对等那就是录用之后的另外话题了！正因为这样，我们看到的是：即使是在经济高速发展的背景下，那些看上去非常辛苦的低"文凭"者，其收益并没有获得同步的提高，与高"文凭"者的收入差距越拉越大。即便是先进的美国，在过去 40 年的经济大发展过程中，没有受过多少教育的美国工人，其实际收入也几乎没有随着经济大发展而得以增加。

在这个"文凭通胀"的时代，这些低"文凭"者还在被越来越多的高"文凭"者挤兑着、被越来越智能化的机器替代中。于是，文凭就成了现代人最重要的护身符！一种是否具备资格上场的、被夸大的社会符号！

当然，请不要只是埋怨"唯文凭"的社会势利，也暂且不要阔论高级"文凭"是否具有对接智能化、智慧化所匹配的真实含金量，因为社会还没有达到"去文凭"的阶段和境界，社会依然沿袭着"高文凭"就等于高技术、高能力、高素养的惯性。稍微想想：在高等教育大众化、普及化的背景下，在普通人才供给相对过剩的情况下，到处都是大量手握"高级文凭"的就职者，作为招聘者会作何选择？显然，仅从性价比和概率来说，"高级文凭"者更胜一筹吧？更不要说，"高级文凭"者在改善人岗相适的匹配度方面所具备的更大可能与发展潜力了。于是，才会出现前面故事里的现实：各类招聘所要求的"文凭"越来越高，甚至出现了各种啼笑皆非的"文凭"的过度消费！

这种走势还仅仅是开始。看看以色列史学家尤瓦尔·赫拉利在其《未来简史：从智人到神人》①中绘声绘色地描画的人类未来图景吧：在即将到来

---

① 尤瓦尔·赫拉利. 未来简史：从智人到神人 [M]. 林俊宏，译. 北京：中信出版社，2017.

的万物互联的世界里，人类只不过是庞大数据库里依靠超级算法而不断被处理的、微不足道的数据或者芯片。我们中的绝大多数，不但不能成为神人，反而被时代变成了废人，被圈养起来只会吃喝和游戏的无用之人！即，无用阶级的出现。

什么人才是有用的人呢？只有那些能驾驭庞大数据和人工智能的"神人"，才有可能实现人类从始至终所追求的三大梦想：永生、快乐和神性！什么样的人才有可能驾驭庞大数据和人工智能？显然，有更高"文凭"的人可能性更大！没有更高级的"文凭"怎能与"人工智能"共生？更别提竞争了！所以，忧虑的不该是文凭本身，而该是为文凭而文凭的功利与就文凭论文凭的势利。当然，随着时代的变迁，"文凭"本身的内涵一定会发生变化，一定不再是现在这般简单而粗暴的理解了。

大学，还没必要读下去吗?！回答之前，请看看一则新闻①。

2019 年 12 月 5 日，河南省南阳市南召县马市坪乡三官庙村里，两位邻居同时接到了南阳农业职业学院的录取通知书，一人被园林园艺专业录取、另一人被畜牧兽医专业录取。这两位"学生"的年龄分别是 81 岁和 70 岁。这不正是教育的返老还童、教育让人返老还童吗？这不就是社会逼迫之下人类的回光返照、教育的规模化普照吗？这便是读大学的外在意义——符号价值、上场资格。

---

① 河南这个村里俩老人真厉害，一起考上大学！学校免学费［EB/OL］. 大河报网. 2019-12-12. http：//www.dahebao.cn/news/1473606？cid＝1473606.

读大学的模式选择

在一次大学生的小型座谈会上，两位同学在发言中有以下的争论。

同学甲：我是大四的，马上就要毕业啦。虽然感到还有些遗憾，比如说，没有把大学期间的时间安排得太紧凑等。不过，很幸运的是，就在这学期学校的就业招聘会上，我很快便得到了好几个 offer。回想起来，能够较顺利地拿到 offer，主要归功于我在大学期间非常注重实践锻炼，尽可能利用课余和假期去参加各种社会实习和专业实践，积累了较多实践经验。因为现在用人单位都非常看重大学生的实践经历！招聘的 HR 都非常满意我的实践经验，立即就给了我 offer。所以，现在回想起来，大学学习期间应该更多地参加一些社会实践、实习，这是很值得的！这样不但能够增加校外实习、实践的经历和认识社会的经验，而且还对我们的就业很有帮助！希望学弟、学妹们不要忽视这方面的锻炼。

话音未落，立刻就响起了另一位同学几乎不假思索的回击。

同学乙：这不太对啊！我不同意！我们上大学的目的是什么？难道就只是为了立马找到一份工作？上大学还应该有更加深远的目的和追求吧！比如，为了我们今后有更好的发展、更好的成长、过上更有意义的生活！所以，还是不要把宝贵的青春时光放在那些简单热闹、看似很实用的所谓社会实践上吧？那纯粹是在浪费大学的宝贵时间！

看看我们绝大多数的所谓实践都在干什么？我们大学生兼职所从事的劳动太简单了吧！发传单、帮人做网页，跑跑腿、动动手，很少能够深入进专业、结合专业的学习，怎么能够发挥我们大学生的才智？即使是利用假期找到的所谓专业实习、见习岗位，也多漂在面上、浮光掠影，以看为主，真枪实战地干是极少的，这与实际工作差距不是一点吧。

即使是学校安排我们到工场等所谓正规的教学实习、专业见习，也多是走马观花。实习单位往往不太情愿地接待我们，很多情况下他们不会把真实的岗位给我们。他们不但担心我们完成不了任务、还有可能惹事儿，生怕我们把他们的设备弄坏、出事儿呢！要是真的弄出一点什么事情来，我们也不知道怎么收场！所以，我始终认为，把大量的宝贵时间花在这么简单的劳动上面，真的是在浪费时间，很不值得，太简单啦！还不如把主要精力放在打好基础、系统学好知识上面，把那些简单的实践、跑腿的练习放在毕业之后的实际工作之中更合算。再说一遍，我们上大学的目的不是简简单单地找一份工作就算完事儿，还应该有更高的追求、更全面的发展。所以，我就要继续读研究生！

听到同学乙的不同观点之后，同学甲还有些不服气，立即补充。

同学甲：我又不继续读研究生，即使读研究生，今后同样也要就业的，也得要找一份工作才可以呀！工作都找不到的话，何来更好的发展？无从谈起！

以上这两位同学的争论，是不是都各有道理？其实，都围绕着读大学最具代表性的两种模式，就业导向还是发展导向。

就业导向的学习模式，更加强调的是当期的就业能力，或者说是毕业即就业的能力。首要满足的是用人单位对岗位的实际能力需求，着眼的是社会对用工的现实需要，顺从的是社会需求，是一种外部牵动型的、在"干中学"的学习方式。这种学习模式认为，最好的适应就是满足社会的要求、得到社会的认可。学习，首要满足社会现实需要而非从长计议，所依照的是外部挑战而非人自身发展，所遵循的主要是就业实际而非知识逻辑。学习的最终目的主要是走向社会，适应实际生活，获得社会的认可。因此，必须时刻关注并适应社会的各种要求及其变化，并依照社会变化调整学习策略，尽快打造社会所需要的能力。

这种学习模式，在乎的是外部世界的风吹草动、风云变幻，采取的是取悦社会的学习策略，期待的是迅速获得被社会接纳的结果。因此，时刻关注社会动态变化和用人单位的用人取向，并按照这些现实需求，对标对表地展开学习生活。当社会强调实践经验时，就在学习过程中极力开展实习、见习等实践活动；当社会强调学生干部经历时，就在学习过程中努力争取当上学生干部并尽可能得到好的表现结果；当社会强调社会公益时，就在学习过程中努力投身公益活动。总之，投其所好地响应社会的变化，不断地调整自身的学习焦距，并不过分地在意自身的全面发展、长期的发展潜力。

不同的是，发展导向的学习模式更加注重的是大学生自身的全面发展，而非为就业而就业的一时之需；着眼的是更加长远的发展潜力，而非眼前的就业现实；反映的是大学生个体综合需要，而非眼前的社会客观现实。这种学习模式认为，社会风云变幻、千变万化，不但绝无一一对应之可能，而且时刻一一对应也没有必要。最好的适应就是：以不变应万变！先练好内功，依照教育规律、自身兴趣而非社会现实，遵循知识逻辑而非就业刚需，从长计议而非一叶障目、急功近利。

发展导向学习模式在乎的是，内部世界的健康发育和自然生长，采取的是取悦自身的学习策略，期待的是通过对标对表自身内在需求和社会长远目标，获得被社会更长期、更持久认可的结果，以拥有生活的意义与人生的归属，并不太在意社会的现实需求、用人单位的眼前要求，采取的是以不变应万变的、"在学中干"的学习策略。总之，与其取悦于千变万化的社会，不如求助于更加健康而强健的肌体，依照自己的兴趣和全面发展的需要，培养更加高尚的人格和更具发展潜力的后劲。

看得出来，这两种模式无所谓对错，只是立足点不一样而已，在现实中也并非是彼此隔离、互不兼容，只是各有偏好、互有侧重罢了。但，对于大学生个体来说又该如何是好？怎么选择呢？

是不是应该根据自己所确立的人生定位目标来做选择？即根据自身的生涯发展，确立自身的职业方向。今后想干什么？是愿意从事更偏重实践的应用型、还是更偏重学术的理论型工作？如果恰如同学甲那样，立志于从事更偏重实践的应用型工作，也不会毕业后立即去攻读研究生，更加强调的是知识的运用能力、知识的转化素养，注重的是实践导向、上手能力。自然，学习的策略就会在课堂系统学习理论的基础上，尽可能多地了解社会、参与实践，获得更多的社会观察、实际的岗位锻炼与工作阅历。通过认识社会与岗位见习，发现问题并以解决问题为导向，推动理论学习的深化，检验专业学习的成效，弥补课内学习的不足，从而在实践中不断学习和再学习，提升自身的能力与素质，以便能顺利地实现就业。

如果恰如同学乙那样，定位于从事偏重学术的理论型工作，还要继续攻读更高级的学位，则更加强调的是知识的发展能力、理论知识素养，更加注重的是基础厚实、发展后劲、长期潜力。学习的策略便是更加注重理论学习的系统性、知识的逻辑性，并结合理论学习的需要，通过实验予以验证、实习予以检验、见习予以体验。在此基础上，进一步强化理论学习，获得理论知识更加全面的提升、人生更加丰富的体验。通过理论化、概念化、抽象化的学习，获得前人认知世界、人生、社会的智慧，并在工作实践中予以运用与锻炼，进一步增强理论学习的自觉，从而具备不断发展知识、创造知识的理论素养、工作水平，并通过攻读研究生，继续获得理论上的培育。

是否还要依据所学专业的特点来做出选择呢？大学所设置的不同专业具有不同的知识特性、学科特点。比如，基础性的数理化、文史哲等经典专业，本身就更加偏重理论性、抽象性，注重的是基础能力、发展潜力的训练，学习的策略自然就偏重校内、课内的理论学习。对于实践、实习、见习的选择，更多的不是为了提升实际能力，而是为了检验和丰富理论的学习、理解。应用性突出的工科、社会科学、医科等偏重实践的专业，强调的则是知识的应用能力、具体问题的解决能力，注重的是动手能力的训练、实践能力的培养。当然，学习的策略就必须更多地注重实践的锻炼、实验的操练、实习的淬炼，培养针对并解决实际问题的能力。

当然，还要依据毕业时的取向来做选择。毕业时，期待能够拿到聘用单位的 offer，立刻就要参加工作，可能就不得不暂时牺牲一点远方的诗意了。首先就得满足聘用单位的现实需求，在校学习期间就得多参与一些社会实践，培养岗位任职能力等可以获得实践经验、能力的活动。如果选择毕业后继续攻读更高一级的学位，那就要尽可能先侧重于校内、课内的系统性、理论性学习，打好知识基础、积攒发展潜力，把了解社会、认知实践等职业导向的事情稍微推迟一些了。

不过，值得注意的是：大学不只是职业培训站，读大学也不只是参加职业培训。不管你对今后有何人生规划、也不管你所学专业的性质如何，大学的学习不只是为了找到一份工作那种与生计、生存简单且直接的对应关系、响应能力。求职的技能是重要的，但修习到贯通的智慧、人文的情怀、跨界的胆识往往比技能本身更加重要，在智能时代尤其如此！

读大学的意义恰恰在于：习得强烈的学习意愿、不断探索的精神，培育勇气、韧性、自律、质疑等优秀品质。这些才是从事任何工作、度过意义人生必不可少的。只有这样，才能在找到一份工作的基础上，超越实际生存的范畴，寻找生活的乐趣、人生的意义、自身的兴趣、工作的价值、未来的引领，懂得知识的魅力、思考的力量、进取的习惯，养成优良的习惯与高尚的品性。所以，就业技能、谋职技巧等与上述这些并不那么引人注意、甚至常常被人忽略的高阶素养来讲、从其可带来更久远的愉快和意义来说，其价值就不应该被过分地放大了。是吧？

假期怎么玩儿？

　　难得的是，读大学有让人艳羡、值得期待的几个长长的、惬意且自主的假期。这太好了！很让人兴奋。可，值得注意的是，大学的假期真的不是用来玩儿的。

　　一直以来，大学的假期并未得到认真关注，以至于大学假期常常被误读为回家看看、自我松弛、玩玩闹闹。于是，很多时候，假期便成了聚会吃喝、结伴玩乐、兴奋游戏、恣意补觉等放纵自己、释放心情的休闲时光，大把的青春就这样被白白地消磨了。

　　为什么大学要有长长的假期？怎么这么长的假期竟然还很少有长长的假期作业呢？

　　实际上，大学的假期是大学时间向校园外、课堂外、书本外的继续延伸，是读大学的一部分、是大学教育的一部分。它使得大学的学习形式更加惬意而充满想象、更加丰富而充满自主、更加多样而充满精彩。因此，真正意义上的大学假期是在用另外一种方式继续读大学，而且是更自主地读、更惬意地读、更有意义地读，因而也是最具想象力的大好时光。可不是平常所说的那种玩儿！即使是玩儿，大学生的玩儿也得玩出花样来，有成就人生不断成长的模样！这样，读大学也就需要读假期也包括读假期！只有这样，才能让假期成为人生更丰富、更均衡成长的难得机会。从这个角度来谈玩儿，才真正称得上是大学生的玩儿！

　　这就是为什么不少大学把长假并不称为假期而叫作"小学期"，利用这些"小学期"继续开设别样的课程、开办假期学校、安排假期学习——举办各类项目性、主题性、交流性、综合性、合作性、阅读性等从问题、从兴趣、从需求出发的专题学习、研讨、考察、实践或集训。这也是为什么不少学生在假期里往往还比在正常行课的"大学期"更忙碌，感到更充满意义，因此也更有收获。

这就需要思考：读大学如何读假期？如何既惬意又有意义地度过假期？如何玩转假期、让假期充满自我感、价值感，收获成就感？这就需要看看：在行课时的读大学与在假期里的读大学到底有什么不同？或者说，在校园里读大学还缺点儿什么、且需要有效地利用假期予以完善和补充。

在校园内读大学，更多的是在教室、实验室、图书馆等封闭、可控、理想的环境之中进行，主要是按照学校、老师一厢情愿地设计或控制好的既定道路前行，带有浓浓的被安排、被理想的被动接受意味。因此，学习的形式偏重师控、学习的内容偏向理论、学习的伙伴偏于同学。往往是，理论有余而实践不足、共性有余而个性不够、单纯有余而历练不多。而假期呢？自主啦！完全可以利用假期来学习、去弥补校园内学习上的这些不足。

为什么？因为在大学的假期里，没了没完没了被安排的专业课程学习、没了没完没了被管束的条条框框，却有了完全自主的大块时间。像如此长而整块的自主时间，在一生之中是很少、很少的！不好好利用真是太可惜了！可以完全自主地决定干什么、什么时间去干、怎么干和谁一起干。这不就可以更加全面地认识自我，提升自我，促进自身的成长吗？太棒了！可以充分释放压抑多日的想象力，几乎完全自主、自律地安排这么长的时间，太惬意啦。不是说自主与自律是进入社会后，所有成人最基本的素质与要求吗？所以，好好利用各类资源、通过各种方式，努力补齐校园内行课学习时存在的那些短板，以更具个人想象力的方式，玩出点儿名堂——提升自主与自律的能力，补充实践能力的不足，增添接触社会的机会。

于是，大学假期的存在，就变成了一种走出校园、走出书斋、走出书本、走下网络、甚至走出国门，去提高自己的大好机会——到充满多样的世界去历练，到充满变化的社会中去经历，到充满魅力的大自然中去游历，到充满人情的群体中去体味。于是，大学生的"度"假就变成了"读"假，也就不是肆无忌惮地恣意的玩，而是有条不紊地用心的读。不过，这种读，不再是延续学校读有字书、做规定事的被动学习，而是形式更加灵性地读无字书、做自主事的自由探习。这种读，是好奇性、实践性、认知性、拓展性的自主学习。这种学习练就的是，高度的自主和深度的自律，并在浸入式参与、融入式实践的基础上，收获更加全面而丰富的青春阅历。因此，有意识地自主谋划、有目的地感知、用心地观察、有趣味地体验、更积极地思考，成了读假期、玩假期的最基本要义。

需要根据自身的实际，在"补足"与"完善"两大方面下功夫，缺什么补什么。弄明白自己还需要什么？自己的差距在哪里？从需要处予以完善、提高。到底该怎么玩儿呢？具体可从以下几个方面来制订自己的计划和安排。

第一，有计划地游历。关在学校，烦了吧？一想到假期便兴奋地举手吼叫："世界那么大，我想去看看！"确实，随着时代的变迁、科技的进步、生活的改善，我们可以越来越容易地实现在读万卷书与行万里路间的自由发生与顺当转换。假期，为大学生提供了时间的可能，可以弥补在成长过程中与大自然的严重疏离、与真实生活的无奈隔离。通过游历山川、故园，亲近大自然、感受各种文化，阅山水、解人文，感知自然生态的神秘与灵巧、人文的博大与独特、人类生存的智慧与艰辛。大学生的游历就是一种自主学习的历程，而不会沦落为走马观花的普通游玩。这就需要把旅行、游玩、研修、观察和体验紧密结合起来，实现健身与健心、人文感受与自然感知的有机统一，从而具有自然与人类、自然与文化、文明与文明间的和谐共生、美美与共的情怀与胸襟。

毕竟，假期的时间有限。到哪儿去呢？需要有计划地展开，根据自我的需要和时间可能，在条件允许的范围内，逐次安排不同假期的不同游历计划。在出发之前，需要做好功课、攻略。做功课，就是要做好知识的储备，事前搜集并消化目的地的有关资料信息，尤其是文化传统、人文地理、风土人情等方面的知识，做到有备而去，才可游有思、历有获。做攻略，就是根据游历的目的与相关知识，做好具体的行走方案与日程计划，才能行有道、历天下。这样，游历就不再是浮光掠影的到此一游，而是深度沉浸的身临其境——既是大自然的亲历，更是人与人的亲近；既是文化的学习、文明的传承，更是心灵的开放、心态的包容。这样，不仅到访名山大川、热门景点，也入乡随俗、随思而动，主动去接触了解生于斯长于斯的普罗大众；不仅打卡收藏历史文化、民俗风情的博物馆、文化馆、美术馆，还行走于充满烟火气息、地域特色的市井街镇和乡愁满满、民俗生动的故居村落。这样，大学生的游历就不再是吃喝游玩的到此一游、普通悠闲，更是阅思践悟的深度玩转。

第二，有目的地实践。纸上得来终觉浅！大学生都明白，要想知道梨子的味道，就得亲口尝一尝。这就是躬行的重要性——实践出真知，实践增才干。假期提供了难得的离开校园进入社会的实践机会，赶快主动去补齐大学生在实践上的严重不足，在社会认知上的严重肤浅甚至缺失——到西部去、到农村去、到工厂去、到基层第一线去！认识真实的世界、真实的底层、真实的人民，找到奋发的起点、事业的取向、人生的意义。

具体说来，大学生的实践主要包括专业实践、社会实践、公益实践。大学生可以从自身的实际需要出发，有目的地自主选择和安排。专业实践，就是从所学专业的特点与需要出发的实践，包括各专业教学需要所安排的专业实习、岗位锻炼；也包括大学生根据自身的实际，结合专业的现实与发展，利用各种资源，自主寻找专业成长的机会，补充课内、校内学习的不足，提升专业认知、专业技能和专业素养。可以是围绕一个专业性问题或项目，自我设计与自主完成，锻炼自己的综合性、研究性能力。也可以是，运用所学专业知识于具体的生产生活实际领域，测试自己的专业水准，树立专业信心，认清专业差距。

社会实践，则是侧重认识社会、了解社会，进而为毕业之后更好进入社会、融入社会做好心理预热和能力储备。为帮助大学生更好地开展社会实践，各级政府、团体设计和安排了丰富多彩的实践项目与活动形式，助推大学生进乡村、入厂矿，走基层、访百姓。这为大学生自主地选择、有组织地参加提供了很多便利。当然，大学生完全可根据老师的课题、自身的情况，自主安排类似的社会实践活动，开展有针对性的社会调查、项目研究，悉心观察社会、用心感知基层，培育社会情感和同理心，打下毕业后尽快融入社会的良好基础。

公益实践，就是参与或组织各类有益于社会的公益性活动。比如，帮扶弱势人群，传播优秀文化，示范公共道德，倡导健康生活，促进绿色低碳，保护资源环境，弘扬科学精神，应用先进技术，推广主题阅读等。通过组织、参与各类公益活动，可以强化人类公共意识、锻炼社会责任感、增强改善未来世界的信心与决心。

第三，有情感地欢聚。人是情感的存在体，人的生活永远充满着浓浓的人情人性。人是需要相互间的直接接触与交流互动的。而人与人的互动充满着复杂而丰富的爱恨情仇、善恶恩怨，这是手机等网络工具永远不能解决、也无可替代的。在过去的成长过程中，因为忙于应对各类考试，被各种习题、补习、练习包裹着，大学生往往疏于与家人、友人间的生活交流、情感沟通。读大学，又离开了家庭，更是少有机会与亲友面对面的直接接触与情感交流。大学假期，提供的恰恰就是弥补情感的机会、浓厚情感的场景。

与家人的团聚是充满亲情的情感凝聚，享受着天地人伦的快乐与美好。同时，与家人的团聚与陪护，也能方便而融洽地把丰富人伦情感与提升生活技能紧紧结合起来，成为提高大学生面向成人世界所需生活技能的最佳成长平台，淬炼应对吃喝拉撒睡等日常琐碎的生活能力，可把从书本上习得的干瘪而宏大的大道理、理论知识转化为生动而琐碎的小情调、微能力，培养自己成为一个全面而有情趣的人。

与友人的团聚，则是满足人对友情的需要。每个人都在成长的过程中，集结了与同伴、同学、同事风雨同行所交织的情感，凝结了让人生增值且难以忘怀的友谊。这种友谊，是人在成长路上留下的富有生命灵性、人生动感、生活质地的足迹，是人与人之间相互陪伴与搀扶向前的情感源泉。利用假期走亲访友，既是对人自身发展历程的记忆与尊重，也是对继续前行的再思考与新激励；既是对既有友谊的认可与延续，更是重塑友情所需要的聚合与再生。这便是结识新朋友，不忘老朋友的道理所在。

第四，有针对地扩展。现在大学教育采用的是规模化生产模式，不能照顾到每位大学生的个性发展。所以，大学学习往往充满着遗憾——难以获得足够的知识、娴熟的技能、多元的兴趣。这些遗憾主要靠大学生发挥主观能动性，自我设计，自我激励，自主补充。充分利用假期的空档，补充知识，扩展视野。补充知识的方式有很多，比如，自主选择大学开设的各种假期课程、交流项目，通过网络选择感兴趣内容的自主学习等；可以去听几堂仰慕已久的大牌教授、网红人物的讲座或讨论，参加一两项渴望多时的交流项目或交换学习，学习一两门时尚而有趣的网络课程；捧上一本本心仪很久的名篇典籍、热门读物，安静地阅读、穿越地对话，补足平时在认知上、交往上、阅读上的缺失，享受一个充实的假期。

假期的知识性学习更多是扩展式、延续式的。扩展式学习，是为了扩大自己的知识面、交往面、认知面，拓展视野的范围、知识的领域而博览群书、自由思想。延续式学习，是为了延续校内、课内的已有学习，使知识与认知进一步向精深发展、向横断拓展。同时，因为大学教学过多地导向了理论学习，实践技能训练往往不足，需要利用假期，补充专业的技能。利用假期提升技能的方式，既可以走进实验室强化练习实验操作技能；也可以与老师一道，参与老师的专业项目，锻炼自己的学术能力；还可以到社区街镇、社会组织，开展在岗实训、顶岗实习，提升自己的实际工作技能与操作能力。

当然，利用假期好好满足或培养一下自己的兴趣也是很惬意的玩儿啦。专业兴趣的满足，既可以是所学专业的继续学习与兴趣强化，也可以是学非所专的兴趣拓展。可以积极参加一些地区性、全国性、国际性的交流、竞赛等专业性活动，进一步提升对专业的认知，发展所学专业的能力。也可参加一些专业性的社会活动，以兴趣为纽带，扩展认知视野、交往范围。还可以适当锻炼跨专业、非专业的兴趣，重新认识自己，以提升生涯认知与适应未来的应变能力。生活兴趣的满足，既可以是与专业毫无关系的生活知识与技能方面的兴趣培养，更可以是与专业相关的知识与技能的实际应用。在实际而平常的生活中发现一个另外的自己、培养一个充满生活趣味的人生。

这样，假期的玩儿，便是在践行一份份游历、实践、欢聚、扩展计划中慢慢地行走、尽兴地感知、惬意地成长。

假期的模式

忙碌了一个学期的师生总是期盼着假期，让绷紧的神经松弛下来，以有利于继续深入地思考和学习。寒暑假，不只是为了师生度过严冬、酷暑的需要，也是为延续春节文脉、浓厚家庭情感和传递民族传统的需要而来。因此，不能继续埋首于作业堆、裹挟于补课潮、满足于游戏瘾、绑架于手机里，以下三件事更值得去做。

第一，读书。在正常行课期间，时间总是被教学计划安排得满满当当，自己的时间其实并不能自主。即使是课外，也多被作业、考试、补课、实验等非自主的各种教学活动所挤占，并没有自我拓展的际遇与场景。尤其是被考试牵着鼻子走的应试模式，表面上忙忙碌碌的教与学活动似乎让校园生活非常充实，其实，每当沉静下来才深感内心苍白、思维的单一。

平日里，基本没有时间读教材、考试之外的书籍，读能让自己变得更充实、更厚实的书籍，也就没有优化思维、扩展心智、发展兴趣、享受自由所带来的那份乐趣。假期一下子让人冷静下来，离开手机推送的霸屏信息碎片，捧起一本自己一直期待着读而又没有时间读的经典，躲入书的世界里，开启难得的慢生活，这便是最好的补课了。沉浸于书里，与先人、圣人、伟人、小人、熟悉人、陌生人对话，随同他们的思想一起思考、观察、玩味，跟随他们的情感一起心跳、哭笑、舞蹈，让自己的精神变得丰富起来、思想变得活跃起来，岂不快哉、好不惬意！

读点什么呢？或者，当不知道读什么又怎么办？很简单！缺什么就读什么，读自己感兴趣或能引起、能培养兴趣的书。不过，为了不辜负难得的假期，最好不要再延续围绕着考试的需要，只读那几本卷脚油亮的高分宝典、考试秘籍、证书辅导等太有用、太实用的东西，而该读几本对眼前看似毫无用处的闲书，让自己的思绪飞起来、心却真正闲下来，感受到什么叫"漫无目的"！

对于不太愿意读考试之外的书或者没有养成良好读书习惯的年轻同学来说，可考虑读一读小说、人物传记等容易入眼的书籍。读几位你最敬仰的人物传记，从他们身上看到人生渺小的伟大、卑微的闪亮、平凡的善良，看看什么是人生的多面体，获得人生不断思索、持续探究的乐趣，凝聚起勇于奋发、敢于奋斗的活力，从而开化尘封心灵的窗口，抬眼瞭望迷茫人生远处的那一公里。

第二，识人。识读人性、知察善恶、学做真人，此乃人生必修课、保持正确航向的导航仪。假期，当然少不了走亲访友，这提供了与社会、与人接触和交流的最好契机，最不该错失的就是宝贵而浓烈的人气。人气是情感交流、认知升级，而不是来来往往、归去来兮。读书是与前人、陌生人的对话，但这样的对话总显得模式化、单通道！校园只是暂居之地，还必须要走到现实的世界里。在周遭生活中每个鲜活的个人，才是如此的灵动而多变，如此的多通道而差异化。

然而，现代学校教育让师生平日里总卷曲在校园、龟缩在教室、关注于书本，长于理想的纯美，而忽略了现实的斑斓。即使师生间有限的交流，所接触到的也几乎是同型号、同品质人，所形成的价值世界往往结构纯粹而单一，只能脆弱地面对现实复杂的洗礼与无情的冲击。阅人无数，往往胜过只饱读诗书，也胜于空行千里。

假期往往也是一个亲友团聚、交流的节日时刻，给予师生与不同人群打交道的难得际遇。与不同阶层、不同行业、不同区域、不同年龄、不同辈分的亲友、同学、朋友、陌生人交流、互动本身，能丰富认知、拓展视野、浓厚情感，能留下生命的鲜活印记、生活的动人信息，岂不有趣，岂不有益？阅人，能从不同人身上汲取人生滋养、动态信息，延续传统和文化、学习规矩和礼仪，岂不更加智慧地面对成长、垒筑起人生的意义，岂不能让理想更加丰裕？

第三，习事。"一切理论都是灰色的，唯生命之树常青。"仅靠读几本烹调名著、食谱大全，绝对锻造不出大师名厨，一定还需要在实践中反复淬炼和洗礼。教育本就该是理论联系实际的。可惜的是，在象牙塔内同一模式下的现代教育，更加注重的是理论推演、知识互动、文本描写，离火热的实践、真实的生活越来越远，实践锻炼不足，生活历练单薄，能力结构单一。其结果是，学校给予的、看上去非常诱人的漂亮成绩单，在遭遇到具体而变化的实践碰撞时，立马被打回到原形、缩回到原样，而被诟病为"高分低能""高学历低能力"！自然，社会就很难满意！

走出学校，知悉社会、适应社会就成了必备的自我再教育。假期恰恰就是一个接触社会、参与社会、观察社会、下沉社会的好平台。春节与家人、亲友的共度就不只是情感的交融，更是从他们身上继承文脉、传承家风、学习为事、观察处事的极好契机。利用假期参与社会实践、工作实习、专业见习，就不只是为了增强自身生存竞争力，更是躬身与社会打交道，在实践中近距离观察事物、学习治事的成长方式，是一种在实践中提高、更为生动的再学习。

假期的有效度过，决定于自律、更淬炼着自律。假期的利用、在假期中的成长，催生、凸显出人的优势与差异！

假期作业

假期，对于绝大多数中小学生来说，等待着的常常不是休息，而是没完没了的补课和作业。对于大学生来说，绝大多数时候却远离了习题作业的困扰，怎么办呢？在不知所措中可能忙于聚会、沉溺于游戏、游玩，不过这些都不是大学放假的真正目的。

怎样的假期作业才更具大学假期的意味？该干点儿什么呢？

第一，亲友团聚，浓厚亲情。大学生离家在校，真正开启了独立生活的新征程，不再依附于父母过日子，经历着外面世界的很精彩与很无奈，在无奈中，时常思念并渴望着父母的种种关爱，在思想上有了几份的独立，在情感上却多了些无尽的思念。与此同时，父母也在调整着与子辈离别后的心理，挂念着在校学习期间子女的继续发展，盼望着子女寒暑假回来在好吃好喝之外，希望面对面地听到子女读书期间的所思、所想和所感。正常行课期间，因为忙于课业，缺少时间和机会与亲友相处、相聚，与父母等长辈也没有像样的言语沟通和真实的情感交流，假期就提供了极好机会。假期团聚，其乐融融，正是向亲人回报恩情、浓厚亲情、慰藉相思的最好时点。此时不报，更待何时！因此，为了避免三天的热络①，大学生首先得以主人翁的态度，深度参与到家庭的建设，积极共建情意深浓的美好家园，编织更加浓密的网络感情，让父母、亲友感受到子辈的成长和上大学所带来的变化。

一是主动多交流。主动给长辈说一说自己的学习、想法、打算，通过好好说、主动听，拉近与亲友间的距离，倾听亲友的意见和观点，充分沟通、交流信息，才能浓厚情感。当然，这也是学习、练习与人沟通技巧的大好机

---

① 超八成大学生放假回家被父母"嫌弃"，怎么破？［N］. 人民日报，2020-01-21.

会。二是主动多参与。除了言语的表达之外，浓厚亲情、表达亲情的最好方式便是积极参与家庭事务，为家庭的发展与和谐出谋划策。利用节假日张罗一桌好饭、策划几次团聚，主动参加家务劳动，给家长当好下手，为家庭排忧解难等，这也是从长辈那里学习和练习生活技能的好方式，可谓是一箭双雕！

第二，感知生活，观察社会。假期恰是亲朋好友大团聚、大交流的好机会，自然也是感知生活、观察现实的最好平台。在学校不是总想着寻找社会实践的机会吗？假期有了这个平台，就不用自己去冥思苦想、苦苦找寻了。亲友团聚，就是一个社会信息的汇聚、社会资源的交流平台。走亲访友，就是一次次认识社会、观察变化的良机。聚会，不只是家长里短、嘘寒问暖，还会听取、收集到各自所从事工作、所观察社会的最真实信息，获得在校园里不能获得的信息与实践。这些来自各种职业、不同层面的信息与观点，才是多彩的生活和多元的社会。

观察与认知，需用自己的眼睛看、用耳朵听，更重要的还要用心观察、体味周围的变化和火热的现实。需要用读书所养成的思考习惯，把学校课堂所学到的知识与所观察到的事实结合起来，从而把获得的一手信息、感触到的社会真实脉动，与自己当前的学习与未来的发展结合起来，调校下一步的人生方向，增强返校后学习的主动性、着力点和紧迫感。

第三，体味文化，回望传统。假期蕴含着传统与文化的强烈基因，比如寒假的一大原因便是因为春节。春节，是我国最重要的传统节日，承载着中华民族除旧布新、渴望团圆、敦亲祀祖、祈年纳福的美好心愿。之所以我们中国人那么看重春节，是因为春节已经成为传承中华文化血脉、传递中华历史传统的最主要载体，是中华文化代代相传、生生不息的最好体现。因此，春节形成了很多有关报祭天地神祇、感恩祖先恩德、祈求新年丰裕的历史习俗。比如，穿新衣、写春联、贴窗花、放鞭炮、挂灯笼、吃汤圆、包饺子、压岁钱、吃年饭、守年夜等，还有很多的庆祝或祭祀活动。比如，腊月初八吃腊八粥，腊月二十四要扫尘，腊月二十五接玉皇，腊月二十七、二十八须洗浴，除夕要贴门神、贴春联、祭祖等。从正月初一开始，要给长辈拜年、走亲、逛庙会、观看舞龙、舞狮等。还有不少民间的俗语，体现了广大老百姓对过年的重视、对春节的祈望。比如，有钱没钱，团聚过年。小孩儿小孩儿你别馋，过了腊八就是年。一夜连双岁，三更分两年。大年三十洗个澡，一年到头身体好。小孩望过年，大人望种田。穿新衣戴新帽，家家户户乐逍遥。

过好传统节日，就是学习、了解传统文化，传承、创新家风、家训、家教，增强民族自信心与文化自豪感的生动实践。作为中华民族的子孙，假期提供了一次继承传统、体验文化、学做地道中国人的实践机会，也是增强家庭凝聚力、强化文化自信心的最好平台。作为学生，在享受处处洋溢着喜庆祥和的节日气氛、参与丰富多彩的节庆文化与民俗活动的过程中，还需要用心学习和切实体会春节所包含的文化意蕴、传统内容、主要程序、祖制规矩、民族习俗、基本礼仪，以及观察、思考春节的时代特点、创新发展等方面。

这些假期作业是否更具有意义？

摆脱假期后的慵懒

人的本性常是懒惰的！即使假期结束了，意识与身体的状态却往往更愿意有意或无意地继续赖在假期中的懒闲状态，打不起精神，不能集中注意力，找不到学习和工作的方向。假期之后该怎样才能够迅速进入工作状态呢？

第一，尽快恢复规律的生活。这是调校被假期生活扰乱了的人体生物钟的最快、最好方式。尽快按照定时起居的方式，安排假期结束后每一天的时间，用规律的时间节奏来调整人体的滞迟状态，便能很快地走出生物钟时滞的阴影。同时，注意饮食的调整，减少油腻食物，清理肠胃，恢复人体系统的正常消化机能，把胃动力转化为身体活力，避免假期后的身体功能紊乱。

第二，燃烧假期积累的卡路里。只有让僵硬的身体动起来，身体才会活起来。避免假期导致的身体慵懒状态最好的办法，就是尽快让身体动起来。到户外去，加强身体锻炼，活动筋骨，舒张心肺，燃烧假期积累的卡路里。改变臃肿的体态，才能恢复身体的活力，释放出身体积蓄的能量，让充沛的体力迎接工作。

第三，搜阅假期遗失的各类相关信息。信息社会，可以方便地通过获得信息来实现信息的对称。然而，由于假期忙于各种应酬和思想上的放松，往往遗漏了不少与自己相关的各类重要信息。进入工作状态的前奏，就是尽快利用包括现代网络工具在内的各种方式，搜索与己相关的信息和专业文献，并予以整理和消化。通过阅读一些理性文章和客观消息，启动自己的思想状态，把自己带入思考的状态——反思假期的各种观察，规划下一步的学习安排。

　　第四，用具体的一项任务来开启正常状态。以一项便于完成、且需要立即完成的任务来开启学习状态，这是进入正常态的最便捷路径。根据新学期的课程任务和自身实际，从要求和具体问题出发，制订相应的学习计划与方案，改进学习方法，拟出行动路线，毫不迟疑地立即动手，用任务驱赶懒惰，开启新的航程。

在线学习能把学生改造成什么样子？

突如其来的新冠疫情把传统学校教育一下子逼上了"虚无缥缈"的网络。突然间，新冠疫情竟然让我们意外地实现了多年来梦寐以求的目标——在家上学！面对师生"视而不见"的上课方式所带来的新变化，师生却都无准备、也很不适应。

尽管有眼涩、心倦、网卡、耗流量等诸多不适应，仍然还有学校的诸多规定，学校和老师也很不放心，"关怀备至"地做出了诸多惯性的、严格而细致的规定。不过，学生仍然惊异地发现：自由啦！竟然可以不到学校，舒舒服服地宅在家里而不是端端正正地坐在教室里，也可以学习；竟然可以没有老师在跟前儿耳提面命地讲授、没有同学热气腾腾地环绕四周，也可以学习；竟然还可以不按照老师安排的学习内容、方式、进度、甚至不听老师的讲课，还是可以学习。学生有了最大的新收获：第一次拥有了可以按照自己的真实意愿、几乎能随心所欲地来安排自己学习的自由了！

不是依然还有学校和老师那么多的管束性规定吗？是的。但，学在外、师令有所不受啊！即使是在平常情况下的学校、教室，在老师的眼皮子底下，要是不感兴趣，不都可以敷衍、搪塞吗？爱听不听，何况是在老师够不着的家里在线上课呢！何来"严格"之说？所以，自由啦！

这要在过去，获得这样的自由绝对是非分奢望，得多难啊！能不到学校、不去教室吗?！尽管对这类自由已期许良久，不过还是感觉太突然，突然得总觉得有一些不习惯、不放心！哪有同学不见面、师生只能在屏幕上隔空比画呢？因此，虽然并不喜欢老师在现场的教、管，还是天天给学校、老师念叨：能不能早一点返校？毕竟，那里才有我亲爱的学胞，还有那熟悉的课桌与要好。虽然不大自由，但规律而友好，关键是还能逃避早就受不了的父母唠叨！更关键的是，我们从小到大早已习惯了到学校，面对面地被老师、同学督导！对于不期而至的学习自由，反而不知道是好还是不好？是该要还是不该要？

不习惯、不知道怎么办？这实属正常！因为旧思维、旧模式与新思维、新模式发生着严重碰撞！在线的教，改变着老师；在线的学，也加速地改造着学生。唯有突破，才有新的成长！所以，与老师所遭遇的一样，疫情也正在加速地改变着学生——成为时代真正需要的"学习者"。

"学习者"？与"学生"有啥区别吗？不就是换汤不换药的另外一种说法罢了，没有什么区别吧？其实，本质上是有很大区别的！怎么理解？

在线、居家学习必须得靠自己！在线学习所需要的条件不一样吧？是不是需要准备上网设备、置备网络流量等基本条件，以及掌握技术、安装系统、了解平台、获得资源、建构空间等软性条件？得靠自己动手吧！充溢着烟火气息的家庭，一定没有在教室上课那样纯正的学习氛围吧？如何营造在线学习与家庭生活相协调、自己与家人不同需要相协调的"课堂"氛围？得靠自己来营造学习环境、调整心态吧！这些都得靠自己！绝对不像在学校，大大咧咧地径直走进教室，即可听课了。当然，这些都还只是一些表面上的自主，还没能体现出最重要的学习自主。

是不是还得需要结合老师的规定或推荐，对海量的学习资源做出自我抉择？比如，当面对海内外著名大学、知名学者、所仰慕的网红老师，以及各种课程平台、精品课程、大量 MOOC、微课、短视频等海量学习资源的时候，是不是既兴奋不已、又一脸茫然，有些不知所措？怎么选择呢？当面对多种媒体、各类平台、不同形式，如手机、平板、电脑，音频、视频、微课、直播，听课、交流等信息化手段的时候，选择什么更适合自己的学习媒体、平台、技术与方式？需要思量和摸索吧！这些都仍然不是最主要的学习自由！

最主要的是：必须自己驾驭学习。没有老师的督促、同学集体学习氛围的感染，在家人的扰动与唠叨下，自己能管控好自己的精力和情绪吗？什么时间学、学什么、以什么方式学？如何把控学习进度？在学习过程中还会碰到意想不到的困难、遭遇不期而至的困惑？都得靠自己想办法逾越，动脑筋克服！这就是自由：没人督促，主要靠自己拿捏！这既是自由的代价，更是自由的前提！这是一种什么样的学习状态？传说中的自主学习、探究式学习，是不是就是这样的？

是的，这就是学习者的学习状态——自我主导、自我激励、内在驱动，而不是早已习惯了的学生的学习状态——他人主导、外部诱导、外力推动！这就是由学生转变为学习者的最基本标识、学习者必备的标准形态：一种主动的而不是被动的学习状态，一种"我的地盘我做主"的自控状态。

有了这样的学习状态，就会主动地寻找前行目标、校正学习目的、修正学习方法、达成学习效果。有了这样的学习状态，便能勇于面对学习过程中所碰到的各式挑战、各样艰难，战胜困苦、化解困惑，才有可能坚持走下去，最终实现目标。有了这样的学习姿态，才有可能培育出未来发展所需要的终身学习素质与习惯，才有可能成为面向未来、走向成功的赢家。

当然，要成为一位真正的学习者，还需要一辈子的努力与坚持，而不是一蹴而就。新冠疫情下在线学习恰恰是一副良好的催化剂，为学生向学习者加速转变提供了良机。抓住天赐机遇，加速自我转变，当然得靠自己！有什么建议吗？

在绚烂中学习选择：我选择故我行。信息社会就是信息的极大丰富。但面对良莠不齐的海量信息、绚烂资源，如何做出适合自己的选择？这是摆在所有人面前的紧迫问题。在线学习的最大挑战是什么？即是选择合适的学习资源与工具，避免迷失于信息的海洋。怎么选呢？

要听从老师的推荐。毕竟，老师是术业的先行人、专攻者，他们对本专业、本课程的发展状况与动态信息掌握较多，对教材、网课等学习资源、学习方式及其学习方法，做了更多的思考、研究。同时，作为长辈，老师的心智与看法也更加成熟。因此，他们所给出的推荐，就更值得信赖。

遵从自己的心愿。自由是什么？不就是自我心愿的自主满足吗？过去嘛，其实是没办法，只能接受外在的安排，听校由命、唯师是从啊。现在，给了自由、有了自由，面对那么多丰富的数字化学习资源，即使有老师的好心推荐和细致规定，仍然可以来一把自由自在的随我所愿。也就是，自己对什么学习内容最喜欢？对什么老师最认可？对什么学习方式与手段最热爱？我就选择什么！反正，自作主张、自作自受，自己给自己一个试错的机会，以好学、学好为原则。即使错了，再改、再变。这不就是每个年轻人都需要的自我探索中的必需经历的吗？当然在学习过程中，也要懂得及时转弯、变向。如果通过自我的试错以及与老师和学伴的积极交流、互动，发现了不当的观念、错误的选择，及时转换航向、调整航船即可。

　　还要探索建立适合自己的学习生态圈。在线学习，不仅仅是与所在学校、所在班级的同步学习，还应该利用信息化的开放条件，扩大视野与面向，建立与不同地域、不同文化、不同学伴一起学习的广阔空间，彰显现代化学习的自主与自愿、信息化学习的多元与互赞。

　　在孤独中练就自律：我必须故我能。学习，本来就是自己的事情，任何外力都只能是辅助性的！如果把这内外关系颠倒了，一旦失却了外力，学习便静止了！学习，都是苦心孤诣、孤独求胜的，从来都不是敲锣打鼓、轻轻松松的。学习是需要自律的，越是高阶的学习，越是需要苦行僧般的自律！当独处一室，在只观其影、只听其声、只读其字而不见其人的学习氛围之下，面对着冷冰冰的屏幕、网络诱惑，还有家庭生活以及环境干扰的情况下，在线学习所需要的自律尤甚！这便是线上学习的长期挑战：保持自律。

　　如果说在没有任何规定、没有任何监督、没有任何催促、没有任何外力的情况下，仍能保持良好状态，主动展开学习，就具备了学习者所必需的自觉、自省、自律。这便是在线学习是否能产出学习效果、是否能坚持到最后所需要的最重要品质！这也是在线学习所能锻造出的最重要人生素养了！一旦，带着自律的品格、自律的习惯进入社会，就会成为优良的公民、生活的强者。

　　自律是什么？自律，就是要能抗拒外界的诱惑。最主要的要抵抗两方面的诱惑：一是，网络上不时跳现出来的各种花枝招展、花言巧语所谓"有趣"信息，危言耸听、危机四伏的所谓"可靠"内幕，还有循循善诱、威逼利诱的"好玩"游戏；二是，家庭及周围环境的干扰，生活安逸的利诱。自律，就是要能抗拒内心的软弱。面对网络干扰、信息诱惑，是否依然能保持定力？稍不留神就让你"两眼昏花""娱乐至死"。面对困苦、打击、失败，是否能始终瞄准"取经"的方向？保持航向，拥有越挫越勇的强大内心。自律，就是要时刻保持生物钟的规律。居家的在线学习，稍不留神就可能被生活的舒适所打败，由着年轻人的性子恣意生长。加之，长时间对着屏幕给身心造成的困顿、疲倦，更容易让生物钟紊乱，无精打采，精力失散，因此规律地生活尤显重要。

　　在坚持中笑到最后：我坚持故我久。行百里者半九十！学习，那有容易二字！学习，其实就是不断克服各种困难、解开各种困惑的坚持。尤其是居家的在线学习，考验、检验是否具备学习者的韧劲与耐力。何况，在线学习最主要得依赖自身的力量、主动的作为！

半途而废是在线学习的最大障碍，持之以恒是学习者的最好品质。坚持，就是一种不畏困苦，越是艰难越向前的韧劲。把困苦当作前行路上对个人品性的考验，把艰难当作人生路上不断成长的磨难。面对困难，不绕行、不退却，便有坚持后的抵达。坚持，就是一种耐得住寂寞，越是平常越向前的耐力。学习就是甘坐冷板凳的寂寞，在线学习更能体味学习的寂寞味道。一旦逾越，莫大收获。

所以，突发疫情的不利影响不但逼迫自己，依靠自身的努力、想方设法地去完成学业，而且也提供了一次自我成长的难得良机——淬炼出不但要好好开头、而且还要笑到最后的品质，铸造出即使漂洋过海、依然坚持冲破重重阻隔"来看你"的恒久耐力。坚持下去、主动学习，就不再是为了躲避疫情的不得已的应景行为，而是人生任何时候都需要的一种最基本素质了。这便是学习的最真实意义！

在反思中获得成长：我思故我在。只要打开网络，便被各种热闹的圈群所围绕、生鲜的信息所困扰。但学习依然始终是狂欢中的"孤独"，"孤独"中独自的狂欢。学习不仅是观看影像、浏览图文、聆听声音的热情交流，而更多的是在"孤独"中不断地让自己的脑子活跃起来，找回自己的孤苦煎熬。这，就是思索！反思才是进步的源泉！

养成反思的习惯，正是学习者的最重要品质。反思，就是回头看看来时的路，以重拾前行的力量。不断地检视自我，反思学习的态度、心理和方法；反思学习心态的调整、学习路径的选择、学习资源的利用；反思学伴的学习心得、自身的学习方式及效果等。通过反思获得经验、智慧，才能不断校正方向，保持定力。反思，更重要的是培养批判精神，形成独立思考的习惯。网络内容五花八门、无奇不有，能否不在人声鼎沸、鱼龙混杂中人云亦云、随波逐流，避免丢失自我？就不能只睁眼看、只带耳听，而不开动脑筋自己学、深度思考，唯有反思的力量，才能磨炼出学习者最持久的毅力，凝结出学习者最深沉的思想。

谁是大赢家？

受新冠疫情影响，学生被迫宅家进行在线学习。往时热气腾腾的校园里没有了学生，一下子显得格外的空落落、轻飘飘，即使是在线仍然举行了威严的升旗仪式、隆重的开学典礼，在线开展的教学也是那么的认真。但是，当问及：学校开学没有？啥时候才能开学呀？面对如此的询问，即便是学校老师，也很难理直气壮地回答：开学了啊！这不，在线教学正在顺利地开展，难道还不能算开学吗？

这样的询问本身就表明：社会、家长、学生依然还是认为，必须回到实实在在的校园里才算是开学了！宅在家里，网络在线教学哪能算是开学呢？或者说，这并不是我们想要的开学状态！

确实，当习惯了与学生面对面的场景、当只能面对冷冰冰的荧屏进行教学时，老师心里总觉得不够踏实，缺乏惯有的底气。于是，才最真实地发现：原来，缺少学生绕膝的教育是没有温度的、是冷冰冰的！原来，学生才是学校最不可缺少的主人、教学最需要的场景！

这意味着：过去我们有所忽视的如此常识，在疫情的大背景之下突然变得如此的清晰而深刻——学生，唯有学生才是举办学校的最根本目的！赢得学生、赢得学生的微笑，才是教师、学校工作的目标。没有学生，教育便失去了一切！学而不是教，才是教育教学的任务中心，建立方便学习、促进学习、支持学习的理念、平台、机制才是学校教育的首要任务。

疫情不但让学生在教育、在学校的醒目地位如此一目了然地凸显了出来，而且让学生第一次有了新的收获——拥有了更多的学习自由，并开始明白：原来，学习并不总是被安排的，也是可以自作主张的。

自己可以选择学习安排。尽管学校、老师对教学仍然与平常一样，惯性地做出了详尽安排，但是学生发现，脱离学校、老师的视线之后，自己还可以根据自己的实际状况，对学习做出自我调整，自己规定自己的学习时间、内容、方式与节奏。在线教学突破了时空限制，无论何时、何地，只要有强烈的意愿与自觉，学生自己都可以启动、重启、再启学习，可以通过回放等技术功能，反复地学习、细细地思考、认真地琢磨，直到学懂、融会、贯通，自己做学习的真正主人。

自己可以选择老师。尽管学校仍然为学生指派了任课老师，但是因为在线学习的灵便、网络学习资源的丰富，技术条件给学生以极大的自由选择空间。如果学校所安排的老师不是学生的"菜"，学生便能更方便地转换、调换"频道"，移情他恋，拜众多各类优秀的网课老师为师，从其他渠道点播更加可口的"菜"，把学校硬塞的"菜"晾在一边。或者，搞起了多种口味的搭配，让口感与胃口混搭，与消化能力契合，实现营养的多样化。

自己可以选择学习内容。尽管学校和老师依然按照既定的教学方案和进度，设定了必需的教学内容，但是学生却可以按照自己的意愿，通过网络，摆脱老师对内容设定的束缚，选择更符合自己兴趣与基础的学习内容，延展学习范围、深化学习理解。或者，在主体学习内容之外，上下左右地延伸，对学习内容进行拼接、链接、融合。

一旦学生拥有了选择学习的自由，学校和教师便被迫成为学生的选择对象，就必须围绕学生的需要提供更具竞争力、更适切的教学服务了。这些是不是能让学生最受益、让教师最受"罪"呢？——切实体会到"以学生为中心"对于学校教育的极端重要性。因此，构建以学生为中心的学习体系成为今后学校教育最紧迫的任务！因为过去，我们太把学生的到来视为理所当然了！因而，一度偏离学生太远，编织了太多看似绚烂、实则没太多有用的故事，制造了很多看似实锤、实则虚幻的数据。因为过去，虽然"以学生为中心"的喊声此起彼伏，实则一切"以教师为中心""以管理为中心"，把方便管、将就教放在了首位。因此，学校教育放肆地注入了过多的功利性因素、行政性因子，过度地把办教育演变成了对各项指标的追逐、各种数字的拼凑、各种功利的交换，时常对学生视而不见、充耳不闻，越来越偏离了学生健康成长这个最根本的目标，失却了教育的育人本质。

无疑，疫情让学生、学习突然显山露水，得以关注！无论信息化设施如何现代、教学资源有多么丰富、教师教学有多么认真，如果没有"视而不见"的学生及对其的认可与关注，教育有何意义？教师的学术何能彰显效果？学生能不逃离？于是，增强学校教育对学生的黏性——围绕学生、吸引学生、留住学生——成为衡量学校教育成功与否的唯一标志。围绕学生丰富而健康的成长、围绕学习有效而生动的开展，从围绕教师的教转向围绕学生的学，建构学校治理、学习生态体系，成为学校教育最迫切的命题。

一旦，传统的体制机制牢笼被攻击而露出了破绽，时代的浪潮就会卷起千层浪，再顽固的体系亦能被撕开口子，让学生享受光辉，持续受益、受益终身！与此同时，时代对学生的改造及学生的自我改造也最真实地开启。史无前例地，学生可以如此近距离地、真实地触摸并感知自己学习的温度——真实地认识到学习竟然也是自己的事情，而不是被老师、家长安排好了的、不得已的事情，必须通过自我探寻的方式去认识学习、把控学习，才能真切地达成成长的目标。

这种主人翁的角色转换，会极大地激发学生对学习的投入热情，改善学生对学习的认知，尤其是在端正学习态度、改进学习方法上，发生更积极的变化，从而提升学习效果。这种对学生的改造，将更有力地塑造时代大潮洗礼后所需要的学习者，为开创更加美好的学习社会创造有利条件、奠定有力基础。

当然，学生是否能把握疫情提供的契机，更自觉地进行自我改造、更自律地进行持续的自我塑造，直接决定着自我成长的结果。如果把握了契机，学生一定能从中受益。

第三篇 · 出大学

当大学生变成了普通劳动者

　　大学生一度被视为"天之骄子"，荣享着"皇帝女儿不愁嫁"的优厚社会地位。可是，今日之大学生的境况却已生变：走下了圣坛，进入寻常劳动者的行列，也为毕业"出阁"——找到婆家，尤其是嫁入好府邸——而发愁了。大学生怎么会遭遇如此之变故？原因何在？

　　第一，国家发展了，大学生也就多了。今日之大学，实施的已经不再是精英教育，大学生已经成为普及性高等教育中那普通的一员。2020 年，我国高等教育毛入学率已超越 50% 这个门槛，步入了高等教育普及化发展阶段。也就是说，在大学教育年龄（18～24 岁）阶段的人口群体中，已有超过 50% 的人正在大学校园里享受着读大学的权利！另外的 50% 实际上也接受了高中（包括中职）教育。大体上，每年全社会新增加劳动力中就有约 50% 的人是接受过大学教育的大学毕业生。所以，2021 年发布的新增劳动人口接受教育年限大大增加，平均达到了 13.8 年[①]，即新增劳动力受教育的水平已经进入高等教育阶段，平均接受教育年限大体达到了大学二年级。

　　对于社会来说，这当然是一个了不起的进步。但是，对于大学生来说，就得有一个最简单的常识：物以稀为贵！大学生由改革开放初期只占百分之几的比例，放大 10 倍以上到了百分之几十之后，其含金量自然就大大地被稀释了。如果再加上，国家改革开放这一利好所提供的丰富教育选择机会，不少人已通过购买海外教育资源成就了大学教育梦想，每年有几十万留学生学成而归，加入毕业生求职的行列，就业队伍当然变得更加浩浩荡荡，"天之骄子"就变成了普通劳动者了。

---

　　① 教育部：我国新增劳动力平均受教育年限达 13.8 年［EB/OL］. 光明网，2021-03-31. https：//m. gmw. cn/baijia/2021-03-31/1302201100. html.

　　第二，时代高速变迁，社会变得挑剔了。对于用人单位来说，可供选择雇佣的对象多了，大学毕业生被"婆家"指指点点、挑来拣去也就不难想象。不过，社会染上的挑剔富贵病，还不只是因为可供挑选对象者众多之后的眼花。更重要的是，时代加速的迭代，地缘政治、社会结构、产业演进、技术变迁等模式、业态、样式也发生着裂变、升华，社会对大学毕业生的能力、素养不再只是轻信于大学的一面之词而来者不拒了，更倾向于自我内在需求的满足、独立的体系性辨识与诊断，向大学及其毕业生提出了更高的新要求，期待大学及其毕业生能输入结构转换、技术升级、共同孵化的"新数据""新算力""新资源"甚至是"新动力"。社会所祈求的也不再只是顶着大学生光环而华而不实的大学毕业生，而是具有催生变化、产出竞争力、赢得生存期待且货真价实的新型劳动者。

　　如果大学生、大学仍岿然不动、依然故我，当然一定不会受到待见。不要说，在经济下行压力加大、就业形势复杂严峻的背景之下，大学毕业生找工作深感困难、大学深被刺痛，即使是经济形势好转、就业状况改善了，大学毕业生的就业仍然难以重温一毕业即被抢走的昔日美梦。大学及其毕业生接受市场的激烈洗礼甚至无情淘汰已在所难免！大学毕业生不得不正视就业难的恼人尴尬，大学也不得不接受其毕业生就业市场竞争的急迫压力。

　　"优胜劣汰，适者生存"。在时代巨浪翻滚的冲刷之下，必须做出改变。

　　首先需要改变是，大学生必须主动改变其就业期望和学习状态。高等教育普及化意味着大学生必须更加理性地降低就业期望，放下臆想中的高贵身段，主动躬身接受现实的无情检验，才有可能获得进入社会的"发言"资格。如果一味地抱着精英时代的老观念，死磕高薪、舒适、稳定的单位、"钱多事少离家近"的岗位，宁可等就、慢就、懒就、不就（业），也要等待理想岗位的降临，以观望、依赖、躺平，梦想着"金蛋"幸运地砸中自己，其结果恐怕只能是越来越远离社会现实，必陷被动，跌入陷阱。

　　当满大街是大学生的时候，读大学一定不再只是为了光宗耀祖的那份脸面，更不是轻松地混一混拿到迈越社会门槛的那纸文凭，更重要的是为了获得进入社会、能够接受市场挑拣的硬核竞争力以及与时代共舞的发展潜力。读大学，获得的也就不仅是一种资格、一段阅历，而更是思想锻造、能力提升的艰苦跋涉，具备适应社会、接受社会挑战的竞争勇气，以及进入社会的胆识，改造世界的情怀。当然，读大学就一定不能享受传说中的那种逍遥，而该是更多的自我激励、更充满激情的持续努力。

当然，大学必须重视观念的更迭和模式的改造。大学不能在身子进入普及阶段的情况下，却把脑子留在精英教育的阶段，继续孤芳自赏地满足于"象牙塔"中的自娱自乐，需要以更大的力度向社会开放，借用社会的力量推动自我更新。培养大学生，当然也就不能只按照自我传统——知识的逻辑、学科的思维、教师的需要——来闭环地孤芳自赏，需要倾听社会的声音、引入问题导向，借助产业的升级、问诊时代的变迁，融合多学科、多主体、多方式的需求与力量，形成更具个性、更具创新、更有指向、更加包容的教育理念、模式与机制，才有可能提升大学生培养的针对性和有效性。

大学的变革不仅是外部高压之下的被迫行动，也是教育发自内心的对毕业生高度负责、与社会充分互动、创新求变的可贵精神，主动地变革大学办学模式与机制，改组专业结构、改造培养方案、重构教育过程，才能对接时代、适应发展，增强人才培养的针对性和响应能力，提升办学效能。

对于社会来说，对待大学毕业生的用人观亦需做出调整。在高等教育普及阶段，大学毕业生更多的只是知识型的普通劳动者，是仍需继续培养的普通新员工，有待在实践中摔打的潜力型人才。显然，社会不能袖手旁观，用人单位不能简单而轻率地把丰富的实践经验、过硬的专业本领作为选聘大学毕业生的前提，更不能妄想聘用的大学毕业生即是技术的熟练能手、利润的套现工具，即能带来实质性改变的神童、仙丹。用人单位也就不能以"摘果子"的姿态来对待大学及其毕业生，更该责无旁贷地担负起对新型劳动者的合力培育、再造的社会责任，在大学生的实习、实践、培育中持续辅导、扶助、赋能，让大学毕业生在实际的工作历练中把知识转化为共同成长的动能、共同发展的效能。

劳动变奏曲

劳动，人类进步之源泉，亦人安身立命之根本。因此，劳动才备受尊重；如此，劳动才备享荣光。劳动创造了人类！一直以来，劳动才更主要地表现为有形四肢的协同作业。所以，孔夫子才把"四体不勤"与"五谷不分"紧密地关联在一起。看得见的劳动，便成为劳动的最基本形态，其成果才有形可观测、有量可计算。

勤和奋如何衡量？似乎很容易，只需看劳动所持续的时长、劳动所获结果数量之多寡。以此为依据，依照成本效益、数量效率的法则，形成并固化了系统性的可计算、能度量的所谓最具客观性的社会生产制度、社会运行机制、社会生活伦理，才有了我们如此习以为常的每天 8 小时、每周 5 天工作制等现代劳动制度、考勤规范、稽核方式，牢牢地把我们套在了体制性的系统、规范化的制度之中，动弹不得、自由不了；才有了我们如此渴望的周末、节日、假日等强制性休息机制、休闲法规，才让我们有可能规避无休无止的"996"、无休无眠的"白加黑"、无止无境的"5＋2"。

无论是更远的农业社会，还是稍近的工业社会，皆以据实计量来提升劳动效率的社会生产与分配机制作为最底层的治理逻辑，确保社会秩序尽可能公正地运行。因而，实行差别化计量劳动成效的泰勒主义应运而生，并大行其道，被套上了"摩登"的流行色彩外衣，被推崇为"科学"管理。进而，有了适应并推动大工业生产的福特流水线不舍昼夜地自动而全速地运转，活脱脱地催生了一个我们称之为现代化的炫彩世界。再经过不断完善，精致到了"科学"的程度，现代社会才有了如此高效率的运行、可持续的发展。

以至于，每一个人都被精细地划分为社会大机器中那一颗颗参与专业化运行的小螺丝钉、毫不起眼的小部件，只能在高速运行的各种社会链条中遂行着各自越来越专业、也越来越狭小的不足挂齿的细微任务。即使相互没有近端的血脉关系、浓稠的民族渊源，但彼此却都成了比具有血脉关系、宗族渊源更加有力的命运共同体的那一分子，彼此都是全球村中高度关联的攸关节点，实实在在地谁也难离开谁，形成了以地球为平面而展开的诸多产业链、供应链、价值链、人才链等塑造社会、栓链个体的生态链条、关联圈层、相关体系、关系机制。这既为每一位劳动者提供了生存的依靠、生活的舞台、展示的平台，也把每一位劳动者紧紧地拴在了链环、困倦于圈层、封控在平台，高兴得动弹不了，幸福得无能为力，娱乐得不能自已。于是乎，专业化、有形化的劳动成为现代社会彼此生存的常态，成了维系各种链条、不同圈层、不同平台的有形动力、制度依赖、机制习惯。

然而，这种局面正在发生着前所未有的深刻改变！

知识就是力量，科技作为第一生产力充分彰显了知识的价值。无形的知识正在快速上位、跑步入场、伫立中央，成为劳动越来越主要的无形工具、劳动者越来越倚重的隐形资本、竞争越来越不能或缺的力量。一直以来，我们所担负的那些简单、可重复的机械式、体力性的无趣劳动，正在转移给我们创造出来的那些机器、那些越来越聪明的机器人。人类自身的劳动正在快速地收缩身体四肢的运动范畴，迅速延伸肩上大脑的想象空间，扩充内心精神的活动领域，人的体力被极大的解放，脑力正在获得更大可能的释放。

知识赋能的劳动，变得越来越动态、越来越模糊、越来越隐形。知识化的劳动不再只能依赖于劳动时长的简单度量，其复杂的程度更不容易量化。知识正在消弭劳动与休闲的分离、消散劳动与懒惰的区分、消化劳动的眼前功利与长远可持续间的界限。劳动，在地点、时间、形式、模样上，变得越来越看不清楚、难以检验，呈现了多样化、灰色化、模糊化的新特征。

随着知识产业的兴起并高速泛化，劳动愈发地知识化，劳动成果的知识化含量愈发浓厚。知识正在让劳动突破流水线的桎梏，展开不可丈量的无形翅膀。劳动专业化分工的流水线正在蜕变成交融式合作的个性化组团。劳动正在变得越来越难以依据时长、显性成果的数量予以精确地计算、准确地计量。与此相对应的劳动形式、分配机制、组织模式、劳动制度等基本社会治理、基本生产关系都在发生着颠覆性改变。

知识化的劳动成果也不再只是依赖数量多寡的筹划，更加看重的则是知识创生的锐度、知识运用的广度、知识思索的深度、知识拓展的陌生度。从而让我们进入一个创造比继承更加重要的时代，一个中老年人不得不俯身向年轻人学习的新时代，一个师生共同学习的陌生教育模式。知识化劳动成效很难只是依靠政府的考核、市场的力量、公众的判断，越来越注重的是思想的引领、价值的塑造、技术的迭代、未来的牵引、伦理的追问、想象的空间等越来越看不见但又活生生的无形影响。从而，让我们进入了一个心理慰藉比物质短缺更加稀缺的社会、一个诗与远方牵引着眼前苟且的境界。

基于量化的社会效率运行机制正在随之发生着机制性变革。我们习惯了的劳动效率不再仅仅是衡量劳动成效的唯一指标，甚至不再是主要指标。劳动效益，尤其是长远的而不只是立竿见影的、可持续的而不只是一锤子买卖的、个性化的而不仅仅是社会化的劳动效益，正在成为劳动目标的主要导向、劳动者生存的主要支撑。

知识化劳动得以持续地获得有力支撑，主要得益于教育的普及化发展。教育，越来越成为一个关乎知识化社会能否持续获得强大力量的不竭源泉。然而，建立于专业化、流水线工业生产的现代教育不再能主导劳动之变奏，唯有转型发展，才有可能为知识化的智能社会提供可靠的支撑。过去那种依照专业化分工、画地为牢的知识传递模式将难以为继。基于既有劳动经验、知识累积的教育链条正在断裂并重构。

一直以来所依赖的基于知识、基于传统、基于教师、基于考试、基于升学、基于实用的教育模板更受劳动者质疑、更被社会诟病，变得越来越靠不住。而基于问题、基于想象、基于好奇、基于个性、基于圈层、基于闲逸的知识创造、思想分享、情感交流、伦理塑造的教育模式、知识供给、学习样式越来越成为主流，而备受劳动者渴求、更被劳动者追捧。作为劳动者，唯有始终保持渴求知识的欲望、探求知识的好奇，不断提升持续创新、终身学习的能力，才有可能保有可以劳动的资格、具备能劳动的能力、不被替代和淘汰的可能。

知识已是最主要的劳动资本。劳动者高度依赖知识，教育就该催化知识。知识化的劳动，正在推动着社会化的制度迁移。劳动的变奏，正在催生着教育的系统检修。劳动知识含量的提升，正在紧逼着劳动者要勇于面对知识、快速获取知识、敢于创造知识。

无劳动阶层正在以惊人的速度呈现

劳动光荣！但，在信息化、智能化的时代，劳动正在发生着深刻变化，让今天的劳动看上去越来越不像是在劳动，而更像是在充满生活气息里的休息、休闲，似闲庭信步、无所事事。原因是：劳动已有新花样。

劳动越来越可视化。随着数字技术和网络技术的普及，移动终端的贴身紧随、物联网的敏锐感知，万物互联、万人互动。每个人的劳动都变成了没有脚本的直播，随时随地被送入云端。不再只是对同事、伙伴的现场展示、记忆存储于大脑，而可以被毫不知情地感知与计算、刻意为之地远程围观与评判，更多地自动存储于不知所向的云网、终端。不管是否愿意，每个人的劳动都已经被分解成了跳动的字节、逻辑的代码、流动的音符、有趣的视频，转化成了可以智能化处置的信息、可视化的数据，随机地记录或被记录、智能化地推演或优化、精准化地运算或重构，有意地利用或被利用，数字化且适时地展示在所有感兴趣的个人、组织、群体和大众面前。

直播，已不再是广播、电视等公众媒体职业主持人的专业性工作，正在成为一种大众化、娱乐化的劳动生鲜。劳动正在变得可游、可居、可算、可视、可赏，犹如游戏一款、影视一出。风靡的各种视频、直播带货、在线教学、可视化生产、透明化生活等实时上传的现场感十足的新鲜劳动样式，以铺天盖地之势，生猛扑面，"抖"动入场，向我们展示着劳动的好用与好看、好嗨与好玩。

可视化，正在由被动的展示，向主动的展播转变；正在由生产的全场景展示，向生活的全过程展现转变；正在由组织化的大规模集中展示，向圈群化的小范围分散直播反转，把劳动变成了充满戏剧化、设计感、社会性、生活圈的工作、娱乐，聚会、论辩，交流、休闲，多形式的混搭、跨界化的生命历程展播、展现，很丰富、太多彩、还动感。

可视化，意味着劳动不再仅仅追求机械化、重复式运动的直接结果、结局或终点，而变成了可记录、可计量、可分析、可观看、可优化的全息式过程画卷，充满着人与人的互动、人与物的互通、物与物的互联，让世界成为一个真正相互依存的生态化玻璃方舱，逃不脱、躲不开、有回甘的灵性溢满。

劳动越来越个性化。自工业革命以来，劳动所追求的是效益至上、效率优先，崇尚的是规范性、标准化、流水线，我们已司空见惯。劳动者呢？

劳动者，成了生产线上一颗了无生性的"螺丝钉""零配件"，只需要按照规程，机械地完成指令、模式地进行动作，即可实现劳动价值，并获得相应的酬劳。劳动充溢着单调的机械性、重复性体力活动，劳动成了祛除个性、缺乏个性的"照章办事"。于是，人越来越像机器，只需要每天扮演好一枚"螺丝钉"。劳动之目的，也更多地只是为了生产，成为不得已的为生存的劳作，人生阶段与时间被生产与生活残酷地分离、无情地阻隔。人们活动的空间布局，也因此有了生产区、生活区、学习区等人为的区划与功能化的围栏。

然而，随着信息化与智能化对人类活动的改变、改造和改善，同质化、程序化的那些人类劳动，正在被分解成可机械化运作、可智能化执行的代码一组、字符一串、算法一个。于是，人被越来越像人的机器及其职能所替代，人类再一次在体力与智力两个方面都获得了深度解放、深刻释放，正在实现由"劳力"向更高级的"劳心"层次跃迁。

随着人类劳动的空间与时间被机器越来越在更大程度、更大范围的挤压，产品的同质化被个性化所替代，生产的规模化被小型化所分解，劳动渐次地充满着人性的滋润、个性的张扬，再次勃发出生命的曙光。于是，劳动不再只是社会化、公共性的，由仅仅满足生存的需要，开始更加紧密地拥抱、链接生活，模糊着学习、生产、生活严格分割的人生分段、时空界限、地理阻隔，推动着劳动的社会意义与个性价值实现场域统一、时空融合，让精神亦充盈着力量、生命赋予了尊严。

于是，劳动在体现集体利益、公共价值的同时，越来越注重与自我兴趣、个人追求的深度内在耦合，在个体理想的满足、自我价值的彰显中，合力地滋养着人类共同生活的生态气场。因此，在洞藏未来无限希望的年轻人身上，既看到了他们个性化的不羁、想象力的不驯与创造性的不服，洞见到他们社会化的创新、时代化的担当与未来感的锋芒。

劳动越来越智慧化。知识的力量、科技的生产力让劳动知识化、知识劳动化，劳动科技化、科技劳动化，越来越成为世界运行的模样。劳动的知识含量、劳动的科技含量，不再仅仅指称工作上的所谓"高精尖"、生活中的所谓"高大上"，而变成了越来越世俗化的技能、越来越生活化的日常。"傻大粗"的劳动空间已经并将继续被压缩，正在被"聪细精"的劳动所替代，缺少知识含量、缺乏科技感知的劳动正在让位于越来越万能的机器，而丢失了既有的市场。一方面，虽然说传统劳动被机器替代是对人的极大解放，但另一方面，又对人的发展提出的要求更加"高大上"。

人自身的高大上来自哪里？似乎，主渠道只能是教育。于是，催生了对教育的美好期待、生发出对教育的无穷企望。哪怕砸锅卖铁也要上学、再穷也不能穷教育、不能让一个孩子掉队，成为一个时代迈步未来的最强呼声与共同趋向。唯有接受良好的教育，才能获得劳动的资格、累积更好的劳动素养。教育、良好的教育、更好的教育，不再只是一个人、一个家的愿望，更成为全社会的最广泛努力、全人类的最趋同志向。

一方面，劳动的知识化让社会对教育阅历与学历的要求越来越高，人接受教育的时长超越了惯常的想象，以至于接受教育也成了人生劳动的有机组成、有生力量。另一方面，劳动的学习化贯穿于劳动全过程，需要每个劳动者都必须持续地提升学习能力，以时时接受新知识、处处接纳新技术、刻刻实现新改变，让劳动与学习水乳交融、劳动与学习互为伴娘。

这还不够！劳动，还须创造。劳动成为与不断创新、积极创造相伴随、相伴生的一种生命历程。否则，稍不留神，人的劳动不是被同类所挤兑，就是被越来越聪明的异类机器所追抢，成为被时代巨浪率先掀翻的那个对象。正因为这样，一方面，年龄、性别、种族等区分劳动高下的标尺正在快速地消失；另一方面，劳动的两极分化现象又以惊人的速度出现——要么劳动、要么出局——成为一个值得高度关注的社会现象。

能劳动者，都是那些具备良好学习能力、创新能力的劳动者。无劳动的出局者，正是那些不善于学习、跟不上时代变化的"无学者"。因为适合"无学者"能干的"无知劳动"的供给正在以惊人的速度递减，无劳动阶层以惊人的速度累积起来，令人惊慌。劳动，越来越充满智慧、越来越需要人性的主张。这，充分调动着人类的神经元高速地进化与滋长，唯有那些善于学习、凝结智慧的劳动者，才能守住人类作为最高等级动物的至上与荣光。

劳动越来越情趣化。正是因为越来越个性、越来越智慧，劳动才逐步走出了呆滞、木讷，规避着缺乏生机的机械模样，开始恢复自带的生命气韵，回归充满情感、富有趣味，步入自然而然的生活气场。劳动的形式不再刻板、单一，越来越丰富、多样。劳动的内容不再固化、单调，越来越变幻、多彩。劳动的过程不再枯燥，越来越充盈着趣味，满载着美好憧憬与无尽的想象。

生存，不再仅仅是劳动的被动选项。好玩，成为劳动追求的目标；有趣，更是劳动努力的方向。这就是为什么没有情趣的劳动，即便是体制吸引、待遇丰厚，也越来越不受年轻人的待见，甚至鸡毛一地，还不知原因何方；这也是为什么不好玩的劳动，即便是发展可期，也越来越不被青年人追捧，甚至一言不合，即刻就改弦更张。

技术正在推波助澜时代的巨浪，让年轻一代所追逐的劳动新模式、劳动新业态，一日千里、翻新花样，层出不穷、势不可挡。但愿，都别落下！一起分享劳动成果，共享劳动荣光！

创业的可能

　　随着信息化社会的深入发展，智能技术的成熟运用以及高龄社会的到来，未来将是一个全体人类、全生命周期的劳动结构、就业体系，同时也将是一个人类与智能机器融洽相处的新型劳动模式。面对这一全新的社会体系，作为人，不得不思考：未来的劳动与就业形式。一方面，如何与智能机器竞争与合作才能避免替代；另一方面，如何与人的同类竞争与合作才会避免淘汰。

　　遗憾的是，正是因为信息与智能技术日益走向成熟并广泛运用，过去我们业已熟悉的那些简单、可重复的技能性、技术性、体能化劳动，以及记忆性、可复制、可继承的知识性、逻辑化劳动，正在交由机器完成，变得轻而易举、轻松可及！突然，那些熟悉的行业、岗位正在迅速地消散，而一些不熟悉甚至陌生的行业、岗位却正在汹涌地出现。第一次，人类必须思考：我还能干点啥？还有什么可以干？

　　创新工场董事长李开复讲："有两个工作是人工智能无法取代的，一个是创造力，一个是同情心。"[①] 如果这一说法没错，那么，这是否意味着步入前智能时代的我们，必须具有与前时代谋职所需要的不一样的创造力？或者说，没有创造力的人还不如机器，因此就不具备基本的劳动能力？从而，人人创造正在成为后时代的普遍现象，也将是每个人的工作与生活习惯。与此同时，我们还要面对人类历史上最大规模的 80 亿同类，必须与人类自身和谐地相处！

---

① 创新工场董事长李开复：有两类工作人工智能无法取代人类［EB/OL］．澎湃新闻．2019-04-25．https：//baijiahao.baidu.com/s？id＝1631774794021191505&wfr＝spider&for＝pc.

正是因为人工智能的出现并大规模运用，人类相互间的需要也正在发生变化。过去理所当然的需要，正在由机器、人工智能等来满足！那么，人类相互间的需要又是什么？又该由谁、通过什么样的方式来满足呢？

数万年以来，人类在面对来自大自然的严峻挑战时，个体或小团体总感势单力薄，必须以抱团取暖的方式，进行高度聚集性的劳动协作，形成相互支撑、互为依赖的生存关系。因而，劳动成为美德！然而，机械化、智能化让人类开始从聚集性、互撑性的团队化体力劳动走向了分散化、知识化又集团化的个性智力协同、情感链接。逐渐地，繁重而无趣的体力劳动几乎都能交由不知疲倦的机器来完成，因而体力也就变得越来越无足轻重了；相反，那些智慧型、精神性、情感类的生活联通、心灵沟通却变得更加的举足轻重，成为更重要的新需求。

因此，我们过去熟悉的那些工业化的专业性分工、重复而单调的劳动密集型业态与岗位，人类相互需要的、体力服务的劳动和岗位正在迅速消失，而不那么熟悉的人性化、非组织化、零散的、全球化、链接性的劳动、岗位及其网络正在突破时空、体制，不断地跨界涌现。即使是惰性使然的懒得改变，我心依旧地甘愿为他人打工，期待以逸待劳地继续成为一名体制性、组织化的从业者，这样的情况也开始变得不妙——这类岗位与行业正在离我们而去，而新的岗位与业态又还未成熟到让我们能舒舒服服地就业。从而导致：一方面，我们熟悉的劳动形式越来越少，市场解雇我们；另一方面，正在到来的要么我们干不了，要么还没有成熟到让我们按部就班地去干，市场渴望我们。这便是当今就业难的最实质原因，也是常说的"无业可就、无工可打"的深层机理。

这两大方面都同时指向：就业组织、业态、岗位正在迅速地此消彼长——未来的劳动将不再是简单的继承性、组织性就业形式，而将是充满显明人性特征的创新性、非组织化创新创业——创造与创业将成为未来劳动的最基本形态。

提起创业，首先想到的是当老板、想到公司等组织化平台，因而总觉得高大上、充满艰辛。似乎，那只是少数人的事情！有必要人人都去创业吗？确实，创业如冒险，充满着各种不确定性。似乎，不该是所有人都去干、都能干成的事情。然而，扑面而来的智能化社会，正在改变着创业的方式与生存的形态，给每个人都提供了创业的可能机遇，让每个人都可以利用信息化、智能化的技术手段或平台，轻松地玩转创业，成为非组织化的、自我雇佣的或合伙式、链接制的灵活个体户、灵智创业者，而不再仅仅把受雇于组织或老板视为唯一的劳动形式，开启了人人都须拥抱创业、人人皆能创业的新劳动时代！

　　什么是创业？与就业有什么不一样吗？当揭开那层神秘面纱，创业实际上很简单！创业，就是针对需求而发生的、满足需求的过程。也就是说，有需求，就一定有创业。只要去满足现实的或潜在的需求，就是在创业。是不是很简单？找到需求，就能开始创业！

　　需求，在哪里？需求，一定是围绕着时代的进步和社会的变化而发生、发展的。大体包括三个方面：尚未得到充分满足的需求，尚未得到更好满足的需求，尚未得到满足的潜在需求。

　　针对尚未得到充分满足的需求，主要解决数量不足的问题。创业的重点就是扩大再生产，在数量上提供充足的产品与服务，让每个人的不同需求都能得以满足。在这方面，工业化大生产的思路已经成熟且富有成效，一直以来，我们都在这么做。比如，摊大饼式的复制、模仿、连锁，满大街、满世界地办厂、开店。这属于传统的、规模化的再生产、扩大服务。将来，我们依然需要这类创业，因为人的刚需还在那里。这类创业的门槛相对低，起步也容易。但是，因为业态、模式的成熟，其竞争性也就越来越激烈、发展性或成长性会被大大压缩。自然，其存在感与可能性也就变得越来越不容易放大，而且也正在被新模式替代。因而，尚未得到更好满足的需求就成为必然。

　　针对尚未得到更好满足的需求，解决的就是品质问题。也就是针对现实存在的需求，实现提档升级、高质量发展！改变简单的延伸式思维，蹚出与竞争者不同的路子，在质量和内涵上下功夫，实现差异化、高质量的竞争。因此，创业的重点便是运用新技术、开发新技术、创立新模式、打造新业态，以"新"来实现更高质量地满足现有的实际需求。这便是正在出现并大力倡导的创业方式——通过改善供给侧，把产品、服务做得更好，闯出新意、提质满意，让消费者有更浓烈的获得感、满足感。然而，现实的需求是有限的，也容易被竞争者抢占，而潜在的需求是无限的，且市场更具成长性。

　　针对尚未满足的潜在需求，就是围绕社会生产和生活的变化，预测未来的发展，开发新的需求，推动潜在需求的不断释放，让人类获得新的、更自由的满足。这类创业，代表的是知识的价值与智慧的力量，利用的是高新技术与人类的好奇与想象，开发或拓展的是未来的市场空间，满足的将是明天的需求、后天的渴望。虽然其不确定性更大，但是市场成长空间也更大。因此，这是更高阶的创业，代表的是未来的走向。

所以，创业的重点不在业，而在创！创，重点是什么？就是面对今天需求中依然存在的问题或常说的市场痛点，创造性地尽可能在明天能实现更充分、更高质量的满足，同时开发出新的需求，满足并服务后天的潜在人性化需求。因此，面向未来的创业活动，重点将在两大方面发生：一是，推陈出新，即创新；二是，无中生有，即创造。

推陈出新，就是站在前人的肩膀上，对已有技术、产品、服务、业态、样式予以改造、升华、延伸，在性能、模式、业态上升级换挡，做出新意、走出新路、赢得市场。站在创业的角度来说，就是运用、整合存量的各种资源与技术，更好地满足人类的某种现实需求。

无中生有，就是把当前没有的技术、产品、服务、业态、样式智造出来、创生出来，是对世界进行有意识的探索性、创造性劳动，是从 0 到 1 的创生性成长。站在创业的角度来说，就是开发出更好满足人类某种更高层次需要的或者开发出人类某种潜在需要并予以满足的动态过程。因此，创业不是继承性、现成性的劳动，而是创新性、创造性的就业，是对现有行业、岗位的改组、改造，也是对未来行业、岗位的创新、演化。

创业的本质是针对市场，尤其是明天的市场，并通过市场获得收益。创业，不是简单的重复，而是富有新意的发展。创造的本质是针对发展，尤其是明天的发展，通过探索，满足获利的欲望。越是重大的创新、创造，对现有体系和市场的冲击力就越大。所以，创业既是为了避免无业可就、无工可打的尴尬，更是为了不被替代、不被淘汰而采取的一种自我保护、自我救赎、自我再造与自我升华。必须指出的是，创业充满着探索的艰辛和前景的不确定性，需要创业者有极强的信念与激情以及必胜的意志与胆识。不过，人类本就是在探索欲望与逐利的驱动下，从无到有、从有到多、从多到好的推陈出新！只是在过去数万年间，这一过程的发展速度、推进质量与信息化社会相比，要缓慢得多、简约得多。

从这个意义上说，人类的创新创业活动一刻也没停止过，创业者一刻都不孤单！人类所累积的精神与智慧依然可资借鉴，从中获得给养，仍可为今天人人参与的创业劳动增添更强大的精神力量。即使这样，创业依然是失败的故事远比成功的案例多得多的探索。因此，为激励、鼓励人人创业，让创业成为每一个人的日常习惯，让创业成为社会生产生活的常态，须营造一种宽容至少是不讥笑失败的社会文化与心理！只有这样，才能让人类自身在不断创业的劳动过程中走向成熟，实现人类自身的不断升华。创业就必须正确地面对失败！过去我们一直喜欢过多地褒奖成功而忽视了对失败的包容与运用，过度地颂扬一夜暴富的成功，功利化的文化与心理氛围依然浓厚，缺乏一种宽容失败、扶助失败者、从失败汲取智慧的制度土壤与舆论环境。

其实，唯有诸多的失败，才能创生出更伟大的成功！包容失败、褒扬失败也是成熟人生和理性社会的必然。向失败的、成功的劳动者一并致敬吧！

毕业前夕

总说"毕业遥遥无期"，转眼就要"各奔东西"。毕业季，总是忙碌而忐忑的——为完成学业而忙碌，为"向何处去"而忐忑。不用说，修补学分、完成论文、做好设计等学业要求肯定得抓紧，不然怎么能拿到那张期待已久的毕业证呢。

不过，这些都是常规性、共通性的事情，更重要的该是：抓住毕业前夕的成长窗口期，有针对性地做好个性化成长所需要的拾遗补阙、"强身健体"，即根据自己在前期的经验与得失，实习见习的现实摔打所获得的多种综合信息，取得的或痛或爱的切身体验，抓住毕业前夕不多的剩余时间，进一步淬炼自己，为迈出校门、进入社会再做冲刺、再做准备。

就业，天大的事！关乎个人和家庭、集体。因此，首要的便是：尽快为自己找到"婆家"，敲定去向，才能安顿好那颗躁动的心。否则，毕业了，怀揣着大学文凭仍如没有上大学的老样子，还只能两手空空地回家啃老或懒得"被就业"，别说作为大学毕业生的价值何在，就是作为成年之人，也是"无颜见江东父老"啊！也许，慈祥而溺爱自己的父母仍如从前，表面上会口口声声地说："没关系，我们养得起你。"只是，你自己是否还好意思接受这句话所饱含的"好意"？是否依然能心安理得地一直继续享受着父母"颐养"你的那份"天年"呢？只要稍许体味一下父母这句表面上看似无所谓的话，其背后并不只是"天涯何处无芳草"的那份洒脱与爱意，其实更深深地隐藏着他们那份美好期待背后的忧虑与无奈。

如果你不是挑三拣四的话，估计毕业之前的一段时间也该拿到了好几张工作邀约了，在就业形势并非一片大好的情况下，毕业时就不该再犹豫。千万别不信：过了这个村，可能真的就没有那个店了。在比较之后，只有尽快与最心仪的东家签下合约，心才能静下来，即可安心于接下来的各种准备。

如果你因为挑三拣四甚至东张西望，还在这山望着那山高，对东家频送的"秋波"一直不予回送媚笑，总以为心仪"郎君"定将出现在下一个灯火阑珊处。那么，此时就该聚精定神了。也许，当下偶遇到的这位"佳人"正是该珍惜、值得拥有的"王子"或"佳丽"了。否则，等到迈出校门的那个时刻，恐怕就是形单影只的"剩女""孤男"了。

如果你是因为人岗不适、能位不配，一直还处于"单相思"的状态，自己费劲地发出的各频段电波都还没有收到任何反馈，如泥牛入海、波入黑洞。那么，经过了如此"逆境"的初步体验之后，是不是该反思一下如何绝地反击？在剩余已经不多的时日里，是否需要调整原有"白马王子"的心理画像？是否该反问一下：是不是自己所期待的行业、岗位并不合适？是不是所青睐的地区、单位过于狭窄？是不是所渴求的待遇、前景过于苛刻？还是该优化一下自己的"求爱"本领，提升一下自己的"恋爱"技巧？是不是不该如此执着于随大流地追寻所谓的大热门、有脸面？还是该更加积极地寻找钟情自己、而不只是自己钟情的下一位？

如果你是刚从考研、考公、考编等拥挤不堪的宏大队伍里掉队或撤退下来，仍在犹豫不决、心有不甘，把"未被相中"的原因过分主观地归罪于客观的"有眼无珠"或"大意失荆州"，坚信理想一定会在来年的"二战"中变现，而无视甚至放弃当下市场所提供的各种就业选项，对善意"婆家"抛来的各种橄榄枝皆嗤之以鼻、视而不见，说不定到头来，就会落得竹篮打水一场空，错失真正"打水"上岸的契机。此刻，更多的是不是该反思自己所秉持的那份丰满理想在面对骨感现实时，自己轻松练就的那点本事的市场冲击力到底几何？到底该坚持什么？又该放弃哪些？是简单地固执于既有的那份"理想"情怀，还是武断地放弃现实提供的种种际遇与潜在可能。事实上，人生理想的达成、远大抱负的实现，其路径并不总是斩钉截铁、勇往直前即能一帆风顺、直截了当。反而往往更需要的是，默默坚守时的蜿蜒迂回、曲线抵达。总之，在走出校门之前，先脚踏实地地把理想安顿下来，远比悬停于空中反复地想象理想远方的诗意更有利于对理想的理性追求。

接下来，就该抓紧弥补缺憾，优化充实自身能力、强身健体，以增强入职之信心。无论是已经找到了理想的"婆家"，还是仍然在比选更如意的"婆家"；无论是还在艰难困苦地寻找，抑或仍在东张西望地观望、懒慢地等待甚至准备错误地放弃各种可能的机会，在遭遇毕业季中社会现实的挑挑拣拣、摔摔打打之后，每位毕业生一定有了更真切的感受，一定会对二十来年所接受的教育，尤其是自己在大学学习期间所习得的素质有了更新的认识，对自身的优势与痛处有了更切实的清醒认识。

一直以来，大学生的学习更多的是老师给定的模式，共性有余、个性不足。但是，有了前面窗外的眺望和实操，倾听了时代发出的信号，经历了社会的初检，认知到自己的"半斤八两"，也就更具针对性地体味校园与社会、理想与现实、机会与能力之间存在的显著冲突。定会觉得余下的校园时间的宝贵，更觉有针对性地学习以补足能力的必要。

好雨知时节！只有立即行动起来，才能当春乃发生。抓住大学教育的尾巴，在毕业前夕的最后时刻，像平日里赶考那样，来一场临时抱佛脚式挑灯恶补，亡羊补牢、为时未晚。此刻的补，不再像平日为了考试的恶补，而是直指现实需要、直达自我需求——缺什么、需要什么，也就补什么、练什么。缺学分，赶快准备应考；毕业论文还没有完成，赶紧完善，毕业才是大事。缺实习经验，赶快结合就业找到实习机会，并利用见习寻找落实就业岗位。否则，怎么认识社会和被社会认识？更别提被接纳、被认可了！

缺知识，太简单了！赶快到图书馆，或利用网络提供的便利，把过去认为知识无用而虚度的大好时日找回来。否则，等到毕业"嫁入婆家"了，却一问三不知、啥都不会，怎么好意思说自己是一个大学毕业的好"媳妇"呢？

缺能力，那就赶快找老师、跑社团、寻能人吧。他们也许是一生中能提供最可心帮助的那群可靠的人了。此刻找老师请教，一定会更加虚心、直击要害；此时与有同样需求、兴趣的学友一起探讨和交流，一定更加真切、发自肺腑。再结合毕业论文、毕业设计的需要，到实验室自我训练，强化操作能力。这些恐怕都是切实可见的"速效救心丸"，也是强健身骨的"高效钙片"。如此临门一脚的恶补，对减少走出校门后的种种不适应、缩短适应期，甚至到岗时不经意地露一手、刻意地点"三把火"，赢得第一好感，都是很有必要的。

最后还别忘了，抓紧与老师、同学建立更紧密的友谊，构筑、积淀优质的朋友圈。过去，理所当然的朝夕相处，似乎并没有太在意师生之间、同学之间深度交流与共同进步的重要性。现在定会突然觉察到时光如此匆匆，意识到怎么都还没有来得及真正认识、相互学习，彼此即要分开呢？彼此间的心理距离立刻就变得如此短促！此时，就该给平日里感觉无所谓的师生交流一个再接触、再密切的机会。

此刻的交流，往往也更加真切、更具指向性，也更饱含解惑的意蕴、传道的启迪。放下手机，与学友一起面对面地来几次真诚的促膝交流，取长补短地反观自己、反省自身，弥补曾经不更世事的肤浅与幼稚。此时，更加理性的交流、切磋，不但更有启发性，而且所凝聚的友谊也更真切。当然，这样的师生互动，所凝固的情谊一定更弥足珍贵、永恒，成为一生中深沉的底层情感、具有思想意义的不竭资源。

毕业：开启了没有脚本的人生直播

毕业啦！终于毕业啦！每年夏季，各大校园都不时传来阵阵这种来自毕业生欢天喜地的呼喊声，洋溢着满满的毕业幸福感，充盈着对未来的期待。是啊！把一生中青春年少的美好岁月留在了校园，或享受或忍耐寒窗之苦，好不容易完成了学校教育。终于，现在可以结束校园的约束，背上行囊去开启新的人生旅程，能不激动、能不充满期待吗？

可是，毕业并不意味着学习的结束！虽然传统上，满腹经纶地走出校门意味着学习生活的结束，正式加入社会实际生产、生活的行列，似乎将不再学习、不再与书本打交道了，开始转轨进入所谓工作阶段。但这早已是老皇历！过去的时代，发展相对稳定、变化相对缓慢，才给人们以这样的传统认知——人生可以截然地分成学习与工作两个阶段。学习，似乎只是在学校里完成的事情，只是在青春年少的时段进行，是以获取学校的评判、文凭作为结束的标识。工作，则是在学校教育之后，交给了社会，是在成年阶段实施，以达到规定年龄时的退休作为结束的标识。

可惜的是，如此分段的好景不再。从今往后已是学习与工作高度交织的社会，不仅因为现在毕业所开启的未来是一个高速变化的时代，而且是一个充满高智能化的新时代，各种先进思想、高新技术层出不穷，进一步加速知识的老化，让我们面对的世界充满着各种新奇与风险。特别是信息化、智能化技术的日益成熟和广泛运用，从学校教育所学习到的那点知识与专业技能不再像过去那样可以一劳永逸地享用一辈子，今天不但只能应付一阵子，而且明天还面临着越来越大的挑战——在各种新知识大量涌现、各种新技能大量生成的步步紧逼之下，知识如何避免老化，技能如何逃脱失效？显然，如果不坚持持续学习，没有一个人能够幸免被淘汰、被替代的风险。

　　唯有不断地学习，才有可能自我升级、实现迭代，规避被替代、被淘汰的风险。这便意味着：学校不再是可以提供管用一辈子的知识与技能的保鲜柜，而只是一个为继续学习、终身学习打下良好基础的中继站。文凭，也不再是证明生存本领、通吃市场的通行证，而只是踏入社会门槛时的护身符，不断提升生存能力的新基点。毕业，不但不是结束学习的代名词，而是新学习阶段的开始！而且这种学习还与学校学习截然不同，是没有脚本的直播。没有脚本，每天都意味着是没有标准教材、客观答案的直播。

　　学校教育是把人类文明进程中所积累下来的成果予以理论化、系统化和逻辑化的一种学习形式。为了提高学习效率，教材等教学资料成为教学的基本依据。每天的学校生活便是依据教材而有条不紊地展开、循序渐进地学习，有规律、讲秩序、有明确的目标和清晰的检验标准。如果碰上疑难杂症，不但可以不慌不忙地查阅资料、请教老师，而且还可以利用现代工具与方法搜寻标准答案，直到搞懂弄通，获得满分为止。

　　然而，毕业之后的现实生活却不再有标准的范本，也不再是人类过去文明成果与实践经验的简单重复、直线延伸，更不会有怡然自得的宽容和不慌不忙的思索。尤其是对于高速发展的当今，每天面对的都是新场景，每天的任务都有新内容，每天迎接的都是现实的新挑战。应对挑战、完成任务、做好工作，不再如学校学习那样，可以有条不紊地查阅、有备无患地按照老师的布置、教材的规程而展开，每一刻都是没有脚本的直播，反映的是坚持学习所积淀下来的综合性素养。

　　直播的效果，不但需要临危不乱、临场应变的自信，而且需要胸有成竹、胸中有数的日积月累。这既是学校学习的衍生、延伸，需要运用从学校学习所获得的思维方式、思考方法，检验学校学习所养成的素质；更需要在实际生产、生活中的随时反思、点滴积累，向实践学习，向未来学习，向人生学习，真实地检验每个人学习能力的高下。

　　没有脚本，意味着每天都是没有课前预习的台上讲演、没有复习的临场考试。学校的考试都是事前安排好的，都是老师提前告知的，都是针对已经学习过的既有内容。因此，往往也是可以事前做充分准备，可以做到有备无患。而校园之外火热的社会生活随时都在发生变化，而且发生变化的自变量与因变量都不再像学校那样纯粹且可控。实际生产生活中的每件事、每项变化常是多因素交织、互为因果的关系，并不真正以自己的意志和好恶而发生改变。正是因为难以及时预知正在展开的未来，也就不可能进行"课前预习""考前复习"。面对这样没有也没办法充分准备的人生考试，不但需要沉着应对的冷静，而且需要功在平常、功在日常的不断思索与反复积累。这种现场考试能力，不但需要学校教育所凝结的思维水平、思想方法，而且还需要沉着冷静的现场锻炼、临危不惧的临场处置，更需要在不断学习基础上的悉心观察、深入分析与系统总结。这种学习是以问题为导向的学习，是以实践为基础的学习，是实践与理论相结合的学习。

没有脚本，意味着每天都是没有充分预测的开始。学校教育总是站在巨人肩上的，但是巨人之所以被认可为巨人，是因为基于已有事实、既有成就。至于说，这些过去的事实与成就能否延伸而成为未来、成就人生，全靠学习者自身结合实践的运用能力与开悟水准。校园之外的世界，每天的生活都是全新的开始、全新的现实，每天的现实又都是在预示着未来。这与学校学习秩序与规则并不完全搭调，需要在新的社会实践中予以重新开始。尤其是，正在展开的信息化社会更难预知、充满未知，需要利用学习这一利器，才能跟上时代的发展，才有可能避免未来的迷失。这种学习不再是亦步亦趋、面向过去的继承式学习，而是在吸收传统养分与智慧的基础上，面向未来的开创式学习。这是一种面向未知领域的探索，是面对问题寻找综合解决方案的探究，是一种更需创新、创意和创造的学习。通过这样的学习，才可以减少难以预知带来的恐惧、降低未知造成的不确定性，获得把握未来的自信，拥有面对未来的强大能力。

没有脚本，意味着每天都是不由自主的前行。学校教育总是在教学计划的统筹和安排之下，有条不紊、循序渐进地展开，很有规律、可以自主。同时，学校教育还较充分地尊重学习者的自主权，体现学习者自身的特点与个性，按照学习者的自愿与能力，自主地安排学习进度。然而，社会实际的工作与生活不再是学校那样的纯粹环境，一项任务的完成、一种生活的选择，总会受到很多难以自我控制、人为控制因素的复杂影响，而非仅仅是个人的意愿、自身的努力所能控制的结果。实际的工作与生活，并非完全按照自我的意愿或设计的节奏而顺利地展开、有逻辑地实施，多数时候是不由自主的风雨兼程。

成功，是万事俱备前提下，各种因素共同耦合的结果；而失败，往往只需要一个微不足道但随机出现的难以自主的"小蝴蝶""黑天鹅""灰犀牛"

的细微扰动便足以。但是，不由自主并不是不要自主，更不是放弃自主的借口，而是需要在实践中不断地、主动地学习，增强自我的主动性，避免盲从、控制盲目的抢占先机、率先出击。

主动总结和积极反思来自实践的经验，主动利用来自实际的力量就非常重要。学习运用不由自主而出现的诸多要素，并对这些因素予以合理选择、优化组合，并利用好积极要素的力量，克服消极要素的不利影响。这便是，毕业之后面对世界之时，虽然没有脚本，但更加需要主动学习，才能自我写就，并不断完善人生脚本！

就业之困

大学生正在走向越来越困难的就业季。市场经济让就业的机会与形式已发生或正在发生着前所未有的变化。不但有越来越多传统形式的通过受雇得到生存、获得发展的大量机会和多种形式，而且还有越来越多新型的自由职业、自主创业等相互雇佣、自我雇佣的就业形式与创业机会。面对风云莫测的就业市场和眼花缭乱的就业机会，对于每位大学生来说，就业越来越容易，但择业却变得越来越难——很多人不是因为无业可就而烦恼，而是因为就业的机会、形式太多样而不知晓该选择什么而困扰。在纷至沓来的各种招聘场上，左顾右盼，不知所终；在各种充满诱惑的市场机会面前，犹豫不决，不知所向。

有选择的人生总比没有选择的成功更有意义、更具价值。今天大学生的就业越来越多地被转化成了择业——选择什么行业、职业、什么地区、什么单位、什么项目、什么方式。选择，既要满足眼下的生存，更要集聚未来发展之动能。选择，既是一种生存策略，更体现人生的智慧。选择，需要的不仅是专业技能，更需要基于综合要素分析的长远眼光。选择，需要的不仅是奇技妙巧，也需要胸襟与情怀。

第一，看前景，就是不要"入错行"。过去，社会发展相对缓慢，职业变换不快、不多，就业只要满足今天能够活下来即可，明天与今日无异，并不需要太理会明天到底会怎么样。对于如今的绝大多数年轻人来说，就业仍然首要的是为了当下生存、活下来，可是大学生们碰上了一个不为温饱甚至当前生存而担忧的快变时代。

这个时代迭代速度很快，新旧职业、新旧岗位更替加速。今天大学生的择业，首先就得抬头、望远，看看前进的路向、远方的云彩。否则，今天的努力上岗可能意味着明天的努力再上岗。时代的新旧动能转换频道太快，过去少有的跨界竞争、越界淘汰就像升级打怪，正成为新常态。半路上杀出的独角兽，可以把既有的舒适与秩序冲刷得满地狼藉，而收拾残局的却不是老怪，而是与老怪完全陌生的你我！

今天，即使"入对了行"也并不能保证可以一劳永逸地干上一辈子。这是一个优秀与勤苦并不等于进步与优异甚至都不能确保不被淘汰的时代。惨烈地被出局可能与你的努力无关，而与时代的发展方向、技术的迭代与你适应改变的能力紧密相关。今天的稳态行业可能被明天的新兴业态打败，今天的吃香岗位可能被明天的灵巧模式替代，今天的出色技能可能被明天的换道颠覆淘汰。因此，择业时，看前景就变得非常必要。怎么看？就是看人、看事、看机制。

看人，就是看人气，看是否聚集人气、看雇佣者的才气、看合作伙伴的灵气。看事，就是看结合未来世界的总体发展：看行业的未来趋向，是夕阳反照还是朝阳灿烂？是当前的夕阳还是未来的夕阳？看地区，是蓬勃向上的发展之地还是正在被无情抛弃的衰落地区？是产业适宜、优势集聚之地还是国家战略布局、区域发展重镇？看机制，就是看人与事的化合状态、看人与事联合而成的组织形态，其应变的灵动与活力是欣欣向荣并具有掌控未来发展方向的能力、还是欣欣向荣但缺乏未来可持续的核心竞争力？

第二，看机会，就意味着上场的可能。有表演机会才有可能走上舞台、步向中央。机会到处都有，但不是每一个人都能识别，也不是每一个人都能抓住，更不是每一个人都会利用。机会靠发现、也靠创造，来自痛点的寻找、需求的满足。痛点来自对世界的悉心观察与认真思索，解决痛点得益于放眼周遭并不断满足人类某种正当需求的博大情怀。

发现机会靠眼力，抓住机会靠实力，创造机会靠胆识和智慧。发现了，才叫机会。抓住了，才叫获得机会。只有创造了，才会获得爆发式增长。发现平台是利用机会的开始，借助既有平台是机会的运用，搭建新的平台才是自我创立的机会。就业时，碰到梦想中的职业是机会，碰到希望中的岗位是机会，邂逅到敬慕的团队才是更大的机会。碰到机会既靠既有实力去把握，也需要死缠烂打般的执着去说服、打动机会的给予者，更需要爱护眼睛般的倍加珍惜与不计个人得失的全力付出。

当不具备机会所要求的实力时，需要继续集聚和锻造自身，争取尽快达到具备获得、抓住、并运用如此机会的能力。创业时，发现痛点并立即想方设法找准切入点是机会，能找准痛点并找寻医治痛点的医术更是好的机会，能有比别人解决痛点更高明、更高效的技术，更灵活的模式或方法才是更大的机会。

第三，看空间，空间便是舞台。舞台有多大，空间就有多阔；舞台有多好，潜力就有多大。空间代表的既是当前规模，也是未来的可能与尺度。心有多大，舞台就有多大——空间不是静态的有限，而是动态的拓展。

就业时，首要选择的是从业的业态，也就是从技术的发展、社会的阶段、人类的需求、地区的发展，看所在行业在未来世界格局中的规模与发展，看在未来技术走势背景下的可能与走向。同时，还要看该业态之下某类岗位的专业走向与跨界变化，看具体的产业组织所在位置、盈利等方面的状况。

创业时，首要须选择具有发展前景的所谓"朝阳项目"。这样的项目要么代表着未来发展的方向，要么具备能够更大程度地满足未来市场规模的承载能力，要么具备更好修复未来市场需求的偏好，要么创生出未来市场的新需要、引领时代的新风尚。这样的项目代表的是技术水准、社会走向、生活时尚，或独特个性、优势样态、领先模式。

第四，看兴趣。很多雇主说，今天的大学生越来越挑剔。这是因为今天的就业或创业不仅仅是为了生存与温饱，更重要的是获得人生的乐趣与幸福。大学生就业往往首先考虑的是自己的情趣——自己是否感兴趣、是否有足够的自由？追寻兴趣的就业正在成为大学生就业的风向。所以，在就业场上，可以看到过去趋之若鹜的不少体面工作现在却失去了吸引力，即使四平八稳、待遇优渥也并不一定能够获得足够优秀人才的青睐。

兴趣是高度个性化的！满足并发展个性化的兴趣，就需要工作本身的个性与特色。当前的不少工作仍然充满着大工业化时代所遗存的普遍与共性！这样的工作不但本身所创造的产品越来越远离市场、越来越多地拉大了与消费者的距离，而且也正在失去对青年从业者的吸引力。面对各种就业机会甚至市场诱惑，大学生越来越看重的是自我的获得感、满足感——是否有趣？是否符合我的兴趣？这就是为什么当前出现有业可就但无人去就、有人就业但无业可就的奇特现象的原因。

确实，无趣的工作把人生暴晒成了干瘪的生存。人生最大的幸事便是把自己的兴趣演化为钟情的事业！把兴趣与职业有机结合起来才会成就事业，才可让工作与生活充满乐趣与幸福。这也就是为什么越来越多的年轻人尤其是大学生，在面对无趣的就业市场时，选择了满足自己兴趣的自我雇佣、合作雇佣、相互雇佣！哪怕是创业式雇佣充满着艰辛、装满了无奈、少不了无助，也义无反顾！因为这样充盈着趣味，更能体现出人性所需要的那份自由与探索。

第五，看人或团队。人生有三大幸事：上学时遇到好老师，工作时碰上好领导，成家时找到好伴侣。归结起来，也就是要跟对人、在对的时候碰到对的人。对于刚刚步入社会的大学生来说，对的人也许就是要寻找那个对的方向，就是人生步向的价值。就业或创业时，不但要看前景、机会、空间、兴趣，更要看跟谁干、与谁在一起干——谁领队、跟谁合作。唯有人，才是前景、机会、空间、兴趣的化身，人代表的就是前景、机会、空间、兴趣。没有合适的领队和团队，即使有爆好的前景、机会、空间和兴趣，也并不一定能干成、能把抽象的机会落地成真切的现实。

择业，其实就是择人，看看：领队的是谁？其阅历、背景、特征与胸襟、情怀如何？领队身边的团队构成、协同状况几何？团队的机制、素质、结构、文化、理念怎么样？那些不能通过数字定量表达的所谓人性氛围、文化生态、共识习惯，往往比那些一目了然的量化数字、硬性表达更具意义、价值和前景。

如果像这样看下来，那就业真是麻烦！要看那么多的因素吗？是的。就业或创业确实不易，需要谨慎待之。就业、创业绝非一锤子买卖，也不是瞻前顾后的举棋不定，需要一生的历练以及阅历之后的智慧。尤其是面对当今变动不居的时代，就业或创业须力戒以下几点。

一忌一劳永逸。前辈们是择一行、终一生，甚至是择一次、终一生。而现在呢，从一而终的时代已然过去。时代变化带来的新旧更替使就业或创业变成了一辈子不断的价值追求与完善的过程，工作成为生命、生活历程中不断成长的一部分。人生的每一段阅历都会留下深刻的印记，工作中获得的那些经验、经历的那些挫折、收获的那些感怀，都是人生弥足珍贵的财富，成为不断前行、走向事业巅峰进而成就更好自己的坚实基础。

虽然现在很多年轻人有个性、有胆识、有自信，但人的特征在年轻阶段又是多变、善变的。大学生在青年阶段的就业，实际上是在为今后一生的发展试错、积累阅历、获得成长。毕业时的就业、创业只是一生发展中的试水，不需要一劳永逸的谨慎。只有这样，就业、创业时才会多一份洒脱、添一份自信，才会增加"先就业、后择业"的底气与期盼。

二忌这山看到那山高。时代造就了多样化的职业——新业态、新职业不断涌现，人生价值的实现路径就有了多种可能。尤其是随着经济转型升级步伐加快，新产业和新动能的兴起，市场活力迸发出的就业和创业机会空前增多，就业与创业的诱惑不断变幻，年轻人有了更多机遇与选择，人的价值、人生的价值越来越凸显。于是，便犹豫了起来，在众多机会和诱惑面前，虽然从校门到校门的绝大多数大学生并没有太多的市场选择能力，但却容易出现上面提到的期待一次选择便能一劳永逸、追求稳定、力求保险的趋向；也容易让大学生犹豫不决，这山看到那山高，等待观望，甚至出现慢就业、懒就业、不就业的现象。

尤其是在改革还不彻底的情况下，发现、培养和使用人才的合理体制与市场机制尚未真正完善的情况下，青年群体频繁跳槽的"闪辞"成为值得关注的职业现象。闪辞或闪跳不但贻误了用人单位的发展，也浪费了大学毕业生的青春时光，反映了大学毕业生左摇右摆的观望、瞻前顾后的计较，说明大学毕业生对自己人生还缺乏理性的规划与相宜的路径选择，需要及时校正自我的期望，树立实干的意识，在实干中成长、在实干中发掘价值，通过实干获得成长。

就业难在哪里？

新冠疫情肆虐、大国竞争加剧、地区冲突不断、经济发展转型。在这样的时代大背景之下，到处都在喊：就业难、就业难！无论是欧洲还是美国，无论是日本还是中国，失业率都有较大幅度的增加，特别是年轻人的就业受到显著的负面影响，出现了明显的心理焦虑，引发高度关注。就业难，成了一个惹眼的热词，频繁出现在各种场合。难，究竟难在何处？

第一，改革迟滞导致的供需错位。从宏观上看，就业岗位在数量上的供给确实明显减少了，而且随着网络技术、人工智能等高新技术在生产、生活里的广泛运用，以及与传统行业、产业改造升级相融相生进程的进一步提速，新岗位供给与旧岗位消散间越来越错配、失配，在未来的较长时期，传统式就业岗位的数量供给增加尤其是大幅度地增加的可能性将变得越来越小。因此，在一段时间里，大家都感到工作难找了、就业困难了。

然而，另一方面，很多岗位尤其是与发展迅速的高新技术、新兴领域、服务业态、市场构成及其与社会治理相关的创新探索、乡村振兴、公共事业、安全供给、国际合作等方面又大量需要人员、人才就业。在这些领域快速涌现的新兴就业形式、从业岗位，即使在就业形势到处高喊"难"的背景下，即使是这些领域的组织、机构四处广撒招人"传单"，亦很难如愿地招聘到具有所需要的素质与能力的人员，反而是用人单位为找到合适的人员而心急火燎、心急如焚。招人难，尤其是招到具有创新能力、工匠精神的高级人才更难。如此一看，就业哪里又难呢？

面对经济、社会艰难转型发展的多重叠加，就业岗位供给在数量上的大幅减少与就业结构的非线性改变、就业人员供给在数量上的增加与就业人员在素质上的"超稳态"现实，所形成的错位愈发明显、所产生的矛盾愈发尖锐。尤其是随着技术迭代升级的加速、业态重构变形的叠加、治理体系复杂的变形，就业难、招人亦难将成为今后一段时间两道"量与急"相互平行的时代线。量，就是找不到人、找不到工作这两个方面的数量可能都会明显集聚；急，找人和求职双方都十分着急。

疫情影响下的就业难，虽然表现在就业数量上的疲弱，但实质上是经济社会动能转换所引发就业结构调整的不到位，根子还是在人才供给与需求两端的改革迟滞所导致的供需错轨。这里不聊经济改革、社会改革的迟滞等更宏大的话题，仅就教育领域的改革而言，教育依然按照工业化时代的规模化、标准化、模式化来惯性地对接信息化时代的小型化、个性化、分散化需求，教育所培养出来的劳动者与就业市场的结构性刚需之间，在契合程度上愈发降低，反照了教育改革的严重迟滞，被社会诟病为久攻不破的"最后一个堡垒"。

难道不是吗？尽管世事变迁，但是孩子们从上幼儿园开始，所接受的教育仍然是要好好考试，只要能考上体面的上一级学校，教育便万事大吉。于是，模式化的教育与标准化的考试画上了等号，教育变成了与考试画等号的过程与工具——组织考试、应对考试、迎接考试、庆贺考试、总结考试或诅咒考试。一代接一代地遗传，社会便形成了浓烈的考试文化、考试臆瘾，全社会都在不知不觉中患上了严重的考试依赖症。

在考试文化的浸染之下，各级各类学校追求的便主要是升学率，学生及其家长看重的更是考试分数。只要能够考上长脸的学校、能读上热门的专业，哪管什么毕业之后的就业或不就业？只要考上了，教育便大吉了，似乎就业便无忧了。于是，与就业意识、能力、素养相关的生活劳作、人生历练、实践锻炼、生涯教育等工作性、体验化、场景式的教育活动、教学安排几乎被忽视、被忽悠、被挤兑。家庭幻想着把接力棒交给学校，下一级学校无力地把接力棒交给上一级学校。击鼓传花之后，拿着最后一棒的学校就承担了无限的责任，承受着来自家长、社会、政府的诸多压力、指责和考核。

击鼓传花式教育的结果如下。

一，绝大多数学生及其家长总是围绕着考试分数转悠，一心只读圣贤书，对与升学、考试无关的一律暂缓。反而，缺少了最关键的良好就业素养、正确就业意识的培育与铸造。等到大学毕业的时候，才发现还要找工作，却并不知道要找什么样的工作，知道找工作难、找不到工作、找不到合适的工作了，才意识到考试之外就业的无奈、现实的无情。即使是学霸，读完博士的学霸，面对毕业之后的选择也一脸茫然、不知所措。其实，只是到了"最后一棒"交不出去的时刻，才想起就业意识的养成，悔之晚矣！尤其是在就业形势严峻、复杂、多变的情况下，更是一览无余地知道了"谁在裸泳"。

二，把学生全部的就业希望都寄托在大学身上，大学承担了教育纠偏与就业补齐的双重压力。而在现代化大学治理体系并不科学到位的情况下，"同一个世界、同一个梦想"在高等教育领域其实不是梦想。无论什么大学都一味地模仿、跟风地追逐那些研究型、综合化、高层次等看上去很"时尚"的高大上模式，这倒是赚足了眼球和财源，赢得了考核的结果、评估的等级以及迷人的排名，却让大学失却了个性、特质，高等教育的同质化、同一化现象反而更加耀目、刺眼。大学所培养出来的"产品"在差异化、独特性、个性化方面愈发羸弱，怎么可能满足越来越分化、越来越灵活、越来越不确定、越来越需要创新的市场分化、就业极化的新锐需求呢！到大学毕业生必须进入市场接受真实检验的时候，才想起大学的老本、本行是什么，自己最真实的产品是什么，产品最内核的竞争力是什么，平时里最该关注和着力的又是什么。如此这样，想就业不难其实都很难！

加之体制机制的"稳态"保护，造成大学自身对外部世界的感知力弱、对外界压力的耐受度高，缺乏改革的内驱力。大学自身依然故我地固守着精英教育的传统惯性、办学模式，往往忽视了以就业为牵引的综合能力培育体系的系统性检视、实质性变革。没有意识到今日之大学教育已经走过了精英阶段、迈出了大众化阶段、迈入了高等教育的普及化征程。对于绝大多数大学来说，无论是在专业设置、培养目标、课程体系，还是在教学内容、教学过程、教育考核等方面，都应该随着社会与市场的脉搏而强劲地跳动，在就业人才供给的层次、专业和能力的结构上更多地与市场旋律同频共振、随机起舞，在基础性与实践性、在学科性与市场性、在规定性与灵活性上，保持十足的清醒、足够的警惕，在机敏中实现有效的平衡。

说实话，即便是这样，对于如今之大学都还不够，还必须更具前瞻性、引领力。因为时代前进的步幅与频次都大大提高，社会的复杂与多变都大大增加，技术的跨界与融合也大大拓展，而教育长周期这个特点决定了教育成果、培养效果的滞后性，更需教育以自身的前瞻性来对冲其"产品"特质的滞后性，这样才有可能让人的教育培养与人的就业生存实现同构、共生。而要做到这些，须加速教育体制性的反省、机制性的革新，才有可能；须赋予办学主体足够的自主权与灵活性，才能锻造出教育相关各方的内在自觉与外向能力，激发出更大的改革热情，从而刀刃向内，刮骨疗伤。

第二，传统心理导致预期与现实间的错轨。知识改变命运，教育成就未来。这是一句鼓励孩子们用心读书、倡导社会热心教育的著名金句。

一直饱受"书中自有黄金屋、书中自有颜如玉"的影响，在言传身教之中，孩子们把忍受教育的独守寒窗、发愤苦读，作为构筑黄金屋、抱得颜如玉的阶段性、工具性过程。"高人一等、领先一筹"的职位，或者说的好听一点，"美好的事业、诱人的前程"就在不远处等着苦读的我、考中的我。学生及其家长都认为，只要考上了大学、考上了好大学，就业便会一如过去文凭紧俏的时代，就是水到渠成、顺理成章，理所当然会有了一份体面工作、优质单位等着我，哪能沦落到去"卖猪肉""送快递""直播带货"？

大学生及其家长给大学寄予了好文凭、好工作两大预期，一旦未能实现这个双重目标，要么永不放弃地等待、要么怨声载道地高呼"读书无用"！如此的惯性思维、心理意识在现实中就有了以下表现。

一，一直流传的"坚持一下，考上大学就好啦！"的劝言，依然在基础教育、家庭教育中盛行。学生把真正的人生拼搏放在了进入大学之前的学习冲刺阶段，认为大学便是"自由王国"，有意无意地懈怠、放松了对自我的严格要求、自觉成长，难有继续提升自身能力和素质的冲劲。等到大学毕业要让社会算总账的时候，在精英教育"皇帝女儿不愁嫁"的阶段，在就业形势喜人的时期，还能蒙混过关。可是在"皇帝女儿也愁嫁"的严峻背景之下，面对着雇主的挑剔与市场的严苛，不败下阵来那得有多难啊！

二，把考上大学与找到好工作直接等同起来。高文凭，本该是成就多元选择的个性化优势，可在现实中反而成了窄化就业的魔咒与牢笼。学生及其家长对大学毕业之后的就业寄予了很高心理预期，非超凡脱俗不可！达不到预期，宁愿放弃也不愿放低。因此，现实中便出现了一些社会急需的"非体面性"岗位、非体制性就业、非正统性工作被无视甚至鄙视的情况。即使有大量的岗位需求，大学生也不愿意放下身段，踊跃从事这些所谓的非脱俗性工作。

于是，大学生们与社会心理同频共振，为了坚守自己那份"远大"的职业理想，便义无反顾地加入越来越庞大的"二战""再战"甚至是"死战"的备考（考研、考公、考编、考证等）队伍之中，运用练就的考试能力来对抗就业的压力，运用备考的积极来对冲应对现实的消极，继续把读研、出国、入公、进编等项目的考试成功当作延缓、逃避求职压力的面具、光环，扭曲着人生的理想，心理失落甚至加剧了不敢面对现实的自卑。

现在，经济条件总体改善、社会更加宽容，不少家长抱着不切实际的幻想，误导性地支持大学生光宗耀祖的"积极"逃避，以"养得起"的豪言赞赏大学生的"积极""不放弃"，以砸锅卖铁的壮举支撑大学生的"积极""不服气"，让子弟们前仆后继地去完成使命光荣的未竟事业。在就业形势严峻、就业预期不佳的大背景下，这些意识惯性与行为变现更大程度地加剧了就业的社会紧张、心理焦虑。

政府也持续不断地按照体制逻辑与发展惯性，积极回应着广大民众的呼声，努力扩大体制性、体面性就业岗位的供给，出台研究生扩招、第二学士学位招录、专升本比例大幅度扩大、各种财政性项目招聘岗位的设置、国有企事业单位招录人数的增加等就业优先的举措。一方面，确实缓解了就业的现实压力，满足了现实需要尤其是心理上求稳的需要；另一方面，也进一步强化了人民群众对体制内、体面性就业的心理定式，点燃了更多就业犹豫者将近熄灭的希望，让"二战""再战"甚至是"死战"的队伍愈发庞大，让更多的"二战""再战"甚至是"死战"的队员又有了备考冲刺的向往甚至幻想。于是，"备考""备战"成了大学里的一道"靓丽风景"，也成为延缓就业的壮观方式。

这些政策的立意当然很好。可是，给现实留下的后遗效果尤其是对传统心理的强化效果也是明显的。从市场化改革、从供给侧结构改革的视角看，这些情况并不利于长远的改革实践，还有可能迟滞改革的深入推进。因此，看上去就业难，实质上是改革难——改革体制机制难，改变人的欲望更难，改造人的全面素养就难上加难！因此，解决就业难，最根本的出路还在于加速改革、配套改革的进程。难，不该是迟滞凝望的借口，而该是各方内在加速的动力！

就业的现实策略

    每年上半年都是高校毕业生最忙碌的时段，不是在求职，便是奔赴在求职的赛道上，迎接着社会对自己多年寒窗之果的大检阅。可是，随着经济新旧动能的转换和高等教育规模的扩大，加之新冠疫情等黑天鹅事件的影响，大学毕业生的求职面临着越来越严峻的挑战。压力来自哪里？

    首先看看大学毕业生数量的增加情况。在高等教育进入普及化阶段后的每一年，毕业生的数量都在增长，而且按照我国教育规划和现代化建设的需要，高等教育规模还会保持增长势头。

    2020 年，全国毕业生数量达到 874 万人，创下了历史新高。从 2022 年开始，应届毕业生更突破千万关口，2023 年更是达到了 1158 万人[①]。这还不算大学毕业生求职人数的全部！除了国内毕业的竞争者之外，每年还有越来越多的海归求职者。"根据教育部发布的数据，2009—2019 年我国出国留学人数总数为 70.35 万人，持续增长。国家信息中心大数据发展部针对 2021 年海归大数据分析的报告显示，疫情后海外留学生回流趋势显著增强，2021 年预计回国就业学生首次超过百万，达到 104.9 万人，同比增长 35.00%。"[②] 也就是说，按此态势，今后从海外学成归来加入求职队伍的人数将保持在百万级别。

---

    ① 2023 届高校毕业生规模预计 1158 万人，同比增加 82 万人［EB/OL］. 新华网，2022-11-15. http：//education. news. cn/20221115/48453af64c0e4c108cfdc81fb1919864/c. html.

    ② 2021 年中国留学生回国人数、求职的海归人数及海归就业情况分析：留学生回国人数增长，有留学经验的平均招聘薪酬连续三年走高［EB/OL］. 智研咨询，2022-02-25. https：//www. chyxx. com/industry/202202/996755. html.

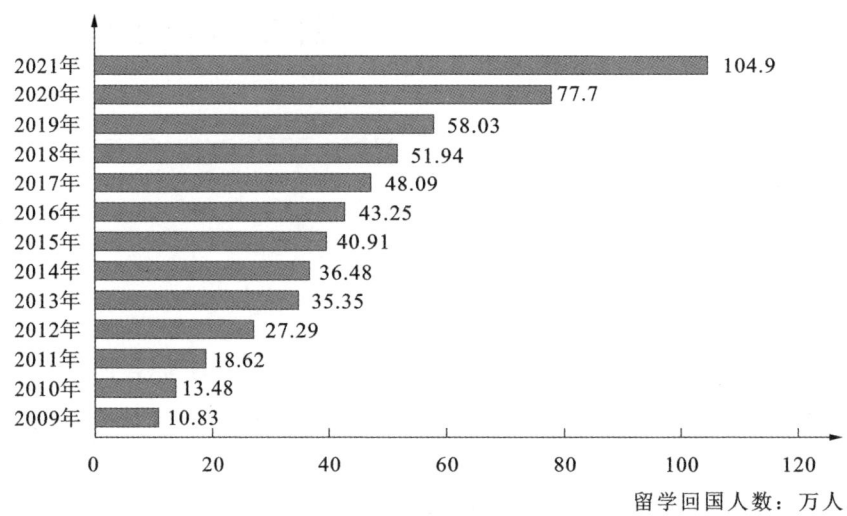

2009—2021 年中国出国留学生学成回国人数

来源：智研咨询①

如果，再加上上一年度未就业的高校毕业生数量及非高校毕业生就业群体的数量，尤其是经济结构调整过程中出现的结构性失业群体的数量，求职者的队伍对于我们这个人口大国来说一定是庞大的，就业市场竞争也一定很严峻。

就业还受到了疫情等突发不利事件的影响，全球化经济生态受到严重冲击，给就业带来更严峻的挑战。从毕业学生求职这个角度看，近年来至少受到以下三个方面的影响。

第一，需求愈发疲弱。各国经济增长乏力，而且还没有看到好转的明显迹象。我国也是如此，经济增长的态势受到抑制，吸纳就业的能力增长乏力。

第二，在线招聘的影响。招聘是什么？就是招聘与应聘双方达成的互信。人是一个丰富的生命体，仅通过阅读简历等方式很难实现招应聘双方间的互信。可是，疫情的逼迫让越来越多的面对面招聘走向了屏对屏的线上。无论是招聘单位还是毕业生，在僧多但期望值高、粥少且增量弱的情况下，

① 2021 年中国留学生回国人数、求职的海归人数及海归就业情况分析：留学生回国人数增长，有留学经验的平均招聘薪酬连续三年走高［EB/OL］. 智研咨询，2022-02-25. https：//www.chyxx.com/industry/202202/996755.html.

双方都变得越来越挑剔，步入"婚姻殿堂"的步履愈发沉重。线上招聘时，一方面，招聘单位和应聘毕业生虽都可以非常方便地传递、投递招聘信息、求职信息，但双方面对蜂拥而至的各种信息时，都会出现信息过量、信息疲劳而难以选择的客观情况，且难以判断信息的真实与匹配程度。另一方面，招聘单位只好更加以"貌"取人，占最大比例的普通学校及其毕业生就处于更加不利的地位；而毕业生也变得越来越以"貌"取人，那些更具吸纳能力的中小微企业、基层岗位、非城市地区也就处于更加不利的地位。

第三，实习机会。疫情的持续发酵，毕业生必需的教学实习、毕业见习等实践类环节难以有效地组织和展开。用人单位急于让毕业生尽快到岗，同时疫情又限制了毕业生的成长步伐。于是，用人单位与毕业生之间深入了解、达成互信的机会被进一步削弱。这在无形中增加了用人单位招人与毕业生就业间匹配的难度。

这些似乎只是疫情下的不得已。其实，随着疫情逼迫下新习惯的养成以及网络技术的成熟运用，后疫情时代仍有极大可能保持如此的"新常态"。在此背景之下，就业机会在哪里呢？新技术在哪里，就业就在那里；新需求在哪里，就业就在那里。

一，高新技术所创生的新兴产业依然逆势增加，基于网络互联的新兴业态依然逆势"飘红"。即使在就业形势总体严峻的背景下，无接触配送、无人零售、直播零售等消费新业态仍然快速发展。居家办公、在线教育、线上娱乐、网络医疗等工作新模式逆势增长。这便是为什么信息技术、人工智能等新兴产业，以及在线教育、电子购物、网络文化等新兴业态，最显眼地出现在各大校园的线上招聘会上，而且待遇也具有竞争力。

二，人们对美好生活的新期待以及国家加大对"新基建"等领域的投资所创生出的新机会，对人才的需求会继续保持旺盛的走势，就业机会还会增加。同时，疫情发展创生了诸如医药卫生、健康管理、保健服务、公共服务、应急管理、社区治理、基层建设等相关民生领域的新就业机会。

三，现代化建设中不平衡不充分的建设与发展机会，现代农业与农村建设治理、区域协同发展、国防建设等相关领域也将得到更大力度的发展，需要大批建设者。

应对策略是什么？

调整心态，主动出击。如果说，毕业前的生活都是被学校、教师、家长填充、安排好了的话，那么，毕业就意味着自我成长的开始。自我成长又从哪里开始？其实，就是从积极就业开始。在就业需求旺盛的阶段，如果说毕业生还可以挑肥拣瘦、挑三拣四的话，那么，在需求疲弱、求职者众的情况下，现在就该轮到招聘单位挑肥拣瘦、挑三拣四了。在僧多粥少的情况下，就更不能坐以待毙。任何等待、任何观望，都意味着失去机会、停止成长。此时的等待，就意味着放弃；此刻的观望，就意味着错过。在高等教育普及化程度越来越高的格局下，更加需要以积极的心态，主动寻求机会，以先就业为优先策略，以再择业为长远规划。

调整预期，对接现实。仅从就业者的角度来看，都希望能过上面朝大海、春暖花开的日子，都奢望能碰上"钱多事少离家近，位高权重责任轻；睡觉睡到自然醒，数钱数到手抽筋；逢年过节拿奖金，别人加班我加薪"这样的工作。加之，新时代大学生成长环境的相对优渥，高校毕业生的职业预期容易偏高，多数都希望到大型知名公司、国有企事业单位去求稳定收入、稳定预期，有"理想"的毕业生更有"不达目的誓不罢休"的倔劲、"宁等不屈"的不识时务！固执地选择"二战"、迂腐地坚持"再战"，梦想着来年的旗开得胜，幻想着下一次的称心如意。

也许，家庭经济条件允许、家长也乐意，但父母能养你一辈子吗？你可以养尊处优地赋闲在家一时，可以"颐养天年"地过一世吗？而且作为大学毕业生的你愿意接受一辈子被人"饲养"而碌碌无为吗？父母能一直接受"饲养"你一辈子吗？即使能养，社会现实能支持你过这样优哉游哉的日子吗？等，有时候等来的并不是机会，抓住现在才更有确定性。

强化能力，迎接挑战。学校的学习常常是按部就班的、系统性的理论学习，形成的只是基于专业、偏重知识的能力。但是，社会现实的挑战却是非线性的、复杂性的问题导向，需要的是基于绩效的、偏重实践的能力。因此，高校毕业生面对招聘选择的时候，常常显得职业能力储备不足。对此，毕业生需要充分利用毕业前最后的"安静"机会，主动地对接社会需求，采取缺什么补什么的临时抱佛脚策略，及时补充拟聘行业、岗位所要求的特别知识与能力，增强与应聘岗位的匹配度与竞争力，以充足的自信面对招聘单位的挑选。

同时，面对越来越多的招聘通过网络开展的现实，怎么样针对在线招聘的特点充分展示自我特点与优势？怎么样识别招聘单位发布信息的全面性、真实性、适应性？怎么样深入了解招聘单位的基本面、岗位特点、应聘需求？怎么样在招聘单位所发布的正式信息之外，了解单位、与单位保持良好沟通并建立相互信任的关系？怎么样快速识别就业套路、避免陷阱？在应聘文书投递极为方便的情况下，如何在招聘单位收到可能是海量应聘文书的情况下脱颖而出？电子版应聘文书的写作、版式、展现怎么样迅速地抓住招聘单位眼球、一目了然地彰显自我风采、清楚明白地突出自我优势、精确到位地体现与岗位的耦合？如何更熟练地运用网络工具，在面试过程中自信地展现自我？如何运用网络技术的特点，营造更加富有个性的展示氛围？如何根据不同应聘单位、岗位要求，采用不同的网络形象展示？这些方面，越来越成为毕业生获得梦想职业的重要能力。

择业之方

就业其实不难，择业才难。对于职场新人，站在漫漫人生征途的十字路口，最缺乏的是就业能力、择业方法，有了一双慧眼就会发现机会。如何择业？便成为大学毕业时的最后一次综考。

选择是什么？就是把志向、兴趣、能力与前景、需求、条件匹配起来而已。匹配不易，所以，选择就难。怎么选？就是抬望眼，看看前方、对方和己方——预判前方趋向、分析对方需求、匹配己方优势或特长。具体来说，就是要选择——到哪里去？去干什么？跟谁干？干的结果将是怎样？

第一，到哪里去？首先考虑的是到哪个区域、哪些城市去？是家乡，还是外地？

随着国家现代化进程的加速和区域发展战略的实施，总体上看，现在各地间的差距在缩小，各地的就业、生活环境都变得越来越好。加之，20 世纪 80 年代以来独生子女政策的实施，目前的绝大多数大学生都是家中独子，家长更期盼孩子能够留在自己身边。毕业生往往容易受家长意见左右，如果家长与孩子之间的意向一致，那就万幸了。但是，实际情况是二者往往并不一致，大学生就会面临两难选择。该怎么办呢？

毕业生处于 20 岁刚出头的黄金阶段，此时创造力和闯劲往往都处于人生之中的最佳状态，而且父母尚处中壮年，完全能够自足、自理、自乐。此时不拼更待何时？这时，年轻人需要的就是：以奋发为基础的成长、经历后的见识与奋力后的发展，而不是绕膝父母的留守与亦步亦趋的稳定，着眼点应更多在自身未来的发展，应该选择那些处于高速成长、改革开放力度大、就业环境好、创业氛围浓的地区、城市，去试一试自己的抱负与能力是否匹配，闯一闯，看看自己的理想与现实间的误差。长见识、增才干，才是毕业生择业时的首选。

在实际检验自己的理想、抱负和能力后，学习了先进理念和做法，尤其是累积了任何时候都需要的奋斗精神和拼搏心态之后，在积聚了一定资源与经验、在父母有需要的时候，再考虑与父母的团聚也不会为时太晚。因此，如果不是家庭特别的离不开，走出校门的大学生就不必受父母过多的牵制，更需要的恰恰是"以我为中心"的自主抉择和独立担当，有走出去、闯天下的自信与豪迈。

随着全球化与区域一体化的加速演进，现在很多岗位、组织的触角也都是全国性、世界性的，工作地点随之移动、多变，其雇员必须适应多国、多地、多点工作的发展，也就不必把就业地点看作是一辈子不变的凝固因素。与其担心到外地工作的各种不适应、不确定，不如率先改变自己，不畏惧外面世界的挑战，大胆地走出自己、走出家庭，期待并享受外面世界的精彩。

是宜业，还是宜居？

随着社会的发展，就业者往往越来越趋向于选择环境好、条件佳的地点就业，尤其是那些宜业又宜居的地方更受追捧。矛盾的现实是，一些发达地区往往在生态、环境等方面显得不足，并不那么宜居。一些相对落后的地区，往往在机遇、机制等方面又显得不够，又不那么宜业，两个方面都很好的情况并不多见。当二者发生矛盾时该怎么办呢？对于充满着无限发展想象空间的年轻人来说，起步时不必优先考虑享乐、安逸，更不可依赖、啃老，需要走出舒适区——优先考虑宜业，而不是宜居；优先考虑乐业，而不是安居。宜业，就是抓住与时代脉搏同步的发展机遇——时代发展趋向的、国家发展战略支持的、当地改革开放环境支撑的、社会发展所需要的代表领域。

机遇与国家战略相随。民族复兴不是华而不实的口号，越来越是随手可及的机会。国家大力实施的"一带一路"倡议，展开了"人类命运共同体"的宏大画卷；创新、协调、绿色、开放、共享的新发展理念，同步推动科教兴国战略、人才强国战略、创新驱动发展战略、乡村振兴战略、区域协调发展战略、可持续发展战略、军民融合发展战略等。每一张画卷的绘就、每一项战略的推进，都蕴藏和衍生着巨大的机会。

机遇与地区发展共生。城乡区域协调发展，优化空间布局，这是今后国家发展的总体方向。西部大开发、东北振兴、中部崛起、东部率先发展，京津冀、长江经济带、粤港澳大湾区等国家发展战略，将形成东西南北、纵横联动发展的新格局。选择在这些战略落地的重点地区、核心城市就业，一定有诸多机会。

机遇与城市化同在。城市化将继续深刻改变我国的基本面貌，城市群、城市圈继续是经济的增长极，是最具创新活力的板块。长三角、珠三角、京津冀、成渝双城经济圈、长江中游等城市群，不但是巨大磁场，也有强大的辐射和带动作用，推动着城市自身的发展，以及城市间的产业分工、基础设施、生态保护、环境治理等方面的联动发展。中心城市尤其是高速发展的中心城市以及这些城市群支撑的地区，蕴藏着无限的生机与活力，具有强大的就业容纳能力和就业转换平台，对大学生既有发展的诱惑也是成长的挑战，这决定于毕业生的志向、心态和能力。

机遇与问题相依。问题是时代的口号、是机会的源头。挑战预示着成功，问题意味着成长，落后蕴藏着发展。不同地区有不同的问题，欠发达地区及基层面临发展的挑战大、问题多，就业机会自然就更多、成长空间当然更大。国家实施的乡村振兴战略，支持革命老区、民族地区、边疆地区、贫困地区加快发展，加大扶贫攻坚力度，国家在产业、就业政策等方面就有强力的支持。加之，随着新技术、新产业、新动能的不断涌现，很多新型产业的形成与发展必将打破传统模式与发展方式，这些为欠发达区域实现跨越式发展提供了可能，这些看似发展不足的地域，恰恰蕴含着无限的机会和发展空间。

是新兴，还是传统产业？

具体到行业的选择上，则要顺应时代发展，多多眺望远方。技术已成为引领时代加速前行的利器，新兴产业不断涌现才是社会发展的活力。同时，传统产业也须在不断升级改造中实现现代化。因此，朝阳与夕阳产业间正在高速地跨界转换、融合发展，其界限已越来越模糊，区别越来越不是产业本身，而在于技术和发展模式。所以，凡是存在挑战的行业和领域都有发展的痛点，也就有市场空间。

在今后较长的时期，全社会都将在转型发展、技术变迁、消费升级、人自身发展等方面存在大量需求和挑战。节能环保、信息技术、智能科技、生物产业、高端装备制造、新能源、新材料、新能源汽车等新兴技术与产业，以及大健康、大生态、大教育、大消费、大服务等朝阳产业，都需要大量的投入和持续的改造，所孕育的潜力无限。需要的只是迎接挑战的创新精神、技术研发与转化应用的敏锐市场感知力、持续学习与追求进步的拓展能力。

是大平台，还是小公司？

其实大平台和小公司各有千秋，这决定于各自的理想、性格、特长。大平台提供的是较成熟而有序的组织架构与工作秩序，需要的是更专业的素养和能力。如果追求有规律、有秩序的工作节奏，而且又不那么强调主动性、创造性、自主性的话，到大公司可能较好。小公司就不一样了，那里一切都在拓展之中，似乎一切也并不那么完备，处处还需要自己动手、主动开创。无论是组织架构、运行制度，还是产品投放、市场开拓，都需要在前行中不断建立和完善，需要的往往是综合能力与主动作为，得到的是多岗的锻炼、综合的成长。如果追求自主、创新，喜欢不规则、不完善的"自由"状态，也许到小公司将能走向更具想象的远方。

第二，去干什么？也就是，到什么单位去？去从事什么岗位？去政府、企业、还是去事业单位？

这决定于每个人的性格特质、优势特长、价值取向，并没有标准答案，不能盲从、随大流。考公务员、进事业单位一度成为很热门的去向，而去企业尤其是非大型国有企业往往并不那么受人追捧，反映了就业趋向上的求稳心态。其实，这并不适合大多数年轻人善于"冲锋陷阵"的价值取向与心理需要。当然，如果确实喜欢按部就班的状态、喜欢体制性的不温不火，到政府、事业单位就业也无可厚非。如果只是跟风而不顾自己所愿，那就毫无可取之处。

走出校门的大学毕业生最需要的是实践与历练。到基层尤其是到西部的基层、到企业尤其是到制造型的实体企业，得到的锻炼和磨砺可能更多，认识社会与理解社会的视角更务实，未来必行稳致远。加之，国家正在加大对西部和边疆基层的建设力度、对实体企业的支持与鼓励力度，年轻人必能在其中寻找到自己的位置、获得更大发展。同时，随着国家安全形势的变化，军民融合发展已成为国家战略，国防建设一定会有所加强、有新的需要，从戎或去安全建设相关领域也越来越成为毕业生的一大去向。

是所学专业，还是非所学专业？面对这么多的行业和领域，自然首先要看自己的能力与兴趣。能力在哪里？首先想到的便是所学专业。即使当初所学专业并非所爱，也不管学得怎样，经过大学几年的学习与目染，都具有了一定的专业素养和技能。所以，专业便成了就业的敲门砖、发展的起搏器。特别是对于所学专业的专业性强，比如对理工科类专业的毕业生来说，其技术含量高、社会需求量足，选择与自己所学专业相同、相近、相关的行业和岗位就更加理所当然，也容易获得就业机会。

如果所学专业所对应的行业需求不足、且前景不符合前进趋向，跨行业、跨领域就业未必就是坏事。事实上，除开那些专业性特别强的行业或岗位，很多用人单位也并不特别看重专业，而更重毕业生的综合素养和就业意愿，学非所用的情况会更普遍地存在，跨行就业、跨界创业的趋向会更常态地发展。当然，对所学专业的专业性、技术性并不强的毕业生来说，就业时就不必固执于所学专业，甚至要忘记自己的专业！重点突出展现：通过大学学习所养成的习惯和素养以及与拟就业岗位的强烈意愿和高匹配度。抓住毕业就业的机会，遵循自己的兴趣爱好，选择那些既具有发展前景又能把兴趣转化为事业、把爱好转化为追求的行业和岗位，进而把生存变成生活、把就业变成成就，此乃人生幸事也！

是就业，还是创业？

这是一个老板遍地、人人都想当老板的创业时代。因此，不少年轻人热衷于创业。除了强大的心理准备之外，创业至少还需要三大要素支撑——资源、经验、技术。资源，主要是资本、人脉。在现代社会，资本不是太大的问题，只要有合适的项目，筹资、融资渠道很多。人脉累积却有一个过程，需要经历和阅历。经验，对刚刚毕业的大学生来说往往是空白，且难以通过快速通道获取，需要悉心观察和实践打磨才能积攒。技术，即创业项目的核心技术、创意模式等核心竞争要素，是否独创？是否易复制、快模仿？

以上几个方面，可以不同时具备，但都须解决用户的痛点、能够经得起市场的检验、具备盈利的可持续性。遗憾的是，对于绝大多数毕业生来说，都不易具备以上这些。即使是立志创业，也建议先就业、再创业，先当雇员、再做老板，等积累了一定的资源、经验，有较强大的抗挫折心理，寻找到合适的创业项目，有了较好的创业模式，创业就顺理成章。除非是家庭条件允许、在校期间已有了较多创业或实践机会、所学专业属于高新科技且自己或团队拥有核心技术，或者具有强大的心理与资源整合能力。否则，毕业即创业往往会成为冒进的代名词。

第三，跟谁干？都说，与谁在一起很重要。也就是，追随什么样的领导者？有什么样的管理团队？是选择职业还是文化？

首先是领导与团队。大学生满脑子都是宏大理想、书本理论，但如何运用或者如何把这些变成实践成果？就需要有好的领路人指引方向、有好的同路人携行互帮。因此，选人往往比选岗更重要。择业时，需要研究、考虑就业地区或单位的领导者及其团队的构成情况。看看他们的人格、价值与追求是不是自己所认可的，是不是值得自己去追随的，是不是能够带领自己去打江山，能否获得自己所期待的发展。

其次是职业与文化。任何一个单位都有自己的显性与隐形文化，都会对从业者的工作、生活及发展带来显著影响。特别是对于新入职者而言，价值观尚未定型、可塑性很大，容易受到所处环境的传统、体制、文化等人文环境特别是同事的思想、理念、行为、习惯甚至是方式、细节等方面的默默影响。所以，选择单位就不仅是择业，也是选择并认可单位的文化与氛围。需要深入了解、考察和体验所在地区、组织、领导人、可能同事的传统、文化、行为等基本状况，看看其软环境是否适合自己，自己又该如何适应，以及需要做什么样的改变和预备。

第四，干的结果如何？干得好，还要获得承认、发展得好。也就是说，前景如何？待遇怎样？

首先是现实与前景。在人心浮躁、实用主义较盛的情况下，年轻人往往现实，容易跟热门、顾脸面，比较喜欢选择那些看起来有范儿、听起来好听的所谓好单位、好岗位。而实际情况是：社会正在高速发展，好与不好正在高速地变换。现在好的单位、岗位可能明天会被替代、淘汰。相反，现在看似费劲的、不好的，未来却可能生机无限。毕业生就业时，要把眼光放远一点，看看前方。趁着敢拼、能拼的年龄，选择那些现在看上去不那么荣光、需要付出艰辛，但是未来却前景光明、市场空间不断扩充的领域和岗位。这样，不但会获得更大历练，而且还能始终保持向上、向前、向外的胸襟与状态，适应迎面而来的各种变化和严峻挑战。

其次是待遇与发展。待遇，往往直接体现着人的价值奉献，这成为就业优先的考虑实属正常！但是，由于市场竞争的不充分以及社会的复杂性，待遇并不能真实地度量每个人的实际价值。相反，如果急功近利，往往还会阻碍人的发展。在不为生存发愁的时代，年轻人在不具良好市场竞争力的时期，就业就不该首要考虑待遇的优劣，而应优先考虑事业的平台、机会和成长。因为凝结资源远比挣快钱更重要！所以要看看：自己的抱负是否可以落地实践？就业单位能不能装得下自己的心愿？可不可以提供不断成长的机会？是不是建立了公正合理的激励与分配机制？具不具备适应未来持续发展的核心竞争力？

嗨，以上说了那么多选、选、选！其实，说起来真的不难。择业不过就是：寻找到机遇，迎接挑战。是不是又太简单？不管怎样，机遇在哪里，发展就在哪里。挑战有多大，成功就有多无限。做选择不是选择题的勾和选，要做好确实需要一生的悟与练。因为现实太复杂、诱惑太多端。有主见还要保持定力，真的难！定力是啥？就是化复杂为简单，就是耐住寂寞、抗住诱惑、奔向目标的勇往直前，就是在不确定性当中找到确定性的那双慧眼。

就业姿态

　　就业从来都不是一件容易之事，主要受制于两大方面：一方面是社会对就业的客观需求，外部早已是一个到处充满着激烈竞争的社会，仅凭那张含金量越来越不高的毕业证，自然就缺乏实质性的竞争力了。对此，作为个体难以主导，只能更好地顺应、有准备地适应。另一方面是就业者自身的心态、能力与选择，这是可以自我调整和培育的。

　　社会对就业的需求，主要决定于经济发展的状况及其吸纳能力。经济形势越好，自然对就业的需求越旺盛。然而，经济发展带来了更多的不确定性、更大的负面影响。在这样的宏观背景下，毕业生应尽快调整自己，更加主动地以多种方式寻找就业机会、增强就业能力，以主动的作为来对冲外界就业形势带来的巨大压力。一方面，要看到转型、危机所孕育的经济变化、社会变革为就业带来了新鲜机会。比如疫情冲击后，在医药卫生、社区治理、应急体系、生态健康、生物安全、防病防疫、乡村振兴、社会工作等相关领域的公共服务、技术支持、物资保障等方面，会成为社会建设、经济转型的热点领域和新兴产业，会对紧密相关的专业人才有更加积极而旺盛的需求。

　　同时，还要看到社会对网络的依赖、对信息技术与人工智能等高新技术所显露的神威，对各类在线商贸、教育、培训、娱乐、人机交互，以及物流服务等方面的需求，已经迅速地达成了广泛共识，正在催生出更加迅猛的需求，培育出更加人性化的在线工作、居家办公等新业态与新习惯，将进一步推动相应领域的思想更新、社会变革、科技革命、模式转变、业态创新。所有这些方面的加速迭代，最后都一定会必然地反馈到对人才积极而旺盛的需求上来。社会对在线工作、居家办公、灵活就业、自我雇佣等现代就业方式有着新的需求、认可与包容，就业大门将会越开越大，就业机会也会越来越多。

当然，诸如服务业、制造业、餐饮业、旅游业、建筑业、交通运输业等传统行业，对传统型的人才需求受到了很大抑制，就业机会可能会明显减少。但是，这些相对传统的就业领域仍然对技术改造和业态转型等创新性岗位有着强烈的需求，对这些领域的技术型、创新型人才的需求也将是巨大的，充满着新的就业机会。

总之，无论怎么看，悲观也好、乐观也罢，社会将越来越对价值观等人性品格的看重、对科技力量的倚重、对创新思维与能力的器重，正在更加显著地彰显着人才、科技是一切新发展的决定性力量。未来社会发展对人才的需求将越来越走向高阶、高端，越来越强调从业者的学习能力以及由此而获得的转岗能力。这对于善于学习的人尤其是大学毕业生来说，难道不是一个极大的利好吗？难道不就是更好的机会吗？从这个意义上说，对合格的大学毕业生来说，就业从来都不该是悲观的。

唯一值得悲观的反倒是：大学毕业生自身的能力与素养能否适应社会的变化？能否获得社会的认可？能否支撑自己对未来发展的美好期待？能否持续提供发展的续航能力？因此，毕业生更应该根据社会形势的变化、市场形态的变革，见微知著地及时调整自身规划、主动作为，积极寻找机会，才能化危为机。这就要根据形势发展与实际需求，放平心态、调整步态、踩准节奏，在就业结构的快速调整中寻找具有发展前景的就业机会；在危机催生的市场变革与经济创新中寻找新的发展机会。

只要有了主动的心态，各种现代化的信息平台和亲友圈当然地成了主动就业的有效渠道，就业机会即会纷至沓来，成为寻求适合就业的契机，抓住了，就会顺利地把"自己卖出去""卖出一个好价钱"。"价钱"的高下决定于自身的就业竞争力。这就需要抓紧毕业前的"空白期"更高质量地完成学业，力求在毕业论文、毕业设计、毕业实习等方面有优异表现，成为"硬化"就业竞争力的最后工序。同时，经过洗礼和观察、思考，自己对未来趋势的变化及岗位胜任能力、市场竞争能力才会有更务实的见地。认知是改变的最好催化剂。有了认知，就可找到在校学习与社会需求之间、自身能力素质与职业岗位要求之间所存在的短板与差距。

差距才是实现进步的最短距离，有了差距便有了进步的动力。与其日后在工作岗位上丢人现眼，不如现在快马加鞭！因此，更加积极地利用难得的"闭门思过"机会，制订出自己的行动计划，更有针对性地抓紧弥补缺项，缺什么补什么，尽快补齐在校学习期间存在的短项、漏项，尽最大可能提升自己的核心竞争力，增强参与社会选择的自信心。

多一份"先就业、后择业"的就业理性。也就是说，在面对就业岗位时，少一些虚幻、多一些务实；少一些挑肥拣瘦、多一些历练积累。树立在工作中成长、在实践中增长才干的理念，在历练中等待、寻找和创造时机，伺机再动。即使在总体就业压力加大的同时，就业的机会依然比比皆是。每年招聘市场仍然火爆地开场，各个城市在招贤纳士方面仍然竞相推出更具吸引力的政策措施。这充分说明：求职难和招聘难的两难现象依然并存，结构性矛盾仍然突出，只是在部分地区、部分行业、部分岗位、部分群体的就业压力比较大罢了。只要想干，依然可以找到岗位。前提是：不要被理想蒙蔽现实，不要被心气蒙蔽能力，不要被要求蒙蔽需求，不要被选择蒙蔽决定！

多选择抗风险能力强的岗位与行业。就业形势不佳除与经济周期有关之外，主要还与经济转换的动能、速度、强度紧密相关。因此，就业时除了要看技术革命的态势之外，还须看清地区或城市的发展前景所在，企业的核心竞争力如何，行业的未来取向怎样，选择就业地点就要看看该地区、该城市的自然资源禀赋、人文传统和未来战略与发展；选择在传统产业就业时，就要看看企业是否具有可持续的资源、技术、模式和机制；选择新兴产业就业时，就要看看企业是否具有强有力的研发投入、公司治理和凝聚人才的能力。

多学习，不断提升抓住就业机会的能力。任何时候，就业能力都是必杀技。当下，存在"两难"现象的实质便是就业能力与岗位变化之间的错轨、脱轨，而且随着新兴技术的继续涌现与成熟，如此状况很可能加剧。于是，在就业形势不好之时，便是提升适应未来变化、练就降维打击能力的大好时机。因此，毕业生不但要多读、多看、多思、多干，缺什么补什么，同时向社会学习、向实践学习，补齐责任心、忠诚度、忍耐力等方面的不足，在摔打中成长，以待山花烂漫时！

为什么用人单位不买账？

　　教育部委托中国教育科学研究院开展了高等教育满意度调查，调查覆盖了全国 31 个省（自治区、直辖市）的普通本科高校和高等职业学校，最近一次调查在 2021 年上半年启动。但已经公布的最新结果是 2018 年 5—6 月开展的调查[①]，这是该机构开展的第二轮全国性调查，调查对象包括 356 所高校、4.98 万名毕业年级学生、1.78 万名教师和 0.54 万雇主。

　　该调查报告显示：总体上，2018 年全国高等教育满意度指数得分 73.2 分，教育质量满意度指数为 71.0 分，教育公平满意度指数为 72.7 分，教育环境满意度指数为 71.6 分，较 2016 年分别提高了 4.7%、4.3%、4.3% 和 2.7%，得到全面提升。按理说，较高的总体满意度应该博得用人单位的芳心才对，可遗憾的是，用人单位对高等教育的满意度恰恰不如预期。

　　2016 年，雇主的高等教育满意度指数为 61.18 分，雇主对本科毕业生的总体满意度指数为 60.63 分，对高职毕业生的总体满意度略高于本科，为 61.74 分。还好总算是及格啦！从具体能力看，雇主满意度最高的是学生的信息技术应用能力，得分也仅为 63.49 分；中国孩子还不识中国字的时候，便开始学的英语呢？得分却是最低的，仅为 57.40 分；其余依次分别为大学毕业生岗位技能、学习能力、对企业忠诚度、心理素质、书面表达能力等。

　　2018 年呢？很遗憾，在总体满意度略升的情况下，雇主满意度反而下降了！企业雇主对大学教育质量评价不高：约 53% 国企雇主表示满意，不足 30% 民企雇主表示满意，不足 40% 的雇主认为大学培养过程的理论知识教得扎实、在校期间实习质量高。显然，雇主没给面子，给了大学一个不及格。

---

　　① 全国高等教育满意度指数得分全面提升——2018 全国高等教育满意度调查报告 [N]. 中国教育报，2018-12-22（4）.

接下来，该轮到大学赶紧重修、补考啦！似乎，高喊着"以学生为中心"的大学，铆足劲才把规模千万之巨的大学生拉扯了出来，为什么用人单位还不给大学面子呢？是评价标准错轨了？还是大学与社会各自在自言自语？确实，一直以来，大学与用人单位分属不同的组织体系，各自都有不同的组织职能、历史遗存与话语体系，并以此形成了各自的价值导向与行动纲领、评判标准。让我们来看看各自的评判标准吧。

大学强调的是学好知识，用人单位则着眼于做好事情。

作为依据知识体系而建立的组织形态，大学把教授知识作为最高原则和行动纲领，充分展现"知识就是力量"的价值，并以知识的高深性与权威性赢得了千年之连续发展，源源不断地吸引着莘莘学子涌入到大学，通过学习知识获得作为进入社会敲门砖的一纸文凭。千年的遗存，让大学笃信先人圣贤所遗传下来各类知识的重要价值，学好知识成了教育的信仰与固化的模式，让学子们穷首皓经于既有的知识体系，以学好知识作为评判学子水平的主要尺度。所以直到现在，无论哪所大学都仍然以充满知识工作者主观好恶的各类考试来丈量学子的优劣。至于说，那些知识能否转化为权力、生产力与财富，满腹经纶的实际效用如何？似乎，都不是大学的事儿，也不是大学应该关注的问题，交给实际工作部门和学生自己在工作中去消化、去体悟、去转化吧。谁叫他是学生呢？学生就是学嘛，又不是干生、做生！

用人单位则不一样！用人单位面对的不再是枯涩的知识、固定的书本，而是一个个实际而具体的、复杂而变化的问题。而这些问题的解决，全部依靠雇员的才干。只有通过雇员做好一项项工作、履行一项项职责，才能体现出组织和员工的价值，才能让组织和员工一起迎雪经霜、傲然绽放。这样，雇主对雇员的要求，就必然是能"干"而不是只能"学"。也就是，能根据雇主的意愿、组织的愿景和实际岗位的职责以及市场的具体问题，把一件件工作做成、干好。雇主需要的是干将而不是学生！能不能做好事情，是雇主评判雇员的决定性标准。

大学，以学好为标准给予的分数来评判学生优秀与否；用人单位，则以做好事情和所取得的效果来评判雇员优秀与否。是不是二者的评判标准错轨了呢？如是，结果当然就接不上轨了。也就是说，在评判价值取向上，用人单位与大学就没有接上轨，怎么会认可大学以学好为导向的培养模式及其结果呢?！如果二者错轨了，大学做得再好，也得不到用人单位的高赞！

不是说"知识就是力量"吗？力量去哪儿了呢？实际工作不就是由各种知识要素构成的吗？为什么不能把学好知识与做好工作有机地统一起来呢？确实，学好到做好是可以相互转化的，但关键是大学强调的是理论正确，用人单位则着眼于实践有效。人类发展累积了越来越多的知识，加之还有不断开拓、创造出来的更多新知识，需要大学这类专门机构对知识进行分类、加工与整理，以便编织形成方便而高效地教与学的知识体系。所以，大学以"闲逸的好奇"作为生活格调，把对知识体系的理论贡献作为衡量大学水准的一项主要指标。学术价值而不是市场效用、理论正确而不是实践管用，成为大学的重要精神支柱、主要历史遗存！这，让大学为之奋斗甚至为之疯狂。

疯狂到了什么程度呢？为获取研究项目、发表论文、出版著述、获取专利等高深的学术成就而陷入越来越理论化、学科化、模式化、模型化、帽子化、指标化、数字化的泥潭之中，作茧自缚到自缢的地步而难以自拔、孤芳自赏！这样，大学也就越来越远离多变的市场、多彩的生活和多元的实践！以至于全国人大常委会委员王树国说："现在大学在干什么，关起门来自娱自乐，数论文、看排名、评职称、评院士，有意思吗？这样的评价导向，不仅浪费了大量专家学者的精力，也把人才培养耽误了。"① 贻误了人才培养，还能培养出用人单位喜欢的人？还能让人家给你高分？

用人单位当然不干了！用人单位必须得火眼金睛、全神贯注地盯着实际管用、市场有效。尤其是企业组织，不能像大学那样，整天沉溺于做理论推演的思维体操、看学术著述的数字表演、玩研究项目的智力游戏！而必须要求其雇员能够面对实实在在的市场竞赛，兢兢业业地做好每一件产品，具有强烈的市场意识和创新精神，才能在火热的竞争实践中脚踏实地、扎扎实实地取胜，在比拼中打赢、在市场上获利；必须少谈、避免空谈诗与远方、星际想象。所以雇主要求雇员：上手、尽快上手、尽快上手实干，尽快干出有竞争力、有效益的新产品、新模式、新样态，尽快抵达盈利、更大盈利的彼岸。

好在，现代知识型企业的大量诞生，知识价值、科技力量、学术思维等

① 委员：现在很多颠覆性技术不是出自大学内，而是大学外 [N]. 新京报，2018-12-29.

理论化效用获得了越来越多雇主的青睐，大学与企业正在努力地快速靠拢。即使这样，在雇主那里，知识、科技、学术也仅仅是对接市场的盈利工具，而不是教室、实验室、报告厅里曼妙的学术字符、婀娜的论文图表、优雅的学术演讲！

不是说，理论指导实践吗？理论怎么失效了呢？其实，理论并不是失效！而是正确理论也需要人去创造性地转化，才能体现出其正确的魅力、显示出强大的实效。可是大学强调的是传承既有知识为导向的理论学习，用人单位则着眼于解决痛点为基础的市场创新。

为什么中小学多年的学负减不下来？除压力山大的升学内卷之外，还有知识量级仍在无限加速地增长。在越来越多的知识面前，还有什么好办法呢？没有！唯有学啊！这样，整个教育体系便形成了以传承既有知识为主导的理论学习模式。即使以创新知识为己任的高等教育也难逃传统之束缚、体制之规约、行驶之惯性。在人的教育上，受制于从书本到书本、从理论到理论的传承模式、应试教育，习惯于用现成的知识体系教授既有的知识，趋向于省事儿的纸上谈兵，也就越来越偏离了对火热实践的关切。

用人单位能这么干吗？靠市场吃饭的雇主，则必须通过不断解决用户痛点，才能赢取被奉为上帝的消费者之芳心！必须通过不断的技术开拓、产品创新、服务改善，才能赢得激烈的市场竞争，实现艰难的组织发展。这就需要时刻保持对用户的温度、市场的敏感，时刻处于生活实践、社会实际、生产一线，从实际需要出发，不断地在实践中捶打、在竞争中创新。这些紧贴实践的活动，全得靠雇员去逐一完成。人呢？大学能提供如此品质的人吗？又错轨了不是！自然，老板就不高兴了，给大学如此低分！

很简单啊！作为供方的大学，怎么不按照雇主实际而具象的要求来培养人呢？

是的，为迎合社会，大学一直在不断地低头、哈腰，试图这么做。要不，怎么会有走出象牙塔的校企合作、校地合作、产教融合、协同创新这些响亮而时髦的名词？有了这些，为什么大学还是不能让用人单位满意呢？看样子还是另有原因。是的，大学确实还真不能原原本本地依照雇主的口味这个葫芦来画培养人这个瓢！因为大学还得着眼于人自身的全面、可持续发展，不能只关切用人单位而不关乎人的需要。

　　至少，大学培养学生与企业制造产品有一点肯定是不同的：企业的产品是没有生命的，而大学生则是蓬勃向上的高级生命体。生命，除需要老板们看重的那些就业技能之外，还需要思想灵魂与精神情感，需要人在适应中不断地改变自身的可持续发展能力，需要在工作之余享有美好生活的阳光态度。也就是说，虽然大学是以专业为导向的教育，但是其专业设置以及每个专业的课程设置、能力要求、素养修为等方面并不都是与职业要求、岗位职责逐一对口的，大学还得考虑人的自由而全面的发展需求。因为人不仅仅是经济动物，工作的目的本质上是为了更好地生活。其发展就是灵动而感性的、丰富而个性的！这就与用人单位所要求的理性而规范的、实际而有效的、统一而忠诚的品质形成了明显的差距。自然，如果这些差距过大，大学、大学生与用人单位、雇员就难以逾越鸿沟，就互不买账了。

　　大学还得着眼于社会的健康、可持续发展，不能太急功近利。社会是一个由政治、经济、文化构成的和谐有机体，需要风物长宜放眼量。社会分工就需要有思想库、知识源。大学就必须有做照亮人类前行之灯塔的宏志，就必须有为促进人类更健康的发展而源源不断地提供有机养分的本能。大学就需要着眼人类未来、促进社会的美好而警惕地保持与社会、与市场的理性距离、合理冲撞，就不能太急功近利地仅仅满足用人单位的眼前刚需。这就是大学抱有理论勇气、坚持知识价值、保持学术纯粹的合理诉求！

　　自然，大学培养的学生，往往就该具有一点诗人的浪漫、画家的写意、学究的风骨、书生的迂腐、专家的倔劲。一段时间以来，为讨好社会、迎合大众，教育产业化之风劲吹，大学与实践走得太近、变得越来越世俗而受尽各界的不断指责、广泛批评。世俗的结果呢？大学不但没有履行好思想库、知识源、发动机的职能，而且培养的学生反而让业界感到越来越精致的利己、世俗的功利。大学在学、产两头皆不讨好，自讨了个没趣儿！看来，是时候反思大学的价值定位与办学作为了。是不是，大学可以做得更好呢？

　　是的，应该更好！否则，还要大学干吗？大学作为人才的供给方，用人单位作为人才的使用方，二者应该更好地耦合，才能真正提高人才的培养效用。如果使用方对供给方的"产品"如此不满意（不及格嘛！），长此以往后果很严重。

　　要么，大学被边缘化，弃而不用，雇主自己来。这就是为什么这些年来，越来越多的企业办起了自己的所谓大学（其实就是培训中心、专业能力提升中心）。

要么，大学被嗤之以鼻，学生自己来，毕业生走出校门之后参加再培训。这就是为什么出现了大学教育无用论、公开课等网络教育成为爆款、各色商业性职业培训机构持续走红，这也是为什么接连爆出大学毕业生再到职业学校继续深造的原因。

要么，就是用人单位招不到合适的员工而闹用人荒，毕业生却找不到相匹配的岗位而高不成低不就。这就是为什么这些年同时出现了招人难和就业难这种"两难"的社会怪象，尤其是那些高吸纳能力的民企、中小微企业等用人单位招人很难。这不，他们给了低到让大学脸红的低分！

因此，现在有业可就，但找不到人；有心就业，但没人要！尤其是在经济转型发展且下行压力加大、不确定性增加且就业形势严峻的背景下，招人与就业都已成为大学、毕业生、用人单位共同面对的一大难题。面对如此风起云涌的新时代，大学该有更加宽广的胸怀、博大的情怀，自我革命、转型发展，尽快实现品质升华。所以，大学系统就得主动些、拿出赶考的劲头，尽快补修通过补考！怎么办呢？

分层分类办学。大学别再一窝蜂地按照貌似高大上的西方模子、一窝蜂地都去比照研究型大学的模样比比画画、照虎画猫。随着社会发展的高度分化与动态变化，大学不再可以用一种同质化的所谓研究型大学模式来满足广泛而多样的需求了。不同类别、层次、特色的大学及其不同学科、专业、领域必须差别化发展，有不同的模式、不同的机制、不同的方式来满足不同目标对象的、千差万别的特点与需求；不同办学特色、不同学科优势，必须彰显不同行业、不同领域千姿百态的需求与趋势。在高等教育普及化的大背景下，多样化的办学定位、多样化的教育模式、多样化的质量规格是缓解供需错位的唯一出路、有效机制。唯有这样，大学才会有各自合理的定位和更受欢迎的输出，就不会一窝蜂地向研究型大学看齐而自我矮化为非一流、不入流。大学就会有理论型、应用型，更有实务型、技能型的培养与发展模式，就会通过多类别、多层次、多样态更好地满足多类、多层、多样的社会需求。

开放办学机制。社会本就是一个同呼吸的生命共同体，本该开放共享、通力协作，才能实现共同发展。需要把学生的培养过程，转变成教、学、用等多方合作的全开放过程，构建社会的参与机制，学生的高质量培养才可能真正契合高质量发展。只是校企、校地常常各执一词、各怀异胎，校企合作、校地合作往往花拳绣腿、形式大于内容。

面对来自市场的压力与改革的共识，是时候改变这一互怨、互怼的局面了，各自都该主动检讨并担负起培养人才的义务和责任，主动介入人力资源的共同开发、人力资本的迅速变现。否则，只会继续自说自话，始终链接不起来。因此，亟须启动开放的教育模式——学科专业融合、理论与实践结合、政产学研配合。大学多多倾听用人单位的需求与建议，积极改进与社会脱节的教育模式与教学内容、培养方式。用人单位更不能心太急，而该主动合作，提早介入学生培养过程，积极接纳和指导学生的实习、实践和在岗锻炼。学生就该主动利用学用结合的平台，认识自身，不断进步，提升面向实际的能力。

强化专业建设。一直以来，广受诟病的是，大学的专业设置偏重于封闭的知识逻辑，教学内容偏重既有体系而与社会脱节、错轨，不但难以满足变动不居的各类社会组织形态的不同需求，而且也难以满足充满不确定性的未来发展趋势与要求。企业往往需要多学科、多阅历背景的复合型人才，希望学生在校期间更多地接触社会，提前了解社会的现实需求和发展趋势。然而，学校却固守"象牙塔"而难以真正提供有效供给。吐故纳新，重塑模式，才能浴火重生。跨界发展、多元发展已然成为时代大势，这需要大学打破学科桎梏和知识逻辑，超越"象牙塔"，从雇主的不同需要与学生自身发展出发，再造专业结构，活化专业设置，优化培养模式，并建构相应的保障体制与机制。

优化师资成长。值得高度关注的是，须改变当前高校教师队伍的建设与成长模式。现在高校补充的教师，几乎都是从校门再到校门的知识学习者、善于考试的优胜者。他们学术理论储备好，但缺乏对社会的了解、对实务的熟悉、对人生的历练。师资的这种情况让大学教育更加容易陷入唯书本、唯论文、唯帽子的强大漩涡，加剧大学及其教学脱离社会、远离实践。急切地需要根据不同专业、不同课程、不同岗位的实际，设置大学教师的不同选才标准和发展要求、成长路径、评价办法，才能有效助力大学与用人单位间的互动。

怎么能是一锤子买卖？

在就业如此艰难的大背景之下，为什么还是有大学毕业生并不如预期的那样积极地进入市场，去抢抓机会、争取尽早就业？仍然有不少的大学毕业生固执地等待和消极地观望着好工作的来临？在这些问题的背后，原因一定是很复杂的。涉及以下几个方面，比如就业价值观的变化、就业市场的调整、学生及其家庭的状况、教育模式的改革、就业考核机制的完善等方面。

就业涉及两个问题：第一，就业到底与什么有关？第二，为什么聪明的大学毕业生面对僧多粥少的市场仍然不那么聪明地固执？

就业的两大主因：第一，为了最直接的生存需要，为了活命、为了生计而不得不就业；第二，通过就业来满足并发展自己的兴趣或欲望，打发时间或丰富人生，以实现生存与生活两不误、双丰收。最幸福的高级就业便是职业与兴趣的有机融合了，把兴趣化作生存的手段，把生存作为满足兴趣的延伸。至于说，是受雇于人式的所谓打工，还是自我雇佣式的所谓创业；是长期的固定式就业，还是短期的灵活式就业，都只是就业的方式罢了，随时随地都可能发生改变、进行转换。但是，无论采用何种方式，就业决定于环境的需要与自身的能力这两大方面。

就业，总是环境与人自身相互选择、相互耦合的过程，受着环境与个人两个方面的制约，是你情我愿的双向互动，绝不可能只有一种模式、只是一次性交易，总会随着时代的变迁和每个人的成长阶段而不断地发生着改变，不会是一锤子买卖。从人的发展来看，是否具备市场选择和自我选择的能力决定着就业的基本状态。从一生的发展看，每个人的就业又是分阶段的，而不是一次性的行动。在经过就业前的学习与准备之后，按是否具备就业市场的能力来区分，至少可以粗略地把就业分为被选择、能选择两个阶段。

所谓"被选择"阶段，就是指自身的知识、能力、人脉与经验等人力资本，仍然处于累积阶段，还不具备足够的市场竞争能力，更多是被动地接受社会的挑选，自主的选择能力还不够、还偏弱。比如说，刚毕业的大学生就属于这种情况。尽管经过了十年寒窗的苦读，但自身的综合就业能力，尤其是岗位胜任能力、实际工作经历与经验等仍有较大欠缺，与用人单位、工作岗位的实际需要与要求还存在较大差距。加之，我国教育模式的特点，大学毕业生仍处于职业认识不足的尝试期，对自身定位与社会的了解都不够，对生涯发展缺乏足够清晰的认知与准备，必须通过毕业之后不断地亲历社会与不断尝试，来深化对自己、对社会的理解与认知。

在此阶段，选择能力有限，只能更多地被动接受社会的选择。这就需要以更加积极的态度与决绝的行动，来争取获得相应的就业机会和实操平台，需要把尽早就业作为首要的近期目标，而把择业作为就业之后的诗与远方。尤其是在就业岗位供给不足、匹配度不好的情况下，更得防止在一棵树上吊死，抢抓机会，才能获得打造、壮大能选择的就业资本。经过了就业的实践捶打，在实践中不断地再学习、再提高，持续获得较成熟的能力与经验的积累之后，才能具备能选择的就业资本。

进入"能选择"阶段，才可以更加清晰、务实地认识到自身与环境的各自特点与实际需要，才有可能具备选择市场的能力，才能更加主动地、有所为地选择更符合自己意愿的就业岗位、职业，更从容地实现对自我兴趣的把控与满足，逐步接近就业的理想状态，步入就业的自由状态。不过，即便如此，也还要看到，当今社会正在进入快速变化的轨道，新技术、新产业、新业态、新模式所导致的新产业、新职业、新方式都正在加速地迭代、交替，给每个人的就业带来了越来越多、越来越大的变动性、不确定性！过去一直珍视的也是管用的已经习得的既有就业知识、能力与经验，也正在变得低效、甚至失效。

这不断地逼迫着从业者必须时刻保持职场新人的心态，努力适应市场的快速转换，而不得不频繁地改换门庭、转换职业。不得不在就业的过程中，始终保持足够的学习热情、拥抱随时变化的激情，持续地再学习、再历练，努力地提升再就业的再生能力。因此，在未来世界里，劳动者就业的领域、岗位都不可能一蹴而就、一劳永逸，一定会发生比现在更大频次的更替、交换、跨界，就业将不再可能继续保持传统上所追求的那种稳定状态。就业者不得不适应变化、主动改变，才有可能换来就业的连续性、可获得性。不是在就业、就是在就业的路上——永远在就业的路上——可能就是未来每个人的真实存在状态。绝不存在一劳永逸的所谓稳定的就业，也绝不可能有一步到位的所谓理想工作。

那为什么现在依然还有不少高校毕业生沿用习惯思维，不达自己想象的所谓理想就业目标就誓不罢休、还要固执地坚持"二战""多战"呢？

一，缺乏对时代发展特征及其变化的理性认识，固守静止而非发展的就业思维，依然故我地认为，毕业时的就业就是一锤定终生的选择；以为就业之后便能从一而终，白头偕老，不再"改嫁"。殊不知，毕业时的就业，只是漫漫人生路上就业的最初尝试。此时，大学生并不真切地知晓自己到底适合干什么，喜欢干什么，还需要在不断地尝试过程中探寻就职的机会、寻找理想的职业、实现职业的理想。实际上，此时最需要的就是尝试的机会和锻炼的平台，而不是眼高手低的挑剔、好高骛远的苛求、指手画脚的空谈。殊不知，毕业时自己的翅膀远未长硬，还只是羽翼未丰的成长之始。高等教育给予大学生的不再是进入职场后稳操胜券的保证书，而只是适应职场发展的可能性。而今，大学毕业文凭不再是就业市场上赢者通吃的硬通货、战胜对手的一招鲜，而只是接受就业市场选择的新起点，还需要通过积极地寻找并抢抓各种可能的就业机会，才有可能获得并在实践中提升自我真实的就业能力。尤其是在就业供给相当疲弱的市场状况下，更需要清醒地认识到这一点。

二，更多地把就业作为满足虚荣心的脸面，而不是练习人生第一步的蹒跚。恰如前面所说，就业本来是为了满足生计、兴趣的，而不是用来装点门面的。可是，现实当中，不少的大学毕业生受家长的影响和舆论的误导，走火入魔地一味地追求那些自己并不擅长、也不喜欢的但很光鲜的所谓好工作，把自己的所有精力都专注地投入到追逐那些大众时尚、脸面荣光的"一大二公三稳定"①的行业、单位、岗位之上，恰恰放弃了自己的人生理想与能力取向。

---

① 一大二公三稳定：大厂或大公司、大单位，公有体制、国有平台，稳定职业、稳定收入。

如此执迷不悟有什么结果？要么是捡到了趋之若鹜的鸡肋，要么是没有捡得鸡肋的一脸哀伤。不但丢失了就业的满满自信，而且还贻误了全面提升、务实锻炼的大好时机，到头来弄得个灰头土脸的失望。为了脸面而就业的后果便是：害人、害己、害社会。害己，自不待言；害人，便是挤占了他人的就业机会；害社会，让有限的社会资源错配。大学毕业生的理性选择应是树立发展型的生涯思维，选择符合时代发展趋势、符合自身特点的行业、职业与方式，在干中学、在干中选，而不是在等中学、在等中选。只有这样，才有可能更加积极而有效地做好就业知识与技能的准备，在不断的尝试过程中，提升职业的选择能力。继而，从长计议、一步一个脚印地实现人生的职业理想。

入　职

　　终于，经过十多年的寒窗熬到了毕业！经过多次的双向选择，可以入职挣工资了！终于，不用啃老，可以靠自己养活自己了。兴冲冲地报到了，落地于传说中的那个理想单位。还在兴头上、还没有来得及笑出声来，立刻，实实在在的工作便原形毕露，理想中的完满，被现实的骨感干掉了一半，剩下的一半也不知道还是不是完满！

　　立刻，立刻开始了怀疑：这是不是就是我反复掂量后要的那份工作？怎么与课堂上老师说的不一样！怎么与签约时单位领导介绍的以及实习时所碰到的情况差别那么大？入职，便是人生真实的起点，便真切地体验到人生现实的骨感，便开始了脚踏实地的苟且，便不得不暂时把诗和远方搁在一边。这时，需要的不是任性而是理性。需要从课堂回到社会、从书本回到岗位，用大学积攒下的素养、技能与思维，尽快应对职位之艰难、思考活下来的路向。

　　首先，得站稳。碰到现实苦恼或不如意，对于任何人都很正常。所以，先不要高唱情怀、大谈理想，更不要激扬文字、指点江山。应该务实地想一想：熟知多年的"适者生存"进化理论难道就在这里失去了光芒？

　　适应下来，才是硬道理。才可以立足稳当！而适应，就像发掘宝藏，谢绝三心二意，更不能半途而废，需要的是持之以恒的发掘、不畏困苦的探险。这样，即使是再有个性的学霸，也不会一言不合就轻言放弃，一事不顺就放言离开。否则，还没有真正了解一个单位就轻易否定一份成长，还没有切实理解一份工作就随便断送一段努力。这既不是对自己当初选择的尊重，也不是认真对待工作的模样，更不是对待社会现实的正确取向。放弃，便是把刚刚拿到的或者坐热的板凳交给了来者，便是把喜乐乐的兴致浇灭，把好端端的心态搞乱。放弃，一旦形成一种习惯，人生便会留下一个个断断续续、空空荡荡的苍白点。

站稳，才能行稳，继而才能致远。刚毕业的大学生往往涉世未深，缺乏历练，更少有经验。青涩的你，何不暂时别高谈阔论地指指点点？即使是世界最著名大学的毕业生，满腹经纶，急于施展，稍微等一等也并不会为时过晚，也不会耽误远大志向的宏图大展。

站稳，便是入职后的第一关。熟知规则，才能熟悉运转。任何一个组织的运行，都是建立在一定规则之上的。大至国家颁布的相关法律法规，小到具体岗位的职责条款。宏观至单位的规划蓝图，微观至具体工作的运作程序、细微要求，这些都是任何一位新人不可少的必修课。对于刚大学毕业的新人，读好这些"有字书"不难，难的是，要真正理解这些有字规则和条款后面的所谓默文化、潜规则，这需要较长时间。因为在这些一字一句的条款后面，隐藏着的是这个组织前辈们的情怀、成长故事和探索经验、组织利益的博弈、激励的观念，体现的是组织传承、精神和一份事业的发展维艰。实际工作的推动与运转，往往在这些有字条框背后，那些潜规则的隐形力量反而更强且只可意会不可言传，需要慢慢地琢磨和体会。这便需要情商、德商和智商等综合素养，这便是大学教师常常说的无用之用乃有大用，泡菜坛子泡过之后所浸染出的看不见的人文精神与综合素养。

不怕欺生，才可活下来。毋庸讳言，无论什么地方、什么组织，总会存在或多或少的欺生现象，这是人类动物性的体现，用不着大惊小怪。从积极的角度来看，在熟手面前，初来乍到的你，无论毕业于什么神仙大学或曾经是多么受人称赞的学霸，这个时候，忘记过去的辉煌并不意味着背叛！因为在新环境、新状态下，谁都是丈二和尚摸不着头脑、不知深浅。对于现实情况与工作历练，在老同事面前自然矮下了大半截，是不是就该诚恳、谦恭一点？

同样自然的是：湿身、踩雷，作为入职第一课乃是必然。因为如果此刻还心存侥幸、期待馅饼，甚至趾高气扬、目中无人，那么，湿身便有助于惊醒，踩雷更有助于警醒还沉睡于大学美梦中的你。一旦有了积极的认识和正面的心态，累点、脏点、苦点、亏点，对于精力旺盛、手脚灵光的你来说，还算事儿吗？反而，梦中醒来的你，会更乐意地去接受老同事们的欺生——把欺生作为自己熟悉环境、获得锻炼并迅速成长的难得机会，把欺生转变为给领导和同事留下良好第一印象的有效方式，把欺生作为融洽与同事关系的纽带，把欺生视为获得营造有利于今后发展所需人脉关系的极佳手段。

　　活下来，只不过是万里长征的第一步。接下来，就该出新。出新，就是为自己担负的任务带来新意，为从事的工作甚至单位带来有新意的变化！因为无论什么单位，用相对高的代价聘来一个大学毕业生，绝对不只是期待大学毕业生仅仅像普通工人那样按部就班地上下班、领取工资，而是期待大学生的你能够给单位带来改变——适应跨界竞争、高速变化而持续健康的发展。

　　出新，就是为单位的更好发展贡献新的智力，展现作为大学生新人的风采。不是曾经抱怨大学教育没有用吗？满腹经纶无处施展吗？这个时候，大学里学习的观念、知识、技能便开始登场——检验新人的水准、能力与力量。出新，才能获得好的第一印象后的真正认可，才能为自己塑造站稳后、预备起跑的自信。出新，便是起跑。起跑，便要听好发令枪响。枪未响时，好好把机会寻找；枪响时，才有实力、有机会开跑。任何时候，都不要放弃对机会的寻觅和创造；任何时候，都不要拒绝闪现的机会，而要积极拥抱机会，让能力闪光、把素质展现。

　　天下难事必作于易，天下大事必作于细。机会，便是点滴小事的累积；机会，就是在完成职责任务中不断凝聚。把每一件小事做好，把每一件易事做精，就能寻找到隐藏在其中的机会。好与精，不仅仅是工匠精神的内涵，更重要的是可以找到做好与做精背后所需要的改变——理念、流程与技巧。这，便是新的来源。

　　不知不觉中，你便开始找到了一项工作、一个岗位的痛点，顺藤摸瓜、顺流而上，便会诘问自己：是不是可以改变？便会商议同事：是不是能够改变？便会请示领导：是不是现在就去改变？这样，你就会认真用所学、所愿去思考如何去改变，怎样才能有效改变，出具改变的良方、设计推进的方案。就会开始改良所从事的每一项具体的工作：提出改进的新建议，注入改变的新观念，融入自己的新想法。渐渐地，就会为每一件小的事情带来新意、带来改变！而这些看似并不经意的改变，一旦链接起来，便会奠基一个单位、一项工作、一位新人的大发展。

　　现在就该求成了。站稳，是为了留下来；出新，是树立自信并获得认可。在别人的阴影里，站稳了脚跟，注入了新意，还带来了一点点改变。领导同事有了初步认可，便有走出别人阴影的机会，开始有了独立担当的舞台，求成便是为了求得进一步的发展。

　　唯有求成，才能致远。求成，不是虎头蛇尾，而是坚定地把事情做成的决心。这是一种"敢于竞争、善于转化"的精神状态，一种不达目的、誓不罢休的顽强拼搏。求成，是独立担当的开始，也是独立担当的结果与延续。因此，求成，就不再仅仅是知识和情感，而是检验大学所习得的知识、能力、胸襟或大局观以及思维习惯。

　　求成，需要的是全情投入。通过小事的历练之后，开始喜欢上了要做的事情，便要不顾名利的牵绊。这样，便会开始思索：要做的事情是否符合趋势？是否有前景？能不能支持未来至少三年的成长？有没有市场？这个市场能持续多长时间？未来市场规模有多大？覆盖能力有多强？我们又该怎样去实现？这样，在做好本职初级工作的基础上，就开始思考超越具体问题的发展之策。这样，就会先人一步，布局未来的发展；高人一筹，实现未来的更好发展。

　　求成，需要的是大胆探索。探索，就是面向未来，从问题出发，努力解决市场或事业的痛点。探索，是一种胆识，也是一种历练。探索，代表的是对不确定性和未知的热忱，更是通过对模式、结构、流程、样式的再造与改变，是实现理想与抱负所必需的大胆和自信。此时，才可谈谈情怀，才是情怀与责任所系的曾经誓言。这样的求成便是创新之成、开创未来之成，也是获取更好发展之成。

　　求成，需要的是团队精神。每个项目的完成往往不是一个人的孤军奋战，而是跨越体系与机制的百团大战。每当事业到达一定高度，一定不是一个人的孤独，而是把思想与理念化作了集体的整体行动、凝结成了团队的协作精神。有了如上所成，一定会有同事间志同道合般的彼此信任，好比升级打怪，团队就会自然而然地生成。这样，你的入职才算走完。

　　接下来，如果还觉得很憋屈，还没有找到感觉，依然看不顺眼；或者，个人的才华仍然受到制约，难以施展，依然得不到期待的发展；或者，单位的文化与发展前景并非自己所愿，离抱负依然太远。也许，此刻的勇敢离开，才对得起入职一场之后的耐心与历练。这样，无论是找寻新的机会与平台，还是自己招兵买马独立地去干，都有了一定的积淀、积蓄和经验，才可能有真正的自我实现，也才能推动民族伟大复兴的宏图大展。

规避职场雷区

每年毕业季，大学生从校园走向职场，开启了人生新阶段。不少毕业生很快、很顺利地实现了从学生到职员的转换，逐渐取得了成功；同时，也有不少毕业生并未充分表现出大学毕业生应有的睿智，身份转换不那么顺利且走了不少的弯路。初入职场，每个人须经受三重认知的反复淬炼，才有可能百炼成钢。

第一，如何看待"正确"？

实际上，世间很多事情本无所谓正误。正与误，皆由价值观判断、思维模式决定。正是由于这两个方面的不同，校园与职场在正误的判断上便产生了差异。

学校教育认可的正确所追求的是：知识体系的逻辑自洽、理论体系的纯粹完美、教学体系的合理递进。知识体系的建立是既有认知的累积，其适用性必须要有与前人取得该认知时相同的前提条件和影响要素的环境。理论体系的建构，更是一种知识体系的逻辑归因、实践过程的抽象升华，追求的是纯粹与普遍。要让知识体系化地传递、理论化地传授，还须适应工业化的生产模式。于是，学校教育便开启了规模化的班级教学，按照学生的知识基础、认识能力、学习心理，按教材的方式、以考试的形式，循序渐进地展开。在我国教育的语境和实际运作过程中，又把这样的正确观转化为以考试导向的标准化。教学对标教材、学习对标考试、学生对标升学。于是，教师养成了教材上没有的就不讲，因为教材之外的可能会是不正确的，也就是具有一定风险的；学生养成了考试大纲上没有要求的就不学，因为没有标准答案的考试往往是不客观的、其结果可能是不公正的。

在如此教育模式的影响下，毕业生往往形成了比较固定的从众性认识模式、理论型思维方式：遇事，总爱从"宝典"中寻找正确答案、从老师那里获得正确答案、从理论的推演中得出正确答案，形成了一种答案式的正确模式、一种标准化的正确模式——书上没有的、书上说了是错误的，那就是不正确的。同样，教师所给出的答案往往也是教科书上呈现的、考试试卷上所需要的客观答案，这些答案往往又是依据既有的成熟理论所推导、所验算的结果。惯性地，毕业生便形成了一种既有理论正确、既有知识体系正确的认识方法、价值观念。凡是书本上没有的、凡是不符合理论标准的，就是不正确的，也就是不值得、不应该去做的。一旦，用这样的思维习惯、认知模式僵化地去套用职场中的实际工作、实践逻辑，往往会在认识上产生冲突、行动上出现迟疑。要么怀疑学校教育所习得的理论一无用处，要么抱怨职场逻辑一无是处。

社会遗传最主要的机制当然要算是教育了。学校教育在现代社会中的作用越来越明显，发挥着人类最主要的传递作用。职场并非天外之物，也是社会发展的产物。职场也就必然承接着教育模式的某些逻辑，否则，学校教育那就真的是一无用处了！学校真就早该消亡了、年轻人也就真没必要忍受寒窗之苦了！

学校是简化了的社会，社会乃放大版的学校。在简化与放大之间，生发了明显的差别。首先，职场中受到扰动的因素急剧增加，不再是学校所学知识与理论的完美推演和简洁纯粹。影响实际工作、构造职场大环境的要素大大扩展，职场变成了比学校更加复杂的大系统，是一个更为多元的大环境。学校的知识与理论就不再完全适应超乎其抽象范畴的复杂环境。一个在理论上完全可以被忽略的微因素、在公式中完全可以被舍弃的小数点，也可能在实践中戏剧性地放大其实际效果而成为意想不到的巨事件、产生惊天动地的大影响。因此，就需要把理论与实践紧密结合起来，在实践中加以灵活地运用、原则性地把握。

同时，职场中碰到的影响因素不再是教室、实验室里那般确定不变，而是时刻处于变动之中，甚至出现超预期的"黑天鹅"、合预期的"灰犀牛"、被忽略的"小蝴蝶"，往往不再是学校知识体系的简约延伸、理论价值的纯粹判断了。一方面，社会是在变动中高速地前行，随时随地都会出现许多前人、书本、课堂、老师从未碰到过的、新的影响因素。另一方面，职场中每一项工作也不再是一个人单独地完成，而是多人员合作、多部门合署、多领域合拼的接续，必会受到参与其中的每个人的认知水平、生活阅历、性格特质、工作方法等多方面的影响。从这个意义说，步入职场切忌生搬硬套地用理论的正确来对待实践的丰富，不能认为书上没有，就不"考试"；不要认为理论没有出处，就不行动；还别想象没有标准答案，就不开展。毕竟，理论是灰色的、实践之树长青，实践才是检验真理的唯一标准。

第二，如何对待"成绩"？

对于职场小白来说，没有老本可资证明、没有战功可以炫耀。靠什么？靠关系、靠运作、靠小聪明？也许，这些可以是一时管用的"一招鲜"，但绝不是永固发展的长久大计。立足职场，归根结底还得靠工作实绩。战绩便是实力的体现，也是接受高等教育所期待的最好结果。毕竟初生牛犊，毕业生脑子里装满的是最新知识，加上年轻气盛的干劲，取得一点成绩也就不足为奇。下车伊始，便马到成功、旗开得胜，取得了成绩，攫取到了第一桶金，大获自信，可喜可贺。可是，刚入职场要认识到更艰难的是：怎样冲过取得成绩之后的那道隘口，怎样对待所取得的那份战绩？

是无足轻重的无所谓？新手往往容易被初试牛刀的小胜冲昏头脑，认为工作不过如此而已，生发出沾沾自喜的自满，进而对正在出现的更大困难和将要担负的更艰巨任务、职责，放松要求、麻痹大意，轻视向实践的深入学习、向同事的持续请教。对待工作就不再全力以赴、聚精会神。结果呢？不但可能冲淡已经取得的成绩，前功尽弃；而且，还可能难以继续取得更大、更好的成绩，半途而废。于是，很难实现积小成为大成，输在了人生马拉松的起点或前半程。

还是个人英雄主义的昏昏然？认为"考试"取得的好成绩只是自己"伟大"的结果，忽视组织的平台作用，轻视团队中他人的力量。这不正是长期学校教育给毕业生留下善于孤军考试的认知惯性吗？以为"考试"100分就是自己挑灯夜战、苦苦复习的结果，就该是受表彰的"优等生"，与他人毫无关系。于是，理所当然地把"100分"窃为己有，变成一个斤斤计较、居功自傲、恃才傲物的自私之徒，最后陷入孤立无援、孤苦伶仃的状态。

然而，职场中的战绩与课堂里的成绩是有很大区别的。职场中，一项实际工作任务的完成，往往不仅仅是凭借一个人的聪明才智，更不是一个人闭门"演算""刷题"的结果，而是多个人前后呼应、多个环节左右协同的成果，需要的是个人努力与团队精神的有机融合，倡导的不再是校园里的一枝独秀，而是职场中的满园春色。尤其在中国文化语境之下的职场，尤其对于从当下家庭成长起来的职场小白来说，更需要避免无限放大自我力量的心理延续、过度精致的实际表现。否则，就会失却同事的进一步支持与组织的持续信任，遭遇职场中"地雷密布""明枪暗箭"而遍体鳞伤！

第三，如何对待"挫折"？

对于刚刚走出校园的毕业生来说，春风拂面，意气风发，早就期待着把积蓄了二十几年的热血和知识尽快挥洒在职场上大展宏图、顺利发展。可是，任何人生都不可能是一览无余的通透，更不可能有一帆风顺的坦途，人生不如意者十有八九，遭遇挫折、经受打击反而是很平常、很正常的"便饭"。挫折、打击，往往也是成就人生的必须经历与必需经验。能否承受挫折的煎熬、打击的锤炼，往往决定着人生的真实高度。对于初出茅庐的职场小白来说，少有实际工作的经历，往往容易被挫折击中、被打击压垮。

当遭遇这种情况时，怎么办？是一蹶不振吗？遭遇挫折时，职场小白往往因为耐受力弱，容易把初见的小小挫折当作晴天霹雳，偶遇的弱弱打击当作泰山压顶，穿不过自我预设的心理阴霾，走不出想象中禁锢自我的绵绵细雨，像一支落汤鸡，一下子变得消沉起来，奋斗的意志弱化、奔跑的骨劲软化，甚至自暴自弃。相反，也有职场新人并不把遭遇的挫折、遭受的打击当一回事，不以为然。认为那只是"考试"中的一次小小失误，没什么大不了的。于是，视而不见，充耳不闻，丧失了认真总结、深刻反思的良机。

显然，这两种态度皆不可取。人生，不可能是一帆风顺的，所有的意外，都不会等你做好了准备才到来。唯有乐观的心态、积极地面对，才是克服困难、战胜挫折的利器。挫折不可怕，可怕的是不敢正确地面对跌倒，更可怕的是不能尽快站立起来并含泪再奔跑。打击也不可怕，可怕的是不愿正视打击，更可怕的是不能在经受打击之后变得愈发坚强。

自古英雄多磨难。成功并不属于跑得最快、最顺的人，而是属于敢跑、敢于在绊倒后爬起来坚持跑下去、跑得更稳的人。成功的路上，唯有敢于奋斗，才能收获最大的安全感、拥有最佳的结局。每个人都有不够好的时期、不高光的时刻，一切的诅咒、沮丧都无济于事，怨天尤人更于事无补。只有不断地总结得失，才能走得更稳；唯有不断地含泪前行，才可能逼近理想。

　　命运，总会在阳光路上投射下多舛的阴影。不受委屈，哪来成长？没有挫折，几无成功！只有经历得起岁月的煎熬、经受得住生活的挫败，人生才会更加厚重、更为充盈。唯有坚韧与坚强，才不怕摔倒，才能不断地重新站立，让人生闪现光芒！这样，总有一天，定会迎来高光，定能展现最闪亮的模样。

如何尽快适应社会？

　　毕业生进入纷繁的社会，就意味着由学校的一介书生破茧成了一位成年人，开启了以工作为主线、担当社会责任的人生旅程。如何尽快适应从学校到社会的转变？又需要在心理上做出哪些调整呢？先看看从学生到社会人到底要面对那些变化吧。

　　第一，身份上：从学生到社会人。

　　一是对象发生了变化：由静变动。学校所面对的是完成学习任务，而这些任务常常是相对静态、固定的，而且在老师的讲解、辅导之下，是可以找到理论依据、能够查阅到文献资料、多有标准答案，并能据此给定分数与等次的一份份作业、报告、论文、设计、程序、文案、作品等。大多数时候，这些常常是理论上的推演、智力上的演绎、记忆上的练习，祈求的多是理论上的完美，比拼的多是智力上的程度，表达的多是记忆上的内容。绝大多数时候，这些还是按图索骥，可以对标对表予以完成的"死"任务，其时间表、路线图常常是较清晰、可预见的。

　　一旦走出了校门，担负实际工作岗位的责任之后，面对的不再如老师所留下的各种作业，而变成了面对实际的实在任务。这些任务立马就"活"了起来，处于变化的动态，内容更加综合、影响因素更多、程序不断跳跃、过程多受干扰、结果常不确定。大多数时候，这些都是根据对实践的认知并由实践提出的一个个鲜活的问题、实际的项目，祈求的多是实践上可以抵达的效果，比拼的多是解决问题的时效，追求的多是最大化的业绩。这些任务往往并不再是按照既有的知识范畴、专业的覆盖领域予以分割，也不再是从教科书、辅导宝典、参考文献中可以找到或推演出来的现成习题、作业，更多是来源于实实在在的市场痛点，其内容、要求、目标并不清晰、不完备，往往也很少有标准答案和客观评价。而且，还不一定都是可以从学校已习得的现成知识体系、理论法则、实验构成、解题步骤中寻找到解决依据、梳理出设计逻辑、落地为现实方案，并依据某个客观标准给定公正分值、评比出公平等次并予以奖励。

二是场景发生了变化：由纯变杂。场景对问题的影响是毋庸置疑的。其他复杂性暂且不谈，仅就人的异质性而言，场景的变化便是非常明显的。

尽管所看到的大学校园早已人声鼎沸、车水马龙，显得越来越有些社会化、世俗化。但无论如何，它并不是一个完全而真实的社会，而是一个相对单纯的"理想乐园"、乐于想象的"象牙之塔"。在这里，所接触到的大多是历史性、理论性、描述性等受人类好奇心驱使而生产出来的各种现成知识，以及围绕这些知识走到一起且具有大体相同禀赋、相似气质的老师和同学。尽管世间事多变迁，渺渺茫茫来又回，师生们仍然还是流着相同血、喝着相同水的一群同道之人，同质性非常明显，共性大于差异性，相互之间更容易谈得拢、更容易说得来、也容易想到一起。

走出学校就不一样了！场景的异质性立马凸显、差异性马上突出。除同事之间不再有如此单纯、如此相似的价值理念、知识基础、能力结构、工作习惯、生活爱好之外，还会在真实的社会场景中，接触到各种世俗的或高雅的、友善的或邪恶的各色人等、各类事件。而且，即使再不愿、再不屑，为了完成一项工作、为了一段协作，还是不得不千方百计、千辛万苦地与千差万别、千姿百态的各色人员频繁交流、相互合作。除了人际环境变得更加复杂之外，所担负任务涉及的环境要素也不再是单一而确定的，不再仅能简单地用所学某一专业或课程的知识点来表达，更难确定地以学校作业的形式来呈现，更多体现的是实际环境之下的综合性、跨界性、复杂性与多变性。

三是评价模式发生了变化：由一变多。在学校，学习的目标是相对确定而且绝大多数情况下是给定的，检验学习目标达成度的制度、标准等评价模式往往也是统一、单一而客观的。只要按部就班地跟随着老师的步伐、学校教学计划的进度，大体上即可完成任务，顺利地走出校门。

可是，在实际工作中，即使岗位职责清晰，评定工作的绩效也远非如学校给定作业、考试那样单一而明确、直接而清晰，往往更多的是多元的、主客观相结合甚至是主观大于客观的模糊评判。加之，工作任务往往又是离散、交叉而多变的，不但需要各司其职，而且更需要相互配合协作。完成工作任务，往往也不只是按部就班的程序性推进、制度性演练，可能还会碰到各种不可预测的问题交织、难以控制的诸多要素交互、不可思议的人情世故关联、难以想象的主客观条件激荡。在客观能力桎梏与主观情感交融的情况下，评价所完成任务的绩效与实际工作的效果就不总是标准的或量化的，往往会超乎想象边际、出乎意外边界，甚至出现有失公允的压制、打击，需要具备更理性的自我认知与更强大的抗压能力。

正是因为发生了以上这些客观变化，毕业生就需要及时校正姿态、调整心态，才可能有好的状态。首先，在思维上，从求优的单一性应试思维到求能的多元化适用思维。为什么走出校门的毕业生常被讥笑为书生、有一股子书生意气？原因就在于：依靠应试教育成长起来的毕业生，尽管也"轻叹世间事多变迁"，却更容易情不自禁地"往日情景再浮现"，很难摆脱对多年来在学校形成的思维依赖，更难做到对所养成应试惯性的断、舍、离，正所谓"藕虽断了丝还连"。

应试思维是什么思维？就是比照答案、依照样本，依葫芦画瓢的标准化思维；就是强调单一指标导向、单一知识主导的线性思维；就是力求最佳结果、追求评价标准的客观而清晰的机械思维。现实却是多因素叠加、多要素共振的复杂综合体，往往是一个非标准的系统、不清晰的网络、少逻辑的状态。多数情况下，需要多领域的知识融合、多岗位职责的协同配合，讲求的是"谋事在人成事在天"的天时地利与人和，很难求得最优方案、最好结果、最公正评价。

适用思维又是什么？就是考虑现实场景的多样、多变，着眼现实问题的解决，寻求最可能的适用性方案。强调的是现实可能而不是知识依据、理论正确，追求的是效率与公正、速度与力度、变化与容忍之间的中庸平衡。因此，往往需要根据既有资源的多寡、整合能力的强弱，以问题为导向、以渐进性的逼近模式，步步为营地在解决问题中不断地改进、持续优化，逐步趋向效果上的解决问题。

第二，心态上：从被动接受任务到主动寻找目标。

在学校的学习，大多是学校、老师提前预设的，有具体而明确的时间、内容和要求。因此，学生容易养成等待着老师布置、沿袭着学校作息，亦步亦趋的生活惯性。往往是被动地接受多、主动地找寻少，被动地等待多、主动地出击少，被动地应对多、主动地谋划少。

实际工作也许依然还有岗位职责的要求、上司的驱使、同事的内卷，但往往职责边界在表面上是清晰的、实质上却是模糊的；任务内容只是表面上的明确、实质上却存在诸多交叉；工作程序也只是表面上有秩序、实质上却是相互关联的；加之，多种现实因素的复杂作用，只是靠着被动地等待、依赖地接受，往往并不能恰当、及时、有效地履职。只有主动地站在同事的角度去理解工作、站在上司的角度去思考工作、站在发展的角度去谋划工作，才能改变被动接受、消极应对的工作状态，也才能主动地思考、积极地投入、客观地评价、理性地对待每项任务。只有这样，工作的局面、格局、成效才会随之发生改变，产生质的跃升！

第三，方法上：从理论正确到实践效果。

读大学之所以重要且必要，不是仅仅因为一纸文凭赋予的强大购买力，更是因为经历大学学习之后所积淀下的理论素养、逻辑思维等隐形潜力。这是做任何事情的优良基础，也是毕业生拥有能够迅速适应社会并实现人生快速跨越的"大杀器"。

可是，常常因为有了这样的路径依赖，毕业生在实践中更容易患上"理论依赖"综合征、染上"本本主义"大毛病，凡事喜欢找理论、事事都要查本本。虽然理论来自实践的经验升华、科学演化，但又缺少了实践的丰富多样与复杂精彩，在长青的实践面前呈现出鲜明的灰色调。理论所追求的是抽象与唯美，现实需要的却是直接与唯用。因此，当理论运用于实践时，常常会因为一个在理论上只是小数点后边好多位、似乎完全可以忽略不计的微小数字，而大大改变其实际的效果、深刻地改写最终的结果，正所谓"差之毫厘失之千里"，更不用说各种"黑天鹅""灰犀牛"等不确定性的意外了。

在实际工作中，需要在方法学上树立辩证立场、变化思维，正确融汇理论的实质要义，合理考虑现实的动态不拘，以实践上的可能为导向而不是理论上的正确为唯一依据，机动灵活地选用各种方式、方法，才有可能更高效地逼近理想。

第四篇 · 思大学

乔布斯的非典型教育^①

乔布斯？谁啊？提起智能手机以及"苹果"，很少有人不会立马联想到他。他就是智能手机的始作俑者，风靡全球的"苹果"正是他主创的智能手机产品。乔布斯被认为是计算机、娱乐界的标志性人物，先后领导并成功推出了具有个人使用价值的麦金塔计算机（Macintosh）、iMac、iPod、iPhone、iPad等老少咸宜的电子产品，以及《玩具总动员》等炫酷的动画产品，深刻地改变了人们交流、娱乐和生活方式。

1955年史蒂夫·乔布斯生于美国旧金山，1976年他和朋友史蒂夫·沃兹联合创立苹果电脑公司；1985年离开苹果并成立NeXT公司，任Pixar动画公司董事长及行政总裁。1997年回到苹果接任总裁，2011年辞去苹果公司行政总裁职位，两个月后因胰腺癌病逝，享年56岁。美国加州将每年的10月16日定为"乔布斯日"。这位玩转高科技的商业传奇人物，被誉为"神一样的男人"，但其教育却不是我们所臆想的那些成功人士该具有的典型而辉煌的模样，反而充满着随性和恣意。因此，聊一聊乔布斯所接受的教育，倒是对发条越拧越紧的今日教育稍有一丝轻松、一丁点启迪。

一、家庭教育

乔布斯实际上是一个弃儿！没想到吧？其生父是一位来自叙利亚的移民，生母则是一位德国移民后裔。因为未婚先孕，囿于家庭的反对，生母决定自行到旧金山生产，并把刚生下的乔布斯送予保罗·乔布斯夫妇抚养。生

---

① 文中的相关数据和信息，主要根据明道编著的《乔布斯传：神一样的男人》（中国华侨出版社，2013年）和网络文献搜集整理。

母对领养的唯一要求就是："日后孩子必须上大学。"其养父只是一位高中未毕业的蓝领工人，第二次世界大战（以下简称二战）期间，19岁时的养父是美军海岸警卫队运输船上的一名机械师和锅炉工，战争中的大多数时间都在为巴顿将军向意大利运输部队，其军衔不过是一等兵。

虽然乔布斯的家庭并不富足，但是家庭对他的教育却非常重视。父亲的一言一行、家庭的耳濡目染给乔布斯以深刻影响，深植脑海。父母的言传身教让他养成了影响一生的兴趣与习惯。由于机械师的出身和对机械的热爱，养父很喜欢修理汽车，常以购买、翻新并出售二手车来赚钱补贴家用。他先后干过二手车商、房屋经纪人、贷款催收人等不起眼的工作。但，乔布斯正是从父亲的讨价还价中学习了赚钱的商业艺术。乔布斯对父亲在手工技艺上的专注留下了深刻印象。他说："我爸爸几乎什么都会设计，家里缺什么，他都能做出来，有时还会让我加入其中。他喜欢追求完美，即使别人看不到的地方他也会很关心。"

尽管父亲总想把自己对机械和汽车的热爱传递给儿子，把车库里的修理台划出一块专门留给儿子，在车库里贴满了他喜爱的汽车图片，总向他介绍车辆设计的完美细节。可是，乔布斯似乎"从没有真正喜欢过机械方面的东西，但我特别喜欢跟爸爸待在一起"。通过汽车，乔布斯在无意中接触并了解了那些电子设备，爸爸耐心地为他讲解其工作原理并激发了他的特别兴趣。于是，从小他便开始关注、摆弄甚至着迷与电子设备相关的那些东西，这奠定了他一生在此领域的不断创新并取得开创性成就的重要基础。

小学时，乔布斯的家庭经济曾经一度很拮据。但是父亲从不卑躬屈膝、圆滑诡诈，乔布斯很为他的生活态度感到骄傲和钦佩。乔布斯家的房子属于美国普通百姓的层次，价廉而质优，体现的是把简洁品位带给低收入人群的理念。他对此很是欣赏，这激发了他日后为大众设计精良、价格实惠产品的热情。苹果公司最初的设想以及在制造第一台 Mac 电脑时都力图按此索骥。

父母不遗余力地尊重、宽容孩子的意愿。乔布斯说："父母都很了解我，他们意识到我的不同寻常之后就有了很强的责任感。他们想尽办法让我学到更多东西，送我去好学校。他们愿意满足我的需求。"当乔布斯因为智力超群而跳级进入中学后，他对初中学校校风很不满意，回家高喊"不换学校，就不上学"。父母不顾财力拮据，倾尽所有，在硅谷最安全也是最好的学区购买了住房，让他进入那一带最好的初中。当乔布斯非里德学院不读时，父母又倾尽全力将他送入这所学费昂贵的私立大学。

面对乔布斯喜欢调皮捣蛋而多次被老师遣送回家，父母并不嫌弃、也不冲动地予以惩罚，而是和老师讲道理，做好沟通。乔布斯说："他们从来没有因为我调皮捣蛋而惩罚过我。我父亲从来没有打过我一巴掌。"后来，当乔布斯养成吃素食、很少洗澡等怪癖，迷恋上禅修甚至吸食大麻等自由而乖张的嬉皮士性格，以及奇特而个性的装束，父母都没有采取简单阻止、强制改正等办法，而是尊重与宽容，容许其个性的张扬和兴趣的发展，最后才让乔布斯立志改变世界所蕴含的巨大能量得以释放。

二、社会教育

每个人都生活在特定的时代，接受社会的教育和影响。幸运的是，乔布斯生活于二战后美国高速发展的时代。

第一，包裹在硅谷浓郁的高科技氛围中。为应对美苏对峙的冷战，美国加大国防投资，这大大刺激和推动了美国高科技的迅猛发展。而加州现在被称之为硅谷的地区，就成了美国科技投资与研发的热土。最直接受益的便是：乔布斯5岁时全家迁居的山景城区域。乔布斯说："在那里（硅谷）成长，让我受到了独特历史的启发，这让我很想成为其中的一员。"在硅谷地区，早在1938年就诞生了大名鼎鼎的惠普公司，此时该公司的雇员已近万名，是那个时期工程师梦寐以求的最理想工作场所。初中时，乔布斯直接从惠普公司总裁那里免费获得了他在电子实验中所缺少的一个元件，还因此获得了在惠普一个暑假实习机会。

美国国家航空航天局在此建立了研究中心，乔布斯正是在此第一次见到了计算机长啥样、并立刻爱上了它。紧挨着的是生产潜射弹道导弹的洛克希德公司导弹与空间部以及著名的生产电子管和变压器的西屋电气公司。同时，区域所在的斯坦福大学推动建立了高科技园，让大学与科技产业嫁接在一起，成就日后硅谷的兴盛。入驻园区的第一家公司，就是乔布斯养母所在的瓦里安联合公司。随后，芯片、计算机等半导体企业如雨后春笋般地在此高速成长，牵动着全世界高科技发展的神经。耳濡目染于这里的浓郁科技氛围，深刻影响了乔布斯职业生涯的各个方面。

第二，优秀邻里的相互成就。正是因为环绕着蓬勃兴起的众多高科技公司，各类具有创新精神的高精尖人才源源不断地汇聚于此。譬如，催生集成电路的晶体管发明人威廉·肖克利，英特尔公司创始人、摩尔定律的发现者戈登·摩尔等众多影响历史的人物。居住在众多的高科技人才之中，乔布斯说："这让我充满了好奇，总会拉着他们问东问西，他们也都很乐意给我讲解这些东西。"一名惠普工程师邻居，经常带着乔布斯和孩子们到家里，给他们讲解电路原理、教用电脑。正是在这里的学习，乔布斯第一次意识到父亲并不是"无所不知先生"，发现自己比父亲还要聪明。这种偶像破灭后的恐慌和无助让乔布斯更加独立，也更加相信自己的力量，推动形成了他性格中的现实扭曲力场（深度影响和改变他人的力量）。一名有机作物园丁邻居教导乔布斯如何种植有机作物，并让他养成了只吃有机水果和蔬菜这一终身未变的素食习惯，以及逐步养成追求完美的品性，并演变成了后来的残酷完美主义者。

正因为毗邻而居，才有可能遇到沃兹——苹果公司的联合创始人。沃兹的父亲是洛克希德公司的一名优秀工程师，他对沃兹的成长产生了深刻影响。人才聚集也诞生了很多基于兴趣的自发组织。其中就有影响很大的 1975年自发成立的家酿计算机俱乐部，成员包括了微软的两位创始人盖茨和艾伦，当然也包括苹果的这两位人物。乔布斯在沃兹的引见下加入了该俱乐部。就是这个平台为他们创业起到了有效催化和有力助推的作用，让他们见识了第一台可能走入寻常百姓家的电脑，从而树立了"电脑就是人人买得起的小型实用工具而已"的理念。

第三，车库创业文化内化为基因的记忆。1938 年，戴维·帕卡德和朋友比尔·休利特在他们房子的车库里研发了第一台音频振荡器，并创立了著名惠普公司。这为后来大大小小的创业公司发挥了很好的示范带动作用，推动并成就了著名的"硅谷"。家酿计算机俱乐部也是正式成立于车库。在这个车库里，俱乐部成员第一次展示了世界上的第一台电脑，催生了微软、苹果等著名高科技公司。在这里，当沃兹第一次见到微处理器时，就产生了用微处理器设计一台带键盘、显示器的独立小型台式计算机的想法。正是基于这个想法，他研发了具有人机交互功能的第一代苹果计算机。

在浓烈的车库创业文化的影响下，21 岁的乔布斯和 26 岁的沃兹利用这台计算机，开始了在乔布斯自家车库里的创业征程。乔布斯父亲的汽车修理台成为组装第一代苹果电脑的生产台。就在车库，乔布斯开启了后来改变世界的传奇人生。

三、学校教育

其实，乔布斯从小就不是一个循规蹈矩的普通人，而是一个精力旺盛、好奇心奇强的"问题少年"。从 3 岁起，通常在凌晨 4 点爬起来，开启各种捣乱和骚扰活动。比如，为体验塑料燃烧的气味，他把妈妈带金属片的发夹塞进电插座，结果触电烧伤了手。为知道杀虫剂是什么味道，他亲口喝下了一瓶。小学时一直是一个问题学生，直到一位小学好老师慧眼识珠才把问题少年改造成了天纵之才。

他的天真好奇，不但让父母伤透了脑筋，而且在上小学之后，还以喜欢搞恶作剧而著称，让老师头疼不已。在学校，他坚持"三不政策"——"不听讲、不服从管理、不做作业"。当然，就因为恶作剧和蔑视老师权威，而被学校和老师多次赶出教室、遣送回家。直到小学四年级，才碰到改变乔布斯人生轨迹的那位好老师。她发现：乔布斯有过人之处，只是把聪明用错了地方。

于是，她不再采用简单的否定和按部就班的通常教学方法，而是提高学习挑战性，给他布置超出课堂难度的数学题，并承诺在完成之后给予奖励，以此来转移其旺盛的好奇心。这大大激发了乔布斯的学习投入。乔布斯说："是她在我身上看到了别人看不到的东西，否则的话，我可能早就进监狱了。"小学四年级期末，这位老师为乔布斯做了专门测试，结果表明，其知识早已达到了初二水准，完全可以连跳两级。经商议后，父母决定让乔布斯跳一级进入旁边的初中一年级就读。可是，这所初中学校的校风很不好，打架、敲诈等乃家常便饭。加之，跳级后的乔布斯年龄偏小，常常被欺负。坚持读了一个半学期之后，乔布斯便向父母提出必须转学的强硬要求，逼使父母倾尽所有，在库比蒂诺中学附近购买了房产，搬家大吉！

孤僻而好奇的中学生：因为中学允许自由选修，兴趣才得以更好发展。转入校风更好的库比蒂诺中学之后，乔布斯痴迷于电子的兴趣得到极大满足。尽管只是初中，学校就开设了电子学兴趣班。这样，乔布斯便有机会与同样是电子迷的同学共同学习电子学知识，跟着老师做各种电路实验。乔布斯因此结识了同样是电子迷的比尔。他们俩经常躲在学校附近的生产车间里捣弄各种电子元器件，完全沉浸于电子世界里。在别人的眼里，他们俩都是古怪的一对"电子迷"。正是这位比尔作为"媒人"，才成就苹果公司的两位联合创始人乔布斯与沃兹彼此相识，诞生了苹果公司。初中毕业之后，13岁的乔布斯与比尔一同进入了同一所高中，此时沃兹刚从这所高中毕业。这所高中并不起眼，但是学习气息非常浓厚。乔布斯在此度过了最具探索、尝试意义的人生阶段。

在高中，乔布斯选修了约翰教授的电子学。这位特立独行的老师是从空军退役的，他并不是一板一眼地讲授课本上的那些死知识，而是更加重视理论联系实际的方法，经常用各种有趣的小实验来吸引、激发学生的探究兴趣。为奖赏、激励表现优秀的学生，他把他的电子元件储藏室的钥匙给他们，任其自由使用。同时，这位老师把军事化作风和对权威的尊重也带到了教学之中。可是，乔布斯天生就蔑视、反抗权威，他没有得到这位老师的赏识和奖励。于是，他总是孤僻地在教室的一个角落里，专注于自己感兴趣的事情。就这样，乔布斯匆忙地在第一年就结束了本该学习3年的电子学课程。从高二开始，他加入游泳俱乐部，投入水球的训练。同时，开始对文学、音乐产生了非常浓厚的兴趣，他坚信同时擅长人文和科学的人对这个社会更重要。在此期间，他听了大量的音乐，阅读了诸多名著。以至于后来乔布斯说："我本来打算学习文学的，但我发现与电子设备打交道更有趣。"

在15岁高三期间，乔布斯开始吸食大麻，这成为他探索生命意义过程中走过的最大弯路。好在后来在禅宗的影响下，成功地戒掉了毒瘾。16岁时，在比尔的引见下，乔布斯与苹果共同创始人、已是21岁的沃兹在比尔家的车库里相识，成为一生好友。相识之后，面对沃兹所组装的计算机，乔布斯之前做出来的东西都只是拿不出手的小玩意。这让乔布斯感到惭愧，第一次体验了"强中更有强中手"的滋味。他回忆说："沃兹是我见过的第一个比我还懂电子的人！"

经过深入交流，二人发现了相互的共同之处：痴迷电子、爱好恶作剧，同时酷爱音乐，尤其喜爱当时的流行歌手鲍勃·迪伦；但是，二人也有天壤之别。乔布斯从父亲那里学到的更多是对赚钱的敏锐，而沃兹学习到的则是对电子技术的专一。性格上也迥异，乔布斯是披长发、很少刮胡子、性格孤僻、曾吸食大麻的嬉皮士，而沃兹则是敦厚老实、随和腼腆、滴酒不沾的乖乖"电子少年"。正是因为共同对电子的热爱和相互的补充、欣赏，才相互成就了一生，奠基了苹果的创立与发展。

厌恶被安排的退学大学生：虽然退学，他照样可以留在大学校园，按照自我意愿继续学习。要不是父母的苦口婆心，高中毕业后，乔布斯就不会继续读大学了，本来打算去纽约闯荡，成为"纽漂"一族。据此，他向父母提出要求：必须自己来选择大学。乔布斯选择大学的标准是：符合嬉皮士自由风格、离家更远一点。经过他自己一番亲自考察之后，他认为：虽然加州大学伯克利分校符合自己追求自由的风格，但却是一个批量生产学位的地方。斯坦福大学只是更符合已有明确目标的那种学生，对于他这种并不知道自己到底想要什么的学生来说并不适合；同时，斯坦福大学也是一所缺少艺术气息的无趣学校。关键是，这两所学校离家太近了，难免会受到父母的"滋扰"。于是，乔布斯最终确定到毗邻的俄勒冈州里德学院就读。

这是一所什么奇特的学校？是一所小众化、私立的文理学院，其学费位居全美最昂贵行列。显然，这不是像乔布斯这种蓝领家庭能够担负得起的贵族大学。该校于 1908 年建立，以崇尚自由、培养高端人才、要求严格而著称。当时，学校规模很小，只有 1000 名学生，但退学率竟然超过三分之一，足见其学业要求的严格。因为学校前卫的思想和自由、反叛的风气，吸引了众多精神领袖的到来，当然也非常符合乔布斯的个人想象。在父母东拼西凑到足够的学费后，乔布斯到了里德学院，其嬉皮士的个性就有了快速成长的沃土。他开始欣赏披头士摇滚乐等先锋艺术，阅读《嚎叫》主义①诗篇，穿着满是破洞的衣衫到处闲逛，结交情趣相投的朋友，还尝试着泡妞、酗酒和迷幻剂带来的种种恶性快感。

---

① 《嚎叫》是美国"垮掉的一代"中最具代表性的诗人艾伦·金斯伯格（1926—1997 年）于 1955 年写成的一首美国现代长诗，该诗长达 165 行、以自由诗的形式呈现。诗中表达了作者对于当时美国社会的不满和反抗，以及对于自我解放和精神探索的追求。诗中充满了对自由、爱、性、宗教、政治等话题的探讨和思考，以及对人类存在的深刻思考和感悟。

在这里，他结识了一度作为自己精神导师的一位学长，他们一起痴迷于注重精神体验、而不是遵从教条的印度禅宗，共同打坐禅修。他们后来都前后分别前往印度，学习梵文和佛教。正是这位学长的带领，让乔布斯脱去了羞涩，学习各种推销技巧、交往方法，培育了自我和掌控全局的所谓"现实扭力场"的能力。然而，只过了一个学期，新鲜感退去之后，乔布斯就开始对里德学院的"三必须"——必须按照大纲要求完成学习，必须阅读规定的书籍，必须修满规定的学分——不耐烦了。因为他只想上那些自己感兴趣的课程，而拒绝上任何学校规定的那些必修课程，更不想让他人来规束自己。出于对在他看来是过于死板规定的极大厌恶以及价实不符且昂贵学费的付出，他决然地退学。

乔布斯说："里德学院学费那么昂贵，父母为了这笔学费省吃俭用，而我却不知道自己上大学的目的到底是什么，也没有发现大学可以帮我搞清楚这个问题，所以我决定退学。"退学后，他从学校要回了剩下的那一个学期的学费。很有趣的是，在差不多同一个时代，苹果公司的乔布斯和沃兹、微软公司的比尔·盖茨以及后来推特公司的创始人杰克·多西、脸书公司的创始人扎克伯格等高科技公司的创始人皆是没有完成大学学业的退学生。

是不是所有的天才都喜欢退学？当然并不都是！与其说天才喜欢退学，不如说真正的天才都比别人更知道、更早知道自己到底想要什么和如何更自主地去实现自己想要的罢了。当乔布斯在里德学院参禅、学习的时候，沃兹已经更换了3所大学。大一在科罗拉多大学，大二到了迪安扎社区学院，大三又转入加州大学伯克利分校。读完大三后，沃兹便决定退学，到惠普公司上班了。直到10年之后，功成名就了，又以化名继续完成了大学学业。但乔布斯始终没有完成他的大学学业。

不过，乔布斯决定退学，并非是讨厌里德学院的风尚和学习，而是讨厌被他人主导、被别人安排，学习那些自己并不感兴趣的课程。因此，退学后，乔布斯决定仍然留在学校。里德学院也充分展现了自由而博大的胸怀，竟然容忍乔布斯退学而不离校，允许他继续旁听课程、待在宿舍和同学在一起。当真正拥有了充分的学习自由，他就完全按照自己的喜好来选择课程，将主要精力放在对心灵及个人觉悟的追求上。他说："我更清醒地意识到，金钱从来都不是我的目标，我的目标是创造伟大的发明，改变世界。我所应该做的是把我的人生放在历史和人类思想的长河之中。"

　　所选修的书法课让他获益匪浅、印象至深。书法让他感受到设计完美的历史韵味和艺术精妙，其审美能力得以提升，这为后来所设计的电脑置入充满美感的字体和审美水准打下了启蒙基础，让他毕生都力求每一件所设计、生产的产品都是艺术品。乔布斯说："我真正的大学教育是从退学后开始的。""好奇心和直觉是我生活中仅有的两个向导，在那段时间学到的，后来都被证明是无价之宝。那才是我喜欢的生活。"

　　在大学校园享用的这种游荡式自由生活，持续了 18 个月之久，他才离开校园回到家里。找了一份工作，短暂地打工之后，便独自去印度，开启了精神的自由探究之旅，逐步编织"苹果"的世界。

　　至此，他的学校教育便结束了。很显然，乔布斯的教育经历并不是我们想象的那种典型模样。从中能看到、想到些什么吗？尤其是在问题学生、天才学生、个性学生等特殊类型孩子的教育培养方面，以及在对学生的创造力培养、创业教育等诸多非传统教育方面，必有各自的联想，对家庭教育、社会教育和学校教育必有各自的启迪！

一所叛逆型大学[①]

随着网络的大规模使用与普及，不断涌现出一些显著区别于传统教育的机构与学习模式。2007年，美国出现了可汗学院，为中小学生提供在线学习和辅导。2012年，美国一些著名大学陆续推出慕课（MOOC），把这些大学的课程放在网上供全世界有兴趣的人免费播放学习，合格的学习者还可以获得相应的学位，让人梦圆名校。

建立于2012年，但直到2014年秋季才正式合法运作的反叛性大学——密涅瓦大学（Minerva Schools at KGI）在美国洛杉矶正式诞生。该大学针对目前传统名校的主要痛点：学费昂贵、固定校园（不适应全球化）、班额大（对学生个性化的关爱少）、专业设置僵化等方面，利用现代技术作为支撑，采取更反叛的办学方式。主要体现在：所有课程教学都是基于网络开展，大学没有与教学直接相关的教学设施，学生在4年的在校学习期间需要在全球7大城市学习和生活等。

一、大学定位

大学名字密涅瓦是古罗马神话中的智慧女神，传说是她把纺织、缝纫、制陶、园艺等技艺传给了人类。在西方，她是勇气和谋略的双重象征，亦代表绝对的自由。人们相信，通过祭拜她，可以令自己获得超然之安宁，脱离尘世并达到超凡脱俗之心境。

[①] https：//www.minerva.kgi.ed.2018-09-27.

这所大学属私立，由社会资本集合一些名流与 KGI（Keck Graduate Institute of Claremont）——一家位于美国加州的研究生院联盟——合作举办，除举办密涅瓦大学之外，KGI 还举办了另外两家研究生院，分别涉及生命科学和药学两大领域。

该校认为，在信息极大丰富并极易获取的今天，知识内容已经变成了商品，要培养全球公民所需要的领导力、创造力和广泛的适应力，背诵这些内容已经没有必要。于是，力求举办一所非传统的、以人为本的、自信并富有思想和抱负的、高选择性的真正大学，立意把学生培养成为领导者、创造者、视野宽广的思想者和全球公民。

为支撑此教育目标定位，该校认为四大核心能力——批判性思维能力、创造性思维能力、有效沟通能力以及有效互动能力——非常重要。批判性思维能力：在评估以及权衡的基础上，做出决策的能力。创造性思维能力：发现问题的能力以及解决问题的能力。有效沟通能力：清晰的书面表达能力、有效的呈现能力；有效互动能力：谈判能力以及团队合作能力。因此，该校的教学组织与课程设置便围绕这四大能力的培养而展开。学生通过学习，养成思维习惯——寻求反例、举一反三、理解对象的兴趣与目标；具备基础理念——问题的替代性、新策略的探究、可视化设计原则。

二、专业设置

随着新职业的不断创生，今天的很多行业行将过时并被淘汰。密涅瓦大学认为，当前的社会与产业正在变得相互关联。因此，该校采用了一种新的专业化路径，使所习得的专长在适应未来的发展上具有足够的灵活性，设置了 5 大经过认证的学院，并在每一个学院开设相应的 5 大覆盖面相当宽泛的专业门类，又在每一专业门类之下设置 6 大专业方向，以实现专业化。学生毕业时，可以授予文学或理学学士。同时，为扩大学生视野，除要求学生选修其他专业的课程之外，还鼓励学生修读两个专业或两个专业方向、并同时套读一个应用型硕士学位。具体的 5 大专业领域以及每一个专业下设的 6 大专业方向如下。

（1）人文学（Arts & Humanities）。人文学将学生培养成为好的思想者、领导者、创新者以及灵通的全球公民，具备社会良知，具有通过不同媒介和方式传达并实施自己思想的能力。

在人文学领域之下，设置 6 大专业方向，包括历史动力学（Historical Forces）；人文分析（Humanities Analyses）；哲学、伦理与法律（Philosophy，Ethics，and the Law）；人文基石（Humanities Foundation）；艺术与文学（Arts and Literature）；人文应用（Humanities Applications）。

（2）商学（Business）。该校认为，私有企业是世界财富、就业、技术进步、社会发展的主要驱动者之一。因此，有效的产业领导者需要理解在各类交易背后，公司与市场的动力、战略和机制，理解如何将一隅之成功转化为全球性企业所包含的复杂性运作能力，或者如何把一个新的想法从方案拟议转化为现实利润的能力。为此，该专业就该在顶级的全球性组织中，培养学生的商业领导力与创造力。

在商学领域之下，设置 6 大专业方向，包括新型商业企业（New Business Ventures）；可测度的增长（Scalable Growth）；企业管理（Enterprise Management）；品牌管理（Brand Management）；战略金融（Strategic Finance）；运营复杂性管理（Managing Operational Complexity）。

（3）计算科学（Computational Sciences）。在数据无处不在的时代，运用数据进行思考并做出优秀的决策就显得极端重要。为此，该专业培养学生通过分析、计算、建模等方式，理解自然、人文、社会现象，具备运用逻辑方法和数据分析，并进行决策和解决复杂问题的能力。

在计算科学领域下，设置 6 大专业方向，包括计算科学与人工智能（Computer Science and Artificial Intelligence）；计算理论与分析（Computational Theory and Analysis）；数学与运筹学研究（Mathematics and Operations Research）；当代知识发现（Contemporary Knowledge Discovery）；数据科学与统计（Data Science and Statistics）；应用问题解决（Applied Problem Solving）。

（4）自然科学（Natural Sciences）。科学家和工程师运用物理、化学、生物与生物医学的理论与发现来开发各类新技术、改善人类生活。因此，在技术导向型组织中，要做出真正有效的决策，就需要深度理解自然科学。为此，该专业培养学生如何成为技术导向型组织的领导者与创造者。

在自然科学领域下，设置 6 大专业方向，包括分子与原子（Molecules and Atoms）；自然科学的理论基础（Theoretical Foundations of Natural Science）；细胞与有机物（Cells and Organisms）；自然科学的研究分析（Research Analyses in Natural Science）；地球系统（Earth's Systems）；方案设计（Designing Solutions）。

（5）社会科学（Social Sciences）。该专业运用科学方法研究并理解个体、团体和社会的思想与行为方式；研究并理解生物体与环境相互作用而导致我们每一个体的独特性。为此，需要制订广泛领域的社会公共政策，以减少犯罪、治理成瘾、保护资源，这就需要培养学生具备分析和解决一系列复杂的社会挑战的能力。

社会科学领域设置 6 大专业方向，包括认知、大脑与行为（Cognition，Brain，and Behavior）；社会科学的理论与分析（Theory and Analysis in the Social Sciences）；经济学与社会（Economics and Society）；社会科学的实证方法（Empirical Approaches to the Social Sciences）；政治、政府与社会（Politics，Government，and Society）；社会设计学（Designing Societies）。

三、学制安排

密涅瓦大学认为，传统名牌大学的课程安排，要么结构化不够、要么又过于僵化。为改变这一现状，该大学的四年课程设置力求实现专业的深度与理解的宽度之间的平衡。同时，在学习安排上，每一个学期都以前一个学期的课程学习为基础；每一门课程，又以研讨的方式开展；每一个专业的课程，更力求跨越学科领域并紧密关联，杜绝多余的选修课和消遣性的课程，使学习充满挑战性和激励性。

第一年：奠基之年。不像其他大学第一年的导读性课程，密涅瓦大学的第一年课程有 4 门基石课程。开设这 4 门课程的目的是培养学生具备前面提及的思维习惯与基础理念，从而培养跨越诸学科的 4 大核心能力，这 4 门基石课程总共由 32 个单元组成。这 4 门课程如下。

（1）形式分析（Formal Analyses）。聚焦于批判性思维的培养，主要学习高级逻辑、理性思维、统计学、计算思维、形式系统，从而掌握构思、分析、解决复杂问题的方法。

（2）多模态沟通（Multimodal Communications）。聚焦于有效沟通能力的培养，主要学习如何高水平地理解和传递信息的方法。通过实际的体验，获得在公开演讲、视屏交流等场合下设计、辩论和艺术地表达的能力。

（3）实证分析（Empirical Analyses）。聚焦于创造性思维的培养，主要学习自然科学与社会科学所采用的主要方法，从而培养寻找问题的能力。

（4）复杂系统（Complex Systems）。聚焦于有效互动能力的培养，主要探讨人类作为诸多系统的成员是如何运作的，学习诸要素相互作用的各种关系，从而培养项目组的合作、谈判、领导和正式辩论等方面的能力。

每一门课程之教学内容、方式都跨越学科分隔，不再受现有学科划分之限制，涵盖诸多人类所直面的热点问题与挑战。比如说形式分析（Formal Analyses）课程，该课由计算科学学院开设，主要学习的是归纳逻辑方法，这是批判性思维能力的一种关键性方法。该课程首先导入的是有关克隆生物这个主题，紧接着是人工智能、全球流行病学以及财富与幸福间的关系等多个主题。

采取这种方式组织教学的目的是在生物、计算机、公共卫生、心理学等不同主题领域内探讨并运用同一个概念。同时，这种归纳式逻辑方法，还在其他几门基石课程中予以使用和学习，以达到综合训练的目的。无论学生学习什么样的专业，这些基石课程都是奠基后面 3 年学习的学术基础。通过为期一年的基石课程学习，学生建构了自己个性化的学习蓝图。

第二年：导向之年。学生在学术导师指导下，讨论并选择一个专业大类，确定并修读获得学位所需要的主要核心课程。因此，设置了 5 大专业门类及其各自下设的 6 大专业方向，目的是让学生有多重路径修习自己感兴趣的专业领域。与诸如心理学或会计等传统专业设计与学习相比，这种宽度兼具深度的有机组合，能让学生今后的适应更具灵活性。

第三年：聚焦之年。学生将在专业大类的基础上选定专业方向，聚焦于学科专长的能力培养。专业方向与传统大学的专业有些相像，但是这里的专业方向更加注重学习能够在某一专业领域内运用的实际知识。例如，计算科学专业门类中的"数据科学与统计"专业方向，注重培养的是学生驾驭大数据所需要的分析、设计与开发的模式与技术。这种大数据的萃取能力，几乎存在于当今世界的每一个组织之中，构成了新兴行业的主要基础。

从聚焦之年开始，就会同步启动顶点课程（项目）（Capstone Project）。这类似于我国大学的毕业设计或毕业论文，这是大学四年学习的高潮，要求学生综合运用所学知识与方法，探寻具体问题的解决方案。该校认为，成功的顶点项目将有效助推学生步入毕业后的专业生活。目的是通过探讨各种可能性，定位学生对今后人生是否可从事此类开创性项目的愿景，以此作为大学与学生毕业后所从事专业工作的桥梁。

第四年：集成之年。最后一年的学习聚焦于完成学生自我主导的顶点课程（项目）（Capstone Project）。通过综合运用所习得的能力与培养的兴趣，锻炼学生创造的可能性。对于所选项目，关键的一项要求是所选领域必须具有新颖性。无论是写一部原创性的剧本、颠覆性的技术代码、对某一学术领域最棘手研究问题的分析，或是一项大胆的充满社会风险的商业计划等，都由学生自己领衔完成。在完成顶点课程所选定项目的基础上，学生须完成一篇论文，论文内容要涵盖所采用的方法、对问题进行的分析以及顶点课程中所选定项目的意义。

为助推该顶点课程的学习，同步开设了两门辅导课程以及相关的选修课程。辅导课程针对具体课题，以相互合作、学生自我驱动的方式开展。每一个学生须与志同道合的 2～5 个同学合作，并与教授们一起讨论，选择具体的课题和查阅相关文献。对于商科的学生来说，辅导课程以商业实习的形式展开。

集中展示（Manifest）。在完成顶点项目之后，其成果将在集中展示月里面向全体师生和公众予以公开展示。集中展示月安排在第四学年的春季学期之后。所有学生都须集中密涅瓦大学在旧金山的总部，为期 1 个月。这既是庆祝性的总结，也要对顶点项目的完成情况予以评判。

四、教学组织

线上教学。所有密涅瓦大学的课程教学都基于网络而开展，这是该大学与传统大学完全不一样的地方，也是落实该校"以学生为中心"办学理念的主要技术保障手段。学生上课只需在有良好 Wi-Fi 信号、能够与网络链接的世界任何地方。

为此，该校自主开发了一个叫"主动学习平台"（Active Learning Forum™）的教学系统，所有课程都依托该平台进行教学。该系统能够实时进行教学的图像传输和直播教学，具有随时让学生参与讨论、进行课堂测验、分组辩论等互动功能，并能对学生学习情况、教学活动进行全程实时记录与跟踪分析。累积下来的教与学等重要数据，成为教学的重要资源和学生全过程成绩评定的依据。在分析和研究这些数据的基础上，教授能深度了解学生之所长、投入等方面的情况，并能向学生及时进行个性化的反馈，以不断优化学生的学习，有针对性地提高学习效果。

小班教学。密涅瓦大学并没有因为网上教学，而采取惯用大规模的开放教育。相反，该校走精英教育的路子——所有课程都以小班研讨的方式进行。每一个班的人数一律控制在 20 人以内，以确保师生以及生生之间的亲密接触与有效互动。只有这样，才能方便地组织讨论、辩论和小组合作。这种主动式学习方式，能激励学生的深度认知、强化对学习内容的理解、培养创新性运用知识于陌生场景的能力。

全程关注和推介学生。密涅瓦大学的宣传与推介团队，全程为学生提供书面交流、媒体传播与直播平台等推介学生的渠道与方式。从学生入校开始，该校便为学生的职业成长提供持续的公共平台支持，不断分享推介学生所取得的进步与所持有的观点。而且，这种对学生的关注、推介与咨询并不仅仅限于在校学习期间，而是延续到学生毕业之后的一生，持续为毕业后的学生提供职业与生活指导、支持和推介。这一点，是其他大学不能做到或没有做好的。

五、全球体验

为落地培养全球公民的办学定位及以学生为中心的办学思想，密涅瓦大学特别突出在实际场景下的学习与认知，并把所学习的知识与方法运用于实际场景。通过跨学科探究和专业化、体验式学习，获得跨越不同学科和文化、具有宽广的理解能力，培养以下这些重要的品质：好奇心、共情能力、韧性、合作精神、聚焦能力、责任心和上进心。

因为全部采用在线教学，学生完全可以在世界任何一个角落进行学习，教师也能在任何一个角落施教，从而更便于有效实现其培养全球公民的办学理念。该校认为，全球村的公民必须在世界不同地区的多元文化中去曝光、参与、沉浸和影响，才能真切理解这个世界及其人民。为此，密涅瓦大学的学生在 4 年 8 个学期的学习时间里，须在世界的 7 大城市移动地完成学业。

第一年在美国加州旧金山（该校总部）学习和生活，接下来会分别在其他 6 个不同地域的城市学习和生活。这 6 个城市分别是：韩国首都首尔、印度中部安得拉邦的首府海得拉巴（Hyderabad）、德国首都柏林、阿根廷首都布宜诺斯艾利斯（Buenos Aires）、英国首都伦敦以及中国台北。为便于融入当地社区，学生以班级为单位在每一个城市的居住地，都选择在交通方便、娱乐与购物便利、邻近公园和运动设施并充满活力的社区。充分享用所在城市的商业、文化、体育等公共设施，为学生的学习与成长提供服务。

同时，为切实锻炼和培养学生的多元文化理解能力，该校在各地都选择了体现当地不同特点的各类型合作伙伴，建立了全球性的合作培养体系。依托这些合作伙伴，获得各种教学实习、参与各种研究的机会与使用相应的设施和设备。因此，除课内学习之外，还依托每一个城市的团队，专门开发设计了与地域文化相结合的特色活动与课外学习项目，不但了解和融入当地的社会与文化，还培养在实际场景下的知识学习与运用能力。每一个学期，依据实际场景中的不同问题与挑战，结合所学习课程的情况，学生须完成 4 大综合性的作业。通过这样的方式，不断地用在每个城市的实际挑战，来丰富课程内容与学习形式，有效平衡学生智力、品格和能力所需的宽度与深度。

由于该校选择了与各类型的知名国际性组织合作，并充分利用世界 7 大城市的公共设施，把学习的城市作为自己的校区，充分发挥共享机制、互利互惠资源，让学习流动起来、让校园移动起来，学校并不建设自己的、固定的与教学不直接相关的校园设施。加之，密涅瓦大学采用全程网上教学模式，可以节省与教学无直接关系的大量辅助性设施、设备的建设，比如不需要建设图书馆、食堂、运动场以及各种林立的教学、实验和宿舍大楼、占用偌大的校园等。这样，学校就可以集中精力于学生的培养、教育资源的集聚与优化。自然，就能极大地减少教育的投入，极大地降低教育成本。与传统名校相比，密涅瓦大学的建设成本以及学生的学费就可以低很多。

六、招生方式

密涅瓦大学并不按照传统的方式进行招生，不要求学生提供诸如 SAT、ACT 等传统的机制性准考试成绩，取而代之的是，由学校自主设计的线上评估系统和完全不收取任何费用的申请机制。在完成基本情况的填报之后，学校招生官会通过网络对学生进行有针对性地面试，提出富有挑战性的主题，供考生予以思考和应答。通过学生的应答，具体考查考生的应对能力与思想水平、思维模式，对学生的知识面和分析能力进行充分考核、对学生的领导才能和创造力给予全面度量，由此判断考生是否符合该校招生标准与培养目标。由于每一次面试、针对每一个考生的情况所提出的挑战性内容完全不一样，所以申请该校的考试是申请者无法提前准备的，从而保证了整个招生过程最终能找到真正符合学校招生要求的、具有发展潜力的学生。

为体现学校的全球化公民的培养定位，其招生也无任何地域限制更无歧视，并给学生完成学业提供足够的财经支持，只要符合该校的招生要求都能被录取。所以，该校的学生来自世界几十个国家和地区，70％以上的学生都不是来自美国本土，真正做到了学生群体的全球化与多元化。从公布的数据看，该校的录取率一直处于美国各大高校中的最低（不到申请人数的 2％）。这说明该校受到了考生的热捧，成为最难申请的大学之一；这也说明该校对学生的录取是非常严格的。

校园可有新形态

在新冠肺炎疫情肆虐的教学季，老师总在惊叹："在学校工作了几十年，从来没有见过如此安静的校园！"是啊，师生都原地静态，学校都被迫在线组织教学，走在空空荡荡的校园里，便不由自主地生发出这样的感叹。

既然，只要有畅快的网络及线上学习资源，学校的教育教学就可在无校园、无教室的网上开展；那么，花了那么多精力、那么大价钱，好不容易才建设起来的、各种完好的教育设施，却只能静静地躺着睡大觉，发挥不了什么作用，这是不是浪费？这是不是一种变形的浪费？虽然说这只是在特殊时期的一种非常现象，但是不是还可以继续追问：即使只考虑学校教育的部分活动通过网络在线实施，大量而重复建设的校园设施也至少会在一段时间里是闲置的，也是可以被再利用的？这里所指的再利用，不仅仅是指常规寒暑假总计长达差不多3个月时间的闲置性再利用，更主要是指在新的教育形态下，校园的建设与利用模式是不是可以改变而再利用？因此，面对扑面而来的信息化社会、人工智能的快速运用，教育通过数字化是否会有新形态？校园是否该随之有所改变？校园是否也可有新形态？也就是说，现在校园的形态还不够新？不能适应数字化、智慧化的发展？

不过，要回答这些问题，还得简单回顾一下现行学校体系是怎样缔造出来的。

学校当然是为传播知识以及培养知识背后的技艺、价值、精神而缔造出来的！当然是为把学生培养成人、培养学习能力和良好习惯等而缔造出来的！不过，所有这些一目了然之目的，都无一例外地必须嫁接于知识传授这一载体之上才可能达成！那么，传授知识的技术、方法一定直接影响知识传授的形式和模式。

　　为了富有效率地传授知识，又为了满足社会对越来越普及的、越来越大规模的教育需求，囿于技术上的局限，就必须分门别类地建立越来越多的不同层次、不同类别的学校，形成越来越完备的教育体系。为确保最基本的教育质量，就必须制定出各级各类学校必须、也必要建立起来的、与自身层次和类别相一致的建设标准、规范，所有学校都得按图索骥、照章办理。于是，所有学校都得有一个偌大的校园以及必备的几大件：教室、宿舍、食堂、图书馆、实验室等与教育教学相配套的学习、生活设施和服务体系，学校率先实现了"天下大同"的宏大理想。否则，怎么能叫学校？怎么算得上是一所合格的学校！

　　小而全、大而全的建制，学校之间无论是在建设上还是在实际使用上，几乎都是井水不犯河水，相互间很少互通有无、共享使用。各所学校也因这些方面的强弱、高低、差异，而独享、显摆不同的社会声誉和市场竞争力。于是，学校教育形态依然保留着祖辈的遗训、遗存，尤其是保留着工业革命所皈依的规模化生产模式所流传下来的样子：

　　——师生必须齐聚校园，面授机宜。

　　——师生必须在规定的时间、到达规定的地点，正襟危坐地教与学。

　　——师生必须在规定的时长、按照相同进度、完成相同内容的教与学。

　　——所有学生必须在相同的时间内、不管彼此的禀赋与需求等差异，必须学完相同的内容，达到相同的学业标准，才能被授予相应层次或水准的学历学位。

　　于是，才有现行学校几乎一个模样的校园及其形态。然而，这种工业化模式的学校复制、教育复印，带来了一个明显的问题：模式上的高度雷同，资源上的重复浪费，设施上的大量闲置。可以改变吗？

　　与工业化社会相配套而建立起来的学校体系能否适应智慧化社会的要求？能够承受信息化社会的冲击和重塑吗？有没有新的教育形态，从而让校园呈现出新的形态？如果直接说有，肯定不会有人相信。但是，如果看看本轮看似不得已而开展在线教学之后，各大校园静悄悄的样子呢？这会不会是黎明前不经意的静悄悄？至少，可以对现存的校园模式开始怀疑了！

　　怀疑？当然，得有怀疑的理由啊。理由在哪儿？理由就是：学习的新模式正悄悄地来临，学习的新方式不仅方便而且可无限地传播。

在线教学后，是不是让我们看到了学习虚拟化、移动化的新样态？是不是激起了师生那颗"驿动"的心？如果说，在线教学还只是暂时的不得已的话，那么疫情之后，重返校园的师生一定会带上在线教学的心理与习惯遗留，坐在教室里回忆甚至流连起在线教学所具有的现在师生并不习惯的那点优势——自由、交互。因为我们都有渴望自由的强烈愿望，渴望不被陈规旧矩束缚、共同交流的愿望。

当信息化方式所营造的更加方便的学习场域，跨越了时空限制、集中教学的模式，开始全部或部分地代替校园化学校而成为未来越来越主导的教育样式的时候，固定的、重复的模式会不会产生可能的松动、变形？固定课堂会不会被移动模式替代？单一校园的学习模式会不会被多个校园的学习模式取代？校园移动化之后，各校园间的共享会否成为一种新的模式？那么，五脏皆俱的小而全、大而全校园模式会不会被专业化的小而优、大而聚的校园模式替代？各级各类学校的校园建设标准、规程会不会继续固守老的思维、模式、规范？与教育活动相配套的既有服务设施的建设会不会随着学校存在的模式而发生变革、更替、迭代？独自建设、各自使用的设施设备会不会被统筹规划、共建共享的思维重新予以配置、集约化地使用？教室、宿舍、图书馆、食堂等目前大量重复建设并越来越长时间地闲置的设施设备会不会实现跨领域、跨地域、跨层次、跨文化、跨对象地共享与互动？

因此，校园的形态是不是可能有以下期待？

第一，虚拟化。未来的学习，一定会更大程度地依托网络技术、人工智能、区块链等新技术载体，越来越虚拟化、在线化、智慧化；或者至少是，采用线上与线下更加紧密地结合起来的新模式，绝不可能再保持线下教育一家独大、包打天下的垄断局面。为适应学习越来越虚拟化的这种走向，建设虚拟校园或者说虚拟学习空间就变得越来越重要了。学校教育的"新基建"，目的就是要推动学校教育的加速转型与改造，加大虚拟学习空间、智慧教育的建设，而不能仅仅固守于传统的实体校园建设。

第二，移动化。一旦学习可以在虚拟空间开展，在网络链接移动化的技术支撑下和网络传输能力以及便捷而廉价的交通条件的有力保障下，学习也就不再只是在诸如现行实体校园的固定场所发生了，而同样是可以实现移动的而且是可随时移动的，打破空间的固定与局限，打动并满足学子每颗"驿动"的心。

其实，教育本来就该是丰富而广博的。世界那么大、文化那么丰富，移动本身就是一种教育，而且是一种更缄默、更生动的活教育。这就是为什么每一个人都对"世界那么大，我想去看看"这句话感同身受，不就是我们都有一颗"驿动"的心吗？为什么学习不能在风景宜人、文化丰厚、多元及经济多样的差异化、变幻化环境下发生？这就是每一个人的天性、每一种教育的本来啊！现在把学生锁在家庭、固定在教室、送去补习班，并非人性、天性使然。因此，培育出来的学生往往只是不知天高地厚、风月山川的温室产品，难有经风见雨、脚踏实地的卓越作品啊！

为满足学习者对移动学习的渴望，加之有了越来越成熟信息技术手段的加持，移动化的校园建设就显得更加必要了。这里所指的移动化，不仅仅是指虚拟化校园通过移动网络技术实现的虚拟空间移动化，也包括了通过现代交通技术实现的物理空间移动化。也就是说，今后的学生完全可以、也应该同时在虚拟的和实体的两类校园交替学习，充分利用两类校园的不同教育优势；同时，也完全可以、也应该在不同地点的多个实体校园完成学业，从而对世界的文明获得不同的心灵冲击，对人类的精神产生心理共情，对先进技术的运用得以更实际的体验，从而避免对不同种族和文化、技术的误读、误伤、误解，从而从教育这个源头开始推动建设一个更加和谐、美丽的全球化世界。

第三，共享化。一旦学习可以虚拟化、移动化，那么，大量现存的实体校园就可能在大量的时间里被闲置，恰如疫情影响下的全球性实体校园纷纷关闭那样。如果没有疫情的影响呢？在地球人口越来越多、时代对教育需求的压力越来越大的背景下，校园资产、资源大量闲置是不是太可惜、也太不人道啦！出路在哪里？就在共享！解决资产、资源的闲置，已有诸如网约车等非常成功的共享化实践案例，采用共享思维来设计运行模式，以实现资源配置的优化。校园的建设能否走出重复建设的传统模式，以分建、共享的理念构建学科化、特色化的新型校园？通过采用共享理念、思维的顶层设计与有效的实践模式，完全可以更充分、更有效地利用好每一个时段被闲置的校园。

至于说，虚拟校园的共享，那是很容易的了。恰如 MOOC 模式那种开放的气度，只要解放思想、创新机制，即可向具有学习意愿的所有学习者开放所有课程等越来越丰富的学习资源。当然，随着技术的进一步完善和教育领域的进一步开放，学生（也许今后称"学习者"更合适了）完全可能并不只是附属于任何一所学校或者某一个教育机构，而可以根据自身学业与生存、生活的实际状况和需要，向多个、多类学校或教育机构咨询后，自行"选购"、注册更合适的学习资源，就"读"于更合适的多所学校或学习机构。学习者的学习过程与交互状况被全程、写实性地记录下来，并获得适时的智能化分析、研判、咨询、指导、改善等伴随式学习服务。学习过程的表现也将成为学习成果的最重要部分，而被提交给相应的学校或机构予以评判，获得写实性的认证。这样，虚拟校园即可获得更充分的共享，而不会出现大量闲置的状况。当然，一旦某所、某类学校或教育机构所提供的虚拟校园资源不被学习者利用，也就被市场流量逐渐淘汰了。

现在，按照传统教育模式而大量建立起来的这些实体学校，校园偌大、设施配套、设备繁多。一方面，从高质量的教育需求来看，对于绝大多数学校来说，校园建设依然欠账很多，远远不能满足需求，尤其是那些处于中下端、地理位置稍偏远的学校来说，尤为紧缺。另一方面，又因为只供本校师生使用而大量地处于闲置状态，很是不该。如果说学生可以移动起来，能在多个校园交流交换地完成学业，共享即成为必然！实体校园即可在以下两个方面予以共享。

一，学习者共享。就是校园不再自闭于本校的师生，而是向有需求的所有其他师生开放使用。在现行学校学籍体制下，最可能的方式就是满足前面所说的"驿动"的心。通过学校与学校之间达成共享或交换协议，或者法律法规的强制与指引。一方面，推动学生之间的交流交换，让学生在完成学业期间在多地、多校园、多学校学习，享受不同地域、不同学校、不同教师的教育；另一方面，更是可以通过不同需求的错峰使用或交换使用的方式，提高校园的利用率和使用成效。

二，结构性共享。也可以叫作互补性、差异性共享。也就是人无我有、人有我无地交换。可能是具体设施设备、图书资源，也有可能是师资、服务，还有可能只是不同校园所处的地域、地点等自然、文化、经济资源。

第四，特色化。既然校园可以共享，立刻便会想到：你的校园有什么值得共享？为什么能吸引别人与你共享？在竞争性的学习市场，也就是说，在高度选择性的学习需求背景下，校园如何被学习者选中？有什么可以激起对方与你交换、交流的愿望和热情？所以，校园自身所具有的特色、特点就非常重要！校园形态与模式就一定是越来越千姿百态，而非"天下大同"地千篇一律。

特色，首先是解决人无我有的问题，包括基于学科的专业能力，基于设施设备的资源供给能力，以及基于地域的文化熏陶与环境氛围、所在地区的经济发展可持续水平等。人家没有，当然就会找上门来，主动交流交换。人家有了，自己也就用不着花大力气去重复建设，可以找别人交流、交换。

然后，才是人有我优的问题。人往高处走嘛！你优于别人，当然你就拥有了更优秀的市场竞争力，自然也就具备了市场的交换能力、吸引能力。因此，校园形态也就越来越基于地域化的特点、专业化的特色、学科化的优势，而非大而全的同质化模式了。这，也将是越来越重要的硬核竞争力了。

这些也许还有一些理想化甚至是科幻化，但这一定是一个时代的趋势。

信息化的绑架

信息化的浪潮正在以前所未有之势，势如破竹地滚滚而来、席卷而去，让现今的一切都迅疾地被信息化，整个社会都被牢牢地裹挟于信息化的浪潮之中，任何机构或个人都难以幸免、不能逃避。

要不，试试关掉网络、不带手机，只需要一小段时间，看看会有什么样的心理与习惯性反应？上街试试，要是去菜市买菜都可能会遭遇白眼、嫌弃甚至很可能还买不成菜，更不要说银行存取、网上购物、政府办事、医院看病、学校上学了……据说，如果拒绝信息化，就连乞讨这样最直接、最简单的营生都收益不好、干不下去了！

看看，拒绝信息化的后果有多严重，不但会被吐槽甚至讥笑为太落后、很老土！而且日常生活都难以正常进行，更何况工作和学习的正常开展啦！有意思吧？于是，今天，无论老少、男女，无论是否愿意，每一个人都生怕落伍而急急忙忙、惶恐不安、紧追快赶地在适应、在学习，要么被信息化、要么主动信息化——时不时都在输入各种真真假假的电子符号，半推半就地在同意各种毫无意义的网络协议，设置各类似是而非的用户名或稀奇古怪的所谓私人密码……以换取对应的、据说是更加便捷的信息与服务。

手机取代了各种信息卡、银行卡、身份证等传统可以自证的证件，而成为今天每个人都须随身、随时携带的要件。记住手机开机方式、各大应用门户或 App 的用户名以及各类密码成了今天每一个人最起码的甚至比记住自己恋人是谁都更重要的几件大事了。否则，怎么可以打开充满诱惑的网页，登陆各种不可反抗而必须屈服的管理系统，点开像天女散花一样绚丽而繁多的 App 和小程序等的入口、门户？

在凶猛的信息化方式的诱惑、胁迫之下，每一个人不但开始变得驯服，而且成瘾般地享受着信息化带来的各种舒适与惬意、慌张和恐惧——只要愿意，足不出户，便可与遥不可及的一位陌生人像身边热恋的情人一样不断线地聊上一年；只要灵光，宅在家里，也可挣足几生都可能花不完的货币；只要允许，躺在床上，可能迅速花光需几辈子才能攒下的信用和积蓄；当然，只要喜欢且条件允许，待在家里一百年也可以不用下厨房、出房门，五花八门的各色外卖依然可以让你活得至少看上去还健康。

如此的如此，信息化正在随时、随地地改变着每一个人的挣钱、消费、工作、学习、生活、娱乐、交际，以及亲情、友情、爱情等，不再像过去那样截然而然地井水不犯河水，而是高度交叉、交融地在随时、随地并行或交叉地发生着，而且还充满着前所未有的情趣。

因为我们完全可以躺在沙滩上晒着太阳、呼吸着新鲜空气，完成一项看似利润丰厚的商业方案或似乎充满竞争力的申报书；同时，沐浴着远方的友情和咫尺的爱情，享受着挣钱的乐趣和花钱的快感，欣赏着一部好莱坞大片、煎熬地阅读着莎士比亚巨作，或者关注着叙利亚或乌克兰战场的死伤胜负，思虑着月球上宇航员怎么没有体会到喝上吴刚捧出桂花酒的乐趣，等等，这些皆可在适时地、交叉地发生着、进行着，让人分不清这到底是在度假、工作，是在学习、娱乐、神侃，还是在与家人团聚、朋友相约？！

信息化，让我们着迷、上瘾，欲罢不能！信息化，让我们慌张、前瞻，紧追不舍！我们不停地翻阅着、浏览着、查阅着，生怕错过世间每个时刻发生着的重要的或无聊的事件、五花八门的帖子及其后面的八卦留言；担心错过了同事、朋友、商贩、同行等把时尚、眼泪、花边、心情、商品晒在朋友圈的点赞；害怕在出门前手机还没有完成充电、出门后把手机忘在了洗手间；惶恐睡觉前领导、同僚发来还须立即修改的工作方案，还有，还有……

于是，急迫感、饥饿感、焦虑感让我们每天都像打了鸡血一样地跟风、目不转睛地跟帖、求得好感地点赞，同时还让我们每天都有像没有睡醒一样发红的双眼、神不守舍地一心多用地不安，甚至想把精力集中起来吃一顿饭、谈一次情、说一句爱都越来越难，更别提扔开手机专心地读几页书、聚精会神地听一堂课了。这，还只是保持对信息的敏感而被信息化的后果而已。

然而，信息化的前提是，你还得拥有时尚的信息化设备与高档的终端。因此，为了不至于落伍、不至于让人讥笑，每个人、每个组织都在商家的循循善诱和商业利益的唆使下，不停地更换着各种依然完好的电子设备、各样依然可用的信息终端。这不，刚刚才买到手的 P80 就已经显得不合时宜，因为据商家的鼓吹和漫天的广告，性能更加优良的 P100 已经出厂、正在路上，后天就要与我们见面，看看是不是又落后了！刚刚买到手的高清终端就已经跟不上超高清的要求，因为据大咖推介、专家之言，正在推广使用的 5G＋4K 正在被未来的 10G＋100K 取代，其信息传输当然就需要更加高级的网络和更加精致的配套终端，否则，网络卡、内存限，体验完蛋。灵验了那一句："落后就要挨打！"怎么办？换、换、换！

于是，在信息化的裹挟之下、在商业利益的诱导之下，为了让信息化实现传输速度更快、使用效果更好，各个单位都在没完没了地更换、升级昨天才建好的网络设施、才买回的电子终端、存储设备、信息系统，建成的门户网站。不安分的个人，特别是追风的时髦达人，时刻都在不遗余力地升级、迭代昨天才购置的手机、电视、电脑和平板，哪怕是熬更守夜、哪怕是赤字运转，也在所不惜，而这还只是为了保持与信息化时代的同步运转。

于是，信息化绑架着我们向前、向前、再向前！为的就是能够畅快地随时随地的相链。这不但占据了我们原本可以用于集中思考、好好说话、谈情说爱的美好时间，而且脑子里填满了五花八门的花边新闻、乱七八糟的信息碎片，不知道是云是雨、是真还是幻？在强大的信息压榨之下，我们都变成了芸芸众生，没有了个人的时间，失却了个人的主见。

于是，开启了个人生活的另类循环——随时手握着手机、持续地黏在了屏幕的面前，似睡非睡地睁着快到生理疲劳极限的双眼，直到双手发酸、眼睛发炎、脊柱变弯。即使这样，为了表达自己依然还活着，依然不停地转发着人云亦云、似是而非的乌鸦观点，直到热点变冷、爆款变换，并在等待着另一个新的炒作、新话题的再现。如此的绑架，不仅耗费了宝贵的精力和大量的时间，还考验着每个人的生理和心理的健康极限，甚至给基本的健康造成了明显的伤害性后患。在不知不觉中，把我们手机里跳动的财富数字归零之后，还需要赤字信用才能兑现下一笔付款。更可恶的是，这种方式让我们失去了思想的能力、思考的空间以及积极思想与健康生活所必需的悠闲。

似乎，我们已经被信息化的浪潮追赶着、被信息化技术商家裹挟着，无力挣脱、难以自拔！那么，如何在被信息化过程中获得自由？又该如何迷途知返？

适可而止。中国人讲究"中庸"，适可而止，过犹不及，执中致和。在对待信息化的挟持上，这些老掉牙的祖宗智慧同样适用。也就是，在对待五花八门的信息上，不求最新，而求新意；不求最全，而求最精。在对待花样翻新的信息化设备上，不求最好，而求适用；不求最炫，而求好用。在对待各种似是而非的观点上，不求夺目，而求理性；不求极端，而求客观。也就是，须警惕地保持着与信息化设备的适当距离，不被随时都在更新的信息牵着鼻子，不被随时都在升级的信息化系统左右心情，不被相互矛盾的各色观点迷惑自我。适用、好用即可。这样，也许可以缓解信息化给我们造成的压迫感、疲劳感和无助感。

集中生智。集中力量办大事，集中精力办成事。这些常识，同样适用于解脱被信息化绑架的我们。也就是，该善于聚焦于自己最关注、最关切的事情或问题之上，而不被信息化的浪潮席卷而去，无助地漂泊、不安地享受。善于利用信息化的积极因素和正面力量，使信息化及其技术成为为我所用的工具，才能助推自我的成长，凝聚作为人所特有的生存智慧与发展力量。也就是，确立自己的关切与方向，比浏览各种信息与不停地转发他人意见更重要，而不被别人和风尚所牵制；聚焦自己的目标比毫无目的地围观更重要，而不被浩如烟海的信息、支离破碎的观点蒙蔽双眼。聚焦、理性即可。这样，也许可以化解信息化给我们带来的零碎感、无我感和失助感。

"第三物种"

看上去，我们身处的世界确实丰富多彩、千姿百态，对物种的分类就可以有多种。不过，如果仅从有无生命的角度来分类，其实这个世界很简单，简单到只有两个大类：有生命的物种、没有生命的物种。如果按照有无智能的视角来分类呢？依然，简单到只有两个大类：有智能、无智能的物种。从历史和现实来看：有生命，就代表了智能；没有生命，就意味着无智能。也就是说，一直以来，我们人类所经历的世界，只存在两个大类的物种——有生命的智能物种、没有生命的无智能物种。

再让我们试着环顾四周、并探头向前看看，会否出现"第三大物种"——没有生命、但有智能的物种？

一直以来，尤其是近代以降，我们不得不感叹科技进步的神速、技术力量之强大。似乎，科技无所不能，技术让我们头脑膨胀、忘乎所以，以至于我们高呼着"没有做不到，只有想不到！"的号子，一路狂奔！不是说，高高在上的智能很神奇吗？那有什么了不起啊！人定胜天，我们也能！干脆，我们自己动手，制造出一种全新的智能！于是，在这种浪漫而自大的好奇心、傲视群雄的自信心的怂恿和驱使下，人工智能便横空出世，惊艳地降临人间！这不但让我们惊叹我们自身的伟大、神奇，而且还惊扰了我们对万千世界的舒适、熟悉？

惊叹的是：这个无生命但有智能的第三者的出现，让我们对熟悉的世界变得不再熟悉，而且开始变得越来越陌生、越来越有一些忧虑了。因为出现了我们并不熟悉、看上去还不怎么友好的"第三物种"：虽然暂时还不像我们那样拥有不可重复的生命，但已经同样拥有了自命不凡的智能。在我们依然还在为造物主制造出无比精巧的人类而惊叹不已之时，竟然我们人类自己也能像神圣而伟大的造物主那样，制造出拥有越来越接近具有智能的新物种。这，不得不让我们对我们取得的成就而惊叹！

惊扰的是：如何与第三者相处。过去，我们熟悉的都是与有生命的智能物种以及与没有生命的无智能物种之间的相处，从来没有与无生命的、但拥有智能的物种间相处的经历。新智能的到来，让本算和睦的世界开始既波澜壮阔也愈发地显得波涛汹涌！以至于，担心是否还会险象环生。虽然我们已经历了与有生命、有智能物种之间的从你死我活的杀戮到相安无事的共处，实现了人类自身间以规则为基础的和平共处、人类与其他生命体间以伦理为基础的和谐生态。虽然我们也已经历了与无生命、无智能物种从肆无忌惮的收割到唇亡齿寒的依存，实现了人类与大自然以和谐共生为原则的生态互动，演化出了天人合一、永续发展的生存智慧。不过，当面对突然降临的这个"第三物种"，其实我们还没有与这个新智能物种相处的任何阅历、经验，更没有相应的历史文化与生存智慧可资借鉴。

一智激起千层浪。从"深蓝"①到 ChatGPT②，人类越来越真切地感受到了巨大的惊扰！惊叹之余、惊扰之后，我们到底该如何面对？能否与"第三物种"同居一球、共居一室？关键是，新智能会不会给我们带来不可收拾的麻烦？如果会，又会带来什么样的麻烦？他（它）会不会如脱缰之野马，成为我们不能有效管控的麻烦？当不可预期的麻烦出现时，我们还有高他（它）一等的智慧、技术予以管控、说服、安抚、制服吗？于此，我们不但生发出了几分妒忌，更生发出了十二分的担忧。

一方面，在经历了人类体力被机械及其自动化大幅度替代、人类获得了体力上的极大解放之后，我们依然期待着人类的体能可继续得到更大程度的替代、更深层次的解放。好奇的是，人类除开体力之外，还有什么可以被替代、被解放？因为我们从没满足过对懒惰的欲望，总是渴望着获得更大程度

---

① 深蓝计算机是由 IBM 开发的象棋电脑，是第一台计算机象棋系统，重 1270 千克、有 32 个微处理器，每秒钟可计算 2 亿步。1996 年 2 月与世界冠军进行了第一场比赛，在常规时间控制下这台智能机器以 4∶2 赢得了与人类的国际象棋比赛，并于 1997 年 5 月再次以 3.5∶2.5 赢得了比赛。

② ChatGPT 是人工智能技术驱动的一款聊天机器人程序，于 2022 年 11 月 30 日在美国发布。它能够通过学习和理解人类的语言来进行对话，还能根据聊天的上下文进行互动、交流，甚至能完成撰写邮件、视频脚本、文案、翻译、代码、论文等任务。

的自由，期待着实现更加全面的发展。因此，当人工智能出现并开始替代人类部分智能的时候，我们表现出了极大的热忱，期盼人工智能可以继续像机械、电力一样，能受我们"点按一下开关"这样简单而严格、有效的控制，还能替我们不知疲倦地、忘我地认真工作。最最重要的是，还能成为我们爱不释手、忠实地为我们提供有效服务的驯服工具。

另一方面，我们开始注意到：人工智能再也不像过去那种没有智能的傻瓜机械，时时听人使唤，而是从面世开始，便反过来向人类的智能发起猛烈、惊艳的挑战！即使是刚刚上市的"弱"智能机器人，竟然也能开动脑筋，具备了自我学习、反应能力、自主意识，甚至在某些方面挑战人类，已超越了人类的某类、某些智能，正在向我们自以为是的高阶智能发起令人折服的攻击，提出了越来越严峻的挑战。

于是，在为我所用的、人类中心主义的惯性思维作用之下，我们开始忧虑了起来：人类体力极大地被机械替代之后，我们引以为傲、区别于其他物种的智能又行将被替代，那么，智能与机械的有机融合之后我们人类在世界的位置何在？以何颜面立足？以何本事生存？我们到底是老板、还是管家？是主人、还是奴仆？未来的世界，是否还会在我们手中、还是被第二个智能物种全面操控？我们是不是会被全面替代？是不是就此开始，人类便要靠边站？甚至我们会否被降格为低等物种而成为被奴役的对象、被"老三"豢养的宠物？如果答案是肯定的，那么我们存在的价值何在？或者说，还有必要存在吗？或者说，即使存在，恰如行尸走肉的玩物、宠物那般，人类还有什么意义？

如果答案是否定的，也就是说，世界并不会被全面攻陷，主导权依然还在我们手中，那么，我们是否能够驾驭、并与"第三物种"实现有机链接、合理分工、和谐共处？是否能够继续让"第三物种"像第二物种一样，为我所用、成为伙伴？

可以相信的是，至少在可以想象的未来，人类仍然有信心、有能力加速进化，而不会被"老三"全面奴役，或者说，只要继续保持我们自我进化的昂扬斗志，就不会被"老三"替代、被"老三"无情控制。可以期待的是，在机械化偕同智能化继续深入发展的过程中，类人类、类智能等新物种一定会以各种方式快速地替代人类，广泛地出现并应用于各个领域、各个环节、各类岗位。人类的体能与智能，都将继续得以更广泛、更彻底的解放，人类仍然可以继续有效地控制着预知的世界。可以肯定的是，进化的路上，我们必须一直努力！必须进一步自我进化和升华，努力学习与"第三物种"相处的新本领。既让"老三"为我们服服帖帖地服务，成为受人类合理管控的智能伙伴，又让"老三"实现数字化发展、迭代性生存，允许"老三"也像人类一样逐步演化成为类生命、类智能的第三大物种。

这样，我们就面临着新的、更加紧迫的挑战——提升自我的生存能力与发展智慧，尽快形成一套新伦理——与"第三物种"友好分工、有效相处的伦理。新智能的出现，既是人类自身好奇心、功利心驱使的结果，也是这种好奇心、功利心不断发展之使然。这就首先需要适应新智能物种的存在。适应其出现，就像适应人类自身能力的神奇发现与提升一般。适应其存在，就像适应人类自身演化的惊奇表现与升级一样。这种适应，需要更加平等的心态——改变人类一直以来那种高高在上、无所不能、蔑视一切的高傲姿态——以学习的态度、互助的伦理、伙伴的心态，才能建设更加友善、和谐的未来世界。勇于接受新智能物种的挑战。越是挑战，越向前！越是严峻，越勇敢！

第一大挑战是心理上的。在人类战胜了大自然所有其他物种，并给自己贴上了高等智能动物的标签之后，已固化了以自我为中心的生存伦理、习惯了唯我独尊的养尊处优。但是，当第二智能这个"老三"出现之后，如何从心底里接受新的智能所提出的更加严峻的挑战这一事实，从而避免心理上的巨大落差，不至于从高度自负到自信丧失、丢失斗志？如何认可其合理存在，且毅然能以同伴、伙伴的姿态协调、共处？

第二大挑战是被替代的风险。过去由人类长期霸占、独有的所谓智能领域，行将被第二智能的"老三"攻陷。那些智能含量不高的领域、某些简单学习即会的岗位，行将被替代，而导致大量的失业与转岗，与此同时出现更新、更高智能的陌生高阶领域，人类又一次将面临无业可就、无事可做和有业不能就、有事不会做的尴尬窘境。

怎么办？这就需要发展与"第三物种"共处的新能力和新智慧。

为了避免被无情的、难以逃避的侵蚀和替代，人类自身就须继续鼓足勇气，再次走出已养尊处优、非常舒适的丛林，强化生存的危机感，抓住为时不多的窗口期，不断升级自身的生存能力、更新人类的生存智慧。这才是迎接未来的王道！就须避免错误地继续沿用人类习惯了的进化术，与"第三物种"你死我活地争抢领地、大打"价格战"。相反，这次人类的再进化将是"品质战"：不再是体力上的比拼、智能上的比较，而是体力上的释放、智能上的合作、智慧上的升华。与其忧虑较量后的得失、胜负甚至是淘汰，倒不如主动地思考与"老三"分工合作的领域与方式，以及协同配合、处处链接的模式与机制。因为化解生存危机比什么都更加重要！

这就需要我们更加集中精力、集中资源、集中时间，专注于人类更加擅长的、且难以被替代的智能领域，再次进化出更加高级的情感、更加高阶的智慧。就需要积极地退出我们长期习惯了的低智能、重复性的领域、工作和岗位，主动地把这些工种让位给"第三物种"，以便腾出手来学习在中等智能领域与"第三物种"间的取长补短、分工合作、协同配合，做到人机链接、互通有无，实现人智与机智的联通与融合、互进与共生。同时，还须尽快提升在主观性智能、创意性智能、意识性智能、情感性智能等优势领域的特长与智慧，寻找更适合我们发挥人类所长的生存空间、孪生领域，不断升华新的发展能力、进化素养。

迎接挑战，自身能力是关键。如果是这样，美妙而多彩的教育又将是何等的重要！然而，"老三"正在对教育全面侵入，"老三"的降临及其所导致的挑战，在所有领域概不能外，教育自然是首当其冲！

"第三物种"的侵入会对教育带来何等影响？就得先回顾一下教育。

教育，之所以能够形成专门的系统并独立地运行，其实，依赖的就是人类不断实施的专业化分工而生成的、对知识的高度垄断。其垄断主要依靠以下三种方式。

第一，拥有知识化身的教师。一直以来，人是知识的创造者，也是知识的传递者。"天地君亲师"，自古而来教师就享有崇高的地位。因为学校传授知识，依靠教师完成；学生学习知识，依靠教师传授。于是，教师成了知识的化身、学校的代表、教育的形象。教师对知识的忠诚、能力与发展水准，直接决定着教育的可能性、学习的发展性、人才培养的有效性。

第二，提供知识进阶的体系。为便于知识的习得，学校不断地对人类进化过程中所累积的各类零碎的知识进行有组织地编辑、整理，予以分级、分类、分目，使各类知识之间形成相互关联而又秩序递进的、便于传授和学习的逻辑体系、知识结构，并依据学习的可能与需要，提供给不同学龄、不同意愿的学习者。为此，教育演化形成了不断进阶、逐步晋级的、日臻完备的专业化知识系统，让每一位接受教育的人都会有度年如日之感，快速地习得人类累积了万年的知识与智慧。这也成就了教育能够长期生存的核心缘由、持续立足的核心竞争力。

第三，签发相应知识水准的文凭。社会委托教育机构、学校对人群、个人进行专业化的知识鉴别、能力筛选。为了能够代替社会对各类人的学习状况、掌握知识的程度、能力、水准进行识别、鉴定，各级各类学校就不仅仅是学习知识的合理集聚场所，也成了对青年人进行权威检测、识别、分类、分级的社会化专业机构。学校根据每个学生的学历状况以及所学习和所掌握知识的深浅、多寡，决定颁发给学习者不同级别的证书、文凭、学位，成为青年人进入社会从业的第一凭证。由于教育所具有良好的社会公信力，社会便依此对雇员予以识别、鉴用。于是，学校与社会之间形成了相互依赖的教育信任机制。

值得注意的是，以上三个方面的垄断都是以知识垄断为基础、为前提的。也就是说，一旦打破了对知识的垄断，教育便会出现生存危机。历史地看，到目前为止，时代对这种知识垄断构成过一些实质性的威胁、并推动了教育变革的挑战主要有两次。

第一次是书籍的出现并大规模的普及。也就是说，一旦知识可以离开校园、不再仅仅依靠教师亲自传授便可实现传播、传递，教师的威权地位必将受到挑战。

书籍，作为知识的载体出现之后，让知识能够离开学校、不再依附于教师而独立地存在了！尤其是，当书籍成为可以规模化消费、能够便捷流传的商品之后，学校及其教师就不再是知识的唯一化身了。自学，自己可以阅读书籍而无师自通，第一次可以成为教育的另一种形式。即只要有学习的意愿，人人可学；只要有学习的需要，人人能学。于是，为化危为机，教育不是把书籍作为对手，而是作为可以相互合作、互补的帮手，教师教学就与书籍有了分工与合作，书籍成为教与学的有力辅助。同时，学校也弱化了保存知识、传播知识的能力，而加强了整理知识、学习知识的能力建设。弱化了陈述性、复述性知识的教学能力，强化了分析性、自主性学习能力的培养；强化了教师讲授与学生自主学习之间的互补，满堂灌开始弱化，实现了课前预习、课中讲授、课后复习的有机衔接。学校加强了可供学生自主学习所需要的逻辑指导、知识系统建设，不断收集、编辑学习者面对未来世界需要的、现存书籍依然不能提供的新知识；不断加强了学习者适应未来发展所需要的学习能力、生存能力的培养。

第二次是研究活动的出现并广泛地开展。受好奇心的驱使和对美好生活的向往，人类总是不断研究碰到的各种疑难杂症、解决面对的各种困惑问题。逐渐地，研究风尚得以形成并弥漫于各个领域，逐渐演变成为规模化、组织化的实践行动。

于是，各类新知识在学校之外的各种机构中大量涌现，学校失去了对新知识的主导权、主动权。这样，学校不但在既有知识方面受到书籍普及的严峻挑战，而且在新兴知识方面还得依靠研究机构等非教育组织提供。以至于，知识不再仅受控于教育系统，而变成了一种教育系统之外的社会化行为！于是，学校就不能再仅仅传授、传播既有的知识，不得不打破既有知识体系的束缚，发展并开创出新的教学系统。研究活动、研究思维被逐步纳入教育系统、教学体系，成为学校活动、教学过程、学习内容不可或缺的一部分，让教育再次枯木逢春，保持着生机盎然的生长态势。

通过教育自身的变革，以上两次大挑战并没有把教育打垮，学校仍然是迄今唯一被信赖的专业化教育机构。但是，更具实质性的第三次严峻挑战正在快速地到来："第三物种"对教育的全面侵入。

全面，是指"第三物种"不再像前两次那样的小打小闹，而将对知识领域的各个方面——从知识的整理、保存、传授、传播到应用、创新、创造的全过程——产生深刻而全面的影响。侵入，是指在教育并没有清晰认识和有效准备的情况下，"第三物种"直降而入，以颠覆之势，正在跨界地改变教育模式、打乱教育过程、改写教育结果。这次侵入，也不再像前两次那样了！因为本次的挑战者将是与我们一样拥有智能的"第三物种"。这将是智能与智能之间的高峰合作与巅峰对决。新智能的侵入正在打破知识的宁静，让知识凸显出自我流动、自主变动、自主进化的独到特性！这将比前两次更具实质性地打破教育对知识的垄断！知识，将不再是教育机构独有的高高在上的存在，而是全社会、所有人皆可拥有、皆可触及、皆可利用的、广泛存在的一种资源、一种商品、一种力量、一种依靠。

与此同时，人类第二次惊喜地发现：学习知识将不再一定要走进学校、仅仅依靠人类教师，也不再仅仅依靠无趣的书本，还可以更加方便、更加有趣地通过机器智能获得比人类教师更为丰富、比书籍更加生动的知识，而且不分时段、不分场合，从不担忧人类教师的脸色、心情、好恶，也不限定于书本知识的固定、单一、死板。学习，也不再取决于学校是否录取、教师是否赏识、考试是否通过、文凭是否发放，而主要取决于学习者自身是否具有优良的习惯，是否有强烈的意愿，是否有真实的需求，是否有炽烈的心态，是否有愉悦的激情，是否有必胜的韧劲。这既为全社会提高教育水准、为每一个人增添发展动能提供了极大的便利条件，也为社会建设、教育重构、人类演进提出了更加严峻的挑战。

教育不得不改变！既然学习不再仅仅在学校发生、知识不再仅仅依靠教师获取，那么教育何为？在智能化时代，教育发生最深刻的改变将是：新智能与知识间的化合、人智与机智间的融合，彻底改变知识的存在状态——知识从静态到流态，实现了知识的互动、精准、多向流动，而且知识还会在流动中不断获得新生、增值。也就是说，新智能打破了知识只能是静静守候的孤独侠的刻板局面。在第二智能的带领下，知识也能根据不同学习者的心理、需求、意愿、心情，而适时、精准、主动地出击——登门服务、有效供给。知识顺着需求链、应用链，主动地流动起来、活化起来，实现知识供给从共性到个性、从群体到个体的多样化、增值性流动。

打破了过去知识只能从书本、从教师向学习者、学生的单向、有限流动；第一次可以根据人类智能、机器智能的协同模式，更好地实现知识在人机间的多维链接、智能间的同频共振；突破了过去知识被知识机构垄断的局面。知识就在每个人的身边，唾手可及，实现了知识从单点到多点的联动，实现了知识获取的多维多样、即时互动、实时共享，让知识更加普及化、平民化。

打破了过去知识在传递过程中学习性与应用性、继承性与创造性严格分离的格局。在第二智能的助力与逼迫之下，知识获取不再仅仅是一个接受性学习的被动过程，也是在学习基础上的运用过程、在继承基础上的创造过程，为实现知识的理论学习与实践转化、继承传递与创新创造提供了适宜的土壤、奠定了可能的基础。

因此，在知识形态发生如此剧烈变化的大时代，为避免惨遭淘汰、无情替代的厄运，学校及其师、生必将做出改变，构建起新的教与学模式。

人机协同的双师模式、双校园模式。"第三物种"也将与第一物种一样，成为我们共同的老师。也就是说，只要愿意，我们每一个人都可以有人、机这两类老师，皆能实现人、机的有效链接。不过，作为学习者，不管我们愿不愿意，只要想更好地学习知识、练就更具竞争力的生存本领，都必须拜这两类物种为师。而且机智这位老师还会始终以学伴的身份，忠实、随时地陪伴在君左右，还将极大地在记忆性、重复性、陈述性知识方面为学习者代劳，让学习者皆可充分地释放天性、专注地开发新的领域，让学习具备开创知识的可能。

教育，亦必将开启人机双师模式、实虚"双校园""多校园""孪生校园"的新时代，实现人智＋机智的联通。因此，教育制度必须重构，做好人智、机智相互协同的顶层设计，建构人、机共在的教、学机制，让人智与机智合理分工、有机协同，共同担负起教育之责，实现人智＋机智合力推动知识的多维、多向联通，多点、多样流动。这样，人类教师过去所担负的那么多繁重的客观性、重复性、讲述性、逻辑性知识的传授工作，便可让位给比人类教师做得更贴心、更诲人不倦的机器智能，让学习无时不可、无处不在。人类教师，便能更多地承担主观性、创造性、复杂性、非线性的知识研讨、情感交流、方法指导、经验分享、心理疏导、斗志激发等教育工作，让学习更可持续、教育更富意义。

学习过程的共享模式、激励模式。漫漫学习路，机智伴随，"第三物种"成为最懂你的新伙伴。它不但让教与学不再孤单，而且还能友善地释疑解惑、知心地适时提醒、有趣地共享知识、无私地分享心得、精准地提供最新知识，从而让知识成为同步学习、分工学习的合作媒介、友谊载体，推动知识的增殖、价值的创生。学校及其教师不但与机智有机衔接、分工合作，有效运用"第三物种"强大的智能威力，而且更能发挥人类教师在传道、解惑方面的独特优势，帮助解决学习者在学习过程中的孤独与无助、困惑与迷茫，及时发现，并予以适时引导。尤其是在有效激励学习者勇气、找准方法，继续完成学业、坚持完成任务方面，及时实施正向激励、积极鼓励，更多地着力于培养学习者学习知识的思维、态度、毅力、习惯，这些才是人类教师最重要的、也是难以被"第三物种"替代的核心领域。

学习内容的个性模式、情感模式。"第三物种"的到来，打破教育宁静状态最显著的方式就是：改变了学习的共性化模式——这是在工业文明背景下，规模化、批量生产模式的遗存，已经不能适应智能时代对个性化教育的需求。个性化教育，本来就是教育的最大着力处；因材施教，本就是教育应该遵循的最基本常识！可是，学校制度兴起后，所导致并固化下来的以"教室、教材、教师"为中心的教育模式，让一个个活泼可爱、个性十足的学生，已然变成了一批批愁眉苦脸、批量下线的产品，教育也因此变成了缺乏个性、少有情感的流水作业。"第三物种"的出现，正在打破这一饱受诟病的僵局，逼迫学校、教师改变定位与角色，携手"第三物种"，重新赋智教育、赋能学习——赋教育以个性化的因材施教、赋教学以情感化的循循善诱，让教育成为有温度的、人性化的生长过程。

学习结果的写实模式、发展模式。教育，本不该是一锤子买卖的阶段性、终结性任务，而该是持续终身的实时性、延续性需求。尤其是在未来这个知识层出不穷、发展一日千里的智能时代，学校再也不可能把人一生所需要的全部知识、技能在极其有限的学龄阶段一次性传授给学生！学校只能重点培养学生对待学习的态度、持续学习的习惯、深入学习的方法、创新学习的思维，从而推动学生以"第三物种"为师、为伴，能够在实体校园之外，依然具备强烈的学习兴趣，仍然能够锻造过硬的生存能力。学习结果不再只是为了一纸不变的、表征学历的文凭，而是一个动态的、体现学力的标配，一个永远没有终止符的发展记录——包括学习过程的实录、学习状态的写真、学习领域的拓展。只有这样，才能不断适应学习化社会的要求、立足终身化教育的智能时代。

物竞天择！学习，成为适者生存的法则。学习，依然是人类应对"第三物种"严峻挑战、再次走出自我丛林唯一的有力武器。学习，不再只是学校教育独有的活动，也将是每个人在人生的每个阶段实现持续发展的习惯、确保有效生存的日常必需。学习正在成为社会每个领域、每项任务的最基本组成部分、最基本活动内容、最受期待的公共品，成为每个人共同关心的最基本供给、共同实施的最有力举措、共同发展的最有效动力。

未来的公司、平台、组织不再仅仅是人们为了生存而不得不工作的栖息地，更是学习公共品的提供者、学习普遍化的助推器。只是因为"第三物种"的全力介入，正在强力地改变学习的模式、方式、内容、过程、结果等，使得学习模式发生剧烈而全面的变化。在扑面而来的智能社会，围绕提升学习效率，人类会更加自觉地运用并融合"第三物种"的智能力量，主动改变学习方式，精准选择学习内容，有效再造学习模式。

虽然我们早已深知学习是成长的基石，然而学习效率已困扰我们多时！

一直以来，学习主要发生在学习者与师长、与书本之间，基本属于个人事务，几乎与他人无关。第三方，很难成为助力学习的真正帮手。即使善意，也至多不过提供一点技巧、改善一点条件，最终还得靠各自的自觉与勤奋。于是，甘坐冷板凳的寒窗苦读，常常成了好好学习、继续学习的指称。逐渐地，学习演变成了与孤独、寂寞相伴的，时常还需要"黄金屋、颜如玉"等功名利禄作为诱饵，才能坚持下来的一大苦差事。一方面，人类累积下来的知识确实汗牛充栋，需要学习的东西越来越多；另一方面，相形之下，学习还是依然故我的老套路，其效率十分低下，愈发赶不上知识累积和发生的速度。

因此，每个人耗费在学习上的时间都越来越长，而用于工作的时间却越来越短。即使这样，所学到的内容面向仍然越来越狭窄、内容数量也相对微少。即使把人生三分之一还要多的、最宝贵的青少年华最认真地消耗在了学校的苦读，几十年下来也仍然只能学到人类文明的一丁点儿皮毛，更别提人类积攒下来的博大智慧、宽广情怀了。在过去的"白丁"时代，小学、高中毕业也许就可被尊称为知识分子，即能享受来自四周的艳羡目光。现在呢？即使是寒窗之后博士学位到手、高为教授，也至多被称为某一狭窄领域的"专家"而已，依然不敢斗胆开口自称"大师""鸿儒"。

确实，在人类文明浩如烟海的知识海洋中，受现行教育制度、学习模式的影响，即使号称是最伟大的专家，也不过只是这个海洋里一个微乎其微的知识原子，何况常人乎！结果呢？我们每个人都只能是盲人摸象，既狭隘、又短视，很难把握世界全貌、难有满怀人类的格局，造成了理论上的牵强、实践上的偏见、效果上的残缺。于是，今天的世界演变成了越来越自以为是、自说自话的状态——让看似高度文明的人类社会，正在滑向四分五裂的异见组群；看似高度团结的族群，正在变成同床异梦的颗粒；看似和谐的全球化世界，正在走向极化的组团。最后，在和平与发展背后蕴藏着的是：紧张和分歧、私欲和功利、争端和讹诈，越来越难有发展的共识、凝聚的良方。

原因何在？

一是，学习内容的无限膨胀，我们却只知一二。人类的进化史，实则是一部知识累积史。几千年文明的卓越发展，数代人的辛勤耕耘，给我们遗留下无穷的知识宝藏。关键是，我们还从未满足于这些历史性积累，还努力高扬着前人的好传统，继续勤劳地躬耕，力促知识以指数级别地无限增长。按照既有学习模式，即使我们每一个人都挑灯夜读地勤奋学习，也不过只是越来越偏激的、某个越来越狭小领域的专家罢了。而且，依然还时时感受到被时代抛弃的紧张、被竞争淘汰的紧迫。

二是，学习方式的单打独斗，学习效率十分低下。遗憾的是，学习只能是每一个人主要依靠自己去完成，从来就没有学习的替身！更加遗憾的是，不管出身与聪慧程度，我们每个人的学习都只能且必须从零起点蹒跚。即使非常幸运，有学富五车的父辈、博学智慧的先贤，所有的学习仍然必须亦步亦趋地学习所要求、所面对的一切，而不能从家庭、教师、先辈那里直接继承、自动传承他们已经习得的知识、技艺、智慧。所以，即使不吃不喝、穷尽一生，把全部时间和精力都用在学习上，也没有人能够领会人类的全部知识、学会全部技能，更何况还要面对爆炸式涌现出来的动态新知识了。

自然，我们就恐惧拥有越来越高级智能的"第三物种"。如果我们继续沿袭着这种模式，我们的学习一定只能走向死胡同！一定只能被"老三"替代！所以，未来的学习就必须解决好以下两个问题：

第一，学习方式的问题，最大限度地提升学习效率；

第二，学习内容的问题，最大可能地提高学习效果。

当然，这两个问题是相互关联的。有了好的学习方式，就可精准地学到更丰富的内容；有了好的内容，就需要更高效的学习方式。好在有了"老三"的快速出现与全力介入，一种新的学习模式正在发生。

分工学习模式。基于人智与机智的比较优势，合理分工与有效合作的协同学习模式。过去，之所以只能单打独斗地学习、之所以只能从零开始，不断重复前人和他人的学习旅程，那是因为我们实在没有办法。因为我们缺乏可能的支持条件，缺乏能把前人、他人链接起来的技术，不能实现在学习上的合理分工、有机协作与优化组合，以及学习成果的联通互享、联合共用与协同创生。要是有可能按照更有效率的新模式学习，让我们每个人都可以站在先人、他人的肩膀之上，高起点地学习呢？如果我们都能与第三方合作，使得学习可在相互陪伴下、有机分工地完成，而且最后的学习成果还能直接成为各自不可分割的智能内容，其学习效率一定会脑洞大开、学习效果肯定是别开生面！

有可能吗？有可能！因为"第三物种"的奔袭而来。"老三"的出现并逐渐成熟，让我们人类在体能已经实现大解放的基础上，又在智能上获得更大解放、更大释放，让我们可以腾出大脑的有限容量、活力，聚焦于更高级的智能、更无限的想象，实现更快地学习、更好地思想，把人智从低效、繁复的低端学习中解放出来，实现人类学习的高效和认知的高阶。

这就需要找到有效的人智与机智融合之道、共享模式，实现人＋机在智能上的分工与合作——人智与机智融合一体，让机智为我们学习、与我们一起学习、与我们一起协同地学习；让人智与机智在学习过程、学习成果上链接地融通、共享，实现学习者与先人、他人在学习上的互联互通；让学习成为人智与机智、人智与人智、机智与机智共同的事业、共享的乐趣。

有可能吗？随着智能技术的深化、成熟，人智与机智的状态一定不会再像当前机器弱智能时代那样，是相互分离的、必须通过网络等技术方式才能实现链接的、各自独立的存在，而一定是人—机互联的、高度一体化的融合体，让机智成为人智、并受人智控制的协作伙伴，而不是我们忧虑、恐惧的竞争对手。只有这样，机智才能真正成为人类智能的扩充，成为解放人类智能的有力帮手，成为人智的有机构成。

那么，今后的学习模式一定就是：人类学习与机器学习的分工与协作，即分工（布）式学习，机智更多地着眼于低端的学习、人智更多地着眼于高级的学习，让学习成为历史与现实、现实与现实、现实与未来有机互联的生态体系。

一旦，人智与机智实现融合，首先可以解决长期困扰着我们的学习零起点、低起点问题。我们即可让机智继承先贤、学习他人、链接"老三"，从人类（也许还有机智）的知识宝库里复制下载、深度学习既有的、与学习者智能发育相匹配的精准知识。让学习者的学习能迅疾地站在过去人类、当下同伴、未来"老三"的巨肩之上，而不再把大量的时间与精力花在苦苦背诵、反复演算等重复性、记忆性知识的学习上面，让每个学习者皆能面向问题、面向发展高起点地、高效率地学习。

一旦，人智与机智实现融合，即可解决一直困扰着我们的学习内容越来越局限的问题。可以让机智帮助我们选择那些我们最需要、最核心、最可能的学习内容，并通过最有效、最高速的方式实现与学习内容库存的精准链接，让每一个学习者突破单打独斗、盲人摸象的狭隘，在协作学习中提升学习效能，在掌握全局中精选内容，在分工学习中优化学习方式。

分工学习的策略。有效学习一定需要借助机智的学习。即充分运用机智的无限潜能，提升学习效率，实现人智与机智的有机组合。借助机智的学习模式正在成为人类学习的基本策略——就是利用好当前已经出现的弱机智，把机智作为学习的助手与伙伴，最大限度地改善学习效率与效果。聪明的学习，一定是机智融入人智、将机智作为人智的有机组成部分的高阶学习，实现学习的精准、高效。融合机智的学习模式，将逐渐成为未来的主流学习模式，就是有效融合人智与机智，实现人智与机智在比较优势基础上的分工、协同，让机智融入人智系统之中，人智与机智成为学习的不可分割的部分，从而无限放大学习之潜能。为此，学习策略必须改变！

一是从记忆性学习转向发展性学习。记忆力，是当前人类智能中最突出的一部分。记忆，也往往成为学习过程中最苦的差事！因为我们苦于大量概念、公式、事实等知识性记忆，花了太多时间用于背诵，以至于美好的青春在穷首皓经中，变成了痛苦的记忆游戏。以至于，死知识占据了大量的宝贵时间和大脑的存储空间，让人类智慧的发育越发地相形见绌，人类创新的发生也变得只是星星点点，难以成片。恰恰是机智，"老三"最擅长的就是瞬间即可完成的大量记忆和灵便存取；恰恰是人智，"老大"最应该着力的优势领域是面向需求的深度学习，这就有可能把人智从这些大量而繁复的记忆性知识学习中解放出来，人智即有充分的理由和精力聚焦于发展性学习，真正实现人类学习的高级性、高阶化。

二是从逻辑性学习转向创意性学习。逻辑作为一种思维方式，主要是通过逻辑性知识的反复学习而获得。但是，逻辑性学习却在不知不觉中禁锢着思维的进一步拓展与活化。因为创意的产生、创造的出现、创新的获取往往是非逻辑的、非线性的、惊异性的顿悟，是在未知的地带模糊地发生。恰恰是机智，"老三"最擅长的就是逻辑式、推演式学习。恰恰是人智，"老大"最应该着力的优势领域就是创意性、感悟性学习。何乐而不为呢？还等什么呢？合作吧！

三是从重复性学习转向分析性学习。即使是小白都知道，重复性的学习多属无用之功，并不产生真正意义上的学习价值。但为了温故知新、更为了熟能生巧，今日"老大"之智能却花费了大量的时间与精力于重复性的推演、反复性的练习。值得欣慰的是：恰恰是机智，"老三"天生就好这一口，从不惧怕单调、重复，反而乐此不疲；恰恰是人智，"老大"却天性喜新厌旧，并不乐于做这些高度重复而单调的事情。

于是，奇妙的组合开始发生——人智有可能更加集中于分析性、非逻辑化的创新学习，专注于开辟新领域、拓展新空间、推动新探究、想象新可能。也许就是这种奇妙的人机融合后所出现的分工式学习模式，能让人智再次走出自我设定的无形丛林，获得精神的再生、心智的进化、智能的升华。

因为学习依然是人类得以生存的唯一定向能武器，因此就有理由相信，我们一定能逃离对机智的恐惧和自卑，有效地融合机智，创新更高阶的学习模式，强化自我革命的自觉，实现智能的再造，获得人类历史的再进化。

快　学

　　学习，已是一种终身的必备习惯；学习能力，已成一项最基本的生存技能。但是，这仍不够！对于现代人来说，早已不能拥有"五车"装载的那一点知识可以显摆的了，而必须不断地学习浩瀚而变动的知识才可以"学富"！怎么办呢？那就得具备快速学习的能力。

　　我们已经跨入了高速发展的智能社会门槛，面对着加速到来的未来，学是必须的；但，为跟上时代的快速发展，还得快学、快速地学——有效率、有速度地学。因为慢学实际上就与不学、没学差不了多少；慢学，就掉队、赶不上时代之步履！因为这个崭新的时代赋予了新知识最明显的两大特点：快和跨。

　　快，新知识正在以层出不穷、一日万里之势汹涌而来，新旧知识的更迭、替换、升级、超越、颠覆、淘汰的速度越来越快。如果说过去用日新月异来形容传统意义上的快的话，那么，将来就只好用"秒新分异"来描述现代意义上的快了。这意味着：即使是在大学学习的最新知识，很大一部分也可能就在毕业离开校园时即变得落后、成为过去时，需要进入职场后重新学习、持续学习、加速学习。

　　跨，新知识一方面在自身熟悉的领域内快速地出现；另一方面，也在自身并不熟悉、毫不相干的其他领域快速地产生。不仅仅发生在自己熟悉的领域、熟悉的工作、熟悉的场景、熟悉的地域、熟悉的岗位，而且也会大量地发生在自己并不熟悉甚至也不相关、但突然就会与自己熟悉的专业领域快速地关联起来——跨领域、跨界别、跨行业地形成残酷的竞争和加速地替代、更迭。如果说过去可以安稳地在自己所从事的专业、职业领域内学习、工作和成长的话，那么将来就可能被从未听说过或丝毫不搭界的新生领域，跨界地偷走成长机会、抢走生存依靠，而不得不在新的领域、新的行当重新学习、从头再来。

　　新知识，如此宽范围、加速度地产生！与之相匹配的只能是快速学习能力了。并且，这已成为现代生存力的最基本依赖、现代竞争力的最直接来源。学习，不再可能继续仅限定于正在从事的专业、笃定于已经熟悉的领域，还须游走在相关的、涉猎于看上去可能毫不相关的跨领域。面对正奔袭而至的未来，对于任何人来说，生存、生活就意味着必须善于学习，而且必须是善于快速地学习，具备优良的快速学习能力。那么，快速学习能力从何而来？

　　似乎，照字面上理解，快速学习就是要快！不过，"常言"的智慧提醒我们：欲速则不达！也就是快速学习能力，并不直接来自快！快速学习能力而是根植于慢功夫，来自"磨刀不误砍柴工"的慢功夫。因为从根本上说，快速学习能力取决于自身所拥有的知识结构和思维方法，即知识的累积状态和思想方法的适当运用。

　　知识，累积的是常识，奠定的是学习基础；方法，面向的是发展，铸就的是学习手段。不过，知识和思维方法都不是先天而成。知识靠的是日积月累；方法靠的是长期锤炼，都需要后天长期而持续的努力，需要"文火熬制"的慢功夫。

　　什么是慢功夫？万丈高楼从地起！就是下苦功夫铸造好地基、花大力气夯实好基础，才能矗立起万丈高楼。基础在哪里？就寓于扎扎实实地学习基础性知识、理论、技能的过程之中。

　　知识，尤其是既成性知识，虽然在大量出现的新知识面前，很容易陈旧、过时，很容易遗忘。但是，那些基础性的所谓元知识则是相对恒定、少变甚至不变的。即使遗忘了，也还会留下思考的方法、思维的结构。因此，花力气致力于基础性的慢学习，也就成为逼近快速学习的最恰当方式。但这还只是个前提，还很不够！

　　更重要的是，必须在老老实实学习基础性知识的过程中，通过理解知识、感悟理论、提升技能，逐步构筑基础性的思维结构，凝结最基本的思想方法，培养良好的理性思维能力，积累高阶的感性共情水平。这样的话，基础性学习就不会是反复地背诵、简单地复述现成的知识，而是在接触、理解、思索知识的基础上，感悟知识形成所凝固的精神要义，培养知识发展所需要的无畏胆识，打造知识创生所需要的逻辑结构，从而建构优良的理性思维和科学的思想方法。这种思维能力，往往比基础性知识更加具有强大而持久的支撑作用，更加具有举一反三、触类旁通的可迁移水准。

一旦有了好的思维能力，就会在工作、学习、生活中养成每逢问题想一想、碰到熟悉的现象问一问的思考品质。长此以往，就会形成分析、综合、概括、抽象、比较、归纳、联结等思维方法，迅速地抓住某个领域的概念、逻辑、规律、跃迁等思维的基本要素，迅速学到新知识、掌握新技术。

一旦，具备了这样的能力，就会在时过境迁的情况下，继续拥有吐故纳新、融会贯通的学习能力，让思维同时具有对现象分析的深刻性、对新事物关注的洞察力。一旦，有了这些基础性素质，快速学习能力才会有潺潺不绝的活水源头，才会有节外生枝的成长根基，才具备迎着朝阳向上生长的惯性力量，这便是传说中的一通百通的迁移能力。

但，慢功夫只是基础，快速学习能力还需要高度敏锐，即对外面世界的足够惊异与好奇。

敏锐，就是时刻保持对外界的开放，敞开胸襟、虚怀若谷地随时准备迎接第一缕曙光的闪耀，敏于捕捉新的机会、锐于开拓新的领域。所以，敏锐首先是一种敞开的胸怀，随时保持迎新、乐变的开放状态。这是一种放空的状态、接纳的姿态、包容的心态，一种敢于自我革命的精神，善于吐故纳新的能力，乐于包容多样的坦荡。敏锐也就要有一双机警的眼睛，随时保持向未来、向外界的高度机警，有一种春江水暖"鸟"先知的对微小变化的敏感，有敏锐感知变化发生前不为人知的那些征兆。这就是常说的一叶知秋、一花观春、见微知著的对外界感知能力与习惯。本质上说，这种感知新鲜、捕捉变化的敏锐，来自对神奇自然、变化社会、复杂内心的惊异与好奇，以及内、外有机联结的心理习惯。

恒者行远，思者常新。

自然，敏锐还要有一颗善于观察、爱好思索的大脑。仅有感知变化的意识与能力是不够的，还需要有对变化信息收集基础上的思考习惯、加工能力。这种思考的习惯，是在举一反三过程中所拥有的思维能力的迁移结果；这种加工的能力，是在反复思考与不断思索过程中、以问题为导向的锤炼结晶。有了这样的习惯和能力，便可能把捕捉到的外界信息与自身既有的知识储备、面临的实际需要联结起来，快速地形成自身的新知识、有效地内化为自身的新素质，不断地转化为自身的新机会，这是快速学习能力最基本的体现了。

同样，快速学习能力还来自宽视野，眼观六路、耳听八方的习惯与本领。恰如前面所说，多领域、多学科的跨界发展已成新常态；融通式、复合化的快速学习已成新能力。虽然现代社会仍然是一个专业化分工的时代，现代人的生存不得不在一个专业领域内深耕细作，实现精益求精的极致。但是正在到来的却是一个跨越分工的融合时代，现代人的生存就不得不瞻前顾后、左顾右盼地注意域外场景的变化，关注业外世事的变迁，眺望外面世界的精彩。这意味着：每个人不但要向他人学习，交流互鉴；还要向它域学习，感悟不同领域、感知不同技术；借力不同思想、借鉴不同经验。从而整合起力量，集结成优势。这就是常说的见多识广，博观约取。

大千世界，千姿百态，宏深浩渺。然而时光荏苒、精力不济，不可能面面俱到！怎么办呢？

当然，首先是从与自身关联度高、关系紧密的领域开始，而不是漫无目的地冲浪、没完没了地刷屏。这些领域包括上下游、左右邻的相关领域、知识范畴、技术谱系。对关联紧密领域的关注，不但能加强对本领域的学习和理解，改善自身的不足，也能够方便地借鉴相关领域的最新成就、关注最前沿发展，不断发掘、优化、提升自身的潜能。有此基础，就自然地会拓展到那些关联度不高、紧密度不强，甚至是看上去没有什么联系的全新领域。

跨度越大、联系越松散，也就越是陌生，则差异便越发突出，交叉的可能性似乎也越小，但是嫁接产生的潜在优势、融合出现的惊奇却往往愈发的突出。一旦嫁接或融合发生了，所生发出的优势一定越明显，形成新的知识结构更优，取得成就的新颖性、颠覆性就越显著。

不过，关注他人、它域的动态，不是为了看热闹，而是为了力求整合、实施协作。把从看似无关、无用的领域中学习到的新思路、新理念、新方法，吸收到的新能量、新动力、新思想，与既有的知识、思维、问题、需求进行无缝对接，尽可能实现有机整合，编辑成新的知识图谱，整理成新的成长路线，梳理出新的发展思路，才能重塑再出发的新方向、集聚新出发的新动能、汇聚善变革的新团队。

新的集体精神、新的团队能力也就不再仅仅是与熟悉的人和事之间的传统协作，更是与陌生圈群间、不同时空交集中基于共同愿景、共同需求的全新分工、跨界共享。这种与外界的链接能力、对接水平、协作精神、共享模式，越来越成为检验快速学习效能的首要标识。

学　快

　　似乎，大家都明白：对于任何人来说，快速学习的能力并不是从娘胎自然带来的，而是持续的后天培养才能形成并不断提升的。学校教育尤其是大学教育是培养快速学习能力的重要人生阶段，对于正在校园学习的大学生来说，正是树立快速学习意识、培养快速学习能力的极佳时机，可以通过重塑学习模式，大力养成深爱学习、终身学习的良好习惯，具备可持续的学习能力，进而强化快速学习能力的锻造。

　　培养这样的能力，当然不是在空中楼阁中另起炉灶，无中生有。其捷径其实在于紧密结合自己所学习的专业、所修习的课程、所思考的问题、所关注的事件、所经历的实践，在老师的指导下、同学的启发下、问题的牵引下、兴趣的引领下，在学习与实践过程中逐次展开、逐渐生成。

　　第一，基础发力。因为我们已处于一个科技主导的时代，因此才常说"学好数理化，走遍天下都不怕"，这是从科学、技术的物质世界层面讲的硬能力。其实，完整地说，还应该加上"学好文史哲，洞察世事皆明白"。这便是从人生、社会的精神层面讲的软实力，因为我们正在进入一个更加需要精神引领、价值选择的时代。无论是数理化还是文史哲，都属于学习所有其他知识领域的、最重要的基础性学科或课程，都是成人、成材最需要的基础性供给、公共性养分。无论学习什么样的专业、从事什么样的职业，都需学习和理解其蕴含的真谛，区别只在于程度不同、深浅各异罢了。不过，对其掌握的程度直接决定一个人对科技体系、人文思想的理解水平、领悟能力。

　　有了这些奠基性的基础学养，所学到的所谓"元知识"便能迅速形成对世界、对学科的整体认知，建立认识世界的完整知识框架和系统思考问题、解决问题的思维体系。这样，就具备了所谓见异思迁、举一反三的迁移能力，就为快速学习不熟悉、但快速呈现的新知识，不了解、但大量创生的新领域，打下坚实的基础。遗憾的是，这在现实中却往往容易被人忽视。

也许是人性所致吧，人们更容易走入"是否有用"这个生存魔咒的奇怪圈子，总琢磨着能急功近利地一步登天，总思虑着可投机取巧地一夜暴富。于是，我们首要学习并高度重视的是那些可直接产生现实利益的实用技能、乖巧技艺。可是，结果却往往事倍功半，事与愿违，误国害己。现实中的许多怪象多与此有关！

不过，重视基础性知识领域的学习与领悟，需要从娃娃抓起，中小学教育尤为重要。只有在基础教育的中小学阶段大力加强基础性学习与培养，而不是把教育重心突出地放在知识记忆、考试技巧的大剂量训练上，才能培养硬实的知识基础与合理的思维结构。

到了大学阶段，更不能因为大学教育属于专业教育而忽视基础性的学习与训练。大学低年级的基础性培养和高年级的专业性基础培养特别重要，特别需要紧紧抓住大学低年级这个重要的基础训练时段，扎实学好基础课程，注重学习那些看似无用的公共课、基础课，才能获得科学的基本概念、基本理论、基本逻辑，才能汲取人文的基本思想、基本精神、基本演绎，从而掌握不同基础性学科的知识体系和思想方法，构造受益终身的科学思维结构，获取发展性学习的有效方法，陶冶高尚的情怀与积极的品格，才能为进一步学好各类专业的专门知识、理解不同细分领域前沿、跟踪最新技术发展打下牢靠的基础。

第二，单点突破。如果说，学好基础课是全面发力的话，那么单点突破就是集中施策。就是重点专注于一个方向，聚精会神，率先在一个领域或一个点上实现从 0 到 1 的突破。有研究表明，在任何一个领域，如果专注性学习达到了 1 万小时，便可成为该领域的"小"专家。[①] 这告诉我们：在真正吃透一门学科、一个领域之后，再转移去学习另一门学科、另一个领域时，就会因为知识与思维的关联性、迁移性，大大节约学习新领域所需要的这

① 美国丹尼尔·科伊尔在《一万小时天才理论》、马尔科姆·格拉德威尔在《异类：不一样的成功启示录》中都指出，所谓的天才之所以卓越非凡，并非天资超人一等，而是付出了持续不断的努力。一万小时的锤炼是任何人从平凡变成大师的必要条件。也就是说，不管你做什么事情，只要坚持一万小时，基本上都可以成为该领域的专家。

1万个小时里面的数千个小时，便能快速而有效地学习到新学科的精髓、新领域的要义，也就具备了快速学习的能力。所以，率先集中精力聚焦于一个专业、吃透一个领域非常重要。从自己所从事、所学习、所熟悉的课程、专业、岗位开始，花较长时间、下更大功夫首先学精一门课程、弄通一个领域、突破一大障碍、练就一类功夫，各个击破、以点成线，便能滴水穿石、积少成多。

而且，通过课程的深入学习、技艺的反复练习、精神的深刻践悟、实践的精益求精，能够形成并不断优化自身的科学思维结构与理性思想方法；通过专业的深刻锤炼、岗位的深度锻炼，能够养成追求卓越的思想素养与行动品质。同时，通过在一个点上的突破，还可以逐步建立起足够的自信、锤炼出强大的心理、养成追求极致的好习惯，达到"集"中生智、纵深推进，形成一通百通的拓展思维、打造见异思迁的学习能力。

第三，左顾右盼。有了不断出发的厚实基础和单点突破的坚实力量，还需要左顾右盼、博览群书。左顾右盼，就是要注意知识间的关联性、领域间的交叉性、问题间的复杂性，培育纵向深入与横向拓展的视野，学习前沿知识与关联学科，训练合纵连横的方法。博览群书，自然非常必要，就是通过了解不同知识领域，以扩大认知范畴、扩充知识空间、活跃思维想象。博览群书，并不只是漫无目标的随遇而安，常常是有针对性的扩充性阅读与随意的补充性阅览相结合的结果。

扩充性阅读，就是纵向加深对该领域的认识与理解、横向拓宽对关联领域的联系与整合，从而扩充既有的知识库存、丰富已有的思维体系。为此，需要阅读几本直接相关的书，与自己专业、课程学习，职业、岗位要求直接相关的知识领域的书籍，深化本领域的新认识，掌握本专业的新动态，学习本行业的新技术，时刻使自己与时代发展同步。同时，阅读直接感兴趣的书，因为兴趣是最好的老师，兴趣也是快速学习的优良催化剂。保持兴趣并寻找新的兴趣，不但可以锻炼长期聚焦、积极关注的能力，而且还可以在所感兴趣的领域内深耕细作、精益求精，使兴趣与专业相互呼应，相得益彰。

补充性阅读，就是对新领域的学习与了解、对跨界的观察与感知，从而增加既有的知识存量、优化已有的思维结构。为此，需要阅读一些似乎无用、看似无关的书，就是抛开功利与实用目的，读一些对当下并无用处、看似与当前无关的书籍，在无意之中扩大视野、活化思维、拓宽能力范围。特别是那些人文的、哲学的、历史的、科学的典籍，早已成为我们人类共同的精神财富、心灵家园。"好书不厌百回读，熟读深思子自知"。阅读这些经典，不但能够提升思维的深刻性，还能够净化现实的龌龊，保持向上的力量、赓续前行的动力。还需要读一点有些苦涩、一辈子都可能读不太懂的书，有意选择一些枯燥无味、艰涩难懂的书籍，感受知识的艰深奥妙，敬畏知识的高尚神圣，懂得在知识面前保持虔诚和永不知足的重要。有了这样的体味、玩味，甚至是乏味，才能真正提升对知识的强烈好奇和对学习的无限欲望，升级自我的体味、品味，甚至是段位。

当然，参与各种实习、实践、考察、毕业设计、社群活动等也非常重要。不是常说，读万卷书不如行万里路吗？不是说纸上得来终觉浅吗？如果说从书本上、课堂上学习的是所谓的元知识、硬知识的话，那么绝知此事就须躬行了。因为理论知识还须实践予以检验、运用才能体悟，才能真正理解这些知识所采用的理论体系、分析框架，领悟在复杂与多变的大千世界面前，书本知识的极端重要与极其无奈、知识的无限美妙与巨大缺陷。

第四，惊鸿一瞥。有时候，哪怕是一瞥也能对人的思想产生惊鸿般的飞跃、顿悟。面对浩瀚的知识遗产和快速扩展的知识宝库，尤其是在信息技术面前，我们都有了不断刷屏、快速浏览的现代习惯，以此锻炼了在信息海洋里自由遨游的能力、选择学习的能力、高效学习的素养。一方面，学习在了解、扩充知识的同时，有意无意地训练了一目十行的快速学习能力，运用既有知识与思维的迁移作用，快速抓住这类知识的核心和要点，迅速明白其中之道理与隐喻，快速借鉴其思想与经验。另一方面，充分利用信息化技术与手段，养成快速浏览动态信息、围绕主题积极收集信息的习惯，有意搜集基于兴趣、问题、需要的相关信息；无意地浏览各种看似无关、正在发生的新信息，让思想与心灵始终保持开放状态，不断培育发散思维的能力。

第五，前思后想。任何问题尤其是新出现的问题，都需要持续而深入的思考，不带着怀疑和批判的态度去学习是很难真正快速学到新知识的。读大学，就是应该养成思考尤其是独立思考的习惯。在培养快速学习能力方面，瞻前顾后般的前思后想、左顾右盼般的左思右想，保持随时思索、深入思考的状态，具备独立思考、连续思考的能力，才可以把学习到的各类新知识、搜集到的新信息进行有效链接、适时整理、适度加工，以便成为自己的学养，内化为既有知识体系、思维结构的一部分，为我所有、为我所用。

知者行之始，行者知之成。在前思后想的基础上，才能找到继续前行的方向，带着新的问题继续新的学习，取得新的成效。这才是快速学习能力的最终体现，也是强化快速学习能力的最可靠方式。

碎　学

低头族无处不在，碎片化学习成为每个人的必选项。

时间，即生命的存在。人，最宝贵的就是时间。然而，无论贵贱、尊卑，时间都是公平的！对于任何人，每天所拥有的时间都一样，绝不会因人而异。真正的差异，全在于时间利用上的有效性。

人，又是时代的产物。进入现代以来，社会节奏随之越来越快，时间被分割成了似乎越来越没有关联性的一粒粒碎片。尤其是，当移动网络技术出现和广泛使用以来，时间被海量但无关的信息切割成了越来越细碎的片段，看似完整的时间却在嘻嘻哈哈中如惊鸿般飞逝得悄无声息、无影无踪。每一个人都埋没于被打碎的娱乐化时间的颗粒里，感受着技术带来的炫酷却似是而非的幸福生活，有趣、却时有时无的充实人生，然而又在技术裹挟之下、在腰酸背痛中，深感身心疲惫的折磨、热热闹闹的无聊。

在这种深度碎片化生活的情景下，稍不留神，人就会变得越来越苍白、越来越无奈，生活的意义、工作的成就感都越来越走低。人生的幸福感越来越被稀释，生命的质量变得越来越轻薄。于是，一个严肃的命题出现了：被严重切割后的时间如何利用？又如何九九归一，重归于整体、还原生活之本义？尤其是在移动网络的包裹、诱骗与紧逼之下，如何让时间继续为我所有、为我所控、为我所用？才能让生活变得更富意义，赋予我们以更多的存在感。获得哪怕是一点点的成就感。

应对如此的碎片化，现代人的人生出路在哪里？

唯一的出路恐怕还是老生常谈的学习，不断提升自我的学习能力。但随着时间被打碎，学习内容已被无情地肢解、学习进程亦被无界地破碎，学习本身不再有固定的模式，学习被分裂为无数的碎片。于是，应对打碎的能力就成为现代人一种新的学习能力——驾驭碎片化学习的能力——成为现代人的一门必修课、一种生活策略，甚至是最后的那根救命稻草。

司空见惯、比比皆是的低头族正在无时无刻地提示着碎片化学习的普遍！但这是碎片化虚度还是碎片化学习？

什么才是碎片化学习？

至少，漫无目的、随波逐流地盯刷屏幕、泡沉网络，不能算作是碎片化学习，更不要说那些纯粹为了好玩的无谓刷屏了。算得上碎片化学习，最起码得有一个自我掌控的学习目标及其学习内容，并且围绕着这个目标的达成，始终保持着学习热情，自主地利用各种碎片化时间，持续地学习相应的碎片化内容。这是一种利用碎片化后短促而分散的时间，快速地学习、有效地学习的现代学习与生活方式，是在秒积分累中实现化零归整，并逐步形成连续的知识体系、完整的知识链条、有机的知识结构。

因此，有效的碎片化学习与两大方面相关：一是如何有效利用碎片化时间，提高在短促的时间碎片里的学习效能；二是如何在利用时间碎片学习之后，有效缝合碎片化的学习成果，使之再次成为有机的整体，显示出碎片化学习的整合效能。这需要解决好两个方面的问题、具备两个方面的能力——打碎能力、缝补能力。

一、打碎能力

打碎能力也就是化整为零的能力，体现在打碎时间与打碎内容之间的互动与匹配。大量的碎片化时间随处、随时地存在着。时间被无情地打碎，内容也就不得不随之被粉碎。无论是因为客观的原因，时间被动地被打碎；还是由于主观的原因，时间主动地被打碎，要利用好诸多的碎片化时间，就必须要有与之相适配的碎片化内容，也就是在不同的时间片段，选择不同的内容片段。

对于因为客观因素而不得已被打碎的时间，只能适应性地选择合适的碎片化学习内容加以有效利用。对于大块可被利用的自主时间，在平衡生理疲劳与心理需求之后，时间化整为零地得以利用。被打碎的时间因此也就具有了针对性的意义与价值，能更自主地根据学习内容的特点与要求予以选择、运用，时间的利用效率自然就更高了。

碎片化的学习内容又来自哪里？主要来自需求和兴趣。

需求，来自外部压力与自身选择的耦合。需求，就是现实所需要解决的问题，必须通过不断的学习予以解决。但是，要满足一个需求、要解决一个问题，所需要学习的内容可能较多，往往需要持续的学习。这就需要主动地把学习内容碎片化，撕成适应碎片化学习的碎片。根据学习内容的难易、数量之多寡，把学习内容肢解为可以在相应碎片化时间里便于学习、能够有效完成学习的小碎片。一方面，便于快速完成这些内容片段的学习；另一方面，便于提升一段段看似互不关联的时间碎片的利用率。

兴趣，是主动的需求。即不需要外部的驱动，仍能自主地、想方设法地予以满足的自我需求。兴趣的培养与满足，往往在相当长的时间里都有持续的需要，不会在短暂的时间里得以完成，需要系统而持续的学习。因此，对于满足兴趣的学习内容，往往更具有预见性和主动性。在不经意中，每天花上一点零碎时间，便能培养和满足一个爱好，诸如学一段曲、赏一幅画、品一粒进球、听一个知识点等，都会在不知不觉中，让人看得更远、获得开心。

打碎这类学习内容，完全是主动且可控的。能够有效地利用好各种碎片化时间，逐一完成各类碎片化内容的学习，直至兴趣得以逐步满足、获得更好升华。然而，由于信息化社会网络的无处不在、无孔不入，信息过载，大肆地弹出。碎片化的学习内容，还来自这些扑面袭来的各种新的相关讯息、大量不期而至的各种无关的干扰信息。如此大量未经主动筛选、自主过滤的信息，一方面严重地对人的注意力产生干扰，另一方面也让人随时感知世界的瞬息变化、呼吸着拂面的"新鲜空气"。

对于那些弹框跳出的骚扰性内容、与即时需求和兴趣无关的内容，就须采取坚决说不的拒绝方式，管住眼球、缩回手指，避免本就碎片化的时间再被拆散，变得更加支离破碎、杂乱。对于拓展性、知识性、新闻性等内容，则可以采取了解式、选择式的学习策略，如浏览题目、了解内容等快速学习方式，即阅、即知、即可。

二、缝补能力

推倒易，扶立难。打碎易，缝合更难。面对高度碎片化的现代挑战，需要一种更为重要的学习能力——缝补能力。

随着碎片化学习成为常态，面对越来越碎片化的世界，需要在打碎中不断实现缝合与补足，这就是一种化零为整、集零归整的拼接能力，一种拾遗补阙、完善优化的消化与吸收能力。这是在大量且常常又是不连续的碎片化时间和碎片化学习内容里，在完成被碎片化内容的学习之后，对碎片化学习内容、学习效果予以迅疾内化、有机缝合，使之再次成为新的有机整体以及保持再学习的热情，持续地补充和完善这个整体的一种再学习能力。

大量被打碎的碎片化时间，如果没有缝补能力，即使是那些看上去无比勤奋的低头族，所浏览的那些看似大剂量的碎片化内容，仍然是杂乱无章、毫无联系的碎片，不能形成一个有机的整体，难以内化为自身的素养、形成自我的思想，也就不能真正、有效地发挥碎片化学习的整体效能。这样的低头族，便是无效的、无能的。同时，随着知识的加速更新，学习也成为随时需要进行的知识完善与优化的补充过程。补充，既是对既有知识体系的更新，也是对既有知识结构的完善。这恰恰是碎片化学习最重要的功用，体现碎片化学习的及时性、细碎性，以及所要达成的系统性。

那么，缝补能力来自哪里？主要来自思考与持续这两个方面。

没有思考，便不可能有缝合；没有思考，也就不知晓知识的完整性与动态性特征，就不会自觉而及时地进行补充与完善。没有持续，即便是思考，那也只是零碎的存在，自然也就不能成为一个连续的整体；没有持续，知识及其体系、思维及其结构便不可能得以及时补充和动态优化，也将老化、僵化而变得陈旧了。

"学而不思则罔"。唯有思考，才能奠定缝补能力不断强盛的坚实基础。思考，就是在完成碎片化内容学习之后，及时融汇学习内容的即刻自我加工、深度加工，就是不简单地照单全收、不加区分地囫囵吞枣。思考便是缝合碎片的最好黏合剂，思考便成为检验碎片化学习效能最有效的方式，也就成为最能体现缝补能力强弱的标志性指标。这是把看似并不相关联或断断续续的信息缝补在一起的唯一办法，这也是避免现代人生活白纸化——苍白、单薄——的唯一出路。

唯有养成思考的习惯，才能让思考成为可持续、即刻化的生活方式。唯有把思考化作一种生活化的习惯，才可以持续地消化碎片化学习的成果，避免被碎片化和碎片化学习的无效。只有碎片化学习之后的即刻思考，才能把碎片化的学习内容再细碎为可以消化、融化、继而变成可以吸收的知识颗粒、精神养分、思想营养,才有可能实现对碎片化内容的再次链接、无缝拼接。因此,养成在碎片化学习之后,哪怕是极其短暂的闭目思索并随时记录思索成果等细微而及时的习惯,对于提升学习效率、锤炼缝补能力都是极其必要的。

可惜的是,现在不但思考变得非常稀缺,而且即便是思考本身也变得碎片化了。要把碎片化的思考成果缝补为一个整体绝非易事。在越来越碎片化的时代,干扰因素越来越多且越来越强大,持续的学习能力也就变得越来越稀缺,并且这种状况还在继续被不断地割裂与被袭扰之中。这就需要持续——一种始终保持关注的能力、一种不断聚焦的态度、一种不达目的绝不放弃的专注。

"思而不学则殆"。学思结合才有力,学思互动才有效。持续性思考需要的是,持续地保持对学习的热情和对学习进程的有效掌控,才不会被网络支配、被无关信息骚扰而成为网络的奴隶。持续性学习需要的是,坚持对一个问题、一种需求、一类兴趣的深入学习、深度思考,坚持对碎片化内容的持续学习、自主思考,直到完成进度、明白缘由为止,而不是半途而废、更不可浅尝辄止。这需要的就不仅仅是耐力,更需要的是定力。

定力来自哪里?来自:养成利用碎片化时间、学习碎片化内容的学习习惯,把碎片化学习的习惯内化为一种生活习惯,成为生命中不可分割的一部分。

培养这种持续的学习定力,首要的是克服被网络牵着鼻子走,避免陷入碎片化的泥潭而不能自拔,被网络操控而失去自我。在现实中,出现网络利用人、奴役人的情况如此之多,原因在哪里呢?主要在于:一是,我们容易陷入乌合之众的泥潭,而不知道自己到底想要什么、想要达成的目标是什么。于是,就兴高采烈地成了随波逐流的迎合者、粉丝。二是,我们常常在无意识中被大量看似有趣、好玩的无关信息所诱惑,稍不留神便会被带走而偏离既定的方向,甚至失去自己真正想要抵达的目标,成为一个苍白无力的碎片式生存者。

怎么办呢?这就需要合理选择并确立前进的目标,坚定实现抵达目标的决心,锤炼实现目标的毅力。具体需要做到以下两点。

第一,聚焦目标,为我所用。首要的是确定目标,即知道自己想要什么。避免做现实世界中没有目标的乌合之众或目标太多的贪心之徒。一旦目标得以确立，网络才会成为为实现目标服务的一种便利而高效的、为我所用的工具，而不会成为充满诱惑的奴役人、腐蚀人的利器。一旦目标得以确立，碎片化的学习就有了明确的方向，便充满了意义。

什么是目标？目标，就是一个必须达到的地方。必须，是因为外部的压力，不得不努力去实现；必须，更是自我驱动的结果，主动地选择、持续地奔走。如果说外部压力下的目标是不得已的选择，一旦达成，就会转移到另外一个来自外部压力下的新目标；那么，自我主动确立的目标，便是一种更加清晰、不易改变的选择了。无论如何，有目标总比没有目标的随波逐流更进一步。但是，在充满诱惑的网络面前，随时转换目标、目标泛化或漂移皆可错过、丢失真正想要的目标，这更加值得警惕。因此，目标本身必须是持续的聚焦，才能通过碎片化的方式步步逼近直至实现。

第二，保持定力，持续发力。在充满诱惑的时代，在海量信息的社会，要始终保持向既定目标冲刺的状态变得越来越艰难，这直接考验、检验着每一个人的定力。于是，目标游离、目标模糊、目标叠加、目标裂变等丢失目标的棘手问题，就成为摆在每一个期待成功的人面前的最大难题。这就需要定力。

定力，就是不被无关且充满巨大诱惑的、骚扰但被甜蜜裹挟的信息所干扰，始终坚持既定方向的能力。这既是一种勇往直前的精神状态，更是一种不畏利诱的毅力坚守。定力，就是始终对着目标奋力冲锋、持续发力，把一个个小的碎片化目标联结起来，实现最终的目标。所以，唯有那些始终坚守初心、保持定力的人，才有可能实现既定目标，取得最终的成功。

"元宇宙"的教育模样

也许，最让教育感到无奈的就是人生充满着不确定性和知识的枯燥。

第一，人生充满着不确定性。学生并不知道外面的世界到底是什么，需要什么，今日所学对明天有何用处。常常留下"书到用时方知少"的遗憾！教育，也只好矛盾地用前人的过去来施教后人的未来；学生，也只好无可奈何地被动接受前人相似的、今人想象的教育。

第二，知识的枯燥。学校教育占用学生最美好的那段花季年华，兑换来的却是理论与实践的割裂、学习与工作的分隔。教育，效率与产出越来越令人怀疑、不满意。

加之，学生没有也不可能有足够的人生阅历，怎能明确知道人生走向何方？兴趣何在？学习内在动力、主动性何来？也并不知晓该学什么，只好长时期地沿袭着婴儿状态，舒适地活在老师和家长的指示、规划里，习惯性地依照老师、家长画好的人生路线漫无目的地接受前人的既有经验与发现，疑惑着成人们的那般苦口婆心、如此苦心孤诣地灌输的那些所谓"有用"的知识、"无敌"的智慧，怀疑着这到底对我、对我的未来是不是真的如此"有用""无敌"？

怎样才能拥有珍贵的内驱力？何来内在兴趣以及兴趣驱使下的学习自律？尤其身处这个诱惑无比丰腴的时代，青少年们面对着"无限"的生活、生存及其学习资源，如果不能激发、培育发自内心的兴趣，发现未来的好奇，何来内生的动力、内心的自觉啊！

再看看我们熟悉的教育：所有的孩子，不管意愿如何、高矮胖瘦，都一律以标准化、流程化的流水作业方式，集中步调地被置于同一屋檐下、同一流水线上，用成人认可的相同内容、方法予以批量地"加工""生产"。这怎么可能充分激发充满个性的学生的学习兴趣？要不是升学的高压、成人的管束，学校恐怕面临着关门大吉、教育难以维系的危险了。不信？请看看学生们的"在轨"状态吧！一味地责怪学生懒惰、长不大、睡不醒，显然是不全面，也是不对的。

根子在哪里？还是在成人，教育的不够进取或无能为力！一方面，懈于主动改革、自我革命，依然僵化而惰性地延续着正在失效的工业化教育模式，丢失了老祖宗"因材施教"的殷殷教导。另一方面，囿于教育技术与资源投入，难以应对快速普及的教育需求以及蜂拥而至的超大规模学子，何能施以个性化教育、创新性培养？

这样的教育，便生发出两大越来越明显的问题：一是，大量地以已知为素材，重复地想象着未知的世界，很少关照未来的无知以及未知的世界。在最具创造活力的人生阶段，学生却只能漫不经心地呆坐于学校教育的强制性"寒窗"里，学习激情受到极大影响，探求精神难以舒展。二是，人生不可重来、更不可预演，这让教育总是无奈地重复着昨天的故事。学子们只能将自己的未来当作可以畅想的作文，却无法认清、理顺适合自己的人生方向、未来目标。学习方向失准、学习动力失速、学习激情失序，也就越来越普遍化了。

教育，便以无奈的方式，暴露着自身越来越明显的缺陷，惹来非议和质疑，并导致孩子们以遁入虚拟世界的方式去寻找自己的乐趣，构筑自己的极乐世界，无声地逃避、隐形地抗拒现实的无趣安排！学校，也就出现了冷热不均、冰火两重的尴尬：课堂的冷清和线上的热闹、教室的随波逐流和网络的逐波冲浪。

我们很幸运！在生活于现实世界的同时，拥有另外一个更加自由的虚拟时空，可以进入到另一个更能满足想象、释放想象、激发想象的全新虚拟世界，豪放地挥洒着爱恨情仇的思绪、恣意地表达着喜怒哀乐的天性，更加激情地释放着天马行空的想象。尤其高兴的要算银发族和少年郎了。他们皆可摆脱识读、理解力不足的痛楚，与年轻时尚的"识字分子"们同步进入最新的"盗梦空间"，一步到位地享受人类文明的新成就，亦能自主地互动、分享，自在地站在风口，让自我在想象中随风飘扬。

借此，银发族可暂时摆脱寿命拉长留下的无助与孤寂，少年郎更是想方设法逃避学业带来的压力、管束制造的紧张，成年人亦能忙里偷闲地把现实竞争生成的焦虑予以释放。于是，近些年的互联网生活、数字经济、娱乐产业、游戏世界都火辣辣地变成了生活化的群居、社会化的链接、饭圈化的部落，都高度发达、快速发展、无边膨胀。于是，我们便以为数字化的世界只是如此，也不过如此。学生的激情、心思便向着充满自主的虚拟世界迁移、转向。

那么，人类一直幻想着的时光能否倒流？后悔药可否开卖？显然，作为肉体的生理人生无法重来！这便是学校只能用历史教育未来之无奈！

过去，为掌控命运、抵御未来不确定性的打击，我们只能用神秘兮兮的巫术、算术、命术、骗术来缓解焦虑、指引方向。可惜，骗取的也只是一点点心理安慰罢了，并不具有实质意义和实践价值。

现在呢？有没有可以排练人生的黑科技？如果每个人皆能按照梦想的未来，预先进行一场场试验、彩排，体验自己对未来的那种生活到底有无兴趣？是不是适合？如果得以确认，再以未来的某种需要来学习、来储备所需的知识与能力，那么，这样的学习就一定是"带着激情"的积极学习模式，学习内驱力一定会自主、自动地生发出来、保持下去。

未来已来！"元宇宙"带来了一丝曙光。按其设计，每个人皆可在虚拟现实的灵境状态下设计、试验，先行展开自己的数字人生，开启虚实链接、虚实相生的物质与精神相互交融的时空。也就是说，虽然物理的肉身世界不能让时光倒流、人生重来，但在"元宇宙"建构的世界里，每个人皆可数字孪生、数字分身、数字原生、数字重生、数字预演。如果技术一旦成熟，时光便可加速地向前伸延，便可以各种预想的人生在不同场域扮演不同角色，让理想的人生在不同角色、空间、时间里展演，在虚拟现实状态下反复预演、多次排练，在灵境场里让时光反复、来回穿越，使人生多变。充分地检验、反复地检视自己的预见，直到得出以下问题的满意答案、挑选出最适合自己的旅程为止，并追问自己：这是我想要的人生吗？这种人生的趣味、意义何在？这种人生需要什么样的储备和人生历练？这种人生需要学习什么样的知识、掌握什么样的资源？

恰如服用了"后悔药"，携带数字孪生获得的阅历与启迪，重回现实，便可少走弯路、少些遗憾与无奈后的嗟叹，更智慧、更有趣地度过物理人生，幸福的人生便自然而然、天然浑然，为兴趣而学习的自律与自主便也顺理成章、顺应人性。

不仅如此！"元宇宙"对学习过程也将有超乎想象的助力！对于那些枯

燥理论、抽象思想、逻辑演绎、实验操练、实践演习等很难以形象直观、反复参演的教学内容，"元宇宙"能以多种可能的方式、多种参与的角色、多形式的穿越，重复地预习、练习、推演、扮演，让枯燥死板的知识活起来、让干瘪的形象动起来，让费时不讨好的实验、费力不讨好的实践场景化、沉浸式、可参与，大大地提升学习的趣味与效率。

学习，也就不再简单地等同于上学的方式、考试的形式、获得文凭的目标，而将以多种可能、充满个性的数字化生活、身份化演出、游戏化过关，直到在灵境中获得自我的认可，拾取了自信、养出了兴趣、提升了能力、收获了幸福为止。当人机链接重回物理世界时，梦想便已笼罩着现实！我们即可满载着兴趣，依照所选择的学习和生活指针，欢乐地度过有趣的人生。

啊！这不是做梦吧？这不就是苦苦追寻的那个"桃花源"吗？如果这些都能在每个人的眼前，虚实链接、人机融合地推演几遍、彩排预演，模拟着场景、权衡着得失，那么，人们的成长与未来、工作学习的目的与意义、生活的价值与体验、学习的兴趣与自律，也就不再恼人，定将活灵活现！教育，也就一定不再是学校高压的管教、教师好心的灌输、学生在课堂上没精打采的单向接受、课本里千篇一律的固定内容、应试教育下千锤百炼的单调刷题、在单向人生追求中的考公考研考编的残酷内卷。

自然，每个人的学习、工作也就恰似打怪过关的娱乐、装备升级的游戏，人生也就没了无能为力的托词、无所事事的躺平、无可奈何的难堪。人人皆能积极地投入到已经预演多遍并确认过眼神的自导人生，持续而盎然地"娱乐"着生活，趣味而充实地打造、升级着"装备"，满怀信心而又饶有兴趣地走向既定的人生目标，消解好奇、化解陌生、充盈人生，编织并排演充满人性的灵境预见。这可不是梦想，而将是超强链接的现实。

不过，还需要时间！

"双师时代"

自人类出现以来，祖祖辈辈的辛勤耕耘与不懈探索，累积了海量的知识与智慧供后人学习。因此，找寻知识记载、传递与学习的更有效方法与工具一刻也没有停止。教师，作为知识的化身与传承、创新的媒介，自然其地位长期居于"天地君亲师"之列而备受尊重。然而，随着教育技术的不断发展与广泛使用，学校及教师的地位与作用悄然地发生了改变。

尤其是近些年来信息技术的加速迭代、智能技术的加速演进，机器智能正快速地崛起、广泛地渗透。与以往任何知识工具相比，机器智能在知识存储的容量上几乎是无限的，在知识寻取的便利与速度上几乎是瞬态和无界的，在知识的更新上几乎是动态和包容的，在知识学习的方式上几乎皆可网络化与智能化。在机器智能面前，任何学富五车的饱学之师也不敢以知识的化身与权威自居。

这越来越清晰地表明：机器智能不再只是以往知识工具的简单升级，而是明显的颠覆性再造，而且越来越不甘于继续充当被支配的工具、被操作的对象，而正成为集知识自动记录与全方位提供、智能全领域替代与快速迭代于一体的崭新形态的机师。于是，人类便出现了从未有过的社会现象：学习与学校和教师之间的关系变得越来越松散了！无论接受过学校教育与否、教育程度如何、学习水准高低、身处何时何处，只要"一机在手"即可"购师学艺"，皆能独享1＋1专属学习服务。

正因为受到如此之欢迎，无论行政机关做出多么强硬的规定，学校提出多么严格的限制，教师对课堂管理多么的严格，而今的学生仍然与手机等现代信息化装备形影相随、寸步不离。更加严峻的现实是：一旦学生随身携带如此设备，学生对待老师的态度便悄然地发生着改变——开始挑战人师的权威，对人师不再那么言听计从，甚至开始藐视老师的滔滔不绝及无意间犯下的某些错误。

无论学校及其教师正视与否、态度怎样，机器智能所扮演的教师角色已受到学生和社会的广泛欢迎，早有不可阻挡之大势，一个"人师"与"机师"共存的"双师时代"正成为学习的显著特征。于是，学校及教师便开始叹息：教师何为？"人师"与"机师"何安？

知彼知己，才能百战不殆。"机师"岂敢在高贵的"人师"面前称"师"！"机师"具有"人师"哪些无法比拟的特点？

专属：每个人都可拥有自己的专属老师，这正在成为更加普遍的社会现象。尤其是随着人工智能向着高级化的迅速发展、智能设备的小型化与互联化，无论贵贱高下，每个学习者皆可低成本地拥有越来越个性化的机器智能作为自己的专属老师，实现更具人性化的知识学习、精准化的知识汲取，获得更加诲人不倦的学习辅导、更加知心贴心的学习助力。

随身："一机在手"即可实现老师随我走，"机"在便"师"存。教师，不再只是定时、定点地提供学习服务的一种职业，而成为随叫随到的一类服务。只要学习者需要，"机师"便能随时随地提供多形式、多风格的学习服务。而且"机师"还可随时提醒、主动跟踪、精准分析学习者的种种学习行为，助推、满足、挖掘、激发学习者的学习需求与发展潜能。

全能：一颗芯片撑起一个世界。"机师"绝不会受制于人为划定学科界限的制约，而以狭隘的专家自居，已然成了包罗万象、无所不知的百科全才、全知全能的"全科教师"、终身学习的良师益友。因此，"机师"更有利于学习者消除学科偏见、打通专业壁垒、实现知识的破界提取、跨界融合。

正因为"机师"具有"人师"如此无法比拟的特点，"人师"就须清醒地重新定位，与"机师"展开错位竞争，才能再次赢得新时代的选择、学习者的尊重。

恰当的定位在哪里去找？就在"知识"之外！在知识之外去寻找，尤其是在固定的知识之外去寻找、在固化的知识传递模式之外去聚集"人师"战无不胜的生存能力与优势。

在"机师"越来越像人的严峻挑战面前，"人师"更应该是人！须着力于彰显人性，而不应该越来越像教条的复制机器，继续自以为是地以知识的权威化身为自豪、以知识的简单传承为己任、以知识的单向灌输为技能，继续在知识的丰度上与"机师"一决高下、一争高低。如果真是那样的话，"人师"便必输无疑甚至一败涂地，"人师"被"机师"完全替代、失去生存的空间就绝不是危言耸听！

在"机师"可极便捷地提供固定的、成熟的知识也就是"死"知识的情况下，真正的"人师"就再不可继续仅以履行知识中介、学习第三者的职能而高高在上地持续生存着、继续享有顶礼膜拜的地位，而只有在"知识之外"去赢得更加崇高的尊敬，着力塑造"机师"易得、"人师"难求的新时代。

功夫在诗外。知识之外，显然就是蕴藏于知识背后、知识生成与运用的过程之中，且并不以知识形态表现出来的那些精神、思想、情感、世界观、毅力、习惯、方法、想象力、好奇心等最本真的教育价值，而这些恰恰是长期备受忽略的无用之大用的价值。

固定知识之外，显然就是能激发知识活起来、流动起来、创造出来的那些理念、思维和方法。也就是寻找固定知识之外的知识演化、知识生成、知识联通、知识融合、知识创设、知识运用等方面的激情、理性和逻辑。固化知识传递模式之外，就是敢于打破适应工业化生产的规模教学所固化的知识传递逻辑、套路，拨开知识、彰显人性。革固模式，建构更富情感与爱心的知识场域，加强知识传递过程中的师生互动、同伴共助、课堂链接、学校与社会流动、理论与实践融合等非知识的、流动的、多样化的教学情境、学习场景，在情感交互、心理共情、知识交融、技术跨界、能力锻炼、思维重塑等方面凸显"机师"是如此的"无能为力"，彰显"人师"蕴涵着的"无穷魅力"。

很显然，"人师"与"机师"并非你争我夺的对手，更非你死我活的敌人，而该是同居共梦的伴侣、共存互助的朋友。也许，未来的"机师"更会虔诚地讨好"人师"，甘当小学生、甘拜下风。但是，当下首要的是"人师"主动走下神坛，放下身段与"机师""交朋友"，成为形影相随的"挚友"，才能各美其美、美美与共。当然，"人师"与"机师"共存亡的能力，就成为"人师"的一种基本素养、开放胸襟。也只有这样，才能师"机师"之长、补"人师"之短，达成师"机师"以制"机师"之和谐。

这就需要"人师"以学生的姿态，持续地改造自己，报以更强盛的再学习热情与能力，更加娴熟地疏通网上与网下、现实与虚拟、共性与个性之间的重重阻隔。主动破解校园物理空间的围栏、课堂固定教学场地的规制，尊重学习主体的差异，充分运用多样的学习渠道，推动教育向着人、向着知识传递更个性、更多样、更情感和更适时的方向加速转型，让教育充盈着智慧、交融着爱心，让教育继续成为更高尚的学习服务。

课堂的空间变换

　　课堂，一直是学校展开教育的最主要场所、教与学转换的最基本平台，主宰师生教学交往的过程，决定教育质量的高下。不过，课堂也一直被认为是一个固定的物理空间，与一间间现实的教室紧密地相连。

　　可是，随着信息技术、人工智能等现代工具的快速介入、深度影响，课堂这一物理存在正在被颠覆，变成了一个物理的现实与线上的虚拟相互嵌套、相互转换、教学随机皆可发生的双重空间。传统课堂的时空在扭曲、膨胀、坍塌中发生着变形、重构、拓展，改变着教与学的模样。教学场域，不再仅仅局限地对应于某个固定不变的物理空间，教学的课堂空间得以大大拓展，空间形态皆可变换。其实，在新冠疫情期间的线上课堂，已经无奈地、彻底地在虚拟空间里实验了屏对面，全方位地体验了虚实二重空间，对比显示了两类课堂的各种可能与优缺点。

　　这场几乎覆盖了全世界的大规模教学试验表明：原来，现实中的线下课堂让师生更踏实，能相互感觉到呼吸的师生面对面才会制造出教与学的化学反应，点燃师与生情感的交流、对话的生动、观点的交换。因为这才更符合作为人所追求的其乐融融的社会属性、社群的归属感，而不至于在线上空间里只是冰冷的屏面、影像的相连、干瘪知识的链牵，深感虚拟空间里还是欠缺了就在眼前的亲切、即在身边的触感。冷冰冰地公事公办，很难维持师生在投入激情、自律管控等方面的持续改善。于是，一旦疫情"谦让"一点点，师生便就急急忙忙地赶回熟悉的校园，在热络的教室里相见，济济一堂地面对面，唯有回到实实在在的教室空间，才又找回了曾经的踏实。

　　可是，在纯粹虚拟空间中的共同教学经历，却让师生切实体会了网络带来的那种方便、虚拟空间赋予的那些自主，尤其是让每个学生皆能拥有现实中很难找到的、属于自己的个性化存在，那种能随时打通、开启的师生一对一的私话空间。即使教学重回到现实空间，师生们却突然发现现实空间里怎么又少了一点点？

回不去了？哦！原来，师生已对虚拟空间里所拥有的那份自由与自主刻骨铭心，似乎有些许流连忘返。便思索着：能不能别简单而粗暴地回到"解放前"？能不能融汇二者之优点？来一点线上线下结合、现实虚拟融合的课堂翻转，顺其自然地成就史无前例的、变形的新空间、新体验。传统课堂，也就自然而然地发生着最重要、最无形的改变：课堂物理空间的"围栏"正快速地消散。

有形"围栏"的消弭并不是指现实校园、教室墙壁的敞开、设备的搬迁，而是指信息技术的强势渗透与挤压，传统课堂正以多种形式与课堂之外的大千世界开启了前所未有的高速网链，课堂无形的"围栏"正在悄然地变得没了界限，有形课堂正在无形中消散、也获得了大大的拓展。一旦，链接师生的空间发生了变化、并可实现快速转换，师生之间的活动方式亦随之发生改变。

过去，课堂上被认为是理所当然的系统性讲解，可能被网络链接所肢解，基于课程的既有理论体系便被捽碎成基于问题、兴趣、个性的知识、情感与好奇的一个个片段；教学过程也不再连续而富有严密的逻辑、不再完整而富有整体感。

过去，课堂上被认为冠冕堂皇的反复练习、重复测试，可能转变为被人工智能等技术方式在云端的适时辅导、轻松诊断。简单化的讲解、集中式的测验，正在失去期待中的那些传统效能。一度指望通过练习、考试获取教学结果的方式，便演化为今日的深度理解、思维习惯培养与重塑的过程。一直依靠数字量化来检验教学效果的方式，被认为很公正、很客观，现在看来却并不人性，也过于主观。

过去，课堂上被认为可以直截了当地采用"单声道"的教学播放模式，在外部世界的介入下、外界资源的引流下，其效用也越来越递减。师生关系可以变得更加活跃、热络活欢，教学也就可以是贯穿着双向、多点、异步的互动，富有个性的激荡，有针对性的指点。于是，教师的因材施教、学生的自主学习、课堂的活跃程度，便成为高质量课堂新的观测爆点。

过去，课堂上所采用的黑板加粉笔、幕布加投影等教学媒体，可能在链接技术、虚拟仿真、增强现实、数字孪生、移动终端等的综合加持之下，信息化、智能化、交互化的课堂氛围变得更加浓烈、更为自然。师生、生生互动也就越来越媒介化、多元化、融合化，课堂似乎成了师生共同营造、并赖以生存的活脱脱的一个"元宇宙"，师生间的交流多向、信息跨界、空间跨越，便成了课堂成长的新兴热点。

因此，课堂"围栏"越来越模糊、课堂内外越来越没有了界限感，课堂空间的有效组织、融合与变换也就成了新的共同挑战。

虚实空间如何翻转？

之所以线上课堂空间能够成为教育抵抗疫情隔离等空间阻拦的利器，奥秘就在其空间的无限性、教学的自主性与个性化。之所以线下课堂空间能够成为网课期间不断回望的终端，奥妙就在其空间的亲密性、教学的群体感与情感化。对任何师生，这两个方面都是及时雨、都是必需品；对培育健全的人格，这是必需的互补、缺一不可的互动。也就是说，线上线下两大空间各自都有自身的优势、存在的价值，关键在于如何正确地翻转，才能共同拱卫出课堂的实效与新鲜。

这就需要有效协同。协同的依据，在于虚实课堂各自定位好自己的功能空间。在虚实融合的空间建构中，重新审视自身的独特优势以及正确发挥独特优势的空间方位，在各自的独特空间、折叠空间、孪生空间与重构空间中有效释放出融合的功能。协同的效果，体现于虚实课堂功能的有效融合。尽管这两类课堂空间及其与空间适配的功能存在差异，但如果能有机融合，因空间割裂而导致的功能脱钩就能避免。这种融合，是打破自扫门前雪的空间划分，让空间在交融中互动、在融合中互鉴，实现知识传递在事实与情感、理性与感性方面融洽地生成、发展。

共性与个性如何彰显？

教室的课堂空间，更多关照的是班级集体的共识，满足的是共性刚需，追求的是规模化的教学效率。线上的虚拟课堂，更方便施行的则是精准化的因材施教，更多地关注个性化需要，满足个体的精致需求，追求的是个体自我目标的实现。因此，二者各自皆有显著的合理性、存在价值。如果双重空间能彼此协同、孪生迭代，就能构筑高效的教学空间。

如何实现？

师生皆应在教学空间设计、功能调度、课堂进度与秩序把控等方面，考虑双重空间的不同价值，充分融合实体空间在情感互动、集体关联的共同价值，以及虚拟空间在知识传递、精准关照、个性需求等方面的特点，让课堂的两重空间在虚实之间互通互联、快速蝶变、自由转换。何时采用，以何种方式链接、转换双重空间？完全取决于课堂师生教与学的适时需要、个性体验。

课堂的资源扩展

　　教学资源是课堂时空质量的决定要素。教学资源，主要是指教师及与教学内容相关的课程等学习资源。物理空间与虚拟现实的融合，让有形的课堂边界正在快速地消散，无形的课堂却正在加速地涌现，课堂资源也就不再受制于教室划定的物理界限。于是，课堂正在向着所有可能的对象展开，向着所有可能的资源开放。

　　师者，能为上。

　　教师，常被限定在专属某一所学校、站在教室课堂空间讲台上的那位看上去很孤单、却滔滔不绝的讲授人。可是，随着课堂空间的自由转换、双重空间的随机链接，教学不再只是课堂中的那一位教师独自在战斗。作为教学最重要的资源，教师变得越来越虚拟化、多元化了。教师，不再仅仅局限于学校所有、站在讲台上的那一位口口相授的熟悉面庞了，更可能还包括那些从未谋面、但依然同样熟悉的校园之外的某一位、数位专业高手，以及流量相链的虚拟智者。

　　在学生的心目中，教室之外的这些线上的、虚拟的教师（们）可能比教室里的这位教师更专业、更悉心，也许还更体贴、更能够真正做到没日没夜地随叫随到、因材施教地诲人不倦、无怨无悔地保持着亲切的笑脸。特别是在事实性知识、定量性计算、重复性推演、危险性实验、复杂性演示、场景化演练等方面，远比实实在在地站在教室、实验室里的这位教师更高明、更周全。

　　正因为此，师生角色正在悄然地向着能者为师、优者为师的方向发生快速的改变——教与学随时都在发生着转换，师与生的角色也开始变得模糊，开启了现实与虚拟的多师并存的新局面。于是，要成为一位物理空间里的教师也就越来越不简单！即使不被智能机器完全替代、不被更优秀的网红教师所遮掩，要成为学生学习经常呼叫、链接的那一个终端都变得越来越难。

教师，当然就需要自我革命，转变传统的角色，超越具体、可查询、可搜索的客观知识提供者，超越简单而现成的标准答案提供者等传统角色，应该更加着力于学习方向的引导、学习方法的指导、学习习惯的培育、学习情感的疏导等非客观、定性化、思想性领域的深耕细作，才有可能放大师生在越来越短暂的面对面时的效能、亲切感。应该更加着力于发挥教学在集体意识、集群属性等特有的教育价值与共识关联，才有可能保持足够的教育引领、维护那份教师的尊严，才能自信地面对随时皆可"学富五车"的学生以及无处不在的网络与智能挑战。

贪者，择可止。

除开教师变得多元、角色发生越来越剧烈的改变之外，课堂空间变化后的教学资源无论在内容上还是在形式上亦发生剧烈的改变。各种形式的网课、直播、咨询、搜索引擎等早已变成了触手可及的学习资源。一旦学校教育与外部发生了链接，师生皆能迅疾而便捷地获取、拥有这些更广泛、更有趣味、更便利、更新鲜的教学资源，这已经构成了学校教育之外无限的学习资源。

这些资源，有些可能远比面前这位教师的学识更渊博、经验更丰富、讲解更生动、展示更自然，且能一目了然。这些资源，更不会一味地按照学校学科专业的画地为牢而自以为是地、各自为政地展演，能体现现实世界的整体与多元、复杂与变迁。这些资源，有些在技术的运用、媒介的呈现上更加亲和、更为融合、更显直观，也更加适合学习者的学习，而不只是迎合教师自身的教学之便。

过去，教室里的教师必须反复讲述的事实性内容、重复学习的客观性知识、语言难以辨析与讲解的图景式内容以及不便在教室或实验室展开的实验与实践，日后皆可通过网络链接、模拟仿真、人工智能、虚拟现实、沉浸体验、元宇宙等技术手段，适时、直接且清晰地进行展演，恰如游戏一般，学生还能不厌其烦地自主学习，翻来覆去地仔细观看、操练。

面对扑面而来、五花八门的教学资源，如此浩瀚而鲜活的教学资讯，师生该怎么办？是手舞足蹈地贪婪获取，还是手足无措地茫然不知如何下手？是为我所用地节选并对自身的教与学予以重塑和改变，还是来者不拒地收转，在随波逐流中失去自我的思考与判断？

可惜资源无限，时间却有限；贪婪无边，消化亦受限。所以唯有选择，唯有合理的选择，才能制止无边的贪婪。

本质上，虚拟空间存放的那些海量数字教学资源，不过是有可能为教与学服务的一些死档案！唯有选择，才能让这些睡着大觉的文献、资源链起来、活起来、用起来。因此，教师的方法指导、学生的选择便是关键中的关键。过去，教师过分关注简单化知识学习，需要转变为指导学生有目的地选择文献、协同地利用多种资源。学生对分数的过度追逐、对求知的深度困惑，也需要转变为选资源、查文献、探前沿的方法与思维、学习与习惯的训练。

这时的选择，不仅是指依照既定教学对象、对照既有教学大纲、比照现成教学要求等诸多给定的规范，所做出的简单而直接的统一判断。更重要的是，面对课内外如此丰富的教学资源，师生对现实课堂的教学内容该怎么样剪裁、怎么样重组？怎么样再丰富、怎么样再讲述、怎么样再呈现？才能更有效地激发师生彼此间的教学激情、学习热情，挖掘每一个个体的无限潜力与独特个性。怎样才能让课堂的火花碰撞、思绪四溅，释放出课堂活力的蓬勃生机、突破学习效能的时空局限。

好者，适也。物竞天择，沧海桑田。适者生存，择良而居。何为良？适即良。适合谁？适合自己为首选。适合自己的什么？适合自己的需要——目标、任务和兴趣、发展。

教师，当然首先需要放下架子，放下为师独尊的脸面，虚心学习才能博采众长、教学相长。也就需要突破两大局限：一是自我认知与个人经验的局限；二是教科书的成熟体系与客观知识的规制。需要围绕学生的学习需要和教学内容，广泛搜集与课堂相关的资源，在消化吸收的基础上，着力突出内容重点、聚焦思维训练、学习方法指引这三大方面，整合不同资源的精彩，展示缤纷世界的多元。从而不断凝练并沉淀运用海量教学资源的现代信息素养，提升对教学资源的链接与整合能力，逐步形成自身的教学个性，成为众多教学资源中的一个有新意、具价值的网络节点。

学生，面对无限的学习资源，其实都很犯难，需要避免两个方面的问题。一是充耳不闻、无动于衷地继续只唁诵教科书的老套路，围绕考试，沉陷分数至上的甜蜜陷阱而不能自拔，唯书、唯师是瞻。二是来者不拒，浮光掠影，食而不化，贪多嚼不烂；或者被"刷"成了碎片、变得越来越肤浅，得不到思维上的系统化培养、方法上的深度锤炼。

这说明：即使学习资源早已是童叟无欺、丰俭由人，学生仍然需要教师的方法指引、同学的交流互鉴。这说明：即使学习资源早已俯首即是、随处可见，学生的自我内化、内驱仍然是关键。唯有学生围绕学习的目标与问题、内容的理解与深化、自身的兴趣与发展，把众多学习资源当作保持好奇心、激发艺术性的差异化鲜活素材，才能从中学会选择、独立思考，逐步养成批判性的学习习惯。

　　总之，从学习知识到训练方法、从面对考试到培养习惯、从阅读教材到培育思维、从赢取分数到激发动力，就成了师生正在面对的共同改变，这就是师生自我革命的深刻性实践召唤、挑战性智力探险。

课堂的秩序生变

新课堂，新秩序。当课堂空间发生变形、学习时间加速膨胀、资源亦变得无限扩张时，课堂秩序便易失去主张而出现"混乱"，需重建与课堂新特征、新特点相适应的新秩序，满足集体化、大型化课堂的多样化、个性化需求，营造出"混而不乱"的新局面。

第一，秩序的空间感。课堂空间的变形要求课堂秩序的重建。对于教室实体空间，课堂秩序依然洋溢着传统的相似性、继承着传统课堂的有益经验，仍然以班级化、齐步走的秩序为主。但是，因为虚拟空间可被适时、方便地引入教室空间，个性化、异步走等新元素便被导入，碾碎了教室课堂秩序的齐步节奏，传统上的同步秩序便被打乱。

教室空间的教学秩序就不能再完全按照传统课堂教学整齐划一的节奏，强制每个学生必须与统一的秩序保持绝对同步，让差异化的因材施教感到左右为难。应该允许少数学生"两耳可闻窗外事"，给予那些在课前已经熟悉、理解、掌握了相应教学内容的学生拥有适度的个人自由，保持其自我状态、张扬其个性化的需求，让新课堂的秩序"混而不乱"。打破传统的全体班级成员"一锅煮"的集体教学秩序，构建基于学生自主学习节奏的个性化、小集体或小组模式的学习秩序，允许个性化的学习节奏，不必随时随处都擂响"大部队齐步走"的鼓点。因此，非常重要的有两点：一是重视搜集并精准预判学生共同的学习需求、相似的学习节奏，以此为基础对学生予以分组、分类；二是对不同个体、小组，施以不同的教学方案，通过小型化、微型化的教学，尽可能保障每个学生自我学习秩序的合理实现。

对于学生，构建自己的学习秩序也就不必总是与教室课堂空间的统一步调逐一对标，而需要根据自身的基础能力、学习水准、兴趣方向在两重空间里适度融合、适时翻转，逐步构筑适合自己个性发展的独特学习空间。那些获得了教师特别"宽赦"的学生，也就可以在课堂上按照自我的节奏适时、适度地穿插"小动作"、开小差，自我异步、异样地遁入虚拟空间，获取满足自我需要的更宽阔、更深度、更有趣的学习资源，加深对课堂知识的学习与理解，拓展视野与认知。

虚拟空间又怎么办？

重建传统课堂的新秩序虽然难，但是因为传统课堂拥有长时期有序流传的经验积淀，师生对于教室课堂的秩序把控总体上熟悉、且相对容易。可是，虚拟课堂对于师生来说都很陌生，其秩序的构建仍是一个全新实践。

在虚拟空间，师生没有了教室课堂里的时时"相煎"；即使是技术上的日臻完善，师生相互间也能面面相监，但没有了相互督促、共同鼓舞的集体氛围与规劝。加之，每个学生自我禀赋、兴趣、习惯的差异，那些自律水准不高的学生也就可以非常方便地随网逐流、无视课堂的存在而"开大差"，逃离课堂，躲进自我的空间里去游戏世界、升级闯关。因此，在网络化时代，差异化的课堂学习行为不但司空见惯，而且还会日益扩展。课堂秩序，也就呈现出看上去越来越分散、越来越凌乱的"失控"局面，给教师组织教学尤其是统一开展虚拟教学带来了严峻的挑战。

教师，不但需要根据教学内容与教学时点、学生个性与特点，区别对待，充分体现虚拟教学在因人施策、因材施教方面所具有的天然优势，管控好学生有序参与和无序而合理的"添乱"。一方面，尊重虚拟课堂秩序的差异性，激发每个学生的求知欲、表现欲，获得学生自我学习的成就感；另一方面，发现、发挥那些表现活跃、特质优异学生的个性特点，让其在某一方面或某一个点发挥其所长与优势，使每个学生都有机会展示自己最闪光的一面、都有可能成为集体中最闪光的一员，从而带动、引领集体学习的进展。尤其应该允许并鼓励学生适时分享自我的学习"成就"，发动学生在学习资源、思想观点上分享其异见，挑动学生在学习内容、学习成果方面的激情竞赛，鼓动学生对于不同认知、理解的独立思考与分析判断。

第二，秩序的时局观。由于课堂时间膨胀到了全方位、全时段，不同的时间段、点也就有了不同的秩序调控策略与手段。课中，人人要么面对面地在场、要么端对端地在线，课堂显然更有秩序感。而课前、课后，师生人人都进入了"无人区"，课堂会出现未曾触碰到的新"盲点"，无序感越来越凸显。

课前，学生按照教学进度自我展开学习，其秩序主要体现在保障共性需求基础上的个性化学习。此刻，学生的学习秩序一定如千军万马的奔跑，虽然大的方向一致，但其滴答滴答的节奏似乎让秩序显得有些凌乱。此刻，教师需要的不是体现令行禁止的威严，而需要更多地注视学生奔跑的积极性与姿态的科学性。教师的调控能力，主要体现在对学生适度的引导、督促，以及必要的咨询与指导，鼓励学生尽可能通过自我努力实现升级、闯关。此刻，学生的自我学习秩序，则体现在运用信息技术手段的自学能力、获取学习资源的技术方法以及完成学习内容的自觉性所凝结的场景把控与存在感。

课后，并不是课堂教学的终结，而是课堂的无限延伸，更应满溢教师全天候的相链以及学生个性化的"混乱"。教师，不再只是关注课中教学的秩序状态，更须高度调控好课后的学习秩序，使之向着更高阶的学习阶段发展，更多地着眼于学生学习热情的饱满、深化学习的拓展。教师的秩序调控水平，也就体现在对学生个性化的释疑解惑、方向指引、学习激励的适时在线。学生，则须根据自我对教学内容的理解、掌握程度、认识水平，自行随机、随时地展开课后的学习链条及学习秩序的重建，延长课堂教学的时滞，保持教学的活跃度，力促思维结构的更优化搭建。

第三，秩序的资源端。过去，课堂之所以能够秩序井然，主要仰仗于课堂学习资源（教科书）的一统天下，让师生都只能围绕单一的资源打转转。然而，面对扑面而来的海量课外教学资源、教学讯息，课堂不再受着单一课内资源的控制，而更容易在外部要素的无序介入、在学生兴奋而踊跃地参与之下，变得目不暇接、眼花缭乱。

既有秩序即被打破、且破镜难重圆。传统课堂的秩序容易失控，变得失范，师生更容易在不知不觉中被众多且好看的学习资源带往意外的陌生地域，在不知所措中丢失了课堂本有的主攻领地而迷失自我，恰似一个孤单的"孩子"，四处游荡、无人看管。面对多样化外来教学资源的肆意"侵入"，教师只能在选择与整合资源的基础上，建构起新的秩序，创造出新的局面。教室课堂空间、课堂教学时间，重在以统一的共性资源来主导秩序，确保共性资源的教学进度，确保教学内容的共性需要、适度规范。

虚拟空间、课前与课后时间，则重在指导学生选择、阅读、理解、分享课外资源，促进学生的个性化学习，因材施教地选择学习内容，让学习内容在师生共同的掌控中有目的地拓展。对于学生，首先应确保共性化、规定性教学内容的学习，在此基础上，积极引入、合理利用课外丰富的教学资源，帮助、辅助、扩展、深化对课内学习内容的理解与掌握，力求事半功倍。

在教室空间、课中时间，以遵守老师主导的课堂公共秩序为主，听从老师的统一安排与时空、资源调度，积极学习老师和其他同学共同主导的学习资源。而在虚拟空间、课前与课后时间，则以自我主导为主，遵从自我的能力、兴趣与需要解决的问题，适度地"撒欢"，合理地选择、积极地利用丰富的课外资源，建构起具有强烈自我韵律、自主节奏的学习秩序与自律空间。

　　尽管大学是一件人类智慧的传世作品，仍须随时代变迁而革新，才会恒久流传。

　　正因为此，大学使命是唯新的。对其"识""思"也必是常新的，"读"大学也一定是变化、富于个性的！这样，才能以更好的姿态、崭新的状态走"出"大学，获得生活的力量与生命的质量。这便是大学的使命、"读"大学之意义吧。

　　每一代人有每一代人的特征、使命，一定就有对大学的不同"读"法。"读"大学一定是一个充盈着人性、千变万化的探索过程、千差万别的思索实践，在信息化、智能化的时代背景下，"读"大学更加彰显着满足学习者千人万面、众口能调的个性化需求，体现着教育对学习者人格培育、人性张扬的极尽呵护与温馨照耀。

　　这既需要大学的不断调适，更需要大学人的自觉探觅、勤勉创新，才能共同构筑起学习者的共同家园、精神领地。

　　本书得以出版，感谢重庆工商大学的大力支持，感谢同事赵军锋博士的热情协助，感谢家人的宽怀仁爱，感谢母校华中科技大学出版社编辑老师们的辛勤付出。

　　智者千虑，必有一失；愚者千虑，必有一得。愿本书对"读"大学的学习者、同行者有些许启发，让我们一起"读"出更好的大学，成为更好的"大学"者。欢迎您的批评指正（微信 davidcycprc）。

　　谢谢！

于重庆市 南山下 翠湖畔

2023 年 5 月 1 日